Durchblick

Durchblick

DEUTSCH FÜR DIE OBERSTUFE
Band 1

ROD HARES
DAVID HOOD
ANTJE BERKEMEIER

Language Consultants: Thomas Bäurer
Eva Nierhoff

John Murray

Students' Book ISBN 0 7195 5239 7
Teachers' Resource Book ISBN 0 7195 5240 0
Cassette Set ISBN 0 7195 5241 9

A CIP record for this book is available from the British Library

© Rod Hares, David Hood, Antje Berkemeier 1994
First published 1994
by John Murray (Publishers) Ltd
50 Albemarle Street, London W1X 4BD

Designed by Amanda Hawkes
Typeset by Wearset, Boldon, Tyne and Wear
Printed and bound in Great Britain by Butler & Tanner Ltd, Frome and London

Acknowledgements

The authors and publishers would like to thank the following sources for permission to reproduce text extracts.

AOK Bundesverband
Aktion Jugend schützt Natur, p. 107
Axel-Springer-Verlag/ Hörzu
Großer Benimm-Test, p.20; *Anja Fichtel*, p. 53; *Ist eure Schule okay?*, p. 57; *Nichts wird mehr sein, wie es mal war*, p. 93
Axel-Springer-Verlag/Auto Bild
Klaus packt aus, p. 120; *So wurde das Auto mobil*, p. 128
Bild + Funk
Ungetrübte Badefreuden, p. 136
Bild
Wie viel bin ich wert, wenn ich lüge?, p. 7; *Was ist denn Sport?*, p. 40; *Gast Kommentar*, p. 54; *Frisieren*, p. 119
Karin Bolte
Extracts from *Ulla, 16, Schwanger*, pp. 3, 4, 26
Bundesministerium für Verkehr
Rücksicht schafft Sicherheit, pp. 113, 118
Claassen Verlag GmbH
Extract from *Gespenster* by Marie Luise Kaschnitz, p. 24
Diogenes Verlag AG Zürich
Extract from *Das Versprechen: Aufenthalt in einer kleinen Stadt* by Friedrich Dürrenmatt, Erzählungen 1980, p. 130
Droste Verlag GmbH
Extract from *Die Feuerzangenbowle* by Heinrich Spoerl, p. 59
Fernsehwoche
Wenn Jogger einen Unfall verursachen, p. 51; *Schöne Deutsche Heimat*, p. 137
S. Fischer Verlag GmbH, Frankfurt am Main
Extracts from *Tonio Kröger* and *Der Tod in Venedig* by Thomas Mann, Gesammelte Werke in 13 Bänden, Band VIII Erzählungen 1960, 1974, pp. 67, 156
Funk Uhr
Meine Tochter ist so unordentlich, p.6
Girl!
Streit um Unterhalt, p. 9; *Bist Du zu egoistisch?*, p.15; *Diese Urlaubsliebe kann ich nicht vergessen*, p.17; *Cindy & Caro*, p.18; *Traust Du Dich, allein auszugehen?*, p.23; *Aufwärts mit dem Mountain-Bike*, p. 144; *Wie war's in den Ferien?*, p. 149
G+J/ Brigitte
Freundschaft, p. 13; *Wie wär's mal mit Tennis?*, p. 45; *Du läufst los als Tiger*, p. 48; *Laufen ohne Streß*, p. 50; *Mathe*, p. 63; *Für Millionen eine Welt...*, p. 65; *Das Hausfrauen-Horoskop*, p. 73; *Noch mal 20 sein?*, p. 75; *Frauen machen keine faulen Kompromisse*, p. 78; *Verkehr: 10 Ideen für die Zukunft*, p. 109; *Mit der Umwelt haushalten*, p. 111; *Hochgefühl an langen Leinen*, p. 142; *Österreich Special Wien*, p. 148; *Statt Urlaub: Einsatz in Kalkutta*, p. 157
G+J/Prima
Die Ergebnisse der großen Prima-Umwelt-Umfrage, p. 101; *Frauen und Auto*, p. 124; *Die besten Tips zur Selbsthilfe*, p. 125; *Wenn's drauf ankommt, helfen Sie sich selbst*, p. 126
G+J/ Stern
Was macht eigentlich..?, p.38; *Sturzbetrunken auf die Piste*, p. 152
IKK Münster
Mach Dich Fit!, p. 37
Jahreszeiten-Verlag/Für Sie
Freundschaft, p.14
Kiepenheuer & Witsch Verlag, Köln
Extract from *Wo Warst Du, Adam?* by Heinrich Böll, Werke Bd 1, 1977, 1987, p.12
Kölner-Stadt-Anzeiger
Eine Tour zu täglichen Ärgernissen, p. 131
Ministerium für Stadtentwicklung und Verkehr des Landes NordrheinWestfalen
Extract from brochure *Der Sichere Weg*, p. 114
Hans-Georg Noack
Extracts from *Die Abschlußfeier*, pp. 56, 90
Quick-Verlag
Große Freiheit auf zwei Rädern, p. 42
Der Spiegel
Das letzte abverlangt, p.47; *Genug ist nicht genug*, p. 146
Süddeutsche Zeitung
Schulpolitik mit dem Rechenstift, p. 70
Unicum-Verlag GmbH
Ein Auto gegen die Angst, p. 122

Photographs and illustrations are reproduced courtesy of the following sources.
Christel Clear Photography, p. 37 bottom
Bruce Coleman Ltd, p. 93
Colorific!, p. 2, p. 150 bottom centre
Sally and Richard Greenhill Photographers, p. 1 top and centre right, p. 5 left, p. 27 top, p. 54, p. 72 bottom left, p. 96 left, p. 94 top right
G + J /Prima, p. 124, p. 126
Robert Harding Picture Library, p. 19 centre, p. 45 bottom, p. 47, p. 94 centre right, p. 148 bottom, p. 150 centre (6)
Krämer/*Stern*/SOA, p. 152
Kölner-Stadt-Anzeiger, p. 131, p. 132
Stefan Lemke, p. 115
Michael Meyborg/Signum, p. 71 right
Christa Petri/Süddeutscher Verlag, p. 71 left
Rex Features Ltd, p. 38 bottom, p. 45 top
David Simson, p. 5 right, p. 7, p. 9 right and left, p. 16 left, p. 119, p. 150 top left, centre left
Still Pictures/Mark Edwards, p. 94 top left
John Townson/Creation, p. 146
Visum/Gebhard Krewitt, p. 42
Zefa Picture Library, p. 14, p. 16 right, p. 17, p. 35, p. 55, p. 94 bottom left and right

COVER ILLUSTRATION: *Allee im Park von Schloß Kammer* by Gustav Klimt, reproduced courtesy of Verlag Galerie Welz, Salzburg
CARTOONS by Karen Donnelly and Paul Russell
MAPS by Chartwell Illustrators

Every effort has been made to trace the copyright holders of extracts used in this book. Any rights not listed here will be acknowledged in subsequent printings if notice is given to the publishers.

Special thanks are also due to: Thomas Bäurer for his interviewing, help and advice, so cheerfully given; Michael Harberger, Philine Sickert, Ulrich Artmann, Astrid and Georg Lemmer for their contributions and advice; students and staff at New College Pontefract and sixth-form German students at Mascalls School; Nick Perren, managing director at John Murray, for his drive and for backing this and the French project in the early stages; our editor, Carolyn Burch, for her unfailing encouragement and kindness; David Mort for his generous help; Jackie Hares, for her proofreading, language exercises and creative ideas; Pauline Hares, for her linguistic insights and total support; Eva Nierhoff for her invaluable encouragement and suggestions.

Contents

Introduction

Can I cope with advanced level German?

Even the most able students can find the transition to advanced level work daunting. **Durchblick** and **Überblick** form a two-part course which enables you to bridge this gap. **Durchblick** is the first part of the course and this introduction will focus on how it should be used. **Durchblick** is aimed at students who have achieved at least National Curriculum levels 6/7 (grade C) in GCSE, or General level in Standard Grade. It will take you from that stage to the point where you can confidently move on to work of A level standard. For students taking AS level or Higher Grade German, **Durchblick** provides a complete course.

What does Durchblick *include?*

Texts and activities: The printed texts and the recordings on the cassette have been selected to be of manageable length and lasting interest. Each is followed by activities, the first of which is designed to test overall comprehension before you move on to more in-depth activities. The range of texts and activities is very wide.

Anwendung und Erweiterung: These are grammar practice and reinforcement exercises. They are based on examples from the text and build on the language work you have done, to show the value of understanding grammar in a 'real-life' context. Each one cross-refers (*Zum Nachlesen* and *Zum Nachhören*) to the relevant text and (*Zum Nachschlagen*) to the relevant paragraph in the *Grammatik* at the back of the book. In later units they also cross-refer (*Zum Wiederholen*) to earlier examples of the grammar points being practised.

Grammatik: This is presented entirely in German but with a straightforward approach that emphasises the practical context and application of grammar. The *Grammatik* is divided into numbered paragraphs which should be studied according to the cross-references given, when you do the *Anwendung und Erweiterung* exercises.

Wortschatz: There is a German-English vocabulary list at the back of the book, but using a German dictionary is by far preferable to depending on the limited help that such a list can provide.

Supplementary practice materials called *Blicken Sie da durch?,* and *Radio-Extra* are supplied in the Teachers' Resource Book that accompanies **Durchblick.** These will be used at the discretion of your teacher to reinforce your understanding and to build on what you have learned in each unit, as well as for revision, so that you can be sure of your own progress.

Einheit 1

Du und ich

Darf man vorstellen? In dieser Einheit werden Sie einige Deutsche kennenlernen. Zuerst werden Kathryn, Natascha, Bernhard und Wim sich selbst beschreiben.

1.1

Vier junge Deutsche stellen sich vor

Sie erklären uns, woher sie stammen, ihr Alter, ihre familiäre Situation, allerlei Einzelheiten, die man beim ersten Treffen herausfinden kann.

A Hören Sie den Interviews gut zu und kreuzen Sie passend an:

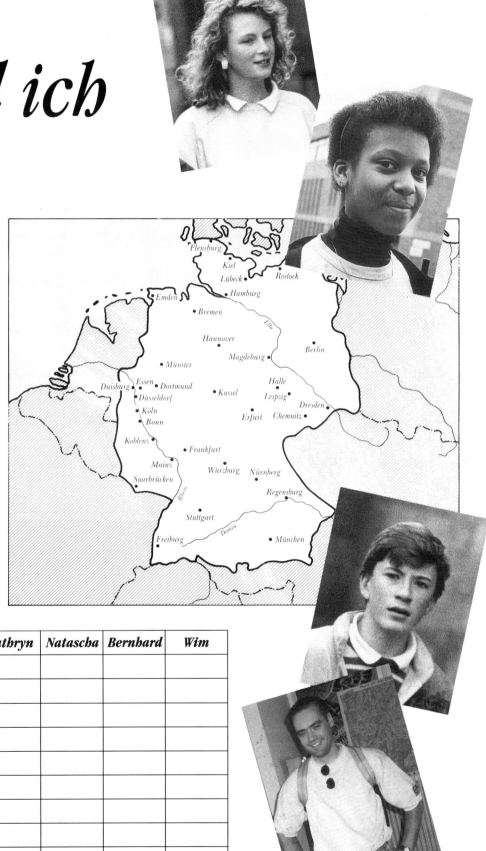

Welche Person ...	Kathryn	Natascha	Bernhard	Wim
1 stammt aus Holland?				
2 ist Münchner(in)?				
3 ist 17?				
4 stammt aus Hamburg?				
5 ist 28?				
6 spricht ein wenig Holländisch?				
7 ist in Nürnberg geboren?				
8 besucht dieselbe Schule wie Kathryn?				
9 hat eine Mutter aus dem Norden?				

B Benutzen Sie die Unterhaltungen mit Kathryn, Natascha, Bernhard und Wim, um Ihre persönliche Beschreibung aufzubauen. Machen Sie folgende Angaben:

Name:	Alter:
Geburtsort:	Wohnort:
Geburtsort Ihrer Eltern:	Muttersprache:

1.2

Ein Brief von Antje

Hier ist ein Teil eines Briefes von Antje aus Hagen an ihren neuen britischen Brieffreund John.

Hagen, 05. Mai 1992

Hallo John!

Heute habe ich Deinen Brief bekommen, vielen Dank! Ich finde es toll, endlich einen englischen Brieffreund zu haben. Ich will Dir gleich antworten, damit Du mir etwas besser kennenlernst.

Also, Du weißt ja schon, daß ich Antje heiße. Ich bin 17 und gehe in die 11. Klasse. Ich habe einen jüngeren Bruder, Christian; er ist 14. Früher haben wir uns öfters gestritten, aber jetzt verstehen wir uns echt gut. Auch mit meinen Eltern komme ich gut aus. Klar, manchmal gibt's auch Krach, aber nur um Kleinigkeiten, zum Beispiel, wenn ich abends länger weggehen will, oder wenn sie meinen, ich mache zu viele andere Dinge neben der Schule.

ANWENDUNG *und* ERWEITERUNG

 Zum Nachlesen: 1.2 Ein Brief von Antje

 Zum Nachschlagen: Wortstellung

 Zum Üben

Lesen Sie den Brief von Antje noch einmal durch.

1 Bringen Sie die Wörter in den folgenden Sätzen in die richtige Reihenfolge. Jeder Satz fängt mit dem jeweils unterstrichenen Wort an.

a mein schon Thomas ist weißt Name du <u>wie</u>

b zwei Brief ist angekommen <u>vor</u> hier Tagen dein

c bekommen finde haben einen einfach dir es <u>ich</u> super von Brief zu

d seit in ich zwei ich Jahren <u>geboren</u> Süddeutschland hier bin wohne aber

e alt <u>ich</u> Reklam-Gymnasium besuche Leipzig siebzehn in Jahre bin das und

f Familie gut meistens meiner aus ganzen sehr komme ich <u>mit</u>

g es <u>natürlich</u> nach komme zum ich Hause gibt spät manchmal Beispiel wenn Probleme

h denken viel Schule <u>meine</u> daß Eltern mache zu neben der ich

2 Jetzt schreiben Sie eine Antwort auf den Brief. Benutzen Sie die Sätze oben als Hilfsmittel.

A Lesen Sie den Brief ein- oder zweimal durch. Was ist hier richtig? Was ist hier falsch? Schreiben Sie einfach R oder F.

1 Antje antwortet auf Johns Brief einen Tag später.
2 Er ist ihr erster englischer Brieffreund.
3 Sie lädt ihn ein, zu ihr zu kommen.
4 Antje und Christian sind gleichaltrig.
5 Sie streiten sich beim Frühstück.
6 Antje und ihre Eltern verstehen sich sehr gut.
7 Sie haben nur über kleine Dinge Streit.
8 Antje darf nicht zu spät abends ausbleiben.

ANWENDUNG *und* ERWEITERUNG

 Zum Nachlesen: 1.2 Ein Brief von Antje

 Zum Nachschlagen: die Zeiten (Gegenwart und Perfekt)

 Zum Üben

In ihrem Brief verwendet Antje zwei Zeiten, und zwar die Gegenwart und das Perfekt. Finden Sie alle Verben, die im Brief vorkommen. Dann vervollständigen Sie die folgenden Sätze:

1 Antje ____ Johns Brief heute ____.
2 Sie ____ es toll, einen Brieffreund zu ____.
3 Sie ____, daß John sie schnell besser ____.
4 Antje ____ einen vierzehnjährigen Bruder, mit dem sie sich früher öfters ____ ____.
5 Sie und ihre Eltern ____ sich gut.
6 Inzwischen ____ sie mit ihrem Bruder auch sehr gut aus.
7 Manchmal ____ Antjes Eltern, daß sie nicht genug zu Hause ____. Dann ____ es Krach!

1.3

Thomas spricht über seinen Alltag

Hören Sie jetzt, wie Thomas Tautschnig aus Wien in Österreich seinen Alltag beschreibt.

A Kreuzen Sie die Aussagen an, die Sie im Gespräch gehört haben.

1 Die Eltern von Thomas sind sehr aufmerksam ihm gegenüber.
2 Thomas hat seine Eltern nicht sehr gern.
3 Er steht um 7h15 auf.
4 Thomas ißt Semmel zum Frühstück.
5 Die Schule fängt gegen 8 Uhr an.
6 Thomas spielt draußen Basketball.

B Nehmen Sie das Gespräch von Thomas zu Hilfe, um Ihren eigenen Alltag zu beschreiben. Nehmen Sie Ihre Beschreibung auf Kassette auf.

1.4

Anne

Diese zwei Auszüge enthalten Informationen über eine junge deutsche Frau.

A Der erste Auszug ist in Form eines Lebenslaufs geschrieben. Lesen Sie ihn durch und füllen Sie dabei dieses Formular aus.

Ich wurde am 23. März 1968 als viertes Kind meiner Eltern geboren. Mein Vater war der Angestellte Karl Laumann, meine Mutter die Hausfrau Hildegard Laumann, geborene Scholl. *appropriate to andrage*

Im April 1974 wurde ich altersgemäß eingeschult und durchlief alle Klassen der Grundschule ohne Verzögerung. Im Jahre 1978 wurde ich auf die Realschule umgeschult, die ich mit dem Abschluß der 10. Klasse im Jahre 1984 verließ. Im Anschluß daran begann ich eine Lehre als Speditionskauffrau, die ich nach drei Jahren mit dem Kauffraugehilfenbrief abschloß. Da mir der Beruf aber doch nicht zusagte, bereitete ich mich auf das Abendgymnasium vor. Dort erhielt ich vor zwei Jahren das Abiturzeugnis. Seitdem studiere ich an der Universität Hamburg Soziologie.

Lebenslauf

Familienname:

Vorname: *Anne*

Geburtsdatum:

Vater: **Name:**
Beruf:

Mutter: **Name:** (geb.)
Beruf:

Schulen:

	Jahr		Schule
	von	bis	
1			
2			
3			

Gelernter Beruf:
Gegenwärtige Beschäftigung:

B Im zweiten Auszug berichtet Anne über die Aspekte ihrer frühen Kindheit, die für sie am wichtigsten waren. Lesen Sie den Auszug und wählen Sie die jeweils richtige Lösung aus:

Ich hatte das unheimliche Glück, daß ich die letzte unter uns Geschwistern war. Da hatten meine Eltern nicht mehr den ganz großen pädagogischen Ehrgeiz und hatten auch sonst ziemlich viel Gelassenheit entwickelt. Ich durfte eigentlich von Anfang an viel, und später haben sich meine Geschwister auch immer beschwert, sie hätten mit sechs Jahren immer früher im Bett liegen müssen und so was. Wilfried, der Älteste, war neun, als ich geboren wurde, dann kam Rotraut, die war sieben – den Namen hat sie übrigens meinen Eltern nie verziehen, und das kann ich verstehen, denn man kann ein Kind auch mit einem Namen unmöglich machen –, und dann war da Lothar, der war vier Jahre. Zwischen uns ist immer ein Jahr mehr, und das finde ich bedeutungsvoll. Meine Mutter wollte immer sechs Kinder haben, früher, bevor sie heiratete, aber als sie dann zwei hatte *und mitkriegte*, daß mein Vater *keinen Finger rührte*, wollte sie eigentlich aufhören. Den Lothar hat sie dann noch einigermaßen freundlich begrüßt, aber ich war echt über. Ich meine, nicht daß sie mich vernachlässigt hätte, aber sie hatte einfach keine Kraft mehr übrig. So lief ich dann am Rande mit und *wurde einfach mit groß*, ohne daß sich jemand darum bemühte. Aber es war eigentlich immer jemand da, der mit mir spielte oder mir die weggeworfenen Sachen wiederbrachte. Am nettesten war Lothar zu mir und am gräßlichsten Rotraut. Ich kann ihr das heute nachfühlen, denn sie mußte mich immer ausfahren und später auch mitnehmen, *wenn sie runterging zum Spielen*. Es muß schrecklich sein für eine Zwölfjährige, immer die kleine Schwester *mit herumzuschleppen*. Manchmal setzte sie mich auch in eine Sandkiste und befahl mir, sitzen zu bleiben, bis sie wiederkam. Ich blieb nie sitzen und *petzte bei Mutter*, und dann kriegte sie Ohrfeigen. Das ließ sie dann wieder an mir aus. Aber ich hab auch viel gelernt von meinen Geschwistern. Ich konnte lesen, bevor ich in die Schule ging, und später *beim Schularbeitenmachen* konnte ich sie fragen.

C Welche von den kursiv gedruckten Ausdrücken könnte man durch diese ersetzen?

1 überall mitzunehmen
2 ich wuchs auf, ohne daß sich jemand zu sehr um mich kümmerte
3 und es einsah
4 sagte es der Mutter weiter
5 wenn sie nach unten ging, um zu spielen
6 überhaupt nichts machte
7 wenn ich meine Schulaufgaben machte

Suchen Sie andere Wörter bzw. Ausdrücke, die zum umgangssprachlichen Stil des zweiten Auszugs beitragen.

D *Gruppenarbeit*

Besprechen Sie diese Fragen: Welchen Auszug finden Sie interessanter? Warum? (Benutzen Sie dabei den Komparativ z.B. „sachlicher", „persönlicher", „ausführlicher", „umgangssprachlicher".)

E *Selbständig*

Schreiben Sie eine kurze Zusammenfassung über Inhalt und Ergebnis Ihrer Diskussion.

der Ehrgeiz	*ambition*
sich beschweren	*to complain*
vernachlässigen	*to neglect*
herumschleppen	*to lug around*
petzen	*to tell tales, sneak*

1 **a** Anne ist froh darüber, daß sie die Jüngste in der Familie war.
   b Anne wollte immer einen jüngeren Bruder haben.
2 **a** Ihre Eltern kümmerten sich intensiv um sie.
   b Ihre Eltern ließen ihr viel Freiraum.
3 **a** Sie mußte immer früher als ihre Geschwister ins Bett gehen.
   b Sie durfte länger als ihre Geschwister aufbleiben.
4 **a** Annes Schwester Rotraut mochte ihren Namen überhaupt nicht.
   b Annes Schwester Rotraut fand ihren Namen sehr schön.
5 **a** Annes Vater half immer sehr viel im Haushalt mit.
   b Annes Vater half ihrer Mutter kaum.
6 **a** Annes Mutter fand vier Kinder zu viele.
   b Annes Mutter war mit ihren vier Kindern zufrieden.
7 **a** Anne hatte fast immer Spielkameraden.
   b Anne mußte oft alleine spielen.
8 **a** Es machte Rotraut viel Spaß, mit Anne zusammen zu sein.
   b Rotraut fand es lästig, auf Anne aufzupassen.
9 **a** Anne saß gern in der Sandkiste.
   b Anne wollte nie lang alleine sitzenbleiben.
10 **a** Annes Mutter schlug ihre Kinder grundsätzlich nie.
   b Ab und zu schlug Annes Mutter die Kinder.
11 **a** Annes Geschwister haben ihr geholfen, in der Schule zurecht zu kommen.
   b Anne mußte Schulprobleme immer alleine lösen.

1.5

Das Familienleben

Jetzt hören Sie Ilona Gerhardy, die über ihre Familie spricht.

A Hören Sie, was Ilona zu sagen hat, und füllen Sie die Lücken aus.

1 Bad-Lauterberg ist Ilonas: … (1 Punkt)
2 Die Stadt liegt: … (1 Punkt)
3 Ilonas Vater ist: … (3 Punkte)
4 Ilonas Mutter ist … alt. (1 Punkt)
5 Martinas Alter: … (1 Punkt)
6 Ihre zukünftige Prüfung: … (1 Punkt)
7 Ihre Fächer: … (4 Punkte)

B Wie sagt Ilona:

1 in the middle of Germany
2 at the moment
3 next year
4 She has chosen four subjects.
5 I hope she passes alright.

C Hören Sie, was Ilona über ihre Eltern, Schwester und Freundin zu sagen hat. Dann vervollständigen Sie folgende Sätze:

1 Ilona hat ein sehr gutes Verhältnis …
2 Für sie sind sie die besten …
3 Die Eltern haben einige …
4 Sie verstehen nicht immer …
5 Wenn Ilona ein Problem hat, kann sie …
6 Für dringende, persönliche Probleme spricht sie …
7 Katja kann mehr …
8 Ilonas Schwester, Martina, ist …
9 Gegenüber den Eltern sind die zwei Schwestern …

1.6

Dieter: In der Familie

Der folgende Text ist eine Transkription von dem, was Dieter zu diesem Thema sagt. Füllen Sie die Lücken aus. (Folgende Wörter stehen Ihnen zur Verfügung:)

Streitpunkte	Meinung
Spielraum	ausgehen
bestimmen	Probleme
Gefühl	unbedingt
generell	verlassen
akzeptieren	Verantwortlichkeit

Meine Eltern lassen mir ziemlich viel _____. Ich kann im großen und ganzen für mich selbst _____, was ich _____ machen will, wieviel ich lernen muß, oder ob ich _____ will. Aber im Endeffekt, wenn es irgendwelche _____ gibt (zum Beispiel mit der Schule usw.), ist es für mich eben ziemlich wichtig, daß ich mich auf meine Eltern _____ kann. […]

Wo man kleiner war, da hat man einfach auch noch nicht die _____, selber zu entscheiden, was für einen selber richtig ist oder nicht. Und es gibt auch jetzt immer wieder mal _____, worüber man sich nicht ganz im klaren ist, zum Beispiel auch eben, wie gesagt, über Lernen. Aber im großen und ganzen _____ meine Eltern auch meine eigene _____, und das ist so ganz gut.

ANWENDUNG *und* ERWEITERUNG

Zum Nachlesen: 1.5 Das Familienleben; 1.6 Dieter

Zum Nachschlagen: Gegenwart

Zum Wiederholen: 1.2

Zum Üben

In 1.5 und 1.6 haben Sie verschiedene Verben in der Gegenwart benutzt. Schreiben Sie diese Verben auf, dann machen Sie folgende Übung:

FC Egalitaria
Mein Bruder _____ Jörg, er _____ 24 Jahre alt und _____ in Stuttgart, wo er seit drei Jahren Architektur _____. Er _____ eine Freundin namens Gabi, mit der ich mich sehr gut _____. Samstags _____ Gabi Fußball. Wir, d.h. mein Bruder und ich, _____ oft dahin, weil Gabis Mannschaft so gut _____. Wir _____ inzwischen alle Spielerinnen der Mannschaft. Wenn die Stürmerin uns _____, _____ sie immer zu uns hinüber und _____:
„Na, hallo ihr beiden. Was _____ ihr denn so?" Woraufhin die Mannschaftsführerin ihr immer _____:
„Warum _____ du wieder da? Du _____ ja Tore schießen, nicht mit den Jungs flirten!"

wohnen	laufen	verstehen	sagen	gehen	sein	sehen	studieren
spielen(x2)	zurufen	sollen	kennen	machen	stehen	haben	heißen

1.7

Die Mutter-Tochter-Beziehung ist gestört

Kinder können ihren Eltern auch Sorgen machen, selbst wenn es nur Kleinigkeiten sind, wie wenn man unordentlich ist. Solche Kleinigkeiten können die Mutter-Kind-Beziehung leicht stören.

„Meine Tochter ist so unordentlich"

Karin M. (37) aus Uelzen ist verzweifelt über die Unordentlichkeit ihrer 16jährigen Tochter. Die Mutter-Tochter-Beziehung ist bereits empfindlich gestört.

Fassungslos stehe ich tagaus, tagein vor dem totalen Chaos im Zimmer meiner Tochter Christiane. Da liegt dreckige Unterwäsche neben nicht gegessenen Schulbroten, und der Fußboden ist übersät mit Kleidungsstücken. Der Mief und die Unordnung machen mich fix und fertig. Ich habe es im guten und im bösen versucht, meine Tochter zur Ordnung zu erziehen. Ohne Erfolg. Unser Verhältnis ist so gespannt, daß sie einen Bogen um mich macht. Was kann ich tun, um unsere Beziehung wieder zu verbessern?

A Wie wird es im Text gesagt?

1 desperate about
2 beside oneself
3 littered with
4 nicely and nastily
5 with no success
6 to improve our relationship

ANWENDUNG *und* ERWEITERUNG

 Zum Nachlesen: 1.7 Die Mutter-Tochter-Beziehung

 Zum Nachschlagen: Präpositionen mit dem Dativ

 Zum Üben

1 Lesen Sie den Text „Meine Tochter ist so unordentlich" noch einmal durch. Vervollständigen Sie diese Beschreibung eines vollkommen unordentlichen Schlafzimmers, indem Sie die in Klammern gedruckten Wörter ins Deutsche übersetzen. Beachten Sie: Präpositionen mit dem Dativ!

Der Fußboden ist (with clothes) übersät. (From the lamp) hängen zwei Socken – eine rote und eine blaue! (On the rug, next to the wastepaper bin) sieht man nun wirklich ein garstiges Allerlei: ein altes Butterbrot, zerrissenes Geschenkpapier, ein paar halbgegessene Äpfel. Es befinden sich ungefähr fünfzig Bücher (on the desk). (In front of the window) steht eine Reihe (of dead, dried-out plants). Die Blätter liegen natürlich überall, hauptsächlich aber (amongst the books) und (behind the curtains). Die Krönung ist das Bett, das (of four old beer crates) und (a large sack) besteht. Der Sack ist (with old posters and photos) vollgestopft. Die leeren Bierflaschen sind noch (in the crates).

2 Stellen Sie sich jetzt ein völlig ordentliches Schlafzimmer vor. Wo befinden sich folgende Artikel:
a die Kleidungsstücke
b die Unterwäsche
c das Geschenkpapier
d die Bücher
e die Bierkisten
f die welken Blätter von den Blumen
g die alten Poster und Fotos

B Arbeit zu zweit

Person A: hat ein sehr unordentliches Schlafzimmer.
Person B: die Mutter/der Vater schimpft *Person A* aus. *Person A* verteidigt sich.

C Selbständig

Schreiben Sie eine Kurzfassung der Ansichten von Christiane und ihrer Mutter zum Thema Ordnung (70 Wörter).

ANWENDUNG *und* ERWEITERUNG

 Zum Nachlesen: 1.7 Die Mutter-Tochter-Beziehung

 Zum Nachschlagen: Fälle und Adjektivendungen

 Zum Üben

Finden Sie die Adjektive, die in diesem kurzen Text vorkommen. Finden Sie jeweils ein Beispiel:

a des Nominativs
b des Genitivs
c des Dativs

Hier sind einige Ausdrücke aus dem Text, aber die Sätze, in denen sie sich befinden, sind anders formuliert als im Text. Wie müssen die Adjektivendungen jetzt richtig heißen?

1 Ich habe ein_ sehr unordentlich_, sechzehnjährig_ Tochter.
2 Das total_ Chaos in ihr_ sonst sehr schön_ Zimmer ist schrecklich.
3 Ihr_ dreckig_ Unterwäsche räumt sie nie weg.
4 Nicht gegessen_ Schulbrote liegen auf dem Fußboden.
5 Infolgedessen haben mein_ Tochter und ich ein sehr gespannt_ Verhältnis.
6 Verzweifelt_ Eltern unordentlich_ Kinder wissen oft nicht, was sie machen sollen.
7 Und die Kinder solch_ fassungslos_ Eltern sagen: „Wir wissen nicht, was wir mit unser_ zu empfindlich_ Familien machen sollen."

1.8

Angst vor dem Vater

Family background

Familienverhältnisse können schwierig sein, besonders wenn ein Mangel an Vertrauen existiert. Hilft es, in peinlichen Situationen zu lügen, oder lohnt es sich, immer ehrlich zu sein? Studieren Sie diesen Leserbrief und nehmen Sie Stellung dazu.

A Dialog zwischen einer Mutter und ihrem Sohn: „Als er von der Schule heimkam, wußte ich gleich, daß er etwas hatte. Bestimmt wollte er mir etwas sagen, hatte aber Angst davor. In solchen Momenten war es zwecklos, ihn direkt zu fragen. Irgendwann würde er von selber kommen."

B „Wirst du's auch Vater nicht sagen?" begann er nach dem recht einsilbigen Mittagessen.

„Nein, bestimmt nicht."

„In der zweiten Stunde hat der Lehrer mir die Lateinarbeit weggenommen, weil ich abgeguckt hatte. Ich war wie gelähmt. Um mich drehte sich alles. Sag es bloß nicht Vater."

„Hast du denn solche Angst vor ihm?"

Ich streichelte ihm übers Haar

„Er will doch nur gute Arbeiten sehen."

C Ich begriff. „Jetzt hör mal zu", sagte ich und streichelte ihm mit der Hand übers Haar. „Wenn wir Vati jetzt nichts von der Sache sagen, müssen wir beide tüchtig weiter flunkern. Aus dem einmaligen Pfuschen wird dann ein dauerndes Lügen. Und irgendwann kriegt er es natürlich doch heraus, spätestens bei den nächsten Zeugnissen."

D „Aber wenn ich jetzt ordentlich lerne und die Sechs ausgleiche?"

„Das ist es ja eben: Du kannst noch so fleißig sein – selbst mit den besten Noten wirst du keinen Ersatz finden für die Ehrlichkeit.

E Und was mir noch weit wichtiger ist: Du wirst selbst in die besten Noten noch die Angst vor deinem Vater mitnehmen. Und das paßt mir nicht. Die Angst vor deinem Vater sagt dir etwas Falsches. Sie bringt dir bei, daß du nur etwas wert bist, wenn du etwas Wertvolles leistest. Und so stimmt es nicht.

F In Wahrheit bist du mir weit mehr wert als alle Klassenarbeiten. Daß du Freude hast an dem, was du tust, und daß du anderen Menschen gerade in die Augen schauen kannst, ist mir weit wichtiger als deine schulischen Leistungen.

G Was meinst Du: Du erzählst heute abend Vater alles, was vorgefallen ist, und ich verspreche dir, er wird mit dir nicht schimpfen."

> das Pfuschen *bungling, botching, getting things wrong*
> das Zeugnis *school report*
> der Ersatz *substitute, replacement*
> wertvoll *worthwhile*
> die Leistung *achievement*

A Welche Überschrift paßt zu welchem Absatz? Kombinieren Sie die korrekten Ziffern und Buchstaben miteinander.

1 Es genügt nicht, sich von nun an in der Schule anzustrengen.
2 Jetzt ist es Zeit, alles offen zu sagen.
3 Etwas war los.
4 Er muß so ehrlich wie sein Vater sein.
5 Die erste Lüge bringt weitere unglaubliche Geschichten mit sich.
6 Eher menschenwürdiges Benehmen als Erfolg in der Schule.
7 Du sollst es für deine Mutter tun.
8 Vater soll absolut nichts davon wissen.
9 Die Lösung des Jungen löscht die Furcht nicht aus.

B Beantworten Sie folgende Fragen:

1 Wovor hatte der Junge Angst?
2 Was war in der Schule passiert?
3 Beschreiben Sie das echte Problem mit dem Vater.
4 Welchen Vorschlag macht die Mutter, um das Dilemma zu lösen?
5 Welche menschlichen Eigenschaften preist sie über alles?

C *Gruppenarbeit*

Besprechen Sie in der Großgruppe den Zeitungsbrief, dann nehmen Sie Stellung zu folgenden Meinungen über den Brief:

1 Die Mutter war berechtigt, sich um die Angelegenheit zu kümmern.
2 Der Junge hätte sofort sein Problem äußern sollen.
3 Die meisten Jungen fürchten ihren Vater wie der Sohn hier.
4 Lügen kann die Lage erleichtern.
5 Die Lösungen, die die Mutter vorschlägt, sind sehr vernünftig.

ANWENDUNG *und* ERWEITERUNG

 Zum Nachlesen: 1.8 Angst vor dem Vater

 Zum Nachschlagen: Wortstellung

 Zum Wiederholen: 1.2

 Zum Üben

Lesen Sie den Text noch einmal durch und suchen Sie die Nebensätze, die darin erscheinen, heraus.

Beispiel:

Nebensatz	**Hauptsatz**	**Nebensatz**
Als er von der Schule heimkam,	wußte ich gleich,	daß er etwas hatte.

1 Ordnen Sie jedem Hauptsatz den passenden Nebensatz zu und übersetzen Sie das Bindewort ins Deutsche, so daß eine kurze Geschichte des Schulalltags entsteht.

Hauptsätze	**Bindewörter**
a Der Junge war am Mittagstisch sehr still,	although
b Seine Mutter wußte sofort,	that
c Sie wartete,	until
d Sie sprach mit ihm,	as
e Sie erfuhr,	why
f Er hatte Angst,	because
g Sie hatten ihn zuerst gefragt,	whether
h Sie hatten ihm dann Prügel angedroht,	when
i Die Mutter konnte ihrem Sohn helfen,	as
j Am nächsten Tag begleitete sie ihren Sohn in die Schule,	where

Nebensätze

a er würde ihnen morgen in der Mathearbeit helfen.
b sie räumten zusammen den Tisch ab.
c sie besprach das Problem mit dem Schulleiter.
d er war sonst immer sehr gesprächig.
e sie kannte die Situation aus ihrer eigenen Kindheit.
f zwei Jungen aus seiner Klasse hatten ihn bedroht.
g er war mit dem Essen fertig.
h er sagte „nein".
i etwas war mit ihm los.
j er hatte so wenig gesagt.

2 Wählen Sie fünf Sätze aus. Jetzt schreiben Sie jeden Satz so, daß er mit dem Nebensatz anfängt.

Beispiel:

Obwohl er sonst immer sehr gesprächig war, war der Junge am Mittagstisch sehr still.

ANWENDUNG *und* ERWEITERUNG

 Zum Nachlesen: 1.8 Angst vor dem Vater

 Zum Nachschlagen: Perfekt und Imperfekt

 Zum Wiederholen: 1.2

 Zum Üben

Im ersten Teil dieses Texts (bis „… übers Haar") gibt es viele Beispiele des Perfekts und des Imperfekts. Finden Sie sie und erklären Sie, warum mal das eine, mal das andere vorkommt.

Unten finden Sie den Text eines Dialogs, der um 7 Uhr vormittags stattfindet. Alle Verben sind in der Gegenwart. Stellen Sie sich jetzt vor, der Dialog hätte erst um 7 Uhr abends stattgefunden. Schreiben Sie den Dialog so um, daß alle Verben in einer passenden Vergangenheitsform sind.

„Was machst du heute in der Schule?" fragt die Mutter.

„Wir schreiben eine Mathearbeit," antwortet der Sohn.

"Es regnet. Wer bringt dich dorthin?" will sie wissen.

„Ich fahre mit dem Bus," erwidert er.

„Wo eßt ihr nach der Schule?" fragt sie dann.

„Wir treffen uns alle in der Stadt und gehen zu McDonalds."

„Und wann kommst du nach Hause?"

„Ich bin gegen 3 Uhr wieder da, weil ich um 4 Uhr Training habe," teilt er ihr zum Schluß mit.

1.9

Streit zwischen Vater und Tochter

In diesem Bericht sind Tochter und Vater in Streit geraten. Lesen Sie den Artikel durch, dann machen Sie die Übungen.

Streit um Unterhalt

Mein Vater und ich, wir haben uns eigentlich immer recht gut verstanden. Bis er sich vor zwei Jahren entschlossen hat, nach Düsseldorf zu gehen. Mama sollte mitgehen. Ich wurde erst mal gar nicht gefragt. Es war irgendwie wohl selbstverständlich, daß ich auch mitgehen würde. Gute 16 Jahre war ich damals. Und voller Pläne. Anderer Pläne als die meiner Eltern.

Mein Vater saß im Wohnzimmer vor dem Kamin, als ich ihm sagte, ich würde nicht mit umziehen. Zuerst versuchte er, mich davon zu überzeugen, daß es das Beste für mich sei. Aber meine Schule und meine Freunde sind hier, in Berlin. Was soll ich in Düsseldorf? Vor allem wollte ich meinen damaligen Freund Ben auf keinen Fall verlieren. Ich habe meiner Oma tagelang vorgeheult, daß ich nicht weg wollte. Schließlich meinte sie, sie würde mir helfen. Gemeinsam suchten wir ein Appartement. Meine Oma hat es mir eingerichtet, mein Vater bezahlte die Miete. 500 Mark im Monat. Wenn meine Oma nicht jeden Monat Geld geschickt hätte, hätte es hinten und vorne nicht gereicht. So kam ich gerade mal über die Runden.

Dann, es war im Abiturmonat, hat mein Vater mir plötzlich die 500 Mark für die Miete gestrichen. Begründung: Er wäre hiermit vom Zeitpunkt meines Auszuges bis zum Zeitpunkt des fiktiven Abschlusses meiner Lehre für mich aufgekommen.

Das Abitur wäre nicht notwendig für die Ausbildung zur Werbekauffrau. Deshalb müsse er nicht mehr für mich bezahlen. Ich war erst mal völlig am Ende, habe meine Mutter angerufen. Sie konnte mir nicht helfen, steckte selbst bis zum Hals in Schwierigkeiten, weil sie sich scheiden lassen wollte.

Meine Oma schickte mir noch immer Geld. 200 Mark. 500 kostete die Miete. Dann mußte ich ja auch noch leben. Weil ich mitten im Abitur steckte, hatte ich nicht die mindeste Chance, Geld zu verdienen. Ich habe meinen Vater angerufen, habe gebettelt. Aber er blieb stur. Da ging ich zum Sozialamt, beantragte Sozialhilfe, weil ich nicht mehr weiter wußte. Die Freundin meines Vaters hat mir dann noch hier in Berlin eine Modellagentur vermittelt. Von denen erhielt ich ab und zu Geld. Bis mein Vater Wind davon bekam. Ich hatte inzwischen zwei Monate Sozialhilfe bezogen. Mein Vater drohte mir, meinen Zusatzverdienst zu melden. Mich als Betrügerin hinzustellen. Ich mußte also die Sozialhilfe zurückzahlen. Insgesamt runde 800 Mark waren das. Für zwei Monate.

Inzwischen hatte ich eine Lehre begonnen. Verdiente 500 Mark im Monat. Genau das Geld für meine Wohnung. Wovon sollte ich das Essen bezahlen? Mit meinem Vater war nicht zu reden. „Komm nach Düsseldorf", sagte er nur. Aber ich hatte doch meine Lehre hier. Sollte ich das alles aufgeben?

A Welche Satzteile gehören zusammen? Setzen Sie die richtigen Teile zusammen.

1 Anke und ihr Vater
2 Anke hat sich geweigert,
3 Ohne Omas Hilfe hätte sie
4 Kurz vor Ankes Abitur hat der Vater
5 Die Mutter war nicht imstande,
6 Anke war dazu gezwungen,
7 Sie mußte auch
8 Ihr Vater hat sie
9 Ankes Lehrgeld
10 Der Vater war immer
11 Anke behauptet, Sie wolle

a die Miete zum letzten Mal bezahlt.
b bei ihrem Vater um Gnade zu flehen.
c reichte nicht zum Essen.
d äußerst unvernünftig.
e sich die Wohnung nicht leisten können.
f hatten ein enges Verhältnis zueinander.
g nicht nach Düsseldorf ziehen.
h nach Düsseldorf zu ziehen.
i ihrer Tochter zu helfen.
j das Geld vom Sozialamt zurückzahlen.
k auch bedroht.

B Wie lauten diese Ausdrücke aus dem Text auf deutsch noch?

1 auf keinen Fall
2 Ich habe meiner Oma tagelang vor geheult.
3 hinten und vorne
4 Mein Vater hat die Miete gestrichen.
5 zum Zeitpunkt des fiktiven Abschlusses
6 er blieb stur
7 Die Freundin hat mir eine Modellagentur vermittelt.
8 mich als Betrügerin hinzustellen

---

der Unterhalt *support, maintenance*
über die Runden kommen *to just make it*
die Werbekauffrau *female advertising executive*
beantragen *to apply for*
melden *to report*

C Überlegen Sie folgende Details aus dem Text. Haben Sie Mitleid für Anke oder nicht? Kreuzen Sie die passende Antwort an und erklären Sie Ihre Gründe:

Detail	Ja	Nein	Warum?
1 Ich hatte andere Pläne als meine Eltern			
2 Ich würde nicht mit umziehen			
3 Ich habe meiner Oma tagelang vorgeheult			
4 Vor allem wollte ich meinen damaligen Freund Ben auf keinen Fall verlieren			
5 Mein Vater blieb stur			
6 Er drohte mir, meinen Zusatzverdienst zu melden			

1.10

Eine neue Lebensdimension für Natalie

Glücklicherweise können Mißverständnisse aus dem Weg geräumt werden, wie Sie im folgenden Bericht lesen werden.

Glücksformel: Mit 16 ein eigenes Leben

Ärger: Natalie und ihre Mutter. Das hieß Streit. Ständig. Über Klamotten, Schule, Zimmereinrichtung, wie lange der Besuch bleiben durfte. Natalie: „Ich fühlte mich nicht ernst genommen, nur gegängelt. Für Mutter, die meinen Bruder und mich allein großzog, war ich immer noch ihr kleines Mädchen." Soweit nichts Ungewöhnliches, wenn man 16 ist.

Herausforderung: Sie entdeckte das Buch „Wie meine Mutter" von Nancy Friday. Ein Kultbuch. Diese Beschreibung einer konfliktreichen Mutter-Tochter-Beziehung kam ihr wie der Spiegel ihres eigenen Problems vor. „Mir wurde bewußt: Du mußt fort, mußt deinen eigenen Weg finden." Natalie wollte unbedingt ausziehen, raus aus der Liebesfalle. Die Mutter tat ihre Pläne als Kindereien ab, traute ihr keine Eigenverantwortung zu: „Allein kommst du nie zurecht, du weißt doch nicht mal, wie man eine Waschmaschine bedient. Und wer würde dir was vermieten."

Verwirklichung: „Ich wollte es ihr zeigen, mußte es einfach schaffen." Natalie suchte eine Wohnmöglichkeit. Nur erstaunte Ablehnungen. Dann die Gunst des Zufalls: Sie traf eine alte Freundin, die im selben Haus wie ihre Großeltern wohnte, aber ganz für sich. Ihr Angebot: „Komm doch zu mir." Damit war schließlich auch die Mutter einverstanden. Natalie zog sofort um. Toll: „Eine neue Lebensdimension. Eigenständigkeit, Offenheit. Wir sitzen oft zu zehnt um den Tisch." Weil sie von ihrer Mutter nur wenig Geld bekam, jobbte sie in einer Kneipe, gab Nachhilfe in Mathe. Machte Abitur.

Lebensgefühl heute: Energiegeladen. Freude und Neugier auf die Zukunft: „Ich schaffe alles." Gesangsausbildung, die Liebe, den Job.

Natalie Groß, 21:
Mit 16 hat sie sich freigestrampelt.

A   Sie haben hier den Text des Interviews mit Natalie. Unten stehen in der falschen Reihenfolge einige Fragen, die die Journalistin gestellt hat. Finden Sie Natalies Antworten aus dem Text:

1 Was hat die Freundin dir gesagt?
2 Warum hast du eigentlich dein Zuhause verlassen?
3 Wie würdest du jetzt deine Weltanschauung beschreiben?
4 Was hast du aus dem Buch gelernt?
5 Wie hat deine Mutter dich behandelt?
6 Was mußte deine Mutter lernen?
7 Was hat deine Mutter dazu gesagt?

B   Mit welchen von Natalies Ideen und Meinungen können Sie sich identifizieren oder nicht identifizieren? Kreuzen Sie passend an:

	Ja	*Nein*
1 Ich fühle mich nicht ernst genommen		
2 Ich fühle mich nur gegängelt		
3 Für meine Mutter/meinen Vater bin ich immer noch ein kleines Kind		
4 Ich muß meinen eigenen Weg finden		
5 Ich muß heraus aus der Liebesfalle		
6 Meine Eltern tun meine Pläne als Kindereien ab		
7 Sie trauen mir keine Eigenverantwortung zu		

Und was fühlen Sie jetzt?

Meine Eltern . . .

8 und ich verstehen uns gut.		
9 sind sehr nachsichtig mir gegenüber.		
10 leisten mir viel Beistand.		
11 sind immer da, wenn ich sie brauche.		
12 und ich streiten uns selten.		
13 und ich kommen gut miteinander aus.		

C   *Gruppenarbeit*

1 Fragen Sie Ihren Partner/Ihre Partnerin, wie er/sie die Tabelle ausgefüllt hat, um festzustellen, wo Sie sich einig oder uneinig sind.
2 Finden Sie heraus, wie die Mitglieder der Großgruppe die Tabelle ausgefüllt haben, und machen Sie eine Tabelle für diese Großgruppe.

D   *Selbständig*

Schreiben Sie zwei oder drei Absätze, worin Sie beschreiben, wie Sie mit Ihren Eltern auskommen.

ANWENDUNG *und* ERWEITERUNG

Zum Nachlesen: 1.10 Eine neue Lebensdimension

Zum Nachschlagen: Pronomen

Zum Üben

1 Finden Sie die Pronomen, die in diesem Artikel vorkommen.

2 Füllen Sie die Lücken in dieser Zusammenfassung des Interviews mit den richtigen Pronomen aus.

Natalies Mutter ließ ____ wenig Freiraum. Obwohl Natalie viel Verständnis für ____ hatte (____ hatte ja Natalie und ihren Bruder allein großgezogen), wurde das Leben zu Hause immer schwieriger. Langsam wurde ____ bewußt, daß ____ ausziehen mußte. Als Natalie ihrer Mutter von ihren Absichten erzählte, wollte ____ ____ erst gar nicht glauben. ____ traute ____ einen solchen Schritt gar nicht zu. Am Anfang hatte Natalie große Schwierigkeiten, ihre Idee zu verwirklichen. Dann traf ____ eine alte Freundin, die eine kleine Wohnung für ____ hatte. Diese Freundin sagte, daß Natalie zu ____ ziehen sollte. Jetzt ist Natalie glücklich. ____ studiert, verdient Geld und fühlt ____ frei!

3 Schreiben Sie den Text nochmal aus. Machen Sie die folgenden Änderungen:

| Natalie | > Nikolas | Bruder | > Schwester |
| Mutter | > Vater | Freundin | > Freund |

1.11

Wo warst du, Adam?

Sie haben gelesen, wie Natalie „'raus aus der Liebesfalle" ausziehen wollte, weil sie sich nur „gegängelt" fühlte. Lesen Sie jetzt diesen Ausschnitt aus *Wo warst du, Adam?* von dem weltberühmten Schriftsteller Heinrich Böll und fragen Sie sich, was Oberleutnant Dr. Greck mit Natalie gemeinsam haben könnte.

> Greck sah die Schiffschaukel. Er war noch nie im Leben Schiffschaukel gefahren. Diese Vergnügungen waren ihm nicht vergönnt gewesen; sie waren verboten in seiner Familie, weil er erstens krank war und weil es zweitens sich nicht gehörte, so öffentlich, blöde wie ein Affe, in der Luft herumzuschaukeln. Und er hatte nie etwas Verbotenes getan – heute zum erstenmal, und gleich etwas so Schreckliches, fast das Schlimmste, etwas, was sofort das Leben kostete. Greck spürte, daß die Erregung ihm im Halse saß, und er wankte schnell und doch taumelnd in der Sonne über den leeren Platz auf die Schiffschaukel zu.
>
> Er war zugleich stolz und ängstlich, und er fand es herrlich, daß er den Mut gehabt hatte, auf diese Schiffschaukel zu gehen. Er würde seiner Mutter darüber schreiben. Nein, besser nicht. Mutti hatte kein Verständnis dafür.

---

die Schiffschaukel *swing-boats*
die Vergnügung *pleasure*
die Erregung *excitement*
taumeln *to sway, stagger*
das Verstandnis *understanding*

A Schreiben Sie sich die Informationen aus dem Text unter den folgenden Überschriften heraus: Grecks Lebensweise; Sein neues Vergnügen; Der Einfluß seiner Eltern.

B Erklären Sie (ca. 50 Wörter), was Greck gerade gemacht hat und warum.

C Übersetzen Sie ins Englische von „Greck sah die Schiffschaukel …" bis „… hatte nie etwas Verbotenes getan".

ANWENDUNG *und* ERWEITERUNG

 Zum Nachlesen: 1.11 Wo warst du, Adam?

 Zum Nachschlagen: Imperfekt und Plusquamperfekt

Zum Wiederholen: 1.8

 Zum Üben

Finden Sie die Beispiele des Imperfekts und des Plusquamperfekts, die im Text vorkommen.

Schreiben Sie diese Sätze auf. Ein Verb soll immer im Imperfekt sein; eins soll im Plusquamperfekt sein.

1 Vor dem Urlaub in Spanien (essen) ich nie Paella, dann (essen) ich jede Menge.
2 Bis letzten Freitag (fliegen) er nur einmal, dann (fliegen) er zweimal an einem Tag.
3 Bis dahin (tun) sie nie etwas Verbotenes, aber der Richter (sein) trotzdem sehr streng.
4 Bis zu meinem zehnten Geburtstag (besuchen) ich London dreimal; in den folgenden zwanzig Jahren (fahren) ich nie wieder dahin.
5 Bis zum zwanzigsten Jahrhundert (wissen) die Menschen nichts über die Luftfahrt, während man in den darauffolgenden Jahrzehnten riesige Fortschritte (machen).
6 Vor Neil Armstrong, der im Jahre 1969 (dorthin fliegen), (stehen) kein Mensch auf dem Mond.
7 Vor der Erfindung der Druckmaschine (schreiben) die Mönche alles mit der Hand, danach (werden) die Arbeit viel leichter.

1.12

Freundschaft – was ist das für Sie?

Freundschaft ist nicht Liebe und … doch! Viele Leute würden sagen, daß Freundschaft und Liebe nicht so verschieden sind. Was ist Ihr Standpunkt? Hier äußern einige Deutsche ihre Meinungen über die Natur der Freundschaft.

A Hören Sie Uzun Bulut, Anne Haigis, Susanne Hitze, Ida Ehre und Benjamin Janz gut zu. Wer sagt was?

	Uzun	Anne	Susanne	Ida	Benjamin
1 Freunde sollten einen nicht auslachen.					
2 Echte Freundschaft kommt nicht schnell.					
3 Sie macht einen Unterschied zwischen guten und anderen Freunden.					
4 Die Freunde bilden eine internationale Auswahl.					
5 Vertrauen ist wesentlich für die Freundschaft.					
6 Man klatscht nicht über private Sachen.					
7 Man sollte vieles gemeinsam haben.					
8 Im Showbusineß finden sich selten echte Freunde.					

B Vervollständigen Sie folgende Sätze, die einige Meinungen und Ideen aus dem Text zusammenfassen:

1 Ehrlichkeit unter Freunden ist …
2 Echte Freundschaft wächst …
3 … seine Freunde nicht verspotten.
4 Man unterscheidet oft zwischen besten Freunden …
5 Klatsch kann …
6 Freunde nutzen einander …
7 Gute Freunde unternehmen …

C Selbständig

1 Finden Sie die Ideen über Freundschaft im Hörtext, mit denen Sie sich am besten identifizieren können, und nehmen Sie kurz dazu Stellung.
2 Dann nehmen Sie die Kurzfassung auf Kassette auf.

1.13

Freundschaft steht nicht still

Lesen Sie jetzt einen Magazinartikel, in dem die Art und Weise analysiert wird, wie sich die Freundschaft und ihre Bedeutung sich während der letzten Jahrhunderte geändert haben.

FREUNDSCHAFT

Viele Freunde zu haben ist heute wichtiger denn je. Noch in den 50er Jahren schrieb man das Familienleben groß und hatte daneben nur wenige enge und sehr tiefe Freundschaften. In den sechziger Jahren wurden Familie und enge individuelle Freundschaften für kleinbürgerlich und sektiererisch erklärt, und fortan wurde Gruppen- und Kommunenleben großgeschrieben. In den Siebzigern machte man nichts als Karriere, in den 80ern besann man sich wieder auf die Freizeit, und in den 90ern bekommt Freundschaft eine nie dagewesene Bedeutung. Was in anderen Ländern die Großfamilie oder die Sippe ist, wird in Amerika und Deutschland immer mehr der individuelle Freundeskreis.

Der Freundschaftsbegriff hat eine Neubewertung erfahren. Wurden Menschen, die sich um einen größeren Freundeskreis bemühten, noch von der Generation unserer Eltern als seicht und oberflächlich abgestempelt, sieht man den Begriff Freundschaft heute ganz anders. Mehrere gute Freunde zu haben, so sagen Psychologen inzwischen, ist ein Grundbedürfnis des Menschen. „Ein Mangel an genügend Freunden", so der Psychologe Wolfgang Krüger („Das schwierige Glück der Freundschaft", Piper), „hat ähnliche Auswirkungen auf die Seele wie falsche Ernährung auf den Körper. Wer zuwenig gute Freundschaften hat, ist in Gefahr, seelisch krank zu werden".

---

kleinbürgerlich   *lower middle-class (approximately)*
die Großfamilie   *the extended family*
die Sippe   *the clan*
oberflächlich   *superficial*
das Grundbedürfnis   *basic requirement*
die Auswirkung   *effect*
seelisch   *spiritually, mentally*

A   Was ist hier falsch? Was ist hier richtig? Kreuzen Sie passend an.

	Richtig	Falsch
1 Es war immer genauso wichtig wie heute, Freunde zu haben.		
2 Vor den 60er Jahren war die Familie wichtiger als Freundschaften außerhalb der Familie.		
3 In den 70er Jahren wurden Gruppenfreundschaften Mode.		
4 Im nächsten Jahrzehnt war man freier, eine bessere Karriere zu wählen.		
5 Freunde haben dieselbe Bedeutung in der BRD wie in den USA.		
6 Heute betrachten wir „Freundschaft" anders als früher.		
7 Wenn man mehrere gute Freunde hat, kann das laut Psychologen gefährlich sein.		

B   Finden Sie im Text andere Ausdrücke für:

1 man hielt für sehr wichtig
2 von diesem Zeitpunkt an
3 man erinnerte sich an
4 Laufbahn
5 sich anstrengen
6 nichtig
7 eine Knappheit

ANWENDUNG *und* ERWEITERUNG

 Zum Nachlesen: 1.13 Freundschaft steht nicht still

Zum Nachschlagen: Wortstellung

Zum Üben

1 Lesen Sie den Artikel noch einmal durch. Schreiben Sie eine kurze Zusammenfassung, die aus fünf Sätzen besteht. Benutzen Sie die Tabelle unten, um die fünf Sätze zusammenzustellen.

	Verb	Objekt	Präp.	Was?
a In den 50er Jahren	erklärte man	sich	auf	die Karriere
b Im Laufe der 60er Jahre	besann man	die Familie	um	einen großen Freundeskreis
c Während der 70er Jahre	hielt man	sich	für	sehr wichtig
d Dann in den 80er Jahren	kümmert man	das Familienleben	für	überflüssig
e Jetzt in den 90er Jahren	konzentrierte man	sich	auf	die Freizeit

2 Schreiben Sie die fünf Verben, die Sie hier finden, in ihrer Grundform (Infinitiv) auf. Benutzen Sie diese Verben, um fünf weitere Sätze zum Thema „Freundschaft" zu bilden.

1.14

Der Egoismus-Test

Freundschaften können scheitern, wenn man vergißt, rücksichtsvoll gegenüber seinen Freunden zu sein. Von Zeit zu Zeit sind die meisten Leute selbstsüchtig, zu egoistisch. Aber sind *Sie* wirklich egoistisch?

A Machen Sie den folgenden Test und finden Sie heraus, wie Sie sind.

Muß es immer nach deinem Kopf gehen oder bist du zu Kompromissen bereit? Vielleicht fehlt dir aber auch eine Spur gesunder Egoismus? Unser Test verrät es dir …

GIRL! PSYCHO

1. Deine beste Freundin wird ausgerechnet kurz vor einer Super-Fete krank. Sie bittet dich darum, auf dem Weg zur Party kurz bei ihr hereinzuschauen. Wie verhältst du dich?
A Du bringst ihr eine Hühnersuppe mit.
B Du sagst ihr, daß das auf keinen Fall geht. Sie könnte dich ja anstecken, und dann möchtest du auf keine Sekunde Party-Spaß verzichten.
C Du läßt die Fete sausen, leihst dir ein Video aus und verbringst einen gemütlichen Abend mit ihr.

2. Deine WG-Mitbewohnerin hat Kekse, die du in deinem Zimmer aufbewahrt hast, gegessen.
A Du versteckst deine Kekse in Zukunft. Wenn sie welche möchte, kann sie sich ja selbst kaufen!
B Beim nächsten Einkauf besorgst du doppelt soviele Kekse.
C Du sagst ihr, daß es dir nichts ausmacht, wenn sie bei dir mitißt, wenn sie sich an den Kosten beteiligt.

3. Du hast gerade das Haus verlassen, um dich mit Freunden zu einem Kinoabend zu treffen. Die Autoschlüssel hast du schon in der Hand, als deine Schwester darauf besteht, daß sie den Wagen jetzt bekommt.

A Du sagst ihr, daß du fest mit dem Auto gerechnet hast, daß du sie aber gerne überall absetzt. Das nächste Mal kann sie dann das Auto haben.
B Du teilst ihr mit, daß sie sich ein anderes Transportmittel suchen muß.
C Du gibst ihr die Schlüssel und läßt dich von einem Freund abholen.

4. Du paukst gerade für die wichtige Mathearbeit am nächsten Tag, als deine beste Freundin mit tränenerstickter Stimme bei dir anruft, nachdem sie nun zum dritten Mal Schluß mit ihrem Freund gemacht hat.
A Du läßt das Lernen sein und gehst zu ihr, um sie zu trösten.
B Du sagst ihr, daß du jetzt keine Zeit hast und legst den Hörer auf. Weiß sie nicht, daß du lernen mußt?
C Du sprichst eine Viertelstunde mit ihr und machst mit ihr ein Treffen morgen nach deiner Mathearbeit aus.

5. Eine Freundin von dir hat ernsthafte Probleme mit der Differential-Rechnung – einem Stoff, den du vom letzten Schuljahr noch in böser Erinnerung hast. Sie bittet dich, ihr dabei zu helfen.
A Du sagst ihr, daß du dich an gar nichts mehr erinnern kannst. Sie muß sich selbst durchbeißen!
B Du lernst mit ihr jeden Tag, bis sie es verstanden hat.

C Du gibst ihr deine alten Aufzeichnungen und einige Tips für die Klassenarbeit.

6. Du hast dich gerade für ein Rendezvous zurechtgemacht, als deine Mutter völlig erschöpft von der Arbeit nach Hause kommt.
A Du fragst sie, wann das Abendessen fertig ist. Schließlich hast du um acht Uhr eine wichtige Verabredung.
B Du entschließt dich, das Abendessen für die ganze Familie zu machen. Es macht nichts aus, wenn du zu deiner Verabredung etwas zu spät kommst.
C Du schlägst vor, zum Abendessen eine Pizza zu bestellen.

7. Kurz nach deinem Eintreffen auf einer Party erkennst du, daß der Abend bestimmt langweilig wird. Du willst gehen. Deine Freundinnen, die du in deinem Auto dorthin mitgenommen hast, wollen aber bleiben.
A Du einigst dich mit ihnen, noch eine Stunde zu bleiben.
B Du bestehst darauf, sofort zu gehen. Deine Freundinnen müssen entweder mitkommen oder sich später eine Mitfahrgelegenheit nach Hause suchen.
C Du bleibst solange, bis du sicher bist, daß deine Freundinnen eine andere Mitfahrgelegenheit haben.

8. Eine Freundin will sich die zwei CDs ausleihen, die du gerade gekauft hast, um sie zu überspielen. Du willst sie dir aber erst eine Woche anhören, bevor du sie ausleihst.
A Du schlägst deiner Freundin vor, die CDs bei dir zu Hause zu überspielen.
B Du hörst die CDs in der Nacht und leihst sie ihr am nächsten Tag.
C Du läßt deine Freundin warten, bis du die CDs nicht mehr hören kannst. Schließlich bist du diejenige, die sie gekauft hat!

9. Du hast dir das Sweatshirt deiner Freundin ausgeliehen und mit Ketchup einen Fleck darauf gemacht.
A Du versuchst, den Fleck mit einer Bürste zu entfernen und betest, daß das auch funktioniert.
B Du kaufst ihr ein neues Sweatshirt.
C Du legst das Sweatshirt in ihr Zimmer, wenn sie gerade nicht hinschaut. Wenn sie dich später auf den Fleck anspricht, sagst du ihr, daß er schon darauf war, als du es dir geliehen hast.

10. Du willst mit einer Freundin ins Kino. Sie will sich „Schtonk" anschauen, du aber den „Liebhaber".
A Du setzt ihr die Pistole auf die Brust: Entweder der „Liebhaber" oder gar nichts!
B Ihr werft eine Münze.
C Du gibst nach.

B *Arbeit zu zweit*

Zeigen Sie Ihre Antworten Ihrem Partner/Ihrer Partnerin und vergleichen Sie Ihre Ergebnisse (Auswertung auf Seite 16).

1 In welchen Fragen sind Sie einer Meinung?
2 In welchen Fragen sind Sie anderer Meinung?
3 Mit Hilfe der Auswertung versuchen Sie zu entscheiden, welche Person mehr oder weniger egoistisch ist!

Folgende Ausdrücke werden dabei helfen:
  – Was hast du zu Frage 2 gesagt/geschrieben?
  – Warum hast du A/B/C gewählt?
  – Das bist du (nicht)!
  – Das würdest du (nicht) tun!
  – Das ist typisch für dich.
  – Es ist immer so bei dir.

C *Selbständig*

Sie haben einen schwierigen Freund/eine schwierige Freundin. Mit dem Fragebogen als Hilfsmittel, schreiben Sie dieser Person einen Brief (120 Wörter), worin Sie versuchen zu erklären, warum sie keine Einladungen zu Partys kriegt!

A Was ist hier richtig? Was ist hier falsch?

1 Konrads zwei Freundinnen stammen aus derselben Gesellschaftsschicht wie er.

2 Konrads Verhältnis zur Klassenkameradin ist ziemlich wechselhaft.

3 Diese zwei Menschen können sehr intim miteinander sprechen.

4 Konrad scheint nichts mit anderen Jugendlichen, von den zwei Freundinnen abgesehen, zu tun zu haben.

5 Der Brief klingt selbstbewußt.

6 Konrad braucht diese zweite Freundin nicht als Geliebte.

7 Evelyn weiß genau, was sie tun soll.

8 Nach Meinung der Eltern kann Evelyn Freunde, aber keinen festen Freund haben.

9 Evelyn versteht nur halb.

10 Sie ist bereit, sich unehrlich zu verhalten.

11 Was jugendliche Beziehungen betrifft, sollte Evelyn Probleme mit den Eltern erwarten.

12 In zwei Jahren wird alles anders sein.

1.15

Ein Rat für Konrad und Evelyn

Wenn man anfängt, erwachsen zu werden, können Freundschaften kompliziert sein. Konrad scheint unter reiner Freundschaft und mehr intimen Beziehungen wählen zu müssen. Evelyn leidet unter Elterndruck. Lesen Sie, was sie zu sagen haben.

Konrad (18)
ICH WILL SIE ALS „BESTEN FREUND"

Seit zwei Jahren habe ich eine Freundin. Und dann gibt es in meiner Klasse noch ein Mädchen, das ich sehr gerne mag. Früher war ich sogar verknallt in sie. Zwischen uns beiden war die Beziehung schon immer anders als bei den anderen. Viele sagen, daß sie mich anmacht. Doch es ist so, daß wir entweder total viel Spaß haben oder wochenlang überhaupt nicht reden. Kürzlich waren wir zusammen auf einer Party und haben über sehr private Dinge gesprochen. Das war auch der Anlaß für meinen Brief. Ich wünsche mir, daß wir richtig gute Freunde werden. Ich möchte sie als meinen „besten Freund". Sie ist seit langem der einzige Mensch, der mich interessiert. Wie kann ich sie als Freundin gewinnen?

LIEBER KONRAD!
Deine Klassenkameradin ist der einzige Mensch, der Dich seit langem interessiert. Und Deine Freundin? Vielleicht ist Deine Freundschaft angeknackst? Vielleicht könnte Dich das Mädchen sexuell interessieren. Ganz vorsichtig möchte ich Dir also sagen, ich höre aus Deinem Brief Angst heraus. Angst vor neuen Kontakten. Wieso interessieren Dich andere so wenig? Ich denke, Du machst sehr schnell zu, wenn es um Kontakte geht, um die tagtäglichen Kontakte zu den anderen. Wo ist die Wachheit für andere? Diese Neugierde läßt Du nicht zu. Diese Unbeweglichkeit im Umgang mit anderen könnte Dir eines Tages zum Stolperstein werden.

Evelyn (15)
ICH DARF KEINEN FREUND HABEN

Ich bin sehr verzweifelt und weiß keinen Rat, wie ich mir helfen soll. Ich habe einen Freund, der drei Jahre älter ist als ich. Wir verstehen uns gut, aber es gibt einen Grund, der mich zwingt, mit ihm Schluß zu machen. Meine Eltern. Sie erlauben mir keinen Freund. Sie meinen, daß eine normale Freundschaft okay ist, eine ernste Beziehung jedoch nicht. Meine Mutter meint, daß ich meine Jugend ohne Freund genießen und vielleicht so in zwei Jahren etwas Festes anfangen soll. Einerseits verstehe ich sie ja, andererseits auch wieder nicht, weil ich ihn sehr mag. Ich möchte nicht heimlich mit ihm gehen, da ich mich sehr mies fühlen würde. Ich will eine Lösung finden, mit der ich und meine Eltern einverstanden sind.

LIEBE EVELYN!
Eine Lösung, mit der Deine Eltern und Du einverstanden seid, gibt es nicht. So schmerzvoll diese Erfahrungen für beide Seiten sind: Jungen, Freundschaft, Sexualität sind Gebiete, aus denen Eltern ausgeklammert werden. Jugendliche müssen dafür in Kauf nehmen, daß es Krach gibt. Wenn Du diesen Krach jetzt nicht riskierst, kann ich Dir eine düstere Prophezeiung machen: Deine Eltern werden in Deiner Hochzeitsnacht in der Besucherritze schlafen. Du findest das übertrieben? Verfolge den Gedanken der Eltern: Jetzt sagen sie: „In zwei Jahren darfst Du einen Freund haben." Was ändert sich in zwei Jahren? Dann werden die Eltern sagen: „Erst der Beruf, dann der Freund."

B Wie sagt man anders auf deutsch:

1 er macht mich an
2 der Anlaß für meinen Brief
3 Wo ist die Wachheit für andere?
4 diese Unbeweglichkeit im Umgang
5 ich weiß keinen Rat
6 Schluß mit ihm machen
7 ich soll etwas Festes anfangen
8 Gebiete, aus denen Eltern ausgeklammert
werden

C *Arbeit zu zweit*

Person A nimmt an einem
Radiotelefongespräch teil.
Person B ist der/die Interviewer(in).

Person A wählt Konrads oder Evelyns Problem
und spricht wie diese Person.
Person B versucht, Rat zu geben.

1.16

Die Urlaubsliebe

Die erste Liebe ist oft eine Urlaubsliebe, die höchst trügerisch und enttäuschend sein kann. Kennen
Sie schon die Geschichte von Uwe und Michaela und den Hilferuf in diesem Magazinbrief?

DER HILFERUF DER WOCHE

„Diese Urlaubsliebe kann ich nicht vergessen"

In den Osterferien durfte ich zum ersten Mal alleine mit meiner älteren Schwester und deren Freund nach Ibiza fahren. Ich freute mich schon Wochen vorher darauf, denn ich hatte schon viel von dem tollen und freien Leben dort gehört. Schon als ich am Flughafen dort ankam, habe ich mich ganz toll gefühlt, und ich konnte kaum den Abend erwarten, denn meine Schwester wollte mir die ausgeflippten Cafés in Ibiza-Stadt zeigen. Ich fühlte mich wie in einer anderen Welt – einer Traumwelt.

Als wir um Mitternacht in die Disco „Pacha" gingen und den Song von Joe Cocker „Unchain my heart" hörten, war meine Seele wie befreit und ich tanzte wie

entfesselt. Plötzlich sah ich neben mir ein Mädchen tanzen, die wie eine Traumprinzessin aussah. Sie lächelte mich an, und ich verlor den Boden unter den Füßen.

Ab diesem Zeitpunkt verbrachten Michaela aus Wien und ich jede freie Minute miteinander. Ihre Küsse und ihre Zärtlichkeit waren so aufregend. Ich hatte so etwas vorher noch nicht erlebt. Es war so, als würde ich sie schon lange kennen, und wie willenlos und voller Euphorie liebten wir uns am Strand. Ich werde sie und die wunderschöne Zeit nicht vergessen. Hier in Deutschland bin ich alleine; mir bleiben nur meine Träume und ein kleiner weißer Zettel, auf dem ihr Name und ihre Adresse stehen. *Uwe, 17*

Ich kann verstehen, daß Du Dich noch in einer Art Trance befindest. Einen Zustand, den Du so lange wie möglich aufrechterhalten solltest, denn er verblaßt leider viel zu schnell, und das wirkliche Leben holt Dich ein.

Aber Du darfst jetzt nicht automatisch denken, daß Dir so etwas

nicht wieder passiert. Im Urlaub sind die Voraussetzungen für eine Liebe ideal – Du bist in bester Laune, unbeschwert, voller Unternehmungsgeist. Du bist offen für Gefühle – und dann passieren sie auch. Du hast es erlebt. Du weißt, daß Du die Möglichkeit hast, Michaela zu schreiben – Ihr könnt Euch sogar für den nächsten Urlaub wieder verabreden. Es ist jedoch zweifelhaft, ob Du am gleichen Ort mit dem gleichen Mädchen das Gleiche empfinden wirst. Es ist aber durchaus möglich, daß Du an einem anderen Ort, mit einem anderen Mädchen andere Gefühle erleben wirst, und das ist dann genauso aufregend und spannend – oder noch mehr!

ausgeflippt	*way-out*
entfesselt	*unleashed, freed from my restrictions*
die Zärtlichkeit	*tenderness*
verblassen	*to fade*
die Voraussetzungen	*pre-conditions*
sich verabreden	*to fix a (mutual) date/appointment*

A Beantworten Sie folgende Fragen:

1 Warum war Uwe ziemlich aufgeregt gerade nach seiner Ankunft in Ibiza?
2 Inwieweit war Ibiza anders als der Alltag?
3 Welcher Laune war Uwe in der Disco?
4 Wie hat er auf das Mädchen reagiert?
5 Was war so einzigartig an Michaela?
6 Erklären Sie Uwes Problem in Deutschland.
7 Wie beschreibt die Beraterin Uwes Geistesverfassung?
8 Wovor warnt sie Uwe?
9 Was für Möglichkeiten hat Uwe vor sich?

B *Arbeit zu zweit*

Sie und Ihr Partner/Ihre Partnerin haben den Brief gelesen und Uwe darin erkannt. Er ist ein Kamerad von Ihnen. Ihr Auftrag: Entscheiden Sie, wie Sie die Lage mit Uwe (der wirklich Klaus heißt) besprechen können, und was für Beistand Sie leisten können. Die Redewendungen im Kästchen werden Ihnen helfen.

Nützliche Redewendungen
eine schöne Bescherung!   *a fine state of affairs*
imstande sein . . .   *to be in a position to*
eine schwierige Lage   *a difficult situation*
Beistand leisten   *to give support*
einen Vorschlag machen   *to make a suggestion*
mit X Kontakt aufnehmen   *to get in contact with X*

C *Selbständig*

Übersetzen Sie die folgende Fassung des Briefes ins Deutsche.

I was really looking forward to my first holiday alone in my dream world, Ibiza. When I got there, I felt a free spirit, danced wildly and met my dream man (dream woman) on the dance floor of the hotel. From the first moment, we wanted to spend all our time together. Neither of us had ever experienced anything like it, for it was as if we had always known each other and we will never forget that wonderful time. I say 'we', but I can only hope that he/she felt the same way because I have lost the slip of paper with his/her name and address on it! (S)He was called Uwe/Uschi. Please help me to find him/her!

1.17

Cindy und Caro

Kapiert? Was ist die Pointe des Cartoons? Schreiben Sie „richtig", „falsch" oder „kann sein" neben den folgenden Sätzen.

1 Die Zeichnung ist höchst ironisch.
2 Bobs Begegnung ist schicksalhaft.
3 Caro hat andere Ideen.
4 Horoskope sind reiner Quatsch!
5 Cindy kann auch ihren Mann haben, wenn sie die Horoskope vergißt.
6 Diese Zeichnung ist sexistisch. Wir sollen glauben, Frauen reagieren immer auf Horoskope.

1.18

Isabell und Thomas

In der nächsten Einheit arbeiten wir zum Thema „Ausgehen". Aber hören Sie zunächst einmal, was Isabell über das Gesetz sagt, und wie ihre Eltern darauf reagieren. Über das Gesetz – was für ein Gesetz? Wußten Sie schon, daß man in Deutschland, wenn man unter sechzehn ist, um zehn Uhr zu Hause sein muß?

Arbeit zu viert

Person A und *Person B* sind der Interviewer/die Interviewerin und Isabell. *Person C* ist ein(e) englischsprachige(r) Freund(in), der/die auch Deutsch spricht. *Person D* kann kein Deutsch.

Person A und *Person B* sprechen die Rollen, *Person C* dolmetscht für *Person D*.

E_inheit_ **2**

W_ir schwärmen dafür_

In Einheit 2 sprechen
Jugendliche über ihre Hobbys,
Interessen und Leidenschaften.
Schwärmen Sie für ähnliche
Dinge?

2.1

Jugendliche sprechen

A Diese Jugendlichen interessieren sich für
Musik. Hören Sie den Gesprächen gut zu und
füllen Sie die Tabelle passend aus:

	Ines	_Dominik_	_Peter_	_Britta_	_Isabell_	_Sebastian_
Ich interessiere mich für:						

B Hören Sie nun, was Britta über ihre Freizeit und Hobbys sagt. Dann füllen Sie die Lücken in der Transkription des Gesprächs:

Frage Also, darf ich mal mit dir _____? Wie heißt du?
Britta Britta.
Frage Und wie alt bist du?
Britta _____.
Frage Und was hast du für Hobbys?
Britta Jazztanz, Lesen, ins Kino gehen.
Frage _____ du relativ viel Sport, also so was wie Jazztanz?
Britta Nee, einmal die Woche halt. Und _____, aber sonst …
Frage Gehst du auch oft aus?
Britta Abends? Schon, ja. _____ Wochenende.
Frage Und mit _____ gehst du aus? Mit Freunden oder mit deinen Eltern?
Britta Mit Freunden oder _____ mit meiner Schwester.
Frage Und was machst du dann? _____ gehst du?
Britta Ja, _____ ins Kino oder Disco, oder ins Café oder zu Freunden, 'n Video ansehen oder _____ spielen, also Gesellschaftsspiele oder so Sachen.

C *Selbständig*

Ihr Austauschpartner/Ihre Austauschpartnerin möchte gern wissen, was Sie für Hobbys und Interessen haben. Machen Sie eine Aufnahme auf Kassette, worin Sie beschreiben, wie Sie Ihre Freizeit verbringen.

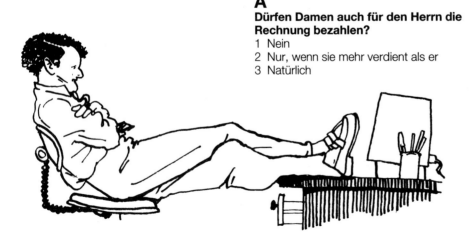

2.2

Wie würden Sie sich benehmen?

Es ist schön, viel Freizeit und aktive Hobbys zu haben. Aber, wenn man kein gutes Verhältnis zu den anderen hat, so hat man keine Freunde, die die Freizeit mit einem teilen wollen.

A Machen Sie diesen Test, um herauszufinden, ob Sie die wichtigsten Umgangsformen beherrschen.

GROSSER BENIMM-TEST
Kann man sich mit Ihnen sehen lassen?

Das Deo des Gastgebers benutzen, die Buffet-Dekoration mitessen: Darf man's – oder darf man's nicht? Zwei von 15 Fragen zum neuen guten Ton. Finden Sie selbst heraus, ob Sie die wichtigsten Umgangsformen beherrschen oder eher von Blamage zu Blamage schlittern

A
Dürfen Damen auch für den Herrn die Rechnung bezahlen?
1 Nein
2 Nur, wenn sie mehr verdient als er
3 Natürlich

B
Im Büro lässig die Füße auf den Tisch legen – darf man das?
1 Ja, solange man allein ist
2 Nein

C
Ein Herr greift zur Zigarette. Darf die Dame ihm Feuer geben?
1 Klar. Ein Raucher gibt dem anderen Feuer
2 Nein
3 Nur, wenn beide sich gut kennen

D
Sie schauen gerade einen spannenden Krimi, da kommt unerwarteter Besuch. Muß der Fernseher abgestellt werden?
1 Ja, sofort
2 Nein, der Besucher kann ja mitgucken
3 Nur, wenn der Besucher darum bittet

E
Ein Paar betritt ein Restaurant. Wer geht zuerst durch die Tür?
1 Die Frau kann vorgehen, wenn sie die Gastgeberin ist oder das Lokal gut kennt
2 Der Mann
3 Immer die Frau

F
Ein festliches Essen, Sie müssen dringend mal den Tisch verlassen …
1 Sie nicken freundlich in die Runde, bevor Sie gehen
2 Sie entschuldigen sich leise beim Nachbarn, um den Ablauf nicht zu stören
3 Sie gehen wortlos

G
Man kommt gehetzt und verschwitzt zu einer Party. Darf man das Deo des Gastgebers benutzen?
1 Auf keinen Fall
2 Nur, wenn es ein Spray ist
3 Was auf der Gästetoilette steht, darf man benutzen

H
Im Restaurant – darf die Dame ihr Make-up bei Tisch auffrischen?
1 Sie darf lediglich die Lippen nachziehen
2 Nein, dafür ist die Damentoilette da
3 Ja, kein Problem

I

Beim Treppensteigen – wer geht zuerst, Mann oder Frau?
1 Er, damit er ihr nicht unter den Rock gucken kann
2 Hinauf geht sie vor, hinunter er – damit er sie beim Sturz auffangen kann
3 Sie gehen nebeneinander die Treppe hinauf

J

Muß man auch bei angelehnter Tür vor dem Eintreten klopfen?
1 Natürlich
2 Nein, wer Anklopfen erwartet, soll die Türe schließen
3 Nur bei fremden Personen

K

Sie gehen in ein Restaurant und haben einen Kaugummi im Mund. Wohin damit?
1 Sie schlucken ihn hinunter
2 Sie legen ihn unauffällig in den Aschenbecher oder auf den Tellerrand
3 Sie wickeln ihn in ein Stück Papier und stecken ihn weg

L

Wie lange darf man jemanden warten lassen?
1 5 Min.
2 15 Min.

M

Mit kurzer Hose ins Restaurant oder ins Theater. Ist das okay?
1 Na klar
2 Absolut unpassend

N

Wer trägt den Regenschirm?
1 Die Frau
2 Der Mann
3 Der Größere

O

Darf der Suppenteller gekippt werden, damit man auch den letzten Rest rauskriegt?
1 Nein
2 Wenn keiner hinsieht
3 Na klar

B

1 Ordnen Sie die Fragen von 1 bis 15 nach Ihrer persönlichen Bedeutungsreihenfolge. Zum Beispiel, wenn Sie glauben, daß Frage **C** das wichtigste ist und Frage **F** das zweitwichtigste, dann schreiben Sie 1–**C**, 2–**F**, usw.

2 Vergleichen Sie Ihre Ergebnisse mit denen von **(a)** Ihrem Partner/Ihrer Partnerin, **(b)** der Großgruppe und erklären Sie, warum Sie bestimmte Antworten gewählt haben.

Nützliche Redewendungen

Das ist mir schon recht!   *That suits me.*
Das ist meine Art.   *That's the way I am.*
So etwas würde ich machen.   *I'd do something like that.*
Das ist das Richtige.   *That's the right thing to do.*
Die Alternativen gefallen mir nicht.   *I don't like the alternatives.*
Es hat mit Höflichkeit zu tun.   *It has to do with politeness.*
Was die Leute denken, ist mir egal!   *I don't care what people think!*

C *Arbeit zu zweit*

Person A: erklären Sie der Partnerin/dem Partner *(Person B)*, warum Sie Ihren Freund/Ihre Freundin gestern „abgehängt" haben, indem Sie Beispiele des groben und unannehmbaren Benehmens dieser Person (aus dem Text) geben.

Person B: Protestieren Sie und geben Sie Gründe an, warum das unfair ist.

D *Selbständig*

Schreiben Sie dem ex-Freund/der ex-Freundin einen Brief (120 Wörter), worin Sie die Gründe für Ihren Entschluß erklären.

2.3

Sollen auch Mädchen die Initiative ergreifen?

Wie bei uns stellt sich die deutsche Jugend dieselben alten Fragen, wie zum Beispiel „Muß es immer der Mann sein, der den ersten Schritt wagt?"

PHILIPP, 19

Ist doch super, wenn ein Mädchen die Initiative ergreift. Ob liebe Blicke, kleine Späßchen oder Anspielungen im Gespräch – ich steige immer voll ein. Wenn das Mädchen dann auch noch hübsch ist, macht mich das total an. Dann reizt mich sogar mal ein One-Night-Stand.

FREDERIC, 18

IVONNE, 16

Frederic: „Mir hat einmal eine Bekannte beim Abschied heimlich ein 'Mon Cherie' in die Jackentasche gesteckt. ① Da hat's bei mir gefunkt. Ich hab sofort angerufen. Wir waren dann ziemlich lange ein Paar. Jetzt, beim Flirt mit Ivonne, muß ich mich schon etwas mehr anstrengen. Sie ② läßt mich ganz schön zappeln." Ivonne: „Du deutest nur meine Reaktionen falsch."

PHILIPP, 23

Also, mich hat einmal ein total fremdes Mädchen auf der Straße angesprochen. Das war vielleicht ein tolles Gefühl! Wir sind dann ins Café gegangen und haben lange gequatscht. Daraus hat sich dann eine Super-Freundschaft entwickelt.

THORSTEN, 16

Es ist total schön, wenn ein Mädchen mit mir flirtet. Ich höre es einfach gern, wenn sie sagt „Hey, du gefällst mir". Egal, wie sie aussieht – ③ ich steige ein. Der erste Eindruck täuscht oft: Viele Mädchen wirken erst auf den zweiten Blick.

FLORIAN, 16

Es schreckt mich richtig ab, ④ wenn ein Mädchen zu forsch rangeht – mit Angrapschen und so. Ich merke sofort, wenn sie einen One-Night-Stand will. Und ⑤ darauf steh' ich überhaupt nicht. Toll ist es, wenn ein Mädchen meinen Blick sucht und mich dann anspricht. ⑥ Aus so einem Flirt kann was werden.

ALEXANDER, 18

Es muß doch nicht immer der Junge die Initiative ergreifen. Ich liebe es, wenn die Mädchen beim Flirten unbeholfen sind. Ist doch süß, wenn sie rot werden oder aufgeregt stottern. ⑦ Diese ober-coole Art mancher Mädels kann ich nicht leiden.

ALEXANDER, 16

Also, ich steh' total drauf, wenn sich ⑧ Mädchen was trauen und richtig rangehen. Es ist vor allem die direkte Art der Italienerinnen, die mich anmacht. Die reden nicht erst um den heißen Brei herum. Da kommt's schon mal vor, daß dich eine einfach ganz unverschämt in den Po kneift. Na und?

ROBERTO, 21

Wenn mich ein Mädchen mit einem coolen Blick einfängt und nicht mehr losläßt – darauf steh' ich. Ich will nicht immer den ersten Schritt tun. Das ist auf die Dauer Streß. Ich liebe es, wenn das Mädchen den Flirt beginnt und mir dann die Telefonnummer zusteckt.

EMANUEL, 16

Einmal – in einem Restaurant – hat ein Mädchen vom Nebentisch seine Tante zu mir geschickt. Die Kleine wollte meine Telefonnummer. Wir haben uns dann später auch getroffen. Aber ich hab' mich nicht verliebt. Ich mag es, wenn Mädchen die Initiative ergreifen. Aber dann ohne Vermittler.

A Was ist Ihre Meinung dazu? Lesen Sie die Ansichten von diesen Jugendlichen und jungen Erwachsenen, dann wählen Sie die drei Personen aus, mit denen Sie sich am meisten identifizieren. Erklären Sie warum und wählen Sie die drei Behauptungen, die für Sie wesentlich sind.

B Die unterstrichenen Ausdrücke sind umgangssprachlich. Wie würde man sie auf Hochdeutsch sagen?

C *Arbeit zu zweit*

Wählen Sie eine Person im Text, mit der Sie verschiedener Meinung sind. Erklären Sie dem Partner/der Partnerin, warum.

ANWENDUNG *und* ERWEITERUNG

Zum Nachlesen: 2.3 Sollen auch Mädchen …?

Zum Nachschlagen: Perfekt

Zum Wiederholen: 1.2, 1.8

Zum Üben

1 Lesen Sie die Beiträge von Frederic, Philipp (23) und Emanuel noch einmal durch. Mit Hilfe eines Wörterbuchs füllen Sie dann diese Tabelle aus:

Infinitiv	Partizip Perfekt	Hilfsverb	Englische Bedeutung
anrufen	angerufen	haben	to telephone
ansprechen			to speak to
(sich) entwickeln			
	gefunkt		
			to go
quatschen			(coll.)
	geschickt		
			to put
(sich)	getroffen		
sich			to fall in love

2 Finden Sie noch fünf Verben, die Ihnen in Zusammenhang mit diesem Thema einfallen. Schreiben Sie selber einen Beitrag zum Artikel „Sollen auch Mädchen richtig rangehen?", in dem diese fünf Verben im Perfekt vorkommen.

ANWENDUNG *und* ERWEITERUNG

 Zum Nachlesen: 2.3 Sollen auch Mädchen …?

 Zum Nachschlagen: Das Perfekt und das Imperfekt

 Zum Wiederholen: 1.2, 1.8

 Zum Üben

1 Jetzt sind Sie dran! Vervollständigen Sie diesen Brief, indem Sie vom Perfekt Gebrauch machen.

Schlüssel: …   = Teil von „haben"
  ＊＊＊＊ = Teil von „sein"
  ＿＿＿ = Partizip Perfekt

Liebe Gabi,

ich … Dir doch ＿＿＿ (erzählen), Michael … mich zu seiner Fete ＿＿＿ (einladen). Also, die Fete war für gestern geplant, und es ＊＊＊＊ etwas ganz Seltsames ＿＿＿ (passieren).
   Ich ＊＊＊＊ mit Georg ＿＿＿ (hingehen). Wie immer … er mich pünktlich ＿＿＿ (abholen), und es … nur fünf Minuten ＿＿＿ (dauern), Michaels Haus zu erreichen. Als wir ＿＿＿ (ankommen) ＊＊＊＊, war das Haus ganz dunkel. Wir … an die Tür ＿＿＿ (klopfen) und lange ＿＿＿ (klingeln), aber niemand … uns ＿＿＿ (aufmachen). Dann ＊＊＊＊ wir in den Hintergarten ＿＿＿ (gehen) und … durch das Fenster ＿＿＿ (sehen). Alles war ruhig und dunkel. Wir … eine Handvoll Kies gegen ein Fenster im ersten Stock ＿＿＿ (werfen). Keine Antwort. Ohne etwas anderes zu probieren, … wir die Achseln ＿＿＿ (zucken) und ＊＊＊＊ wieder auf die Straße ＿＿＿ (gehen). In einer Kneipe bei uns um die Ecke … wir zum Trost ein Bier ＿＿＿ (trinken).
   Heute früh … ich Michael zufällig in der Stadt ＿＿＿ (treffen). Natürlich … ich ihn ＿＿＿ (fragen), warum seine Fete nicht ＿＿＿ (stattfinden) … Er war sehr überrascht. „Die Fete … doch ＿＿＿ (stattfinden)!" … er mir ＿＿＿ (sagen), „Was … ihr ＿＿＿ (machen)? Wir … euch ＿＿＿ (vermissen)."
   Ich finde das alles ziemlich merkwürdig. Was meinst Du?

Deine Cordula

2 Jetzt schreiben Sie den Anfang von einem „Krimi". Benutzen Sie dabei den Inhalt des oben abgedruckten Briefes und das Imperfekt.

Die Geschichte könnte so anfangen:

„An einem kalten Montagvormittag lud Michael Cordula und ihren Freund Georg zu einer Fete ein. Die Fete war für den nächsten Tag geplant.

Wie immer holte Georg Cordula pünktlich ab…"

3 Was ist tatsächlich passiert? Denken Sie sich eine Erklärung aus und fassen Sie sie in fünf Sätzen zusammen.

2.4

Gehen Sie allein aus?

Überall in Westeuropa haben junge Leute ähnliche Freuden, ähnliche Schwierigkeiten. Was das Ausgehen betrifft, werden Sie ohne weiteres die Meinungen der Deutschen in Ihrem Alter leicht wiedererkennen.

Die meisten Mädchen ziehen am Wochenende mit der Clique oder der Freundin los. Hat die mal keine Lust, bleibt man lieber daheim, als solo irgendwohin zu gehen. Hand aufs Herz:

TRAUST DU DICH, ALLEIN AUSZUGEHEN?

Steffi

Steffi (18):
Ein Mädchen allein sieht einfach einladend aus

„Man steht nur blöd rum, wenn man ohne Freunde ausgeht. Ich hab's noch nie probiert, aber ich will die Erfahrung gar nicht machen. In die Disco würde ich mich sogar solo trauen, weil ich dort viele Leute kenne. Aber in eine Kneipe würde ich nie allein reingehen, da hockt man dann nur blöd rum. Ich warte auch höchstens zehn Minuten auf jemanden, wenn ich mich in einem Lokal verabredet habe, und der andere erscheint nicht. Es sieht zu einladend aus, wenn ein Mädchen solo wo auftaucht. Die Jungs denken doch dann nur, man ist da, weil man genau sie gesucht hat. Auch wenn man's vielleicht nur tut, um sich abzulenken."

Daniela (19):
Zuviel Angst, allein irgendwo reinzugehen

„Also, ich war noch nie solo in einer Disco oder einem Café. Ich käme mir total bescheuert vor. Außerdem habe ich zuviel Angst, allein wo reinzugehen. Man wird gemustert von oben bis unten, und es sieht aus, als würde man aufreißen wollen. Ich habe da nicht genug Selbstbewußtsein. Wenn man zu zweit geht, trennt man sich später auch in der Disco und steht mal allein rum. Aber Hauptsache, man muß den Laden nicht allein betreten. In ein Café könnte man schon solo gehen, aber das tue ich auch nicht. Zu mehreren Leuten ist es auch nicht so gut; das sieht dann immer so nach verschworener Clique aus."

Jan (20):
Mehr Selbstvertrauen, liebe Mädchen!

„Total positiv finde ich es, wenn ein Mädchen allein auf die Flitze geht. Denn wenn sie zu zweit ankommen und man will eine davon, fühlt sich immer die Falsche angesprochen. Ein altes Lied … Es ist wahrscheinlich für ein Mädchen besser, allein ins Café zu gehen als in eine Disco. Im Café macht es nicht so sehr den Aufreißer-Eindruck. Außerdem ist in Discos sowieso alles oberflächlich, ins Gespräch kommt man einfacher in einem Café. Wenn dort ein Mädchen allein sitzt, würde ich mich zu ihr setzen, und wer weiß …? Wenn es sich um zwei Mädchen handelt, traut man sich als Junge schon wieder gar nicht, weil man glaubt, die wollen für sich sein. Dann gackern sie immer noch soviel – da hast du keine Chance. Im Zeitalter der Emanzipation sollten die Mädchen soviel Selbstvertrauen haben, daß sie allein auf die Pirsch gehen."

A Lesen Sie, was Steffi, Daniela und Jan zu sagen haben und finden Sie heraus, inwieweit sie ganz allein ausgehen. Dann füllen Sie die Tabelle aus. Kreuzen Sie an, wer was sagt.

Welche Person …	Steffi	Daniela	Jan
1 ist nie alleine ins Café gegangen.			
2 spricht leichter mit neuen Bekannten in einem Café.			
3 findet, daß Mädchen, die solo in der Kneipe sind, Jungen zu suchen scheinen.			
4 findet, daß es in der Disco nicht so ist.			
5 glaubt, emanzipierte Mädchen sollten selbstsicher sein.			
6 findet, wenn mehrere Freunde zusammen sind, ist das vielleicht zu viel.			
7 bleibt nur ein paar Minuten nach der vereinbarten Zeit.			

B Machen Sie eine Liste der Aussagen, die Sie vernünftig/übertrieben finden und erklären Sie, warum.

Person	Aussage	Vernünftig	Übertrieben	Warum?
Steffi				
Daniela				
Jan				

C Jetzt hören Sie, was andere Mitglieder derselben Clique sagen.

1 Füllen Sie die Lücken in dieser Transkription von Folkes Interview:

Ich finde es gut, wenn ein Mädchen allein in einer _____ sitzt. Das ist besser für ein _____ und man kommt sich schneller näher. _____ eine Mauer von zwei Girls durchbrochen ist, _____ man ja auch als Junge ganz schön Mut. Man ist nicht jeden Tag _____ gut drauf, um sich erst mal von zweien _____ zu lassen. Ist eine für sich, _____ das einiges. Schade, daß es auch viele Jungs gibt, die auf Mädchen solo wie auf _____ losgehen. Deshalb trauen sich die Mädels _____, ohne Freundin wegzugehen. Übrigens: Es soll auch Jungen geben, die nicht _____ Mumm haben, allein auszugehen. _____ suchen sie Geborgenheit und Stärke in der Gruppe, was _____ den Kontakt zu Mädchen erschwert. Man sollte es – egal ob Mädchen oder Junge – auf jeden _____ lernen, solo in ein Lokal zu gehen: denn sonst _____ man sich selbst so viele Freuden. Wenn _____ mitgeht, bleibt man sonst daheim. Obwohl man _____ wollte. Das ist doch schade.

D Finden Sie in Sandras Gespräch das Gegenteil von folgenden Ausdrücken:

1 die Lösung
2 teils
3 die Gruppe
4 unmöglich
5 der Anfang
6 zusammen
7 außerhalb
8 schlimmer
9 verläßt

2.5

Der Tanzpartner

Marie Luise Kaschnitz interessiert sich überwiegend für ihre Mitmenschen und ihre persönlichen Beziehungen. In diesem Ausschnitt aus *Gespenster* macht Vivian, eine fremde Engländerin, einen Annäherungsversuch bei Anton, dem Mann der Erzählerin. Lesen Sie den Ausschnitt, indem Sie alle neue Vokabeln notieren.

A Dolmetscherauftrag: Erklären Sie auf englisch Ihrem Partner/Ihrer Partnerin (der/die kein Deutsch spricht), was im Salon passiert ist.

In diesem Augenblick zog Anton sein Zigarettenetui heraus, ein flaches goldenes Etui, das er von seinem Vater geerbt hatte, und das er, entgegen der herrschenden Mode, Zigaretten in ihren Packungen anzubieten, noch immer benutzte. Er klappte es auf und bot uns allen an, und dann machte er es wieder zu und legte es auf den Tisch, woran ich mich am nächsten Morgen, als er es vermißte, noch gut erinnern konnte.

Wir tranken also Tee und rauchten, und dann stand Vivian plötzlich auf und drehte das Radio an, und über allerhand grelle Klang- und Stimmfetzen glitt der Lautsprecherton in eine sanft klirrende Tanzmusik. Wir wollen tanzen, sagte Vivian und sah meinen Mann an, und Anton erhob sich sofort und legte den Arm um sie. Ihr Bruder machte keine Anstalten, mich zum Tanzen aufzufordern, so blieben wir am Tisch sitzen und hörten der Musik zu und betrachteten das Paar, das sich im Hintergrund des großen Zimmers hin und her bewegte. So kühl sind die Engländerinnen also nicht, dachte ich und wußte schon, daß ich etwas anderes meinte, denn Kühle, eine holde, sanfte Kühle ging nach wie vor von dem fremden Mädchen aus, zugleich aber auch eine seltsame Gier, da sich ihre kleinen Hände wie Saugnäpfe einer Kletterpflanze an den Schultern meines Mannes festhielten und ihre Lippen sich lautlos bewegten, als formten sie Ausrufe der höchsten Bedrängnis und Not.

Anton, der damals noch ein kräftiger junger Mann und ein guter Tänzer war, schien von dem ungewöhnlichen Verhalten seiner Partnerin nichts zu bemerken.

das Zigarettenetui *cigarette-case*
allerhand *all sorts of*
grell *harsh*
Anstalten machen *to make as if*
der Saugnapf *sucker*

B *Arbeit zu zweit*

Wie finden Sie Vivians und Antons Benehmen? Nehmen Sie Stellung zu den untenerwähnten Handlungen von den beiden. Besprechen Sie diese Handlungen zuerst mit Ihrem Partner/Ihrer Partnerin. Dann schreiben Sie Ihre Reaktionen auf.

1 Vivian stand plötzlich auf und drehte das Radio an.
2 Wir wollen tanzen, sagte Vivian und sah meinen Mann an.
3 Anton erhob sich sofort.
4 Er legte den Arm um sie.
5 Ihre kleinen Hände hielten sich wie Saugnäpfe einer Kletterpflanze an den Schultern meines Mannes fest.
6 Ihre Lippen bewegten sich lautlos, als formten sie Ausrufe der höchsten Bedrängnis und Not.
7 Anton schien von dem ungewöhnlichen Verhalten seiner Partnerin nichts zu bemerken.

Nützliche Redewendungen
Das finde ich (+ Adj.) *I find that …*
Es kommt mir (+ Adj.) **vor**
  That seems … to me.
Für mich ist das (+ Adj.)
  For me, that is …
Sie/er reagiert auf eine ____e Weise.
  (S)he reacts in a … way.
Sie/er scheint (+ Adj.)
  (S)he seems/appears …
So etwas ist (+ Adj.)
  Something like that is …
Das würde ich (nicht/nie) machen.
  I would (not/never) do that.
Ich kann es (nicht) verstehen.
  I can(not) understand it.
komisch *funny (peculiar)*
verdächtig *suspicious*
merkwürdig *remarkable/odd*
seltsam *strange*
verständlich *understandable*
(ganz) normal *(quite) normal*
(un)annehmbar *(un)acceptable*
frech *cheeky*
erfrischend *refreshing*
typisch für *typical of*
beleidigend *insulting*

ANWENDUNG *und* ERWEITERUNG

 Zum Nachlesen: 2.5 Der Tanzpartner

 Zum Nachschlagen: Trennbare Verben

 Zum Üben

1 Lesen Sie den Text aus *Gespenster* von Marie Luise Kaschnitz noch einmal durch. Suchen Sie die elf trennbaren Verben, die darin vorkommen. Füllen Sie dann diese Tabelle aus (vergessen Sie nicht, das trennbare Präfix zu unterstreichen):

Trennbares Verb	*Englische Bedeutung*
	to take out, withdraw
(jemandem etwas)	to offer someone something
	to open up
	to close
	to get/stand up
	to switch/turn on
	to look at
(jemanden zum Tanzen)	to ask, invite (someone to dance)
(jemandem)	to listen to (someone)
(von + Dat.)	to radiate from someone/something
(sich an + Dat.)	to hold on to someone/something

2 Vervollständigen Sie die folgende Geschichte, indem Sie das jeweils richtige trennbare Präfix einfügen:

Er stand um 7 Uhr ____. Nachdem er sich ____gezogen hatte, ging er in die Küche, wo er frühstücken wollte. Er machte den Kühlschrank ____, um die Butter und den Käse ____zunehmen. Er machte die Tür wieder ____ und drehte sich ____. Erschrocken ließ er die Sachen, die er in seiner Hand hielt, ____. Vor ihm stand Maria, die er vor zwei Monaten ____gelernt hatte aber seitdem nicht mehr gesehen hatte. Wie war sie ____gekommen? Sie kam lächelnd auf ihn ____, nahm seine Hand und hielt sie ____. Während sie ____gingen, zeigte sie ihm seinen Schlüssel, den er in der Tür ____gelassen hatte. Zusammen stiegen sie in Marias Auto ____. Ein Nachbar sah ____, wie sie in Richtung Klemsdorf ____fuhren.

Zur Auswahl						
an	auf (x2)	ein	fallen	fest	heraus	herein
hinaus	kennen	stecken	um	weg	zu (x3)	

3 Übersetzen Sie jetzt die folgenden Sätze ins Deutsche:

a She held on firmly to the edge of the table.

b They listened carefully to the words of the teacher.

c She asked him to dance.

d They got up very early.

e I opened the box, offered everyone a chocolate and closed it again.

f She looked at the magazine, put it down and turned on the TV.

g I took my hand out of my pocket.

2.6

Ulla und Ralf

Manchmal kommt es vor, daß ein Junge oder ein Mädchen innerhalb einer Beziehung die eigene Persönlichkeit unterdrückt. So war es bei Ulla, als sie den etwas älteren Ralf kennenlernte.

A Lesen Sie diesen Text und vervollständigen Sie ihn, indem Sie den unterstrichenen Adjektiven die richtigen Endungen zufügen.

Dann war Ralf gekommen, ein groß , schmal , schlaksig Junge. Er war schon siebzehn, Auszubildender im zweit Jahr. Er brachte in die Schülergruppe ein Stück richtig Welt, ander Probleme und den Jargon seiner link Gruppierung. Ulla war fasziniert von ihm, seinem sicher Auftreten, seinen Sprüchen, seinem scheinbar Erwachsenensein. Als er sie eines Tages fragte, ob sie mit ihm auf eine Demonstration gehen wollte, war das für sie schöner als die innigst Liebeserklärung. Natürlich ging sie mit; und auch in Zukunft ging sie überall mit ihm, ein hübsch , schmal , schweigsam Schatten an seiner Seite. Sie nahm nie zu etwas Stellung in einer Diskussion oder äußerte sich, sie war nur da, neben ihm. Alle fanden, daß sie ein ungewöhnlich schön Paar waren, und Ullas Ansehen in der Gruppe wuchs enorm: jemand wie Ralf nahm sie zur Freundin.

2.7

Meine Hobbys: Ilona und Michael

Hören Sie jetzt, was Ilona über ihre Hobbys zu sagen hat.

A   Vervollständigen Sie folgende Sätze so, daß sie Ilonas Ideen passend darstellen.

1 Ilona mag Schwimmen so gern, daß sie eine …
2 Sie fühlt sich gar nicht wohl …
3 Ilona war nie Mitglied …
4 Aber sie jobbt im Schwimmbad als Rettungsschwimmerin während …
5 Neulich hat Ilona zum ersten Mal …
6 Das Wichtige ist, ins Schwitzen zu kommen und …
7 Ilona kommt immer gut mit …
8 Vor zwölf Monaten hat sie auch für …
9 Einen Babysitter zu engagieren kostet …
10 In ihrer gemischten Basketballmannschaft spielten …
11 Beim Basketballspielen hat Ilona …

B   Wie sagt Ilona auf deutsch:

1 I can get rid of anger and stress in the water
2 hobby and work are quite closely connected
3 once a week
4 that doesn't matter at all
5 whether you can call baby-sitting a hobby
6 single mothers with children
7 during my time at school

B   *Gruppenarbeit*

Vielleicht haben Sie Freunde, die sich in einer ähnlichen Situation befinden. Besprechen Sie die folgenden Fragen in der Klasse:

1 Was könnte innerhalb einer so ungleichen Partnerschaft alles passieren?
2 Finden Sie, daß eine solche Beziehung gute Aussichten hat?
3 Falls nicht, welchen Rat würden Sie Ulla geben? Wie würde sie darauf reagieren?

C   Hören Sie jetzt Michael über seine Freizeit. Welche Aussagen sind richtig, welche sind falsch? Verbessern Sie die falschen Aussagen.

1 Michael scheint nicht zu Jugendgruppen zu gehen.
2 Er spielt häufig Tischtennis mit seinen Freunden.
3 Normalerweise trifft er sich mit seinen Freunden in der Stadt.
4 Er ist jetzt Mitglied eines Schachvereins.
5 Eine Schachpartie kann bis zu vier Stunden dauern.
6 Viele Schachspieler scheinen zu rauchen.
7 Michael hat viele gute Freunde.
8 Michael und seine Freunde gehen drei- bis viermal im Monat auf Feten.
9 An manchen Tagen sieht er überhaupt nicht fern.
10 Er hört nicht oft Musik.
11 Im Moment spielt er drei Instrumente.
12 Er spielt gern vor einem Publikum.

2.8

Ich bin: Patrizia, Bert, Marc

Wir haben schon etwas über die Zukunftspläne junger Deutschen herausgefunden, und wie sie am liebsten ihre Freizeit verbringen. Sehen Sie sich jetzt diesen Bericht über Jugendliche in der Bundesrepublik Deutschland an.

Deutsche Jugend von heute – wer ist das? Sind das junge Leute, die Ordnung lieben, viel Bier trinken, kurze Lederhosen tragen? Diskutieren sie gerne über Politik? Treiben sie jeden Morgen Sport? Stimmt es, daß deutsche Jugendliche besonders fleißig sind? Oder hören sie lieber den ganzen Tag Musik? Wir haben fünf deutsche Jugendliche gefragt: „Gibt es den typischen deutschen Jugendlichen? Wenn ja – wie sieht der aus?" Wir haben jeden gefragt: „Wie fühlst du dich: als Rheinländer, Deutscher, Europäer oder jemand ganz anderer?" Es gab fünf verschiedene Antworten. Das Ergebnis siehst du auf unseren Fotos. Du kannst das auch ausprobieren. Schick uns dein Foto und einen kurzen Text dazu. Das Bild soll möglichst viele Informationen über dich geben – wie die Bilder unserer fünf Jugendlichen. Wir werden Euch die besten Ergebnisse vorstellen. Also hier die Frage an dich: „Wer bist du?"

Ich bin...

✗ Patrizia, die Kreative

„Ich finde mein Privatleben am wichtigsten. Ich nutze jede freie Minute, um zu lesen oder zu malen. Bücher über Philosophie interessieren mich besonders. Meine Bilder male ich mit verschiedenen Techniken. Zeichnungen von Menschen sind besonders schwierig. Darum versuche ich, Bilder berühmter Maler zu kopieren. Ich lese, um eine breite Allgemeinbildung zu bekommen. Ich male, um mich selbst zu erfahren."

Patrizia

✗ Bert, der Rheinländer

„Ich wohne in Köln. Hier gehe ich zur Schule. Wir Rheinländer sind ein lustiges Volk. Es ist nicht schwer, nette Leute kennenzulernen. Karneval ist in vielen Städten am Rhein das schönste Fest. Wir vergessen den Alltag und feiern die „tollen Tage". Unser normales Leben sieht anders aus. Die Verkehrsprobleme werden immer größer. Abends steht man im Stau. 'Zeit ist Geld' – dieses Sprichwort gilt auch in Köln. Die Luft wird immer schlechter. Am Dom kann man es schon sehen. Der ist schon ganz schwarz. Manchmal brechen sogar Steinbrocken ab. Trotzdem fühle ich mich hier zuhause."

Marc, der Deutsche

„Ich glaube, ich bin ein typischer junger Deutscher. Ich stehe am Anfang der Karriere-Leiter. Der Weg nach oben ist schmal, und mein Ziel ist soziale Sicherheit. Es darf auch ein bißchen Luxus sein. Heute weiß ich noch nicht, ob ich den Weg schaffe. Man kann schließlich auch abstürzen. Viele meiner Freunde träumen auch von einem eigenen Haus, genug Geld auf dem Konto und viel Freizeit."

Marc

Bert

A Lesen Sie noch einmal, was diese drei Jugendlichen gesagt haben. Dann füllen Sie die Tabelle aus.

	Patrizia	Bert	Marc
Diese Person			
1 macht sich Sorgen um die Umwelt.			
2 findet sich selbst in ihrem Hobby.			
3 glaubt, sie sei ein Durchschnittsmensch.			
4 legt größten Wert auf das persönliche Leben.			
5 ist sehr stolz auf ihre Landsleute.			
6 ängstigt sich vor der persönlichen Zukunft.			
7 betrachtet Feste als Sicherheitsventile.			
8 hat dieselben Hoffnungen wie ihre Zeitgenossen.			

B Wie sagt man anders im Text:

1 seine Kenntnisse zu erweitern
2 wir haben Freude am Leben
3 mir ist wohl zumute
4 ich stehe am Beginn meiner Laufbahn
5 es ist möglich, daß wir scheitern

C Welche Aussagen treffen auf Sie und Ihren Freundeskreis zu? Kreuzen Sie passend an.

Wir jungen Leute . . .

	Ich	Freundeskreis
1 lieben Ordnung.		
2 trinken viel Bier.		
3 diskutieren gerne über Politik.		
4 treiben oft Sport.		
5 sind besonders fleißig.		
6 hören den ganzen Tag Musik.		
7 finden unser Privatleben am wichtigsten.		
8 nutzen jede freie Minute, um zu lesen.		
9 versuchen, eine gute Allgemeinbildung zu bekommen.		
10 brauchen unsere Hobbys, um uns selbst zu erfahren.		
11 sind nicht schwer kennenzulernen.		
12 vergessen den Alltag in der Disco und in der Kneipe.		
13 fühlen uns in unserer Stadt zuhause.		
14 sind typische junge Briten.		
15 wissen nicht, ob wir den Weg schaffen werden.		
16 träumen von einem eigenen Haus.		
17 . . . genug Geld auf dem Konto.		
18 . . . viel Freizeit.		

D *Gruppenarbeit*

1 Besprechen Sie Ihre Ergebnisse mit einem Partner/einer Partnerin. Über welche Aussagen waren Sie sich einig? Bei welchen stimmten Sie nicht miteinander überein?
2 Jetzt besprechen Sie Ihre Ergebnisse in der Großgruppe und machen Sie eine Tabelle aus diesen Gruppenergebnissen.

E *Selbständig*

Schreiben Sie Ihrem Brieffreund/Ihrer Brieffreundin einen Briefteil (120 Wörter), worin Sie beschreiben „Wie wir sind, mein Freundeskreis und ich". Nehmen Sie die obengeschriebene Tabelle zu Hilfe.

ANWENDUNG *und* ERWEITERUNG

 Zum Nachlesen: 2.8 Ich bin: Patrizia, Bert, Marc

 Zum Nachschlagen: Fälle/Adjektivendungen

 Zum Wiederholen: 1.7

Zum Üben

Füllen Sie jetzt die Lücken in diesem Beitrag aus.

Hans, der Sachse

Ich komme aus Leipzig, ein_ groß_ Stadt in Sachsen. Ich studiere Anglistik an d_ berühmt_ Universität dort. Mein Studium finde ich toll, weil ich d_ Gelegenheit habe, viel_ interessant_ Leute kennenzulernen. Im Laufe d_ kommend_ Jahres werde ich nach England fahren, wo ich ganz_ acht Monate bleiben werde.

Momentan wohne ich in ein_ ziemlich häßlich_ Studentenwohnheim am Stadtrand. Zum Glück hat Leipzig sehr gut_ öffentlich_ Verkehrsmittel, also kann ich d_ vielseitig_ kulturell_ Angebot, das es hier gibt, genießen. Zu Hause bin ich auf d_ Lande. Mein_ eng_ Verwandten und d_ größt_ Teil d_ alt_ Freunde aus mein_ Schulzeit wohnen noch da. Wir Sachsen sind ein offen_, freundlich_ Volk, und ich freue mich immer, nach Hause zu fahren.

Petra

Tim, der Engagierte

„Ich arbeite seit einigen Jahren bei einer Schülerzeitung mit. Für mich steht mein Hobby an erster Stelle. Das ist typisch für mich. Ich arbeite auch in einem Verein mit, der anderen Schüler-Redakteuren hilft. Man kann dort Presseausweise und Hilfsmittel für die Zeitungsproduktion bekommen. Später möchte ich das Hobby zu meinem Beruf machen.“

 ## Petra, die Europäerin

„Ich freue mich, daß bald in Europa die Schranken aufgehen. Ich denke heute schon, ich bin Europäerin. Ich will eine Zeitlang im Ausland studieren: Sprachen lernen, fremde Leute kennenlernen, viel reisen. Das ist eine gute Grundlage für später, meine ich. Ich interessiere mich auch für die moderne Technik. Den Computern gehört die Zukunft. Ich finde wichtig, daß sich nicht nur Männer für technische Berufe interessieren.“

Tim

2.9

Ich bin: Petra, Tim

In der Jugendmagazin-Umfrage haben Sie schon Patrizia, Bert und Marc kennengelernt. Jetzt beschreiben Petra und Tim ihre Interessen.

A Lesen Sie, was diese zwei Jugendlichen zu sagen haben und dann beantworten Sie folgende Fragen:

Petra
1 Warum ist sie so zufrieden?
2 Aus welchen Gründen schwärmt sie für ein Studium außerhalb ihres Heimatlandes?
3 Was die moderne Technik betrifft, wofür interessiert sie sich besonders?
4 Warum?
5 Was beweist uns, daß sie ihre Rechte als Frau kennt?

Tim
6 Was ist typisch für Tim?
7 Wie fungiert der Verein, den er erwähnt?
8 Warum ist Tims Hobby so bedeutend für ihn?

B Lesen Sie wieder die Informationen über alle fünf Jugendlichen in 2.8 und 2.9. Dann füllen Sie die untenstehende Tabelle aus, indem Sie die Hobbys/Interessen und die Eigenschaften im Kästchen einander zuordnen. Aber vergessen Sie nicht – es gibt keine einzige richtige Antwort. Und für einige Hobbys trifft mehr als eine Eigenschaft zu. Um Ihnen zu helfen, haben wir die erste Antwort als Beispiel gegeben.

	Philosophie	*Malen*	*Köln*	*Karneval*	*Karriere*	*Reisen*	*Computer*	*Redaktion*
Patrizia	intellektuell							
Bert								
Marc								
Petra								
Tim								

beruflich   selbständig   menschen-freundlich   schöpferisch   künstlerisch   intellektuell   technisch   unakademisch   theoretisch   lebensfroh   selbstbewußt   elementar   üblich   akademisch   grob   normal   gesund

C *Arbeit zu zweit*

1 *Person A* findet heraus, was für Hobbys und Interessen *Person B* hat. Dann machen Sie dasselbe umgekehrt. Benutzen Sie die Adjektive aus 2.9B.

2 Stellen Sie eine Liste auf und notieren Sie die Eigenschaften, die zu jedem Hobby/Interesse passen (ein Beispiel haben wir gegeben). Schlagen Sie die Eigenschaften nach, die sich nicht im Kästchen in 2.9B befinden.

Hobby/Interesse	*Eigenschaften*
Briefmarkensammeln	geduldig, ordentlich, sauber, organisiert

ANWENDUNG *und* ERWEITERUNG

Zum Nachlesen: 2.8 Ich bin: Patrizia, Bert, Marc; 2.9 Ich bin: Petra, Tim

Zum Nachschlagen: Adjektive

Zum Wiederholen: 1.7, 2.8

Zum Üben

Lesen Sie die Beiträge von Patrizia, Bert, Marc, Petra und Tim noch einmal durch. Suchen Sie die Adjektive, die attributiv (d.h. mit einem Substantiv) verwendet werden. In welcher Form erscheinen sie? Füllen Sie diese Tabelle aus (entwerfen Sie für jede Person eine neue Tabelle):

Beispiel: Patrizia

Fall	Deklination 1 Schwach 2 Stark 3 Gemischt	M/F/N/Pl	Beispiel
Nom.			
Akk.	(1)	F	jede *freie* Minute
Gen	(2)	Pl	Bilder *berühmter* Maler
Dat.	(2)	Pl	mit *verschiedenen* Techniken

Fall	Deklination 1 Schwach 2 Stark 3 Gemischt	M/F/N/Pl	Beispiel
Nom.			
Akk.			
Gen.			
Dat.			

2.10

Lebensrettungsaktionen als Hobby

Sie haben schon von Leuten gelesen, deren Hobbys einen sehr nützlichen Zweck erfüllen. Lesen wir jetzt von Jugendlichen, die sich gern im Freien aufhalten, Kanu fahren und andere Leute aus dem Wasser retten.

A

„Schnell! Da draußen ist was passiert!" Das gelbe Kanu treibt auf dem Wasser. Es ist umgekippt. Die Köpfe von zwei Jungen tauchen auf. Einer will sich an der glatten Kanuwand festhalten – vergeblich. Er treibt in der Strömung ab. Die Wachstation der Deutschen Lebensrettungsgesellschaft (DLRG) hat den Unfall beobachtet. „Bochum, bitte kommen! Bochum, bitte kommen!"

B

Das Rettungsboot „Bochum" meldet sich sofort. Die drei von der Mannschaft, Christel, Jens und Klaus, sind schnell an der Unfallstelle. Sie sehen das Kanu. Ein Junge hält sich daran fest. Aber wo ist sein Freund? Klaus stoppt den Motor. „Da vorne ist er!" schreit Christel. Und wirklich, der Junge treibt etwa 50 Meter vor ihnen im Fluß. Er schlägt wild mit den Armen um sich. Manchmal verschwindet er für Sekunden unter Wasser. Vorsichtig steuert Klaus das Boot heran. Christel macht einen Rettungsball fertig. Endlose Sekunden vergehen.

C

„Hier, paß auf!" Sie wirft den angebundenen Ball direkt vor den Jungen. Der kann den Ball beim zweiten Versuch festhalten. Jens zieht ihn heran, dann hebt er ihn ins Boot. Er kümmert sich um den Kleinen. Klaus gibt wieder Gas. Das gelbe Kanu ist jetzt fast ganz unter Wasser. Noch immer hält sich der zweite Junge daran fest. Vorsichtig fährt er die „Bochum" neben das Boot. Christel hilft dem Jungen ins Boot.

D

„Gut gemacht, Leute! Schluß für heute." Björn winkt und lacht. Er ist technischer Leiter der DLRG-Ortsgruppe in Bochum-Dahlhausen. Vom Ufer aus hat er die Übung beobachtet. Die jungen Retter und ihre „Schiffbrüchigen" fahren zurück zur Station.

E

Die Jugendlichen sind in Ortsgruppen organisiert. Sie haben einen selbständigen Jugendverband; es ist der fünftgrößte in der Bundesrepublik. Der Verband organisiert Treffen mit Jugendlichen aus der ganzen Welt. Auf diesen Treffen werden Lebensrettungsaktionen gezeigt.

F

Der Verband informiert auch über Themen wie Umweltfragen. Das Interesse ist allerdings nicht sehr groß. Auch die jungen Leute in Dahlhausen finden die Ortsgruppe wichtiger. Hier haben sie ihre Freunde und Aufgaben.

G

Mit der Zeit sind für die meisten andere Dinge wichtiger als Rettungsschwimmen, Tauchen oder Bootfahren: die Ausbildung, der Beruf, der Freund oder die Freundin. Einige stört auch die familiäre Atmosphäre und die regelmäßigen Wochenenddienste. So wird die Gruppe langsam kleiner. Man braucht eine Menge Idealismus. „Aber", meint Katja, „ich könnte mir nicht vorstellen, das alles hinzuschmeißen."

---

um-kippen	*to turn, flip over*
die Unfallstelle	*location of the accident*
steuern	*to steer*
der Verband	*club, group, organisation*
stören	*to disturb*
sich vorstellen	*to imagine*

Klaus ist der Bootsführer. Er steuert die „Bochum" zur Unglücksstelle. Christel beobachtet die zwei Jungen.

Jens zieht den ersten Jungen an Bord. Jetzt können die DLRG-Retter mit der Ersten Hilfe beginnen.

Auch der zweite Junge ist gerettet. Das Kanu wird geborgen. Damit ist die Übung zu Ende. Auch im Notfall können die drei jetzt schnell helfen.

DLRG-Retter wollen Menschenleben retten. Die Wiederbelebung ist darum ein wichtiger Punkt der Ausbildung. Zuerst üben die Jugendlichen an einer Puppe.

A Die Absätze in diesem Artikel sind mit Buchstaben gekennzeichnet. Unten finden Sie einige Überschriften. Welche paßt zu welchem Absatz? Finden Sie die richtige Nummer für jeden Absatz, aber Vorsicht! Sie haben mehr Überschriften, als Sie brauchen!

1 Die Struktur des Verbandes
2 Für kurze Zeit dabei
3 Einige machen diesen Dienst zum Beruf
4 Ein Kanu ist umgekippt

5 Das war gute Arbeit!
6 Im letzten Augenblick!
7 Der Verband ist auch ein Informationsdienst
8 Die „Bochum" kommt zu Hilfe!

B Was ist hier richtig? Was ist hier falsch? Lesen Sie den Artikel nochmals durch und kreuzen Sie passend an:

	Richtig	Falsch
1 Der zweite Junge hat nicht versucht, sich an der Kanuwand festzuhalten.		
2 Die „Bochum"-Mannschaft bestand aus drei Jungen.		
3 Der zweite Junge im Wasser ist in Panik geraten.		
4 Der kleinere Junge im Wasser bereitete keine Schwierigkeiten.		
5 Der technische Leiter der Gruppe war nicht im Boot.		
6 Diese Hilfsorganisation ist unabhängig.		
7 Sie hat auch eine internationale Dimension.		
8 Die grüne Seite der Ortsgruppe hat größere Bedeutung.		

C *Selbständig*

Benutzen Sie den letzten Teil des Artikels, um Ihnen zu helfen, diese englische Bearbeitung ins Deutsche zu übersetzen:

The German Rescue Association has functioned for years as an independent youth group, being the fifth largest in the Federal Republic. It has also organised get-togethers to which young people and particularly rescue organisations from the four corners of the earth have come. Additionally, it has dealt with environmental questions, for which interest has not, however, been very great, since people attach more importance to the practical work in the local groups.

ANWENDUNG *und* ERWEITERUNG

 Zum Nachlesen: 2.10 Lebensrettungsaktionen als Hobby

 Zum Nachschlagen: Präpositionen

 Zum Wiederholen: 1.7

Zum Üben

In diesem Artikel werden viele Präpositionen benutzt. Lesen Sie ihn noch einmal durch, dann versuchen Sie, diesen Bericht zu vervollständigen. Sie brauchen jedesmal die richtige Präposition und oft den passenden Artikel.

Alles sah wirklich nicht gut aus. Das Kanu trieb gekentert ____ ____ Wasser; ein Junge versuchte sich ____ ____ glatten Wand des Kanus festzuhalten, ein anderer trieb ____ ____ Rettungsmannschaft ____ Fluß. Dieser war ____ Panik geraten – er schlug wild ____ ____ Armen ____ sich. ____ Sekunden verschwand er. Die Rettungsmannschaft fuhr heran. Christel warf einen Rettungsball direkt ____ ____ Jungen. Er wurde damit ____ Boot gezogen und anschließend ____ Jens ____ Boot gehoben. Dann wurde die „Bochum" ____ ____ Kanu gefahren. Mitglieder der Mannschaft halfen dem anderen Jungen, ____ Boot zu steigen. „Wieder eine erfolgreiche Übung!" sagte Björn, der die ganze Aktion ____ Ufer ____ beobachtet hatte.

2.11

Hobbys als Beruf: Gitta und Sebastian

Sie werden im nächsten Artikel über Leute lesen, die hoffen, ihr Hobby zu ihrem späteren Beruf zu machen. Aber das ist doch nicht so leicht, wie Sie vielleicht wissen. Hören Sie jetzt Gitta, die über Hobbys als Beruf spricht.

A Nachdem Sie Gitta ein- oder zweimal gehört haben, füllen Sie die Tabelle aus und versuchen Sie, alle Hobbys und möglichen Berufe, die sie erwähnt, in die Listen einzutragen:

Hobbys und Interessen	Mögliche Berufe

B Jetzt kommt Sebastian an die Reihe. Hören Sie seine Ideen, dann machen Sie für ihn auch eine Liste von den möglichen Berufen, die er erwähnt.

C Gitta und Sebastian haben bestimmt einige Dinge gesagt, die für Sie nützlich sein werden. Finden Sie aus den Gesprächen heraus, wie man diese Ausdrücke auf deutsch sagt, und schreiben Sie die Sätze auf:

1 when I've passed my exams
2 what I'd most like to do
3 that is rather hard
4 as an alternative I'd thought of
5 that would be a course of study at university
6 I've got two possibilities (for myself)
7 the first would be
8 something in the field of
9 then to set up in practice

2.12

Gute Erfahrungen für die Zukunft

Flüchtig haben wir schon Tim [2.9] kennengelernt, der bei einer Schülerzeitung mitarbeitet. In diesem Artikel erfahren wir, wie es möglich ist, seine Leidenschaft für Zeitschriften und Pressearbeit fortzusetzen. Oft, wenn man für etwas schwärmt, kann es zum Beruf werden. Haben Sie vielleicht auch solche Interessen?

Timo Nobis ist 18 Jahre alt und von Anfang an bei KLICK dabei. Zur Zeit geht er noch zur Schule. Später will er als professioneller Reporter arbeiten. Seine Erfahrungen bei KLICK werden ihm sicher helfen. Er beschreibt euch seine Arbeit bei

KLICK gibt es nun schon seit mehreren Jahren. Eine lange Zeit für ein kleines Team: Ausgebildete Journalisten, Sozialpädagogen, Lehrer und natürlich viele Kinder und Jugendliche. Sie alle versuchen, anderen Kindern und Jugendlichen das „Buch mit den sieben Siegeln" etwas verständlicher zu machen: die Welt, in der wir leben. KLICK ist die einzige aktuelle Zeitung für Kinder und Jugendliche in der Bundesrepublik. Sie erscheint in Bremen. Ihr Ziel: Sie will über Politik, Wirtschaft, Sport, Kultur und Unterhaltung so schreiben, daß Kinder das verstehen. Seit Januar 1986 liegt KLICK jeden Freitag im Briefkasten der Abonnenten. Doch halt … leider ging das nur bis Mitte April '88 so. Seitdem können wir KLICK nur noch alle zwei Wochen herausbringen. Denn wir haben Probleme mit der Zeit. In unseren kleinen Räumen ist es oft sehr chaotisch. Die schlimmsten Tage sind Montag und

Mittwoch. Sie sind aber auch die lustigsten. Die Bremer KLICKer – so nennen sich alle KLICK-Reporter – freuen sich auf die erste Redaktionssitzung am Montagnachmittag. Man sieht viele Freunde. Man bespricht die neuen Reportagen und die neue Ausgabe. Manchmal kommen 30 Kinder und Jugendliche. Dann wird es eng bei uns. Jürgen, der Layouter, gestaltet schon die Ausgabe der Woche. Später machen wir den Vertrieb der fertigen Zeitung: Wir legen die Seiten zusammen und knicken sie. Die Zeitung verschicken wir. Es gibt auch Straßenverkäufer. Unsere Leser sind meistens begeistert. Es sind noch nicht so viele. Wir hoffen, daß es mehr werden.

Freitags gehen die KLICKer auf die Straße und verkaufen das neue Heft.

Klick

Eine Zeitschrift für Durchblick

---

verständlich	*understandable, comprehensible*
die Abonnenten	*subscribers*
heraus-bringen	*to publish*
sich freuen auf (+ Akk)	*to look forward to*
die Sitzung	*meeting*
gestalten	*to create, design*

A Nachdem Sie „Klick" ein- oder zweimal gelesen haben, beantworten Sie folgende Fragen:

1 Was für Berufswünsche hat Timo Nobis? (1 Punkt)

2 Wie unterscheidet sich *Klick* von der Zeitschrift, für die Tim arbeitet? (2 Punkte)

3 Inwieweit wird *Klick* von professionellen Journalisten herausgegeben? (4 Punkte)

4 Erscheint die Zeitschrift jede Woche, oder …? (1 Punkt)

5 Aus welchen Gründen erscheint sie in diesem Abstand? (1 Punkt)

6 Wie beschreibt man Montag und Mittwoch? (2 Punkte)

B Der Artikel enthält eine ganze Reihe nützlicher Vokabeln. Um Ihren Wortschatz zu erweitern, füllen Sie die Tabelle unten aus, indem Sie jede Zeile vervollständigen.

Substantiv	Adjektiv	Verb
Erfahrung		
		helfen
	ausgebildet	
	verständlich	
Redaktion		
Ausgabe		
		gestalten
Vertrieb		
	begeistert	
		hoffen

C *Arbeit zu zweit auf Kassette*

A ist Mitglied der *Klick*-Redaktion.
B interviewt *A* für das Schulradio.

Folgende Ausdrücke sollen dabei helfen:
— Würden Sie mir bitte *Klick* beschreiben?
— Was machen Sie bei *Klick*?
— Beschreiben Sie die Arbeit der Redaktion.
— Was für eine Leserschaft haben Sie?
— Könnten Sie uns eine Redaktionssitzung schildern?

2.13

„Das macht mir viel Spaß"

Nicht jeder interessiert sich für Sport, Musik, Kunst, usw. Sie haben schon Bert kennengelernt, der eine Vorliebe für Karneval, Straßenfeste und dergleichen Dinge hat. Tommi Wimmer hat ein ähnliches Interesse. Hier spricht er über Karneval und andere Feste in Bayern.

A In der folgenden Transkription von Tommis Gespräch befinden sich einige Tippfehler. Es handelt sich nicht um Grammatikfehler, sondern um Rechtschreibfehler. Versuchen Sie, alle Fehler zu finden!

Tommi Ich bin gern unter Männern. Das macht mir viel Spaß. Wir haben Karneval, zum Beispiel, „Fasching" heuer in Bayern.
Frage An was für einem West wirst du morgen teilnehmen?
Tommi Es ist ... In Bayern ist es auch so, daß man im Sommer Straßenfeste macht ... das heißt, daß irgendeine Organisation macht ... also, zum Beispiel, politische Partys und so, die machen ... jeder macht sein eigenes Fest ... oder Sportler Weine ... Es ist so in einer solchen Kleinstaat, daß es wahnsinnig viele Läute anzieht, also, weil es nicht so viele kulturelle Aktivitäten gibt, ist gerade solch ein Fest von einer Party oder einem Sportverein ... es ist immer ein Anlaß für all die Leute, da zu kommen, und Bier zu trinken und lausig zu sein.

ANWENDUNG *und* ERWEITERUNG

 Zum Nachlesen: 2.12 Gute Erfahrungen für die Zukunft

 Zum Nachschlagen: die Gegenwart

 Zum Wiederholen: 1.2, 1.5/6

 Zum Üben

Sie finden viele Beispiele der Gegenwartsform in dem Artikel. Vervollständigen Sie diese Sätze, indem Sie die richtige Form eines Verbs, das im Text vorkommt, einsetzen.

1 Viele Zeitschriften ____ in Hamburg.
2 Als Redaktionsleiter ____ ich die neue Ausgabe mit meinen Kollegen.
3 Die Räume bei uns ____ oft voll und chaotisch.
4 Ich ____, daß wir bald mehr Leser bekommen.
5 Als Reporter für eine Jugendzeitschrift ____ er, die Welt etwas verständlicher zu machen.
6 __ du immer zu den Redaktionssitzungen?
7 Als *Klick*-Reporter ____ er sich *Klick*-er.
8 Die Redaktion ____ *Klick* jetzt nur alle zwei Wochen herausbringen.
9 Die Beteiligten ____ kooperativ: sie ____ die Seiten zusammen, ____ sie und ____ die fertigen Zeitungen.

B Kristall erzählt, wie sie gerne um die Welt reisen würde. Nachdem Sie gehört haben, was Kristall zu sagen hat, vervollständigen Sie folgende Sätze:

1 Kristall entspannt sich am liebsten nach ...
2 Für sie ist Reisen das ...
3 Afrika und Südamerika sind zwei Kontinente, die ...
4 Was sie an vielen verschiedenen Leuten interessiert, ist ...
5 Kristall hat vor, ...
6 Dieses Abenteuer dauert ...
7 Sie werden nicht alle Länder ...
8 Dafür haben Sie zu ...

C *Arbeit zu zweit*

Person A spielt Kristall oder Tommi.
Person B ist Interviewer(in) beim örtlichen Fernsehen und interviewt *Person A* über ihre/seine Reisepläne.

2.14

Keine Schwierigkeiten mit der Technik

In dieser Einheit haben junge Deutsche bis jetzt viel über ihre Hobbys und Interessen gesprochen, ohne Computer ausführlich erwähnt zu haben. Jetzt wird das nachgeholt. Wie bei Ihnen schwärmt auch eine große Zahl junger Deutscher für Computer und Informatik. Hier ist ein Artikel über Kreativität in der Computerwelt.

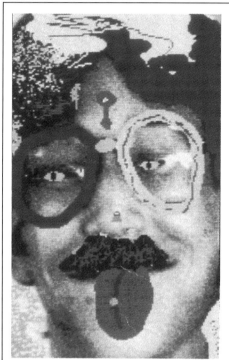

Die Schüler verstehen sehr schnell, wie die Technik funktioniert. So arbeiten sie ohne Schwierigkeiten mit dem neuen elektronischen Medium. Auch die Kreativität geht nicht verloren, wie manche Kritiker glauben.
„Das Schöne ist, daß man seine Ideen schnell verwirklichen kann", sagt der 17jährige Michael. Er liebt abstrakte Bilder. „So was kann ich nie mit dem Pinsel malen", meint er. „Aber mit dem Computer geht's ganz einfach. Und ich kann sogar aus einem Bild zwei machen." Die Schüler speichern die fertigen Bilder auf einer Diskette.

Diese magnetische Kunststoffscheibe nimmt alle Bildsignale auf. Später kann man sie immer wieder „abrufen". Dann kann man an dem Bild „weitermalen" und vieles verändern. So ensteht ein neues Bild, eine Variation.

Sascha und Klaus arbeiten mit der Videokamera. „Wir digitalisieren unsere Porträts!" erklärt Klaus fachmännisch. Die Schüler filmen sich gegenseitig mit der elektronischen Kamera. Der Computer speichert die Bilder, und auf dem Bildschirm erscheinen die Gesichter.

Nun kann das Spiel beginnen: Nasen werden verlängert und Ohren vergrößert.

Nina greift zum elektronischen Pinsel und färbt sich die Haare lila. Wie ist sie am schönsten? Sie probiert Lidschatten in verschiedenen Farben. Alles ist möglich. Möchtest Du zum Beispiel Dein Bild auf einem Tausendmarkschein sehen? Auch das ist möglich. „Die Elektronik ist natürlich kein Ersatz für Pinsel und Palette", erklärt der Pädagoge Schmidt. „Aber es ist ein neuer Weg, sich kreativ auszudrücken. Er ist nicht weniger gut als konventionelle Methoden. Und er macht den jungen Leuten großen Spaß. Am Stundenende muß Lehrer Schmidt die Schüler oft mit sanfter Gewalt aus dem Kunstraum schieben.

A Nachdem Sie den Artikel gut durchgelesen haben, entscheiden Sie, ob folgende Aussagen im Text stehen oder nicht. Haken Sie passend ab oder kreuzen Sie an:

1 Mit der neuen Computer-Technik hat man die Möglichkeit, kreativ zu sein.
2 Für Michael haben Computer einige Vorteile im Vergleich zu Pinseln.
3 Unglücklicherweise kann man die Bildelemente später nicht so leicht löschen.
4 Klaus strebt eine Karriere als Computerfachmann an.
5 Es ist nicht möglich, Gesichtsteile auf dem Bildschirm zu verändern.
6 Nina schminkt sich auf dem Bildschirm.
7 Es ist auch möglich, sein Gesicht auf Banknoten zu sehen.
8 Laut Herrn Schmidt können die Werkzeuge des Künstlers nie durch Computer ersetzt werden.
9 Aber am Ende der Stunde verlassen die Schüler und Schülerinnen schnell den Raum wie bei anderen Fächern.

B *Selbständig*

Schreiben Sie eine Kurzfassung des Artikels (120 Wörter).

ANWENDUNG *und* ERWEITERUNG

 Zum Nachlesen: 2.14 Keine Schwierigkeiten mit der Technik

 Zum Nachschlagen: Passiv

 Zum Üben

Im Artikel gibt es ein Beispiel des Passivs: „Nasen werden verlängert und Ohren vergrößert". Man hätte aber genausogut „man verlängert Nasen und vergrößert Ohren" schreiben können.

Nun versuchen Sie, dieses Flußdiagramm zu vervollständigen, indem Sie das Passiv benutzen. Dabei beantworten Sie die Frage: „Wie arbeitet man am Computer?"

> Man schaltet den Computer ein.
> *Der Computer wird eingeschaltet.*

> Man legt die Diskette mit dem gewünschten Programm ein.

> Man startet das Programm.

> Man wechselt eventuell das Laufwerk.

> Man gibt die Daten ein.
> *Die Daten werden eingegeben.*

> Man korrigiert Tippfehler.

> Man verarbeitet die Daten.

> Man gibt Befehle ein.

> Man formatiert den Text/ stellt Tabellen zusammen/ verändert Bilder.

> Man speichert die Daten auf Diskette.

> Man zeigt die Ergebnisse auf dem Bildschirm an.

> Man druckt die Ergebnisse in gewünschter Form aus.

S_port auf deutsch_

Die Deutschen sind große Sportfreunde, wie Sie vielleicht schon wissen. Viele Bundesbürger, die nicht Sportler im buchstäblichen Sinn des Wortes sind, gehen zum Beispiel wandern und sind am liebsten im Freien. Aber, wie überall in Westeuropa, achten die Deutschen auf ihre Gesundheit. Welche Rolle spielt der Sport im heutigen Leben voller Belastung für die Gesundheit und in der Gesellschaft? In dieser Einheit versuchen Sie, eine Antwort auf diese Frage zu finden.

In dieser Werbung von der Innungskrankenkasse ermutigt Fitti die Leute, sich fit zu machen. „Bewegung bringt Spaß", sagt er. Sie werden zuerst Jugendliche kennenlernen, denen Bewegung schon Spaß gebracht hat.

MACH DICH FIT!

Hallo,
ich bin Fitti.
Ab sofort stelle ich Ihnen immer die aktuellen Bewegungsangebote der Innungskrankenkasse vor.
Bewegung bringt Spaß, hält gesund und macht fit.
Ihre IKK, die Krankenkasse für das Handwerk.

A Während Sie sich die Kassette anhören, beantworten Sie folgende Fragen auf deutsch:

Teil 1
1 Für wen ist der „Opti" gedacht?
2 Was findet Michael schön am Segelsport?
3 Welche Meisterschaft haben Michael und seine Schwester schon gewonnen?
4 Wann war das?
5 In welchen Kader sind Michael und seine Schwester schon aufgenommen worden?
6 Welche Länder haben sie besucht?
7 Warum findet er es gut, Menschen aus anderen Kulturkreisen kennenzulernen?

Teil 2
8 Wie sieht der Anfang der Segelsaison für Michael aus?
9 Welche Pläne haben Michael und seine Schwester für die Zukunft?
10 Warum können Männer und Frauen bei den Olympischen Spielen nicht zusammen segeln?

Folgende Wörter/Ausdrücke werden dabei helfen. Schauen Sie ihre Bedeutungen im Wörterbuch nach.

– der „Opti" (Optimist) ⎫ classes of
– „420er" ⎭ sailing boat
– die Jolle
– der Wettkampf
– an (+ Dat.) *teil*nehmen
– der Kader
– in der Zwischenzeit
– das Vorurteil
– Vorurteile *ab*bauen
– der Weg
– trennen
– unweigerlich
– im Zuge (+ Gen.)
– die Gleichberechtigung
– der Steuermann/die Steuerfrau

3.1

Michael und Sonja

Zur Zeit segelt Michael mit seiner Schwester in der „420er" Klasse. Der Erfolg blieb bis jetzt nicht ganz aus, wie Sie hören werden.

B Jetzt hören Sie, was Sonja zu sagen hat. Füllen Sie die Tabelle mit passenden Informationen aus:

1 Sonjas sportliche Hobbys	
2 Ihre Reisebegleitung	
3 Vorteile des Reisens	
4 Sonjas Wintersport	
5 Ihr Sommersport	
6 Ihre Bewegung am Wochenende	

3.2

Der tollkühne Skispringer

Eddie Edwards genießt das Leben und das Skispringen, obgleich viele seine Tollkühnheit für lebensgefährlich halten.

Was macht eigentlich …

Eddie Edwards – der Skispringer aus England, der als tollkühner Außenseiter und komischer Vogel 1988 in Calgary keine olympische Medaille, aber den Namen „Eddie the Eagle" davontrug

STERN: Sie leben offensichtlich noch?

EDDIE: Ja, es gibt mich noch in einem Stück. Dafür muß man dankbar sein.

STERN: Das klingt so, als ob Sie sich weiter die Schanzen runterstürzen?

EDDIE: Ja. Wenn mich der britische und der internationale Ski-Verband nicht gesperrt hätten, wäre ich heute vielleicht ein erfolgreicher Springer.

STERN: Die fürchteten um Ihr Leben.

EDDIE: Die waren neidisch auf meinen Erfolg in Calgary. Ich war dort der beliebteste Teilnehmer.

STERN: Wenn Sie nicht so unsäglich schlecht gewesen wären, hätte sich doch keiner für Sie interessiert.

EDDIE: Die Leute wollen eben nicht immer nur Gewinner sehen. Deshalb werde ich bis heute durch die Fernsehstationen der Welt gereicht.

STERN: Wie sieht denn Ihr Leben sonst aus?

EDDIE: Mein Song „Mun nimeni on Eetu" war letztes Jahr die Nummer zwei in der finnischen Hitparade. Ich habe zwar kein Wort von dem Text verstanden, den mir die Finnen geschrieben haben, aber ich habe gehört, der Titel des Liedes sei „Mein Name ist Eddie" gewesen.

STERN: Von der finnischen Hitparade allein kann man wohl nicht lange zehren.

EDDIE: Mein Terminkalender ist voll. Ich habe an einer Spielshow bei Disney in Amerika teilgenommen, an einer BBC-Talkshow in Australien. Ich mache Kinderfernsehen und eröffne Sportmessen.

STERN: Sind Sie dabei reich geworden?

EDDIE: Nein, solche Auftritte decken nur meine Kosten. Ich brauche etwa 100 000 Mark im Jahr, um mein Skispringen zu bezahlen. Ich habe keinen Sponsor. Die wollen Sieger.

STERN: Und weshalb geben Sie soviel Geld fürs Training aus, wenn Sie es doch nicht schaffen?

EDDIE: Ich bin britischer Meister mit einer Weite von 72 Metern. Im Training schaffe ich bereits 95 Meter. Ich bin im Kommen.

STERN: Wie soll das mit Ihrer dicken Brille je klappen?

EDDIE: Stimmt, die Brille ist immer dabei. Oft ist sie schon beschlagen, wenn ich die Schanze runterfahre. Ich glaube aber, es ist besser, wenn ich nicht so genau sehe, wohin ich springe.

STERN: Halten Ihre Kollegen das auch so?

EDDIE: Nein, die haben Angst vor dem Unbekannten.

STERN: Was müßte passieren, damit Eddie the Eagle auch mal gewinnt?

EDDIE: Meine Chancen wären am größten, wenn man Skispringen in dickem Nebel veranstalten würde.

Mit Eddie Edwards sprach STERN-Redakteur Hans-Hermann Klare.

A Wie sagt man auf deutsch:

1 I'm still in one piece
2 they feared for your life
3 envious of …
4 the most popular participant
5 unspeakably bad
6 my diary is full
7 such appearances cover my costs
8 I'm on the way up
9 misted up
10 they're afraid of the unknown

B Wie verbringt Eddie jetzt sein Leben?
Vervollständigen Sie diese Zusammenfassung:

Seit … sensationellen Auftritt bei …
Olympischen Spielen von 1988 in Calgary …
Eddie in vielen Ländern (z.B. in den USA und
in Australien) … Fernsehsendungen
teilgenommen. In Finnland hat sein Lied den
zweiten … in der Hitparade erreicht, obwohl er
selber kein … vom Text verstanden hat. Eddie
macht immer … Skispringen, und mit einem
… von 72 … ist er britischer ….

ANWENDUNG *und* ERWEITERUNG

 Zum Nachlesen: 3.2 Der tollkühne Skispringer

 Zum Nachschlagen: Konditional

 Zum Üben

Im Artikel sagt Eddie:

„Wenn sie mich nicht [1991 für Albertville] gesperrt hätten, wäre ich heute vielleicht ein
erfolgreicher Springer."

Was würden diese Leute sagen?

1 Charley Crash (1987/der große Preis von Monaco/Rennfahrer)
2 Lotte Langsam (1992/Olympische Spiele in Barcelona/Sprinterin)
3 Tommy Tiefflug (1984/Olympische Spiele in Los Angeles/Stabhochspringer)
4 Bettina Blei (1991/Universiade in Sheffield/Schwimmerin)
5 Sascha Schachmatt (1975/Weltmeisterschaft in Reykjavik/Schachspieler)
6 Willi Weichfaust (1990/Wettkampf in Manila/Boxer)

3.3

Ines, Christian, Brigitte und Klaus

Jetzt lesen Sie, was Ines, Christian, Brigitte und Klaus über Sport sagen. Nicht alle Deutsche sind
so sportbegeistert, wie wir vielleicht glauben.

 **Ines Köhler (25), Kosmetikerin und Fußpflegerin:** „Außer dem Sport in der Schule fällt mir da nichts ein. Ich war im Laufen sehr gut, vor allem über die Strecke von 100 Metern. Allerdings kann ich mich nicht mehr an meine Bestzeit erinnern, dazu ist es zu lange her."

 **Christian Wiesner (21), Soldat:** „Ich treibe viel Sport, aber auf Rekorde kommt es mir nicht an. Für mich ist es eine Leistung, wenn ich es schaffe, ganz viel Spaß im Leben zu haben und möglichst wenig zu arbeiten. Alles richtig genießen, dazu gehört schließlich auch was."

 **Brigitte Donauer (50), Hausfrau:** Die Leistung meines Lebens – und so was taucht ja nie in einem Rekorde-Buch auf – sind meine zwei Kinder, die ich auf die Welt gebracht habe. Sie sind inzwischen beide erwachsen und gesund. Das ist für mich das Wichtigste."

 **Klaus Salomon (43), Diplom-Ingenieur:** „Das Beste, was ich gemacht habe – ich habe einen Sohn gezeugt, darauf bin ich wirklich stolz. Er heißt Paul und ist jetzt sieben. Das hat zwar nichts mit Sport zu tun, aber ich finde, daß das eine olympiareife Leistung ist."

A *Wer sagt was?*

Diese Person …

1 treibt Sport, aber nicht als Leistungssport.
2 hat ein Einzelkind.
3 treibt keinen Sport mehr.
4 hat Kinder, die jetzt Erwachsene sind.
5 war sportlich begabt.
6 findet die Familie wichtiger als Sport.
7 hat ihre Erfolge vergessen.
8 hat ohne Rekorde Sport getrieben.

B

1 Finden Sie für jede Person die Hauptaussage.
2 Erklären Sie dem Partner/der Partnerin Ihre Wahl.

C Wie würde man auf deutsch sagen:

1 We can no longer remember Uncle Frank.
2 I should like to have a lot of happiness in my life.
3 Such things do not appear in record books.
4 Susi's mother brought eight children into the world!
5 What is the best thing that I've done?
6 Work has nothing to do with my personal life.

3.4

Was ist denn Sport?

Sie haben schon die Meinungen von vier Durchschnittsbürgern gelesen. Studieren wir jetzt die Anschauungen von vier deutschen Sportprofis. Womit können Sie sich hier identifizieren?

Klaus Wolfermann

Der Präsident des Deutschen Sportbundes (DSB), Dr. Willi Weyer, sagt „der Sport ist die Populärkultur unserer Zeit". Allein dem DSB gehören 17 Millionen Mitglieder an, und man schätzt, daß heute rund 500 Millionen Menschen auf der Erde in irgendeiner Weise Sport treiben. Erfahren wir, wie diese weltweite Bewegung Sport entstanden ist, welche Faszination der Sport gerade auf den modernen Menschen ausübt, welche Gefahren der Sport in sich birgt und welchen nationalen und internationalen Stellenwert die verschiedenen Sportdisziplinen heute einnehmen.

Annegret Richter

Sport – die schönste Nebensache der Welt? Durchaus, aber nicht nur! Man stelle sich vor, den Menschen von heute würde jegliche Möglichkeit genommen, sich sportlich zu betätigen und die spannenden Wettkämpfe und Hochleistungsschauen in den Sporthallen, den Stadien, auf den Fußballplätzen oder auf dem Fernsehschirm zu verfolgen. Nicht auszudenken! Millionen Menschen sehen im Sport, in ihrem Lieblingssport, einen Akt der Selbstverwirklichung, auf den sie nicht mehr verzichten können und wollen. Sport gehört zu ihrem Leben wie Essen, Trinken und Schlafen.

Max Schmeling

Beispiele reißen mit. Vor allem im Sport. Oder gerade im Sport. Die sportlich aufgeschlossene Jugend braucht Vorbilder, ihren Ehrgeiz und Ansporn. Die nüchternen theoretischen Lehren, die erhobenen Zeigefinger, die schönsten Wissensbücher …, sie lassen das junge Herz kalt. Erst das Beispiel vermag starke, strebenstolle Herzen zu entflammen. Das ist auch der Sinn des „verherrlichten" Rekords, des vergötterten Meisters, der gesunde Sinn. Die dem Sport Fernstehenden sehen bloß den Glorienschein, der um einfache, schlichte Sportlergestalten verbreitet wird – weil dieser einen Zentimeter höher sprang als ein anderer – sie hören das Getöse der Lobreden und Superlative und seufzen: Rekordfimmel, Götzendienst.

Zugegeben: Es gab zuweilen Meister, Sportler und Rekordler, die den Ruhm nicht vertrugen und die Nase rümpften. Sie gingen schnell unter. Denn: Der echte Sportsmann verträgt das Lob.

Ich bekenne mich stolz zur Leistung. Rekord ist gemessene Höchstleistung. Wir können unsere Jugend nicht heiß genug zur Leistung, zur wirklichen sportlichen Höchstleistung anspornen.

Und das vermag nur das Beispiel, das Vorbild. Egal, in welcher Sportart und Disziplin. Nur die große Leistung, das hohe Vorbild spornen sie an, immer schneller, immer höher, immer weiter …

Dr. Willi Weyer

Seit Jahrtausenden treiben die Menschen Sport, und die olympische Idee wurde bereits im antiken Griechenland geboren – dennoch könnte man das 20. Jahrhundert als Jahrhundert des Sports bezeichnen. Sport ist heute eine weltweite Bewegung – Faszination für Millionen, für Freizeit- und Hobbysportler, für aktive Leistungs- und Wettkampfsportler, aber auch für die Legionen begeisterter Passiver, die das vieldimensionale Sportgeschehen mit Spannung im Stadion oder an den Fernsehschirmen verfolgen.

Präsident des Deutschen Sportbundes und des Landessportbundes Nordrhein-Westfalen e. V.

schätzen	*to estimate*
die Bewegung	*movement*
verzichten auf (+Akk)	*to do without*
die Spannung	*tension, excitement, atmosphere*
der Zeigefinger	*index finger*
entflammen	*to inflame*

A Notieren Sie alle Sportvokabeln im Artikel unter folgenden Überschriften:

Substantive	Adjektive	Verben	Adverbien

B *Arbeit zu zweit*

Person A studiert, was Klaus Wolfermann und Annegret Richter gesagt haben und dolmetscht die Artikel für *Person B*.

Person B macht das gleiche mit dem Text von Willi Weyer und Max Schmeling.

C Welche Aussagen stehen im Text? Haken Sie passend ab.

1 Sport gehört dem Volke.
2 Sport birgt keine Gefahren und Risiken.
3 Wir können unser Selbst durch den Sport erfahren.
4 Sport ist ein wesentlicher Bestandteil des modernen Lebens.
5 Sport wird weltweit getrieben.
6 Sport kann im Fernsehen nicht so spannend sein.
7 Sport kann leicht das junge Herz kalt lassen.
8 Schlechte Sportler vertragen Lob schlecht.
9 Sport und Disziplin sind egal.

D *Gruppenarbeit*

Besprechen Sie die Meinungen der vier Sportprofis in der Großgruppe. Welche Ideen treffen auf Sie zu?

E *Selbständig*

Gebrauchen Sie den Artikel als Hilfsmittel, um den folgenden Text ins Deutsche zu übersetzen:

Our modern concept of sport was born out of the Olympic ideal in Ancient Greece, but how has the fascination it exercises on modern men and women actually developed? Nowadays, so many millions of people take every opportunity to be involved in sport or follow competitive sport on television. The role of sport in our lives is essentially positive, since youth needs models to encourage and channel its drive. Great sportsmen and women can light a fire in our souls.

ANWENDUNG *und* ERWEITERUNG

Zum Nachlesen: 3.4 Was ist denn Sport?

Zum Nachschlagen: die Fälle

Zum Wiederholen: 1.7

Zum Üben

1 Lesen Sie die Beiträge von Klaus Wolfermann, Annegret Richter und Dr. Willi Weyer noch einmal durch. Füllen Sie diese Tabelle aus, indem Sie den Fall der unten abgedruckten Auszüge herausarbeiten und erklären.

Person	Auszug	Fall	Grund
KW	des Deutschen Sportbundes	Gen.	Genitivattribut
KW	dem DSB		
KW	der Erde		
KW	welche Faszination		
KW	welchen nationalen (…) Stellenwert		
AR	der Welt		
AR	den Menschen		
AR	die spannenden Wettkämpfe		
AR	den Fußballplätzen		
AR	einen Akt		
AR	ihrem Leben		
WW	Jahrtausenden		
WW	die olympische Idee		
WW	eine weltweite Bewegung		
WW	die Legionen		
WW	begeisterter Passiver		

2 Mit Hilfe der Auszüge in der Tabelle, und des gesamten Inhalts der drei Beiträge übersetzen Sie diese Sätze ins Deutsche:

a The trainer of the German football team is not always a popular man.
b Is football the most widespread pastime in the land?
c Thousands of people belong to football clubs.
d For some people football is an act of self realisation.
e Legions of enthusiastic, active people meet in the park at weekends and play football together.
f Football is a part of (belongs to) our daily life, whether we like it or not.

3.5

Radfahren ist Kult

Der Streik zwang viele in den Sattel. Ganz Deutschland im Fahrradfieber

Große Freiheit auf zwei Rädern

Text: Manfred Hart, Fotos: VISUM/Gebhard Krewitt

Mein Grizzly mag nicht mehr. Fünf Minuten rauf und rauf und rauf, das schafft er nicht mit mir. Noch ein letzter Tritt, dann runter vom Sattel.

Ich schäme mich. Zu schlapp für einen lächerlichen Großstadthügel.

An Grizzly jedenfalls kann es nicht liegen. Er ist bärenstark, 17 Kilo. LX-Schaltung, 21 Gänge, Hydraulikbremse. Stolze 1575 Mark. Grizzly – ein Trekking-Bike (neudeutsch für Tourenfahrrad).

Vorbei die Zeit, als ein Fahrrad noch Fahrrad hieß, ein Radler noch ein armer Schlucker war, ein Drahtesel noch 200 Mark kostete. Und nur Verrückte wie Querfeldein-Profi Peter Thaler über schlammige Äcker flitzten.

Heute steigt ganz Deutschland in den Sattel.

Und seit eine Frau Wulf-Mathies den öffentlichen Verkehr lahmlegte, boomt das Rad noch mehr. Beim großen Streik (und Dauerstau) waren Radler die Sieger. Lachend an mißlaunigen Autofahrern vorbei.

Die schnellste, billigste, sauberste Art ins Büro, ans Fließband, zum Bäcker. Radeln, um mobil zu sein, und keine Parkprobleme. Verkehrsuntersuchungen in deutschen Städten haben bewiesen: Bei Entfernungen bis zu fünf Kilometern schlägt das Rad das Auto.

Aber das allein erklärt nicht die Renaissance. Fahrradfahren ist längst ein Stück Lebensgefühl. Wenn die Sommersehnsucht am Wochenende steigt, ist Pedaletreten fürs Volk die Tour de Spaß. Freiheit auf zwei Rädern.

Der weiche Wind, es riecht nach Mohn und Raps, Geschmack der Natur. Da wird das Fahrrad zum schönsten Spielzeug des modernen Menschen.

Die gesündeste Maschine, die je erfunden wurde, ist es allemal. Ein rollendes Fitneßcenter, auch wenn der Hintern immer wieder leidet.

Das schönste Cabrio der Welt

Sportmediziner Prof. Heinz Liesen von der Uni Paderborn: „Von den Zehen über die Beine bis hoch zum Rücken werden alle Muskeln trainiert. Sogar das Gehirn wird stimuliert, gut für Hormonhaushalt, Stoffwechsel und Immunsystem." Wer dick ist, sollte auf jeden Fall strampeln. Im Gegensatz zum Joggen trägt der Sattel das Gewicht, die Gelenke werden geschont. Und: Die Blutgefäße bleiben geschmeidig, das Herzinfarkt-Risiko sinkt. Neueste Studie aus England: Wer täglich 13 Kilometer Fahrrad fährt, lebt im Schnitt zweieinhalb Jahre länger.

Radfahren ist nicht nur Fitneß. Es ist Kult.

Sport ist die Populärkultur unserer Zeit, so sagt man. So bleibt man fit, und es macht auch Spaß. Deswegen steigen immer mehr Deutsche in den Sattel. Lesen Sie diesen Artikel, um herauszufinden, wie Radfahren zum Kult wird.

A Beantworten Sie folgende Fragen:

1 Wer oder was ist „Grizzly"?
2 Inwiefern haben sich die Zeiten für Räder und Radler geändert?
3 Welches Ereignis hat sich als besonders vorteilhaft fürs Rad erwiesen?
4 Wo hat das Rad dem PKW gegenüber einen Vorteil?
5 Was hat das Rad mit dem modernen Leben zu tun?
6 Warum nennt man das Rad „ein rollendes Fitneßcenter"?
7 Sollten dicke Leute eher radfahren oder joggen? Wieso?
8 Was meint man, wenn man sagt, das Radfahren sei ein Kult?

B *Arbeit zu zweit*

Partner(in) A: Ihr Vater/Ihre Mutter *B* nimmt zu, weil er/sie überall im Auto hinfährt. Ihr Auftrag: Sie sollen *B* überzeugen, nach Möglichkeit radzufahren.

Partner(in) B: Sie sind kein(e) Sportfreund(in) und lehnen höflich alle Vorschläge ab, sich zu bessern. Aber wenn *A* äußerst überzeugend ist, sollten Sie positiv auf ihre Ideen reagieren.

Nützliche Redewendungen

Es wäre besser, ... zu ... *It would be better to ...*
Das Rad schlägt das Auto *A bike beats a car.*
Das Rennrad ist ein neues Statussymbol *A racing bike is a new status symbol.*
Das Rad ist gut für ... *A bike is good for ...*
Ich bin nicht fit genug dazu! *I'm too unfit for it!*
Es braucht zuviel Zeit! *It takes too much time!*
Es ist schon lange her, daß ich ... *It's a long time since I ...*

C *Selbständig*

1 In Ihren eigenen Worten stellen Sie eine Liste von allen Vorteilen des Radfahrens auf, die im Artikel erwähnt werden.
2 Schreiben Sie einen Brief (150 Wörter), worin Sie versuchen, die Lokalzeitung zu überzeugen, eine Presseaktion für Radwege zu starten.

ANWENDUNG *und* ERWEITERUNG

 Zum Nachlesen: 3.5 Radfahren ist Kult

Zum Nachschlagen: Komparativ und Superlativ

Zum Üben

Lesen Sie den Artikel „Große Freiheit auf zwei Rädern" noch einmal durch. Darin finden Sie einige Beispiele des Superlativs: „Die schnellste, billigste, sauberste Art ..."

1 Finden Sie die zwei weiteren Beispiele des Superlativs, die in diesem Artikel vorkommen.
2 Wenn man über Transportmittel schreibt, kann man die folgenden Adjektive verwenden. Wie heißen sie auf englisch und was sind ihre Komparativ- und Superlativformen?

Englisch	Adjektiv	Komparativ	Superlativ der/die/das
	aufregend		
	bequem		
	fortschrittlich		
	gefährlich		
	gesund		
	sauber		
	schnell		
	sportlich		
	umweltfreundlich		
	wirtschaftlich		

Schreiben Sie alle Gegenteile der oben angegebenen Adjektive auf.

3 Sie sind Journalist(in) bei einer Autozeitschrift und Sie sollen einen Artikel über ein neues Automodell, namens „Rußfleck" schreiben. Das Auto ist das schlechteste, das Sie je gefahren haben! Schreiben Sie jetzt den Bericht, indem Sie den Inhalt eines sehr positiven Berichts, den Sie früher geschrieben haben, umändern. Benutzen Sie dabei Superlativformen.

Die Superlimo
Die Superlimo ist das schönste Auto, das ich je gesehen habe. Das Fahrgefühl ist unvergleichlich. Von allen Autos ist dies das bequemste, das ruhigste und, das darf man nicht vergessen, das umweltfreundlichste. Mit einer Höchstgeschwindigkeit von 180 Stundenkilometern ist die Superlimo natürlich das schnellste Auto seiner Klasse. Was den Verbrauch betrifft, ist es auch das wirtschaftlichste. Bei einem Preis von DM 25.000 ist die Superlimo der billigste Wagen unter seinen direkten Konkurrenten.

Die Zweisitzerausführung ist einmalig – es war die aufregendste und gleichzeitig die sicherste Fahrt meines Lebens. Schlicht und einfach ist die Superlimo der beste Wagen der Welt!

(Der Rußfleck hat eine Höchstgeschwindigkeit von 80 km/h und kostet DM 40.000.)

3.6

Radeln auf den Spuren der Römer

Wie anderswo in Europa tun viele Behörden in Deutschland ihr Bestes, um das Leben leichter und bequemer für Radfahrer zu machen. Lesen Sie diesen Artikel über die „Römer-Route" und überlegen Sie, ob solche Radwege bei Ihnen existieren oder existieren könnten.

Samstag, 4. Juli 1992 – Nr. 153

250 Kilometer langer Radweg ab Frühjahr 1993:

„Römer-Route" zum Hermannsdenkmal

NIEDERRHEIN. Per Fahrrad von Xanten nach Detmold – die „Römer-Route" wird's ab Frühjahr 1993 möglich machen. Auf den Spuren der Römer kann dann nicht nur zwischen Xanten und Nimwegen geradelt werden, sondern auch auf der ungleich längeren Strecke bis zum Hermannsdenkmal im Teutoburger Wald. In einem Begleitprospekt, Auflage 12 500, stellen sich die an der 250 Kilometer langen Route liegenden Orte vor, zeigen, was sie an römischer und sonstiger Historie zu bieten haben.

Vergleichsweise billig wird die Erstellung der neuen Fernradwanderstrecke. Einschließlich Prospekt und Ausschilderung an den Radwegen sind die zwanzig beteiligten Kommunen mit 90 000 Mark dabei.

Von Xanten aus führt die „Römer-Route" direkt zum Rhein: Mit der Fähre geht's 'rüber nach Bislich. Für die Tage, da „Keer tröch" nicht verkehrt, wird alternativ eine Radwege-Strecke über die Weseler Rheinbrücke ausgeschildert. Über Wesel, Hünxe, Schermbeck, Dorsten, Haltern führt die Strecke Richtung Osten, zum Teil an der Lippe entlang oder nördlich davon, weil so auch die alten Römer zogen, die die aufmüpfigen Germanen „rechts" liegen lassen wollten.

Bis zur Küste sollten die Legionen von Varus eigentlich geführt werden, irgendwo im Teutoburger Wald stellte sich ihnen aber bekanntlich Arminius mit seinen germanischen Truppen in den Weg. Die Römer wurden 9 n. Chr.

vernichtend geschlagen. Zu Ehren des Cheruskerfürsten Arminius (fälschlicherweise „Hermann" genannt) wurde 1838 bis 1875 das Hermannsdenkmal auf der Grotenburg bei Detmold errichtet – und genau hier wird die „Römer-Route" ihren Endpunkt haben.

Namhafte weitere Städte wie Werne, Lünen, Hamm, Lippstadt, Paderborn, Horn-Bad Meinberg, Bad Lippspringe und Detmold liegen an der Wegstrecke und machen natürlich mit. In Hamm wird demnächst ein römisches Museum eröffnet, aber auch die anderen beteiligten Kommunen wollen römische Vergangenheit – soweit vorhanden – herausarbeiten und in den Prospekt mit einfließen lassen.

Drei Arbeitsgruppen sind derzeit dabei, die „Römer-Route" bis zum Frühjahr kommenden Jahres zu realisieren. Die erste befaßt sich mit der Routenplanung, die zweite mit der Radwanderkarte und die dritte, in der auch Peter Friese von der Arbeitsgemeinschaft Freizeit und Fremdenverkehr Xanten (AFX) mitmacht, mit der Werbung und Öffentlichkeitsarbeit. Das Routenemblem wird ein Römerhelm sein, aber auch der hier abgebildete römische Radler wird in den Prospekten zu finden sein.

Übrigens: Wer zurück eine andere Strecke strampeln will, der kann die „100-Schlösser-Route" durchs Münsterland nehmen und so an den Niederrhein heimkehren.

PETER KORTE

---

auf den Spuren (+Gen) *on the trail of*	aus-schildern *to describe, flag*
die Auflage *edition*	beteiligt *participating, involved*
vergleichsweise *by way of comparison*	der Römerhelm *Roman helmet*

A Lesen Sie noch einmal den Text durch und finden Sie die deutsche Entsprechung für folgende englische Ausdrücke im Text:

1 on the trail of the Romans
2 comparatively cheap
3 is designated
4 he stood in their way
5 in honour of the prince
6 the other communes involved
7 concerns itself with …
8 return home to …

B Ihr(e) Lehrer(in) wird Ihnen eine Landkarte des erwähnten Gebietes geben. Bezeichnen Sie die Routen und alle Städte, deren Namen im Artikel stehen.

C Schreiben Sie eine Kurzfassung des Artikels in 120 Wörtern.

ANWENDUNG *und* ERWEITERUNG

 Zum Nachlesen: 3.6 Radeln auf den Spuren der Römer

 Zum Nachschlagen: „werden" (Zukunft, Passiv)

 Zum Wiederholen: 2.14

 Zum Üben

Das Verb „werden" kommt in diesem Text ziemlich oft vor. Die Sätze bzw. Satzteile, in denen „werden" eine Rolle spielt, beginnen mit den folgenden Worten. Schreiben Sie jedesmal den ganzen Satz bzw. Satzteil heraus. Handelt es sich um die Zukunft oder das Passiv oder um alle beide?

Zum Schluß übersetzen Sie die Sätze ins Englische.

1 – die Römer-Route wird's …
2 Auf den Spuren …
3 Vergleichsweise billig …
4 Für die Tage …
5 Bis zur Küste …
6 Die Römer wurden …
7 Zu Ehren des …
8 – und genau hier …
9 In Hamm …
10 Das Routenemblem …
11 , aber auch der hier …

3.7

Wie fängt man an?

Sie kennen sicher Steffi Graf und Boris Becker und Sie wissen vielleicht, daß Tennis in Deutschland äußerst populär ist. Es sind nicht nur vornehme Leute, die in Deutschland spielen, da Tennis zu einem Volkssport geworden ist. Immer mehr Leute spielen in diesem Land im Gegensatz zu England, zum Beispiel, und die Presse trägt wie in diesem Artikel dazu bei, neue Anhänger anzuspornen.

Wie wär's denn mal mit
TENNIS?

Waren Sie schon lange nicht mehr aktiv, oder wollen Sie mal die Sportart wechseln? In dieser Serie erfahren Sie alles, was Sie wissen sollten, bevor Sie sich für einen Sport entscheiden.

Jahrhundertelang galt Tennis als das Spiel der Könige. Heinrich VIII. trat schon vor über 400 Jahren wie ein echter Profi auf: zu jedem Match kam er mit acht Schlägern. Heute ist Tennis ein Volkssport. Über fünf Millionen Bundesbürger schlagen weiße oder farbige Filzkugeln übers Netz. In Vereinen sind allein 1,8 Millionen Spieler organisiert, davon fast die Hälfte Frauen. Tennis ist ein geselliger Sport, er hält fit, läßt sich bis ins hohe Alter spielen, und man bewegt sich – zumindest im Sommer – an der frischen Luft.

Organisation: Wer nicht gleich in einen Verein gehen will, kann in privaten Tennisschulen einen Kurs machen. Manche Betriebssportgruppen nehmen auch Mitspieler auf, die nicht zur Firma gehören. Wer sich für einen Kurs entscheidet, sollte darauf achten, daß nicht mehr als fünf Spieler in der Gruppe sind.

Nach dem ersten Kurs kann man nicht gleich mit großen Spielerfolgen rechnen – Naturtalente ausgenommen. Bis die Technik richtig „sitzt", braucht man viele Übungsstunden und viel Geduld.

Tip: Mit einem etwas besseren Partner spielen, der die Bälle richtig plaziert und auf Fehler reagieren kann.

Außerdem: Nicht immer ist der Ehepartner, Freund oder Lebensgefährte auch der richtige Mitspieler. Bevor die Schläger fliegen: Fragen Sie den Tennislehrer, ob er einen passenden Spieler für Sie weiß, oder heften Sie einen Zettel ans Schwarze Brett der Tennisanlage.

Gesundheit: Tennis ist nicht nur etwas für Kinder und Jugendliche, auch Ältere können jederzeit damit anfangen, wenn sie gesund sind und zum Beispiel keine Herz-Kreislaufkrankheiten haben. Bei diesem Spiel kommt es vor allem auf die Fähigkeit an, verschiedene Bewegungs- und Spielabläufe zu koordinieren (laufen, richtige Schlägerhaltung, Ballgeschwindigkeit und Entfernung zum Ball einschätzen). Danach folgen Schnellkraft (z. B. spurten aus dem Stand) und Ausdauer.

Risiken: Tennis ist kein gefährlicher Sport. Doch es können Beschwerden auftreten, zum Beispiel an der Lendenwirbelsäule, im Schulterbereich und an der Achillessehne. Belastet wird vor allem die Außen- und Innenseite des Ellbogens sowie der Unterarm. Auf Sandplätzen rutscht man besser, Beingelenke und Wirbelsäule werden wesentlich weniger belastet als auf Kunststoffböden, die den Lauf stärker abstoppen.

Kondition: Zwei- bis dreimal pro Woche eine Stunde spielen, nicht nur Wettkämpfe, sondern auch Übungsspiele.

Ausgleichssport: Sinnvolle Ergänzung sind Jogging und Radfahren, weil damit der Körper vielseitiger beansprucht wird.

A Vervollständigen Sie folgende Sätze, die einige Punkte der ersten Hälfte des Textes wiederholen:

1 Tennis ist heute eher ein Volkssport als der Sport ...
2 Mehr als 40 Prozent der Spieler in Deutschland ...
3 Auch wenn man alt ist, kann man ...
4 Es ist möglich, für eine Betriebssportgruppe zu spielen, ohne ...
5 Normalerweise braucht man mehr als einen Tenniskurs, um ...
6 Für Naturtalente ist es ...
7 Die Partner von Anfängern sollten auf ihre ...
8 Der beste Partner ist nicht notwendigerweise sein ...
9 Am schwarzen Brett des Tennisklubs kann man ...
10 Wenn ältere Leute mit dem Sport anfangen wollen, sollten sie nicht spielen, wenn sie ...

B Wie sagt man im zweiten Teil des Artikels:

1 aufeinander abstimmen
2 bewerten
3 Zähigkeit
4 gefahrbringend
5 beschwert
6 gleiten
7 merklich
8 vernünftig

C *Selbständig*

Schreiben Sie einen Miniartikel (150 Wörter) fürs Schulmagazin Ihres Austauschpartners/Ihrer Austauschpartnerin, worin Sie alle Gründe nennen, warum man Tennisspielen lernen sollte.

D Die Preise haben wir unten absichtlich weggelassen. Sprechen Sie mit Deutschen/Österreichern/Schweizern, die Sie kennen, oder schreiben Sie ihnen einen Brief, um die aktuellen Preise herauszufinden.

Wer nicht im einfachen Jogginganzug oder in Sporthosen spielt, sondern gleich spezielle Tennissachen kaufen möchte, muß mit etwa 400 Mark rechnen, inklusive Schläger.
Polohemd:
Shorts:
Rock:
Socken:
Schuhe:
Stirnband/Schweißband:
Trainingsanzug:
Bälle:
Schläger:

ANWENDUNG *und* ERWEITERUNG

 Zum Nachlesen: 3.7 Wie fängt man an?

 Zum Nachschlagen: Relativpronomen

 Zum Üben

In diesem Text befinden sich zwei Beispiele des Relativpronomens. Eines davon ist: „Manche Betriebssportgruppen nehmen auch Mitspieler auf, *die* nicht zur Firma gehören." Können Sie das andere finden?

Formulieren Sie den folgenden Text so um, daß alle Satzpaare durch das richtige Relativpronomen verbunden sind. Beachten Sie: Wortstellung!

1 Der Mann heißt Peter;
er hat mich gerade ausgeschimpft.
2 Peter wohnt mit seiner Frau in dem schönen neuen Haus;
es steht neben unserem Haus.
3 Sie verbringen viele Stunden in ihrem Garten;
sie lieben ihn wirklich.
4 Sie sind besonders stolz auf ihre Blumen;
sie haben viele Preise mit den Blumen gewonnen.
5 Gestern habe ich mit meinen Kindern im Garten gespielt;
der Lieblingssport meiner Kinder ist Fußball.
6 Mein Sohn hat einmal kräftig gegen den Ball getreten;
er ist jetzt schon groß und stark.
7 Der schwere Lederball ist über den Gartenzaun geflogen;
ich hatte ihn schon als Junge.
8 Wir haben ein merkwürdiges Geräusch gehört;
es hat uns sehr beunruhigt.
9 Wir sind ins Haus gelaufen und haben durch das Küchenfenster gesehen;
man kann den Garten der Nachbarn von dem Fenster aus sehen.
10 Der Ball lag mitten in einem Blumenbeet;
wir hatten ihn verloren.
11 Alle Blumen lagen flach am Boden;
sie wuchsen dort.
12 Meine Tochter beschloß, den Ball zu holen;
sie ist sehr agil.
13 Als sie vom hohen Zaun heruntersprang, hakte sich das weite Sweatshirt an einem Rosendorn fest; sie hatte es kurz vorher gekauft.
14 Während sie fiel, riß sie die schöne rote Rose mit;
Peter und seine Frau hatten sich schon große Hoffnungen mit der Rose gemacht.
15 Sie landete zusammen mit der Rose mitten in dem kleinen Fischteich;
Peter arbeitet seit drei Jahren an dem Teich.
16 In dem Moment kamen die beiden zurück;
sie waren kurz beim Einkaufen gewesen.

3.8

Der Erfolg hat seinen Preis

Obwohl es ohne Zweifel gut für die Gesundheit ist, Sport zu treiben, kann es auch ganz schön gefährlich sein, wenn man (oder frau) es übertreibt! Das sieht man an den Beispielen im folgenden Text, in dem es um weibliche Tennisstars geht.

▬▬▬ Tennis ▬▬▬

Das Letzte abverlangt

Der Tennis-Zirkus verschleißt seine Stars: Selbst Steffi Graf, die eherne, ist ausgebrannt.

D ie Tennisstars leiden, die besten Damen sind reif fürs Sanatorium. Gabriela Sabatini braucht „dringend eine Pause", Zina Garrison fühlt sich „unheimlich müde". Oldtimerin Martina Navratilova hält die Saison inzwischen für eine „Folterkammer".

Schon jetzt steht fest, daß am 15. Januar, wenn der Grand-Prix-Zirkus in Melbourne in die nächste Runde geht, sechs der zehn besten Spielerinnen fehlen werden. Die Weltranglistenerste Steffi Graf allerdings beißt die Zähne zusammen und tritt an.

Auf der Jagd nach Weltruhm und Prämien – nächstes Jahr steigen die Preisgelder um 17 Millionen auf insgesamt 50 Millionen Mark – ruinieren besonders die weiblichen Stars der Tenniszukunft ihre Körper immer früher.

Die physischen Resultate spürten andere deutsche Profis bereits vor Steffi Graf, die momentan unter einem Bauchmuskelfaserriß leidet. Silke Meier mußte zwei verschobene Rückenwirbel und den eingeklemmten Ischiasnerv behandeln lassen. Über Claudia Kohde-Kilsch äußerte ihr Stiefvater Jürgen Kilsch, sie sei „eine Ruine". Ihre Krankengeschichte: Knorpelquetschung, Schulterbeschwerden, Bauchmuskelzerrung, Achillessehnenentzündung.

„Wenn der Ball erst rollt", sagt Trainer Bolletieri ungerührt, „ist er schwer zu stoppen", der Versehrtensport Tennis sei nun mal ein „enormes Geschäft". Für kleinere Wehwehchen wie Krämpfe hat zumindest sein Kollege Günther Bosch als Trost ein Hausmacherrezept parat: „Das Bein mit Eis einreiben und dann kurz mit einer Nadel in die Muskeln stechen – weg ist der Schmerz."

A Übersetzen Sie die ersten beiden Absätze (Die Tennisstars leiden … und tritt an) ins Englische.

B Wer hat sich wie verletzt?
Hier ist eine Liste der Verletzungen, an denen die genannten Stars leiden. Finden Sie die deutschen Ausdrücke dafür. Schreiben Sie den Namen von der jeweils betroffenen Tennisspielerin dazu.

1 shoulder problems
2 torn stomach muscles
3 inflamed Achilles tendon
4 bruised cartilage
5 trapped sciatic nerve
6 pulled stomach muscles
7 slipped discs

C *Arbeit zu zweit*

Erklären Sie Ihrem Partner/Ihrer Partnerin das „Hausmacherrezept" für „kleinere Wehwehchen" von Günther Bosch.

ANWENDUNG *und* ERWEITERUNG

 Zum Nachlesen: 3.8 Der Erfolg hat seinen Preis

 Zum Nachschlagen: etwas machen lassen

 Zum Üben

Im oben gedruckten Artikel erfahren wir, daß die verletzte Silke Meier zwei verschobene Rückenwirbel und den eingeklemmten Ischiasnerv behandeln ließ.

Die Familie Memmen hat neulich in einem Preisausschreiben ein Wochenende auf einer „Gesundheitsfarm" gewonnen. Frau Memmen erzählt, wie die Familienmitglieder das Wochenende verbracht haben. Vervollständigen Sie den Text.

. . . = Teil von „lassen" (im Imperfekt)
____ = Infinitiv (siehe Liste unten)

Die Familie Memmen läßt sich verwöhnen
„Ich fand das Wochenende ganz toll! Ich habe mich nicht sehr viel bewegt, aber ich … mich jeden Tag von Kopf bis Fuß ____. Das war äußerst entspannend.

Das Essen war besonders gut. Wir … uns die Mahlzeiten immer extra ____. Mein Mann fand das Essen so gut, daß er sich jeden Abend ____ …!

Meine Tochter ging eines Vormittags zum Sportarzt. Da … sie sich den Puls ____ und ____ ihre Kondition ____. Mein Sohn, der gern Tennis spielt, ging zum Trainer, von dem er sich ein ausführliches Trainingsprogramm ____ …. Leider hat er sich während der ersten Trainingsstunde den Fuß verrenkt. Der Trainer … sofort einen Krankenwagen ____. Zum Glück war nichts Schlimmes passiert. Er … sich nur während des restlichen Wochenendes ____."

holen	ausarbeiten
erfinden	zubereiten
bedienen	messen
massieren	wiegen
überholen	überprüfen

3.9

Marathon-Meisterin

Jetzt laufen die Deutschen wie andere Leute überall in der Welt. Laufen macht Spaß, aber man kann es ernst nehmen. Jogging-Fanatiker und -Fanatikerinnen gibt es in der Bundesrepublik wie überall. Charlotte Teske, deutsche Marathon-Meisterin, erklärt, wie es für sie beim Marathonlaufen ist.

mehrfach	*several times*
verlangen	*to demand*
zur Manie werden	*to become an obsession*
der Pelz	*fur (coat)*
die Vorbereitungsphase	*training-stage*
die Siegerprämie	*prize-money*

Gut 30 000 Schritte verlangt so ein Marathonlauf. Und wer kurze Beine hat, macht sogar 40 000. Marathon ist eine gewaltige Distanz – 42 195 Meter. Aristion, wie nach der Legende der Läufer hieß, der 490 vor Christus von Marathon kommend die Nachricht vom Sieg der Griechen über die Perser überbrachte, brach tot in Athen zusammen.

Marathon kann zur Manie werden. Wer einmal diese Distanz überwunden hat, will sich immer wieder beweisen. Für mich ist Marathonlaufen mein Beruf, ich lebe davon – aber ich möchte ihn auch mit Inhalten ausfüllen.

Ich möchte den Frauen im wirklichen Sinn des Wortes auf die Beine helfen. Bewegung als Weg, sich ein Stück von der Familie zu lösen, sich einen Freiraum zu schaffen. Im Wald habe ich eine Frau laufen sehen, die sich ganz offensichtlich daheim im Pelz davongestohlen hatte. Dann lief sie, den Pelz über dem Arm. Wenn sich jemand näherte, zog sie den Mantel an und täuschte Spazierengehen vor.

Die letzte Vorbereitungsphase beginnt für mich schon zehn Tage vorher. Da absolviere ich den letzten langen Lauf der Trainingsvorbereitung – 35 bis 40 Kilometer. Jetzt muß ich meine Psyche vorbereiten auf die Belastung. Man läßt das Trainingsprogramm Revue passieren: War alles o.k.? Habe ich Fehler gemacht? Waren die gut 220 Trainingskilometer pro Woche das richtige Maß? Aber auch wenn alles noch so perfekt gelaufen ist, kann man sich manchmal nicht vor aufkeimender Furcht schützen.

Schon ein leichter Schnupfen wird dann zur Katastrophe. Wenn dadurch die Leistung nur fünf Prozent fällt, bedeutet das für mich eine Marathonzeit von zwei Stunden und 38 Minuten statt zwei Stunden und 30 Minuten, den Verlust der Siegprämie, mit der ich ein halbes Jahr meinen Lebensunterhalt bestreiten kann. Doch trotz dieser Nöte: Noch nie hat mich ein Marathonlauf als nächtlicher Alptraum verfolgt. Gottlob.

Du läufst los als Tiger und kehrst heim als Kätzchen

Jetzt laufen sie wieder. Im Park nebenan und bei den großen Marathons. Immer mehr Frauen sind dabei. Doch wie fühlt es sich an, 10 oder 42 Kilometer vor sich zu haben? Und was ist dran am Läufer-Rausch? Charlotte Teske, mehrfache deutsche Marathon-Meisterin, berichtet.

A

Nachdem Sie Charlottes Artikel gelesen haben, setzen Sie die richtigen Satzteile zusammen:

1 Immer mehr Frauen
2 Wenn man kurzbeinig ist,
3 Der Urmarathonläufer brachte
4 Der Langstreckenlauf kann
5 Charlotte Teske lebt
6 Laufen kann der Frau helfen,
7 Die Dame im Pelzmantel
8 Zehn Tage vor dem Marathon kommt
9 Die letzte Vorbereitung hat mit
10 Eine Erkältung kann

a zur Manie werden.
b war verlegen.
c vom Marathonlaufen.
d Charlottes Psyche zu tun.
e ein wenig unabhängiger zu werden.
f macht man mehr Schritte beim Laufen.
g Charlottes letzter Trainingslauf.
h katastrophal sein.
i nehmen an den Wettbewerben teil.
j die Nachricht von einem Sieg nach Athen.

B

Jetzt füllen Sie folgende Tabelle aus, indem Sie jede Zeile vervollständigen:

Substantiv	Verb	Adjektiv
Sieg		
		tot
	überwinden	
	beweisen	
		wirklich
Bewegung		
	täuschen	
	absolvieren	
Belastung		
		aufkeimend

C

Füllen Sie die Lücken in dieser Zusammenfassung des Artikels aus:

Der Marathonlauf ist eine riesige _____, und aus diesem Grunde braucht man viel _____ auf den Wettbewerb. Für Charlotte Teske ist das besonders der Fall, weil der Marathon ihr _____ ist. Ihr Trainingsprogramm hat mit Laufen und _____ zu tun, da sie sich auf die geistige _____ des Marathontages vorbereiten muß. Doch kann das scheitern, wenn sie eine _____ bekommt, weil so eine leichte Beschwerde ihre _____ beeinträchtigt. Aber Charlottes eigenes Laufen ist nicht das einzige für sie, da sie anderen Frauen _____ will, durch das Laufen _____ zu werden. Frauen, die laufen, haben es nicht nötig, sich vor Männern _____ zu fühlen.

D *Selbständig*

1 Bereiten Sie schriftlich einen Minivortrag (1–2 Minuten) über die Vorteile des Tennis bzw. des Langstreckenlaufens vor.
2 Üben Sie diesen Vortrag mit einem Partner/einer Partnerin.
3 Nehmen Sie den Minivortrag auf Kassette auf.

ANWENDUNG *und* ERWEITERUNG

Zum Nachlesen: 3.9 Marathon-Meisterin

Zum Nachschlagen: Modalhilfsverben (in der Gegenwart und im Imperfekt)

Zum Üben

Lesen Sie den Text noch einmal durch. Finden Sie die Modalhilfsverben, die darin vorkommen.

1 Füllen Sie dann diese Tabelle mit der „Ich-Form" der angegebenen Verben aus:

	müssen	dürfen	sollen	können	mögen	wollen
Gegenwart				kann		
Imperfekt						

2 Es folgt die Transkription eines Interviews mit einer deutschen Leichtathletin. Füllen Sie die Lücken mit der richtigen Form des jeweils passenden Modalhilfsverbs aus. Jede Form, die Sie in die Tabelle oben eingetragen haben, soll einmal vorkommen.

A Wieviel müssen Sie eigentlich trainieren?
B Wenn man eine gute sportliche Leistung bringen _____, _____ man natürlich sehr viel dafür trainieren. Man _____ alleine trainieren, aber ich _____ die Arbeit in der Gruppe lieber. Ich _____ gar nicht daran denken, wie viele Stunden ich schon beim Training verbracht habe, aber ich bin mir inzwischen sicher, daß alles läuft, wie es _____.

A Wann wollten Sie zuerst Weltmeisterin werden?
B Ich _____ schon immer Weltmeisterin werden, aber während meiner Schulzeit _____ ich mich nicht so richtig dafür engagieren. Ich habe nämlich unter Asthma gelitten, _____ sehr auf meine Gesundheit aufpassen und _____ nicht am Sportunterricht teilnehmen. Es war jedoch so, daß ich jeden Abend, als ich schon schlafen _____, Bücher über Sport beim Licht meiner Taschenlampe unter meiner Bettdecke verschlungen habe. Die Geschichten, die ich am liebsten _____, waren natürlich die von Menschen, die irgendwelche Probleme überwunden hatten.

3.10 📼

Woher kommt der Erfolg deutscher Sportler?

Wie Sie schon erfahren haben, sind die Deutschen große Sportfreunde. Einige sagen, sie seien vielleicht *zu* sportbegeistert. Hören Sie, was Isabell, Britta und Sonja darüber zu sagen haben.

A Hören Sie gut zu und dann zeigen Sie, wer folgende Meinungen vertreten hat, indem Sie passend abhaken.

	Isabell	Britta	Sonja
1 Die größten Sportler sind überwiegend die Leute aus der ehemaligen DDR.			
2 Sportler aus der ehemaligen DDR haben mehr trainiert.			
3 Sie haben auch viel mehr Ehrgeiz.			
4 Ihre Bekannten machen viel Sport.			
5 Der Sport wird von den Deutschen nicht so ernst genommen.			
6 Der deutsche Erfolg hat mit der Wende zu tun.			
7 Die Ex-DDR-Sportler hatten sehr viele Preise bei Wettbewerben gewonnen.			
8 Die Ex-DDR-Sportler wurden mehr ermuntert und angespornt.			

B Jetzt hören Sie Peter, der über sein Laufen und Deutschlands Erfolg beim Sport spricht. Machen Sie eine Liste der Gründe, warum Peter läuft und warum Deutschland so hervorragend auf dem Gebiet des Sports ist.

C Studieren Sie wieder, was Isabell, Britta und Sonja über Deutschlands Erfolg gesagt haben. Inwieweit sind sie und Peter einer Meinung? Schreiben Sie die gemeinsamen und die neuen Punkte auf.

3.11 📖

Joggen als ideales Fitneß-Training?

Sie haben schon von einer Profisportlerin gehört, die auch Mitleid mit Frauen hatte, für die es nicht so leicht ist zu joggen. Charlotte Teske wollte solche Leute ermuntern. Lesen Sie jetzt, was Prof. Hollmann aus Köln über Joggen als ein ideales Fitneß-Training zu sagen hat, und nachher, was für Probleme Jogger verursachen können.

Laufen ohne Streß

Marathon ist harter Leistungssport und für Ungeübte gefährlich. Joggen dagegen ist ein ideales Fitneß-Training und praktisch für jeden da. Wo fängt das eine an, hört das andere auf? Es gibt keine feste Grenze. Alles hängt nur von der Übung ab. Das Paradebeispiel dafür stammt von Ausdauersport-Papst Prof. Willdor Hollmann, Sporthochschule Köln: Ein 65jähriger kann mit Mühe ein paar hundert Meter in verschärfter Gangart zurücklegen. Nach jahrelangem Üben läuft er ein paar hundert Meter. Dann ein paar tausend Meter. Mit 75 macht er beim Marathon mit. Schön vorsichtig nach der Faustregel: Nur immer so lange laufen, bis man aus der Puste gerät, dann eine Gehpause. Wer so mit Gewinn für seine Gesundheit laufen möchte, kann das allein tun. Oder sich einem der Lauftreffs anschließen. Sie werden von den lokalen Sportvereinen organisiert, die auf den Trainingsstand der Einzelnen eingehen. (Bei solchen Lauftreffs sind die Teilnehmer versichert, ohne Vereinsmitglieder zu sein.) Oder er kann anläßlich des siebten Zehnkilometer-Frauenlaufs im Tiergarten in Berlin beim „Schnupperlauf" für Anfängerinnen über 3,4 Kilometer teilnehmen, am 24. Mai – wenn man dafür auch wirklich fit ist.

Anmeldeformulare beim SCC Berlin, „Berlin-Marathon", Meinekestraße 13, 1000 Berlin 15.

A Lesen Sie den kurzen Artikel „Laufen ohne Streß", dann tragen Sie die gefragten Details in die Tabelle ein.

1	Vorteile des Joggens dem Marathon gegenüber
2	Wie Rentner anfangen sollten
3	Was man nicht vergessen sollte
4	Vorteil der Lauftreffs in lokalen Sportvereinen
5	Warum Vorsicht vorm „Schnupperlauf"

Wenn Jogger einen Unfall verursachen

Freizeitsportler gehen nicht nur ein gesundheitliches Risiko ein, wenn es zu einem Unfall kommt, sondern auch ein juristisches! Denn immer härter gehen Richter gegen Sportler vor, die sich fahrlässig oder (im Mannschaftssport) regelwidrig verhalten. Wer Sport treibt, sollte deshalb eine Privathaftpflicht-Versicherung abschließen. Die deckt Regreßforderungen (außer bei Profis), wenn ein Jogger z. B. ein Auto zum Bremsen zwingt und dadurch ein Unfall passiert oder ein anderer Läufer versehentlich angerempelt wird. Noch ein Vorteil: Die Versicherung wehrt unberechtigte oder überhöhte Ersatzansprüche ab.

B Laufen und Joggen machen nicht immer Spaß! Lesen Sie den Minibericht, „Wenn Jogger einen Unfall verursachen", dann finden Sie heraus, welche Definitionen zu welchen Ausdrücken im Text passen:

1 unachtsam
2 bindend vereinbaren
3 Personen, die Sport als Hobby treiben
4 für ein Unglück verantwortlich sein
5 hygienisch
6 Gefahr
7 wird heftig angestoßen
8 sich unvorschriftsmäßig benehmen
9 unbeabsichtigt

C *Gruppenarbeit*

Ist es bei Ihnen genauso? Verursachen Jogger, die Sie kennen, ähnliche Probleme, und ergreifen die Richter dieselben Maßnahmen? Besprechen Sie diese Fragen in der Großgruppe.

D *Arbeit zu zweit*

Person A: ein(e) Polizist(in), der/die *Person B* befragt.
Person B: ein(e) Jogger(in). Ein Autofahrer hat gesagt, Sie haben einen Verkehrsunfall durch regelwidriges Verhalten verursacht.

Nützliche Redewendungen
Es war nicht meine Schuld. *It was not my fault.*
Ich bin sehr vorsichtig gelaufen. *I ran very carefully.*
Der Fahrer paßte nicht auf! *The driver wasn't paying attention!*
ein Formular ausfüllen *to fill in a form*
Haben Sie eine Versicherung abgeschlossen? *Have you taken out insurance?*
Er wird Ersatzansprüche verlangen. *He will claim compensation.*

ANWENDUNG *und* ERWEITERUNG

 Zum Nachlesen: 3.11 Joggen als ideales Fitneß-Training?

 Zum Nachschlagen: „Wennsätze"

 Zum Üben

Im Text „Wenn Jogger einen Unfall verursachen" gibt es zwei „Wennsätze". Welche sind es? Schreiben Sie jeden ganzen Satz so um, daß er mit dem Wennsatz beginnt.
   Welcher Satz in der ersten Gruppe paßt am besten zu welchem Satz in der zweiten Gruppe? Schreiben Sie acht Sätze, die alle mit dem Wort „Wenn" beginnen. Achtung: Wortstellung!

1 Jogger verursachen einen Unfall
2 die alten Joggingschuhe sind kaputt
3 man hat einen harten Arbeitstag gehabt
4 man will einen Marathon laufen
5 man gewinnt ein Rennen
6 man verletzt sich beim Sport
7 Spitzensportler treten auf
8 man trainiert ungern allein

a viele Zuschauer kommen in die Stadien
b man muß viel trainieren
c man kann einem Verein beitreten
d es ist gut, sich sportlich zu betätigen
e sie gehen ein juristisches und gesundheitliches Risiko ein
7 man soll sich neue kaufen
g die anderen Athleten gratulieren einem
h man legt einen Verband an

ANWENDUNG *und* ERWEITERUNG

 Zum Nachlesen: 3.11 Joggen als ideales Fitneß-Training?

 Zum Nachschlagen: „Wer" (Wortstellung)

 Zum Wiederholen: 1.2, 1.8

 Zum Üben

Finden Sie die Sätze in diesen beiden Texten, in denen das Wort „Wer" vorkommt. Benutzen Sie die Wörter unten, um ähnliche Sätze zu bilden.

Beispiel:
Sport treiben/ eine Versicherung abschließen sollen

Wer Sport treibt, sollte eine Versicherung abschließen

1 gut Tennis spielen wollen/ sich möglichst einen etwas besseren Partner suchen
2 für die neue Saison Sportbekleidung brauchen/ sich am besten im Sommerschlußverkauf umschauen
3 Klubmitglied sein/ einen Mitgliedsbeitrag zahlen
4 viele sportliche Erfahrungen sammeln wollen/ ins Ausland fahren
5 seine Mannschaft konsequent unterstützen/ sie auch zu Auswärtsspielen begleiten
6 für ein wichtiges sportliches Ereignis gute Karten mögen/ sich am besten früh anstellen
7 beim Sport viel schwitzen/ ein Stirnband tragen
8 für seine Lieblingssportart nicht stark genug sein/ Krafttraining machen
9 Skifahren wollen/ auf viel Schnee hoffen
10 Drachenflieger werden/ schwindelfrei sein müssen

die Abwehr *defence*
weg-treten *to kick away*
die Stürmerin *forward*
erschöpft *exhausted*
verspotten *to mock*
der Sieg *victory*
die Niederlage *defeat*

3.12

Fußball ist nicht nur Männersache

Wie Sie gelesen und gehört haben, gehen die Deutschen gern wandern, radeln, laufen, Tennis spielen, aber für den Durchschnittsdeutschen gibt es noch eine Sportart, die zu einem Volkssport geworden ist, wie in so vielen Ländern – König Fußball! Und genau wie bei uns, fangen die Mädchen und Frauen an, viel Spaß daran zu haben und mit großem Erfolg zu spielen. Lesen Sie jetzt einen Artikel durch, der zeigt, daß Fußball keine Männersache ist.

KÖNIGIN

① Nur noch 15 Minuten. Die Spielerinnen des Fußballclubs Preußen Wilmersdorf stürmen gegen das Tor der Mannschaft Hertha 03 Zehlendorf. Mariana Scurec von Hertha verfolgt die gegnerische Stürmerin und – stürzt. Wird noch ein Tor fallen?

② Torwächterin Stefanie Hertel (16 Jahre) ist bereit, jeden Schuß zu fangen. Doch da stoppt die Hertha-Abwehr den Angriff. Mittelstürmerin Claudia Vogel (14 Jahre) bekommt den Ball in einem Paß und rennt auf das gegnerische Tor zu. Dort läuft die Torwächterin schnell auf ihren Platz zurück. Sie hatte sich mit einer Zuschauerin unterhalten und nicht aufgepaßt.

③ Da ist Claudia schon ganz nah. Jetzt versucht eine Preußen-Spielerin, den Ball wegzutreten. Doch die Abwehrspielerin kann Claudia nicht mehr aufhalten. Die Stürmerin schießt mit aller Kraft. Die Torfrau wirft sich dem Ball entgegen, doch sie kann ihn nicht mehr halten. Tor!

④ Die Hertha-Fans jubeln laut. Claudias Schuß bringt den 4:0 – Endstand für ihre Mannschaft. Schlußpfiff! Endlich! Die Hertha-Spielerinnen umarmen sich glücklich und setzen sich erschöpft auf den Boden. Aber auch bei der gegnerischen

Mannschaft ist die Stimmung gut – trotz der Niederlage. Warum traurig sein? Das Spiel hat beiden Mannschaften viel Spaß gemacht.

⑤ In Deutschland spielen heute viele Mädchen Fußball. Oft werden sie wegen ihres Hobbys verspottet, denn noch immer denken viele Leute: Fußball ist Männersport. Auch Hertha-Spielerin Jennie Butzlaff (14 Jahre) hat die Erfahrung gemacht, daß man sie als Sportlerin nicht akzeptiert. In der Schule hat sie darum keinem von ihrem Hobby erzählt: „Ich will nicht, daß man mich auslacht."

⑥ Dabei trainieren die Mädchen genauso hart wie Jungen in ihrem Alter. Anweisungen des Trainers, Siege und Niederlagen nehmen sie sehr ernst.

⑦ Die Mädchen haben großen Spaß an ihrem Sport. Stefanie und Iris, die 16jährigen Zwillinge des Teams, haben wegen des Fußballs ihren Schwimmsport aufgegeben. „Fußball ist viel lustiger", sagt Stefanie. Das meint auch Claudia Vogel, die Torschützin. Sie ist schon sieben Jahre im Verein.

⑧ Viele Mädchen haben Vorbilder aus dem Profi-Fußball. Jennie bewundert Jürgen Klinsmann, den ehemaligen Torjäger vom VfB Stuttgart. Daniela Gruner (16 Jahre), die Spielführerin, nimmt sich an Lothar Matthäus ein Beispiel. Auch im Sommer wird sie ihrem Vorbild nacheifern. Dann fahren die elf Kickerinnen zu zwei Turnieren nach Hamburg – mit der Hoffnung auf viele, viele Tore!

FUSSBALL

A Welche Überschrift paßt zu welchem Absatz? Stellen Sie Absätze und Überschriften richtig zusammen. Aber Vorsicht! Es gibt mehr Überschriften als Absätze:

1 Eine sportliche Stimmung beiderseits
2 Frauenfußball ist eine ernste Sache
3 Sie spielen für einen Profi-Klub
4 Viel Spannung!
5 Sie sind unter den größten Anhängern der Profis
6 Männliche Vorurteile gibt es noch!
7 Für Fußball verzichten sie auf andere Sportarten
8 Die Abwehr kann sie nicht stoppen!
9 Gemischter Fußball kommt bald!
10 Wo steckt die letzte Verteidigerin?

B Es gibt viele Fußball- und Sportvokabeln in diesem Artikel. Finden Sie das Englische für die untenstehende Liste:

1 stürmen
2 das Tor
3 die Mannschaft
4 verfolgen
5 der/die Gegner(in)
6 gegnerisch
7 der/die Stürmer(in)
8 der/die Torwächter(in)
9 der Schuß
10 fangen
11 der Paß
12 zurennen auf ...
13 zurücklaufen
14 der/die Zuschauer(in)
15 den Ball wegtreten
16 der/die Abwehrspieler(in)
17 aufhalten
18 schießen
19 der Schlußpfiff
20 die Niederlage
21 der Sieg
22 das Turnier

C *Selbständig*

Fassen Sie den Artikel schriftlich zusammen (höchstens 150 Wörter).

D *Arbeit zu zweit*

1 Mit einem Partner/einer Partnerin schreiben Sie einen kurzen Kommentar zu einem Tor aus einem Schul- oder Profispiel, das kürzlich stattgefunden hat.

2 Nehmen Sie diesen Kommentar auf Kassette auf (Höchstdauer: 1 Minute).

3.13

Schwangerschaft, Geburt und dann Olympia!

Sie lesen jetzt über eine Frau, die ein paar Wochen nach der Geburt ihres ersten Kindes an den Olympischen Spielen teilnehmen will. Die Journalistin fragt, ob so etwas überhaupt zu verantworten ist. Wie ist Ihre Meinung?

ANJA FICHTEL

Olympia-Start nach der Entbindung: Meinen Sie das wirklich ernst?

Sie war im fünften Monat, da wurde sie deutsche Meisterin. Sie war im sechsten Monat, da hat sie noch voll trainiert. Das Baby wurde Anfang Juni erwartet. Am 25. Juli begannen die nächsten Spiele. Und Anja Fichtel wollte wieder für Deutschland fechten ...

In den vergangenen Wochen hat die Olympia-Siegerin Anja Fichtel beim Training Fußtritte bekommen. Immer häufiger. Immer kräftiger. Und bei jedem Tritt empfindet sie tiefes Glück. – Anja Fichtel, das Gold-Mädchen von Seoul, ist schwanger. Im neunten Monat inzwischen. Und doch macht sie noch täglich ihre Lektionen mit dem Florett. Die Zeit drängt. Denn knapp fünf Wochen nach der Geburt ihres ersten Kindes will Anja Fichtel bereits wieder um olympisches Gold kämpfen. Schwangerschaft, Geburt und dann Olympia, das härteste Turnier des Sports. Geht das überhaupt? Ist das zu verantworten – von den Trainern, von den Ärzten, vor allem von der Mutter, auch gegenüber ihrem Kind? – Meint Anja Fichtel das wirklich ernst mit Olympia?

A Beantworten Sie folgende Fragen zu dem Artikel über Anja Fichtel:

1 Warum waren Anjas Meisterschaft und Training ein heißumstrittenes Thema?
2 Und warum sollte die Teilnahme an den Olympischen Spielen für sie auch problematisch sein?
3 Woher kamen die erwähnten Fußtritte?
4 Aus welchen Gründen sollte die Zeit drängen?
5 Was meinte die Journalistin, als sie schrieb „das härteste Turnier des Sports"?

B Denken Sie über die Fragen der Journalistin nach:

> Geht das überhaupt?
> Ist das zu verantworten?
> Meint Anja Fichtel das wirklich ernst?

Jetzt sind Sie dran! Nehmen Sie Stellung zu diesen Fragen und zu Anjas Situation.

1 Besprechen Sie mit einem Partner/einer Partnerin die drei Fragen oben sowie diese allgemeine Frage:

War Anjas Entschluß, weiter zu fechten, fair, was sie und ihr Baby im Bauch betrifft? Würden Sie so etwas tun? Warum erregte ihr Entschluß so viel Streit?

2 Jetzt besprechen Sie die Fragen in der Großgruppe weiter.

3 Schreiben Sie eine Zusammenfassung des Gesprächs.

erwarten	*to expect*
die Meisterin	*female champion*
fechten	*to fence*
das Florett	*foil*
im Einzel	*in the singles*

3.14

Paulina: Große Sportfreunde?

Wie Sie vielleicht schon während der Interviews mit Isabell, Britta, Sonja und Peter gespürt haben, sind die meisten Deutschen gar nicht so stolz auf ihren Erfolg auf dem Gebiet des Sports. Oft ist es genau das Gegenteil. „Sport! Sport! Zu viel Sport! Genug ist genug!" Hören Sie jetzt, was Paulina zu sagen hat.

A   Hören Sie Paulina, dann notieren Sie:

1 welche Sportarten man zu ernst nimmt
2 Paulinas Meinung über Deutschland ohne die Ex-DDR
3 Paulinas Grundanschauung zum Sport in Deutschland (in Ihren eigenen Worten)

3.15

Fußballkrawalle in Göteborg

Es kommt auch vor, daß Zuschauer während eines Fußballspiels Gewalt anwenden. Dann müssen Polizeibeamte eingesetzt werden, um die Rowdys unter Kontrolle zu bringen. Lesen Sie, was der deutsche Innenminister davon hält.

Gast-Kommentar

Wir brauchen eine Rowdy-Kartei

Von RUDOLF SEITERS (CDU)
Bundesinnenminister

Ich verurteile auf das schärfste die schwere Fußballkrawalle von Göteborg. Wir dürfen nicht zulassen, daß kriminelle Randalierer den Sport zum Schauplatz gewalttätiger Auseinandersetzungen machen. Sie schaden dadurch dem Ansehen Deutschlands im Ausland.

Vielfältige Initiativen auf nationaler und internationaler Ebene sind bereits auf den Weg gebracht. Zum Beispiel wurden im Vorfeld der Europameisterschaft schwedische Polizeibeamte in Deutschland geschult, deutsche Verbindungsbeamte befinden sich derzeit in Schweden. Notwendig ist jetzt die Errichtung einer sogenannten Hooligan-Kartei über reisende Gewalttäter.

A   *Arbeit zu zweit*

Person A ist Fußballmanager(in) und geschäftlich in Deutschland. Er/sie kann ein wenig Deutsch sprechen, aber nicht lesen. Er/sie möchte gern wissen, wie die Deutschen mit ihrem Rowdyproblem umgehen.

Person B erklärt ihm/ihr auf englisch den Inhalt des Kommentars.

B   *Selbständig*

Sie sind auf Urlaub in Deutschland. Schreiben Sie einen kurzen Brief an eine Zeitung (150 Wörter), worin Sie die Ansichten von Rudolf Seiters unterstützen oder zurückweisen. Erklären Sie für deutsche Leser und Leserinnen die heutige Lage in Ihrem eigenen Land, was Fußballrowdys betrifft.

ANWENDUNG *und* ERWEITERUNG

Zum Nachlesen: 3.15
Fußballkrawalle in Göteborg

Zum Nachschlagen: Passiv Imperfekt

Zum Wiederholen: 2.14, 3.6

Zum Üben

1 Welche Vorbereitungen wurden von den Organisatoren der Fußball-Europameisterschaften in Schweden getroffen, bevor das erste Spiel angepfiffen wurde? Schreiben Sie die folgenden Sätze so um, daß jedesmal das Passiv benutzt wird, und zwar im Imperfekt.

Beispiel:
Man schulte die Polizisten in Deutschland.
Die Polizisten wurden in Deutschland *geschult*.

a Man schickte Verbindungsbeamte in alle Länder.
b Man renovierte alte Stadien.
c Man baute neue Stadien.
d Man druckte Eintrittskarten.
e Man organisierte die Eröffnungszeremonie.
f Man stellte Medaillen für die Sieger her.

2 Übersetzen Sie diese Sätze ins Deutsche:
a The cup was polished.
b The pitches were carefully prepared.
c The TV broadcasts were coordinated.
d Hotel rooms were booked for the referees and linesmen.
e A mascot was designed for the championships.

3.16

Synthese

Schreiben Sie einen kurzen Artikel/Bericht für ein deutsches Studentenmagazin (200–230 Wörter), worin Sie beschreiben, was Sie über den deutschen Sport in dieser Einheit gelernt haben. Versuchen Sie, Vergleiche mit Ansichten und Gewohnheiten in Ihrem eigenen Land zu ziehen.

Wie ist es in der Schule?

In dieser Einheit hören und lesen wir, was Deutsche und Österreicher über ihr Schulleben denken. Sie erzählen über die Prüfungen, die sie machen müssen, über die Probleme, die es in ihren Schulen gibt, und über ihre Zukunftspläne.

4.1

Schöne Erinnerungen an die Schulzeit

Ingrid Eckert hat viel Spaß beim Unterricht gehabt, da alles meistens sehr positiv war. Hören Sie die erste Hälfte eines Gesprächs, worin sie ihre Schulzeit beschreibt.

A Füllen Sie die Lücken in dieser Zusammenfassung der Unterhaltung aus:

Ingrid hat größtenteils nur positive … an ihre Schulzeit und ist auch ein bißchen …, die Schule verlassen zu haben. Sie hat sich gerade den Lehrberuf wegen ihrer … Erfahrungen ausgewählt. Was ihr an der Schule am meisten gefallen hat, war die …, ihre Schulkameraden zu treffen und mit ihnen zu …, auch wenn sie über Lehrer … wollten! Das … vieler Lehrer fand sie sehr gut, da sie ihre … geopfert haben, um die Schüler bei Ausflügen zu …, und die Schüler auch zu sich … haben. Für Ingrid ist … zu den Lehrern die Hauptsache.

B Hören Sie jetzt die zweite Hälfte des Gesprächs und machen Sie eine Liste von den **positiven/nicht so positiven** Dingen an der Schule laut Ingrid.

C Erklären Sie auf deutsch folgende Schlüsselwörter aus Ingrids Gespräch:

1 das Engagement
2 Kontakt zu
3 der Leistungsdruck
4 heißersehnt
5 das Abi
6 die Ausbildung
7 die Einstellung
8 der Frontalunterricht

4.2

Die Abschlußrede

Während der Schulzeit wird viel geredet. Die Lehrer reden, die Eltern reden und die Schüler auch! Hier ist ein Auszug aus einer Rede von einem jungen Mann, der seine Schulzeit gerade beendet hat und jetzt im Namen seiner Mitschüler einige Worte sagen soll. Im Gegensatz zu vielen anderen Menschen in einer ähnlichen Situation erzählt er die Wahrheit.

„Ich will ja gar nicht sagen, daß es in der Schule manchmal nicht auch ganz schön gewesen wäre. Ⓐ *Aber so im großen und ganzen hat sie uns eher gestunken.*

Das lag gar nicht so sehr an den Lehrern. Ich glaube, die meisten haben sich Mühe mit uns gegeben, und dazu hat wahrscheinlich manchmal ziemlich viel Geduld gehört. Aber warum eigentlich nicht? Ⓑ *Wir mußten ja auch Geduld mit den Lehrern haben.*

Ⓒ *Jedenfalls sagen wir schönen Dank, und wir meinen alle Lehrer damit, die sich wirklich Mühe gegeben haben.* Und den anderen können wir nur sagen:
Ⓓ *Wenn wir Sie geärgert haben, nehmen Sie's uns nicht mehr zu lange übel,* wir werden uns auch bemühen, unseren Ärger bald zu vergessen. Ⓔ *Und wenn wir uns in ein paar Jahren einmal wiedersehen sollten, dann werden wir wahrscheinlich finden, daß Sie alle ganz nett waren*, und Sie werden vielleicht einer zehnten Klasse irgendwann mal sagen:
Ⓕ *Ja, die damals, das war wenigstens noch eine Klasse. Das haben Sie uns von unseren Vorgängern auch gesagt.*
Ⓖ *Jetzt haben wir also unsere Abschlußzeugnisse. Daß wir sie bekommen haben, ist sicher ein Erfolg für die Schule. Dazu wird man uns heute noch ein paarmal gratulieren, und wir können den Lehrern dazu gratulieren, daß sie wieder einmal einen Jahrgang gut über die Runden gebracht haben.*
Ⓗ *Mein Vater sagt manchmal, wenn er sich irgendein Lebensalter aussuchen könnte, das er noch einmal erleben dürfe, dann möchte er noch einmal zur Schule gehen. Ich glaube, von uns sagt das heute noch keiner, vielleicht sagen wir es später einmal, ich weiß nicht."*

ANWENDUNG *und* ERWEITERUNG

 Zum Nachlesen: 4.2 Die Abschlußrede

 Zum Nachschlagen: Zukunft und Perfekt

 Zum Wiederholen: 1.2, 1.8, 2.3, 3.6

Zum Üben

1 Finden Sie alle Beispiele der Zukunft und des Perfekts, die im Text vorkommen.

2 Schreiben Sie die Verben in den folgenden Sätzen so um, daß die angegebenen Zeitangaben in die Sätze passen. Benutzen Sie entweder die Zukunft oder das Perfekt.

a Wir gehen jeden Tag zu Fuß zur Schule. (früher)

b Er ißt in der Schulkantine. (morgen)

c Die Unterrichtsstunden dauern 35 Minuten. (zu meiner Zeit)

d Wen hast du in Physik? (letztes Jahr)

e Sie verläßt die Schule. (nächsten Monat)

f Mir gefällt Sport am besten. (damals)

g Ich verbringe zwei Stunden pro Tag an meinen Hausaufgaben. (im vergangenen Schuljahr)

h Schwimmt ihr jeden Tag vor dem Unterricht? (in Zukunft)

i Die Schulleiterin hält die Abschlußrede. (übermorgen)

j Die Sommerferien beginnen! (vor zwei Tagen)

Welcher von den Sätzen unten paßt zu welchem kursiv gedruckten Teil der Rede? Schreiben Sie „1D" usw.

1 Die Lehrer, die sich über die Schüler aufgeregt haben, sollen sich jetzt beruhigen.

2 Sowohl Schüler als auch Lehrer können sich über bestandene Prüfungen freuen.

3 Es ist nicht immer sehr einfach, mit Lehrern umzugehen.

4 Lehrer haben den Hang, ihre ehemaligen Schüler immer für besser zu halten als die jetzigen.

5 Im allgemeinen fanden er und seine Freunde die Schule gar nicht schön.

6 Im Laufe der Zeit vergessen Schüler oft die negativen Erlebnisse, die sie mit ihren Lehrern gehabt haben.

7 Er ist sich gar nicht sicher, ob die typischen elterlichen Klischees über die „schöne Schulzeit" stimmen.

8 Er bedankt sich nur bei den Lehrern, die für die Schüler viel getan haben.

4.3

Ist eure Schule okay?

Für Ingrid war die Schule wirklich „okay". Leider aber trifft es sich nicht immer so, da die Schule langweilig oder auch unmöglich für viele Jugendliche sein kann. *Hörzu*, ein nationales Funk- und Fernsehmagazin, hat sich diesen Test für Schüler und Schülerinnen ausgedacht.

A Füllen Sie den Testbogen aus, indem Sie passend abhaken oder ankreuzen, und analysieren Sie Ihre eigene Stellung, indem Sie die Ergebnisse unter die Lupe nehmen.

Ist eure Schule okay?

Großer Test für alle Schüler: Wenn ihr die 20 Fragen – zusammengestellt vom Bielefelder Erziehungswissenschaftler Professor Klaus Hurrelmann – beantwortet habt, wißt ihr, ob ihr auf der richtigen „Penne" gelandet seid.

Lehrer

1. Sind die Lehrer freundlich? Sie sollen höflich sein und euch ernst nehmen. Ganz übel: Witze auf Kosten der Schüler.

2. Haben sie die Klasse im Griff? Schlecht ist, wenn die Klasse dem Lehrer „auf der Nase herumtanzt" und der Unterricht deswegen ständig gestört wird.

3. Sind die Lehrer auf dem neuesten Stand? Wichtig ist, daß sie auch Fragen, die über den Unterrichtsstoff hinausgehen, beantworten können, etwas von ihrem Fachgebiet verstehen und sich ständig fortbilden.

4. Haben sie ein offenes Ohr für eure Probleme? Wenn ihr Kummer in der Schule oder mit den Eltern habt, Fragen zu Sex und Partnerschaft oder ein Problem mit den Mitschülern auftauchten – Lehrer müssen Zeit für ein Gespräch haben.

5. Dürft ihr ins Lehrerzimmer? In einer guten Schule, in der das „Betriebsklima" stimmt, darf man in der Pause Lehrer oder Lehrerin im Lehrerzimmer sprechen.

6. Nehmt ihr den Klassenlehrer/die Klassenlehrerin ernst? Oder ist er „schwach", weil er eure Interessen bei seinen Kollegen oder dem Direktor nicht durchsetzen kann?

7. Hat der Klassenlehrer Lieblinge, die er bevorzugt? Schlecht, wenn er bestimmte Schüler im Unterricht vorzieht.

8. Verschanzt sich der Schulleiter? Ein guter Rektor/eine gute Rektorin muß immer erreichbar sein. Schlecht, wenn ihr von der Sekretärin abgewimmelt werdet.

9. Ist oft „dicke Luft" unter den Lehrern? Die Lehrer sollten sich auch untereinander gut verstehen. Cliquenwirtschaft und Feindseligkeiten verderben die Stimmung.

10. Gibt's genug junge Lehrer? Wenn's nur ältere Lehrerinnen und Lehrer gibt, fehlt's oft an frischen Ideen und an Schwung.

Unterricht

1. Macht der Unterricht Spaß? Schlecht ist, wenn ihr euch langweilt. Jede Stunde – egal ob Deutsch oder Sport – muß von Anfang bis Ende interessant und spannend sein.

2. Sind die Noten gerecht? Die Bewertung der Klassenarbeiten muß durchschaubar sein, die Bewertungs-Maßstäbe müssen die Lehrer klar darlegen können.

3. Sind die Schulbücher „alte Plotten"? Schulbücher und Unterrichtsmaterial müssen aktuell sein. Besonders schlecht: veraltete Geschichtsbücher, Atlanten oder Lesebücher.

4. Fallen zu viele Stunden aus? Wenn mehr als drei pro Woche ausfallen, verliert ihr schnell den Anschluß, braucht Nachhilfe oder müßt die Klasse wiederholen.

5. Könnt ihr unter verschiedenen Wahlpflichtfächern und Kursen wählen? In der Mittelstufe und in der Oberstufe solltet ihr nach euren persönlichen Neigungen und Interessen die Fächer wählen können.

6. Habt ihr zu viele Hausaufgaben? In der Unter- und Mittelstufe sollten es in der Regel täglich nicht mehr als 60 Minuten, in der Oberstufe nicht mehr als 90 sein.

7. ...und sind sie oft überflüssig? Haben sie wirklich einen Übungseffekt oder vermutet ihr, sie sind nur Beschäftigung oder Auswendiglernen?

8. Gibt's Zusatzangebote zum Unterricht? Dazu zählen u.a.: Arbeitsgemeinschaften für Fotografie, Theater, Musik und Sport, die sich auch mit Veranstaltungen in die Öffentlichkeit wagen.

9. Trimmen die Sportlehrer euch nur auf Leistung? Sportunterricht soll möglichst allen Spaß machen (z. B. Ballspiele).

10. Und was ist mit Strafarbeiten? Üben die Lehrer Druck aus, damit ihr mehr leistet? Verteilen sie schon bei kleinen Fehlern Strafen?

B Nehmen Sie den Testbogen zu Hilfe, um Sätze aus den folgenden Worttrios zu bilden, die dem Sinn des Artikels treu bleiben. Ihre Sätze sollten der Reihenfolge der Wörter folgen.

Beispiel:
Höflich ... Witze ... Kosten
Höfliche Lehrer machen keine Witze auf Kosten der Schüler.

1 peinlich ... Unterricht ... gestört
2 Zeit ... Probleme ... zu besprechen
3 Lieblinge ... verursachen ... Atmosphäre
4 Klassenarbeiten ... gerecht ... bewerten
5 Oberstufe ... wählt ... Neigungen
6 üben ... Strafarbeiten ... Druck ?

C *Arbeit zu zweit*

Jede Person denkt an einen sehr guten Lehrer/eine sehr gute Lehrerin in der Schule und macht eine Liste von den starken Seiten dieser Person.

Person A liest seine/ihre Liste vor, und *Person B* muß den Lehrer/die Lehrerin raten. Dann vertauschen Sie die Rollen.

D *Selbständig*

Nehmen Sie den Testbogen zu Hilfe, um die positiven Aspekte Ihrer Schule zu beschreiben (200 Wörter).

ANWENDUNG *und* ERWEITERUNG

 Zum Nachlesen: 4.3 Ist eure Schule okay?

 Zum Nachschlagen: Modalhilfsverben

 Zum Wiederholen: 3.9

 Zum Üben

1 In den Fragen in diesem Artikel gibt es viele Hilfsverben, meistens in der Gegenwart. Finden Sie alle diese Hilfsverben und übersetzen Sie die Sätze, in denen sie vorkommen, ins Englische.

2 Der folgende Text ist ein „Merkblatt für eine erfolgreiche Schule". Vervollständigen Sie es, indem sie jede Lücke mit einem passenden Hilfsverb in der Gegenwart (siehe unten) ausfüllen.

Die Lehrer … ein Vorbild für die Schüler sein. Weder die Schüler noch die Lehrer … auf dem Schulgelände rauchen. Die Schüler … jederzeit mit den Lehrern sprechen…. Durch die Schülervertretung … die Schüler zu wichtigen Entscheidungen beitragen.

Schüler, die …, … an allen Zusatzangeboten teilnehmen. Interessierte Lehrer … ihre Bereitschaft, solche Aktivitäten zu organisieren, beim Schulleiter melden.

dürfen (x2)	können (x2)	müssen	sollen (x2)	wollen

3 Schreiben Sie diese Sätze richtig auf. Sätze **a–d** sollen in der Gegenwart sein, Sätze **e–j** im Imperfekt.

a … ihr immer so viele Hausaufgaben machen?

b Wir … alle an der Theater-AG teilnehmen.

c … die Schüler außerhalb der Unterrichtszeit die Klassenräume benutzen?

d Die Lehrerin kenne ich nicht. Sie … aber sehr gut sein.

e Man … Rat holen, bevor man sich für seine Leistungskurse entscheidet.

f Obwohl ich Biologie nie …, waren meine Noten immer ganz gut.

g Weil sein Zeugnis mangelhaft war, … er das Jahr wiederholen.

h Aufgrund ihrer außerordentlichen Leistungen … sie das Abitur ein Jahr früher machen.

i Als Kind … ich nie einsehen, wie wichtig gute Qualifikationen sind.

j In der Schule … ich überhaupt keine Fremdsprachen. Als ich dann beruflich ins Ausland gehen … und Französisch lernen …, war ich natürlich viel motivierter.

ANWENDUNG *und* ERWEITERUNG

 Zum Nachlesen: 4.3 Ist eure Schule okay?

 Zum Nachschlagen: Bindewörter – „damit"

 Zum Üben

In diesem Artikel wird die Frage gestellt: „Üben die Lehrer Druck aus, damit Ihr mehr leistet?"

Ordnen Sie jedem Satz in Gruppe A den passenden Satz aus Gruppe B zu. Schreiben Sie dann neue Sätze, in denen die beiden Teile mit dem Wort „damit" verbunden sind. Achtung: Wortstellung!

Gruppe A

1 Die Lehrer üben Druck auf uns aus

2 Frau Schmidt erteilt ihm Nachhilfe

3 Die Lehrer schließen während der Pause das Lehrerzimmer ab

4 Unser Lehrer organisiert einen Ausflug an die Ostsee

5 Jeder Schüler bekommt ein Zeugnis

6 Bei uns wird demnächst eine Kantine geöffnet

Gruppe B

a Eine bessere Klassengemeinschaft entsteht

b Die Schüler können eine warme Mahlzeit zu sich nehmen

c Wir leisten mehr

d Die Schüler belästigen sie nicht

e Seine Eltern sind über seine Leistungen informiert

f Er besteht die Prüfung

4.4

Ein schulfreier Tag

Manchmal erleben sogar Schüler eine schöne Überraschung! Lesen Sie diesen Auszug aus dem beliebten Roman *Die Feuerzangenbowle* von Heinrich Spoerl.

Unerwartetes Glück wird hundertfach empfunden. Über einen unverhofften schulfreien Tag freut man sich mehr als über ein kalendermäßiges Fest. Mehr beinahe als über die vorgeschriebenen Ferien.

Ein unverhofft schulfreier Tag versetzt die Schüler in einen wahren Glückstaumel.

Hans hatte am Morgen vergeblich gewartet. Luck kam ihn nicht abholen. Vielleicht war er krank. Durch das Warten verspätete er sich und trabte zur Schule. Schutzmann Trommel rief ihm etwas Tröstendes nach.

Unterwegs strömten ihm bereits Schüler aus anderen Klassen entgegen. Das Schultor ist umlagert. Hans drängt sich durch die Schülermeute und entdeckt die Ursache: Am Schultor hängt ein großes Pappschild mit der Aufschrift

> Wegen baulicher Veränderung
> bleibt die Schule heute
> geschlossen.

Die Pennäler lesen, schreien Hurra und stürmen davon.

Auch die Lehrer lesen und schreien Hurra – aber nur innerlich – und gehen beflügelten Schrittes wieder nach Hause. Sie wundern sich zwar, daß sie von der baulichen Veränderung gar nichts gewußt haben. Der Direktor hätte ihnen das vorher mitteilen können. Aber sie werden versöhnt durch die Tatsache, daß man für die bauliche Veränderung einen so herrlichen Sommertag ausgesucht hat.

unerwartet *unexpected*	beflügelten Schrittes *with wings on their heels*
vergeblich *in vain*	
die Ursache *cause*	versöhnt *reconciled, forgiven*
die bauliche Veränderung *(re)construction work*	

A
Sind die Sätze, die unten abgedruckt sind, richtig oder falsch? Korrigieren Sie die falschen Sätze.

1 Schüler finden die normalen Ferien besser als unerwartet schulfreie Tage.
2 An diesem Tag ging Hans später zur Schule als sonst.
3 Er fuhr mit dem Rad zur Schule.
4 Schutzmann Trommel hatte Mitleid mit Hans.
5 Viele Schüler standen vor dem Eingang zur Schule.
6 Die Schule war geschlossen, weil so viele Lehrer krank waren.
7 Die Lehrer reagierten genau wie die Schüler, als sie das Schild lasen.
8 Die Lehrer wußten schon, daß die Schule geschlossen sein würde.
9 Es war ein sehr schöner Tag.

B
Besprechen Sie mit Ihrem Nachbarn/Ihrer Nachbarin, was Sie an einem solchen unverhofft freien Nachmittag machen würden.

C Gruppenarbeit

Vielleicht haben Sie schon erraten, daß Luck selber das Pappschild ans Schultor hing. Wie würden Sie versuchen, einen schulfreien Tag für Ihre Klassenkameraden (und Lehrer) zu organisieren? Besprechen Sie Ihre Pläne mit der Gruppe.

ANWENDUNG *und* ERWEITERUNG

Zum Nachlesen: 4.4 Ein schulfreier Tag

 Zum Nachschlagen: Modalverben im Konjunktiv

 Zum Wiederholen: 3.9, 4.3

 Zum Üben

Der Satz „Der Direktor hätte ihnen das mitteilen können" bedeutet auf englisch: 'The headmaster could have told them that.' Übersetzen Sie diese Sätze ins Deutsche:

1 My teacher should have told me that.
2 We should have done our homework.
3 They should never have been allowed to do that.
4 I could have spoken to him yesterday.
5 She really ought to have arrived earlier.
6 Couldn't you have eaten at school today?

4.5

Warum schwänzen manche Schüler?

Schwänzen viele Jugendliche bei Ihnen? Warum sollte man überhaupt schwänzen? Vielleicht ist die Arbeit in der Schule zu hart, oder man hat persönliche Probleme, die wichtiger sind als die Schule. Gibt es soviele Schüler und Schülerinnen, die Geld während der Schulzeit verdienen? Lesen Sie diesen Bericht, dann fragen Sie sich, ob die Lage in Deutschland wirklich anders ist als bei Ihnen.

die Kneipe	*bar, pub*
fehlen	*to be missing*
schwänzen	*to cut classes, play truant*
günstiger	*more favourable*
die Schulbehörde	*school governors*
das Strafverfahren	*punishment (lit.*
punishment procedure)	

Wir schwänzen

André sagt: „Manchmal ist der Unterricht so langweilig. Da gehe ich lieber ins Café." Er sitzt im „Fouquet", einer Schülerkneipe, und trinkt einen Cappuccino. André „schwänzt" die Schule. Eigentlich muß er im Unterricht sein. Aber heute hat er keine Lust. Der 16jährige Hauptschüler ist nicht der einzige. Schülercafés wie das „Fouquet" verdienen während des Unterrichts viel Geld. Eine deutsche Zeitung nennt Zahlen: „Jeden Tag fehlen 130 000 Mädchen und Jungen an bundesdeutschen Schulen." Das sind fast 2 Prozent aller Schüler. Genaue Zahlen gibt es aber nicht, da kein Bundesministerium diese erfaßt. Die Schulen sind Sache der Länder.

In dem Film „Die Feuerzangenbowle" mit Heinz Rühmann war das Schwänzen ein lustiger Streich. Heute ist das kein Thema zum Lachen. Oft stehen große soziale Probleme dahinter. Bei Berufsschülern fehlen manchmal bis zu zwei Drittel der Klasse.

„Die haben Jobs, die ihnen Spaß machen – und Arbeitgeber, die den Schulbesuch nicht gerne sehen", sagt Professor Dr. Walter Bärsch, Präsident des Deutschen Kinderschutzbundes. Auch Hauptschüler schwänzen. Professor Bärsch: „Sie erkennen, daß sie chancenlos sind. Darum sind sie nicht motiviert." An den Gymnasien gibt es das legale Schuleschwänzen. Man darf einen bestimmten Prozentsatz an Stunden fehlen. Viele Schüler nutzen das aus. Es gibt aber auch Schulen, wo Schwänzen kein Problem ist. In Süddeutschland ist das Problem kleiner als im Norden, auf dem Lande kleiner als in der Stadt. Dafür gibt es viele Gründe: zum Beispiel eine andere Tradition und Konfession, bessere Zukunftschancen und ein günstigeres soziales Klima. Man kann das Schuleschwänzen kaum verhindern. Die einzelnen Bundesländer haben verschiedene Methoden. Wenn Ermahnungen, Gespräche, Strafarbeiten und Briefe an die Eltern nicht helfen, dann meldet der Lehrer den Schüler der Schulbehörde. Dann müssen die Eltern Bußgelder zahlen oder bekommen ein Strafverfahren. Die Polizei kann den Schüler zum Unterricht bringen; das wird aber fast nie gemacht. Die Behörden versuchen lieber, den Schwänzern zu helfen. Dafür gibt es besonders ausgebildete Mitarbeiter. Sie versuchen, gemeinsam mit dem Schüler das Problem zu lösen. Harte Strafen sind nicht mehr gefragt.

IMKE: Wenn die Sonne scheint, habe ich auch manchmal Lust zu schwänzen, aber ich trau' mich nicht.

OLAV: Ich darf 25 Prozent des Unterrichts fehlen. Manche Schüler haben Listen, wo sie Striche machen. Dann wissen sie, wie oft sie noch fehlen dürfen.

OLIVER, Berufsschüler: Ich schwänze, um Überstunden zu machen. Das bringt Geld, und der Chef freut sich.

ANDRE: Manchmal ist der Unterricht so langweilig, daß man kaum die Augen aufhalten kann. Da gehe ich lieber ins Café und quatsche mit Freunden.

A

Beantworten Sie folgende Fragen auf deutsch:

1 Warum ist André heute nicht in der Schule?
2 Wieviele Schüler und Schülerinnen gibt es in den deutschen Schulen?
3 Warum sollte man nicht über die Lage spotten?
4 Aus welchen Gründen gibt es einen bestimmten Mangel an Motivation?
5 In welchen Schulen ist Schwänzen nicht rechtswidrig? Und wieso?
6 Wo ist das Problem am geringsten?
7 Was für Bedingungen wirken dem Schwänzen entgegen?
8 Welche von den Maßnahmen gegen das Schwänzen, die am Ende des Berichts erwähnt werden, finden Sie besser? Erklären Sie, warum.

B

Finden Sie im Text das Gegenteil von folgenden Wörtern und Ausdrücken:

1 spannend
2 dabei sein
3 Freizeit
4 erfolgreich
5 teilnahmslos
6 eine ungefähre Angabe
7 nachteilig
8 ein Schlag auf die Schulter
9 Belohnungen

C *Selbständig*

Schreiben Sie eine Kurzfassung des Artikels (120 Wörter).

oder:

Schreiben Sie einen Bericht für ein deutsches Schulmagazin, worin Sie das Schwänzen in Ihrem eigenen Land beschreiben. Geben Sie nach Möglichkeit Zahlen an (150 Wörter).

ANWENDUNG *und* ERWEITERUNG

 Zum Nachlesen: 4.5 „Warum schwänzen manche Schüler?"

 Zum Nachschlagen: Imperfekt: Fälle (Akkusativ/Dativ)

 Zum Wiederholen: 1.7, 1.8, 1.11, 3.4

 Zum Üben

1 Analysieren Sie die folgenden Sätze, die dem Text „Wir schwänzen" entnommen sind. Welche Wörter sind im Akkusativ bzw. im Dativ? Warum?
   a An den Gymnasien gibt es das legale Schuleschwänzen.
   b Wenn Ermahnungen, Gespräche, Strafarbeiten, Briefe an die Eltern nicht helfen, dann meldet der Lehrer den Schüler der Schulbehörde.
   c Die Behörden versuchen lieber, den Schwänzern zu helfen.

2 Vervollständigen Sie den folgenden Text, indem Sie die kursiv gedruckten Wörter mit der richtigen Form des Akkusativs bzw. Dativs ersetzen. Die Verben sollen Sie auch in der richtigen Form des Imperfekts schreiben.

Andi (helfen) *ich* manchmal mit *mein* Hausaufgaben. Eines Tages, als ich bei *er* (sein), (begegnen) ich *ein wunderschön* Mädchen.
„Wer ist denn das?" (fragen) ich *mein* Freund.
„Meine Schwester, Maria," (antworten) er *ich*.
Von *der* Moment an (sein) ich in *sie* verliebt.
   An *der folgend* Tag (sein) ich in *die* Stadt. Ich (kaufen) Hefte für die Schule. Als ich aus *das* Schreibwarengeschäft (hinausgehen), (sehen) ich Maria. Ich (folgen) *sie* – leider (können) ich *die* Versuchung nicht widerstehen; ich (müssen) *mein Gefühle* gehorchen.
   Vor *ein* Haustür in *die* Schillerstraße (halten) sie an. Sie (klingeln), und kurz darauf wurde die Haustür von *ein etwas älter* Mann aufgemacht. Er (küssen) *sie*. Ich (sehen) genauer hin und (erkennen) *er* wieder. Es war Herr Jürgens, unser Musiklehrer von *die* Schule!
   Überrascht und enttäuscht (gehen) ich nach Hause. Als ich später *ein ander* Freund (erzählen), was *ich* passiert war, (lachen) er und (sagen), „Wußtest du das nicht? Herr Jürgens ist Andis und Marias eigentlicher Vater. Ihre Mutter hat sich vor zehn *Jahr* von *er* getrennt …" Er (können) *sein* Satz nicht zu Ende reden. Ich (danken) *er* und (machen) *ich* auf *der* Weg zu Maria. Ich (wollen) *sie* sprechen.

4.6

Das deutsche Schulsystem

Im letzten Artikel sprachen wir von Berufsschulen, Gymnasien usw. Was ist das denn für ein Schulsystem in Deutschland? Hören Sie zuerst Dominik, der versucht, das deutsche System zu erklären.

A Hören Sie, was Dominik zu sagen hat, dann **(1)** schreiben Sie die Namen der Schulen in die Tabelle und **(2)** füllen Sie die Lücken in den Sätzen aus.

1

Schuljahre	Name der Schule
1–4	
5–9	
5–10	
5–13	

2 Die Comprehensive School entspricht der _____. Man entscheidet sich für Gymnasium, Real- oder Hauptschule im _____ Jahrgang.

B Hören Sie jetzt, was Dominik über Berufsmöglichkeiten erwähnt, und geben Sie eine Kurzfassung von diesem Teil seines Gesprächs (40 Wörter).

C *Arbeit zu zweit*

Jetzt kommt Andrea ans Mikrofon. Für diesen Auftrag brauchen wir einen Dolmetscher/eine Dolmetscherin.
Person A notiert das, was Andrea über die Gesamtschule und das Gymnasium sagt.
Person B stellt Fragen, um soviel wie möglich über die zwei Schulen herauszufinden.

D Hören Sie jetzt Andreas Beschreibung der Realschule und des Gymnasiums. Machen Sie sich Notizen und erklären Sie schriftlich den Unterschied zwischen diesen zwei Schularten laut Andrea.

E *Arbeit zu zweit*

Jetzt spricht Michael darüber, und er sagt mehr oder minder das, was die anderen Jugendlichen gesagt haben. Wir haben Michael absichtlich ausgewählt, um Ihnen die Möglichkeit zur Wiederholung zu geben, und um Ihnen die Gelegenheit zu bieten, auf fast authentische Weise dolmetschen zu können.
Person A nimmt die erste Hälfte von Michaels Erklärung (bis „Und das ist so")
Person B nimmt die zweite Hälfte bis zum Ende.
Beide Dolmetscher(innen) versuchen, Michaels Worte für die andere Person ins Englische zu übersetzen. Schwierige Wörter können Sie herausschreiben und im Wörterbuch nachschlagen.

F *Selbständig*

Sie machen einen Schüleraustausch in einem deutschsprachigen Land und bereiten einen einfachen Bericht fürs örtliche Schulradio über Ihr eigenes Schulsystem vor. Nehmen Sie das Material in dieser Einheit zu Hilfe und, nachdem Sie sich schriftliche Notizen gemacht haben, nehmen Sie Ihren kurzen Bericht auf Kassette auf (1 Minute).

4.7

Wie fand Micki das englische Schulsystem?

Micki verbrachte zweieinhalb Monate an einer englischen Schule. Hier erzählt er über seine Erlebnisse. Welche elf Punkte werden im Laufe des Interviews erwähnt? Und in welcher Reihenfolge?

1 Viele englische Schüler scheinen die Schule nicht so ernst zu nehmen wie die meisten deutschen Schüler.

2 Die Lehrer in Deutschland sind oft autoritärer als die englischen Lehrer.

3 Die Noten spielen eine größere Rolle in Deutschland als in England.

4 In Deutschland trifft man sich meistens erst nach der Schule mit seinen Freunden.

5 Man muß sich mit dem eigenen Schulsystem abfinden.

6 Wenn man zwei „Fünfer" bekommt, muß man eine Klasse wiederholen oder sogar in eine andere Schule gehen.

7 Es ist völlig idiotisch, Schuluniform zu tragen.

8 Viele deutsche Schüler arbeiten bis zu 20 Stunden an einem Aufsatz.

9 Wenn man einen guten Schul- bzw. Studienabschluß hat, findet man ohne Schwierigkeiten eine Stelle.

10 Es ist nicht so schön, daß die Schule erst um 4 Uhr aufhört.

11 In England hat man weniger Fächer in der Kollegstufe als in Deutschland.

12 Das Niveau des Schulsports ist in England höher als in Deutschland.

13 Durch die lange Mittagspause ist das Verhältnis zwischen Schülern in England oft sehr gut.

14 Manche Schüler in England halten die Abgabetermine für Aufsätze nicht ein.

4.8

„Mehr Mädchen in Naturwissenschaft und Technik"

Man hat sich lange in Deutschland, Frankreich, Großbritannien, den USA und anderswo gefragt, ob Mädchen sich wirklich weniger für Mathe und Technik interessieren als Jungen. Es gab auch eine Zeit, wo man glaubte, Mädchen wären vielleicht dümmer als Jungen, aber diese Zeit ist lange vorbei! Lesen Sie, was eine von BRIGITTE durchgeführte Studie herausgefunden hat.

Mathe:
So haben auch Mädchen Spaß

Naturwissenschaften in der Schule können auch für Mädchen spannend sein. Eine von BRIGITTE unterstützte Studie der TU Berlin sagt, was sich an unseren Schulen ändern müßte.

Es dreht sich! Mit Hilfe von Solarzelle und Solarmotor haben Melanie Hachmeister und Stephanie Thömen (li.) vom Hamburger Heisenberg-Gymnasium etwas gebastelt: Frosch und Fliege bewegen sich, wenn Licht auf die Solarzelle fällt.

A
Sind Mädchen dümmer als Jungen, oder ist es angeboren, daß sie sich weniger für Mathe und Technik interessieren? Diese Fragen konnten Wissenschaftler der Technischen Universität Berlin gleich von vornherein links liegenlassen, als sie vor zwei Jahren ihr Projekt „Mehr Mädchen in Naturwissenschaft und Technik" starteten.

B
Denn in zahllosen Studien ist es bereits erwiesen, daß diese Vorurteile nicht zutreffen. Also konzentrierten sich die Forscher auf die Frage, mit welchen Methoden das geringe Interesse der Mädchen gesteigert werden könnte.

C
„Es ist vor allem eine Frage des Selbstbewußtseins", faßt die Projektleiterin Bettina Hannover zusammen. „Mädchen unterschätzen total ihre Fähigkeiten in diesen Fächern und verbauen sich so selbst ihre Möglichkeiten. Unsere Befragungen haben ergeben, daß Mädchen in ihrer Freizeit viel seltener praktische Erfahrungen mit technischen Problemen machen, zum Beispiel mal ein Fahrradlicht reparieren, eine Sicherung auswechseln, ein Kabel anschließen."

D
Die Folge davon sei, daß Mädchen weit größere Ängste hätten, sich im Unterricht zu blamieren oder sich beim Experimentieren zu verletzen.

E
Mehr als 500 Schülerinnen und Schüler an Gymnasien, im Schnitt 14 Jahre alt, wurden für die vom Bundesbildungsministerium finanzierte Studie befragt, insgesamt 32 Schulklassen in vier Bundesländern. Bei allen Befragungen waren grundsätzlich auch die Mitschüler beteiligt. Bettina Hannover: „Wir wollten ja die Unterschiede herausfinden und nicht die Mädchen aus der Gruppe herausheben."

F
Auf einen in BRIGITTE veröffentlichten Aufruf hin meldeten sich mehrere Dutzend Schulklassen, die mitmachen wollten und sich begeistert von der Aktion zeigten: „Es wäre schön, wenn uns ein mathematisch-naturwissenschaftliches Licht aufginge", schrieb die Klasse 8b der Gesamtschule Tarmstedt. „In Biologie, Chemie und Physik könnte man sich zum Beispiel mit aktuellen Themen befassen, wie Tierquälerei, Umweltverschmutzung, Lebensmittelvergiftungen, Atomkraftwerke", schlugen Schülerinnen aus Bonn vor. Und Essener Gymnasiasten wollten sogar ein eigenes Mathematikbuch schreiben.

G
Die erste große Fragebogenaktion brachte überraschende Fakten:
● Bis zur sechsten Klasse sind Leistungen und Interesse in und an naturwissenschaftlichen Fächern zwischen Schülern und Schülerinnen gleich verteilt, danach sinkt die Motivation der Mädchen rapide ab. „Später", so Bettina Hannover, „bekommen die Mädchen tatsächlich auch schlechtere Noten, weil sie keine zusätzlichen Kurse belegen, sich in der Freizeit nicht damit beschäftigen. Der Knick im Pubertätsalter zeigt, daß es mit den Geschlechtsrollen zu tun hat. Mädchen denken dann, sie müßten sich aus angeblich jungentypischen Bereichen zurückziehen."

H
● Mädchen erwarten und bekommen kaum positive Reaktionen und Anerkennung von Eltern, Lehrern und Freunden, wenn sie sich in diesem Bereich anstrengen und profilieren wollen. Wie weit tatsächliche Leistung und Selbsteinschätzung auseinanderfallen können, zeigte sich bei den Mathe-Zensuren: Bei gleichen Noten schätzen Mädchen ihre Mathe-Fähigkeiten trotzdem schlechter ein als ihre Klassenkameraden.

I
Schülerinnen können sich weniger als Jungen vorstellen, was Mathe und Physik im späteren Leben nutzen könnten. Typische Aussage: „Bei Sprachen oder Erdkunde hab' ich wenigstens was davon …"

angeboren	*innate (lit. inborn)*
der Forscher	*researcher*
die Befragung	*enquiry, piece of research, poll, survey*
gleich verteilt	*equally shared*
zusätzlich	*additional*
die Fähigkeiten	*abilities, capacities, skills*

A Die Absätze in diesem Artikel sind mit Buchstaben gekennzeichnet. Welche Überschrift paßt zu welchem Absatz? Schreiben Sie die richtigen Buchstaben auf. Aber nehmen Sie sich in acht, es gibt mehr Überschriften als Absätze!

1 Die Pubertät bringt Motivationsveränderungen mit sich
2 Wie soll man ihr Interesse steigern?
3 Mädchen befürchten, daß man Schaden verursache
4 Jungen ziehen Nutzen aus dieser Lage
5 Naturwissenschaften bringen ihnen wenige Berufsmöglichkeiten
6 „Mädchen dümmer als Jungen?" – kommt nicht in Frage!
7 Schulen antworten auf *BRIGITTEs* Fragen
8 Frühere Studien konnten die Vorurteile nicht widerlegen
9 Mädchen schätzen sich weniger begabt als Jungen ein
10 Weitgehende staatlich finanzierte Forschungen
11 Eingeschränkte praktische Möglichkeiten

B Wie sagt man anders auf deutsch:

1 von vornherein
2 sie unterschätzen ihre Fähigkeiten
3 sich im Unterricht blamieren
4 die Mitschüler waren beteiligt
5 wenn ein Licht aufginge
6 sich in der Freizeit nicht damit beschäftigen
7 sich in diesem Bereich profilieren

C Schreiben Sie eine englische Kurzfassung der wichtigsten Ergebnisse dieser Studie (150 Wörter).

D *Gruppenarbeit*

Wie ist Ihr Verhältnis zu Mathe, Physik, Chemie, Technik? Haben Sie dieselben Erfahrungen gemacht wie im Artikel? Füllen Sie diesen Fragebogen aus und vergleichen Sie Ihre Ergebnisse mit dem Partner/der Partnerin. Dann besprechen Sie die untenstehenden Fragen in der Großgruppe.

Name: .... Alter: .... Geschlecht: ....
Haken Sie bitte passend ab:

Fühlten Sie sich oft dümmer als andere Jugendliche vom selben Geschlecht in:

	✔	✗
Mathe		
Physik		
Chemie		
Technik		

Fühlten Sie sich oft dümmer als andere Jugendliche vom anderen Geschlecht in:

Mathe		
Physik		
Chemie		
Technik		

Glauben Sie, Sie unterschätzen hier Ihre Fähigkeiten? ....
Haben Sie wenige praktische Erfahrungen mit technischen Problemen gehabt? ....
Haben Sie positive Reaktionen von Erwachsenen im wissenschaftlichen/ technischen Bereich bekommen? ....
Haben Sie eine positive Selbsteinschätzung? ....

ANWENDUNG *und* ERWEITERUNG

 Zum Nachlesen: 4.8 „Mehr Mädchen in Naturwissenschaft ..."

 Zum Nachschlagen: Bindewörter und Pronomen

 Zum Wiederholen: 3.7, 4.3

 Zum Üben

Manchmal ist es schwierig, sich zu entscheiden, ob man das Bindewort „daß" oder das Relativ- bzw. Demonstrativpronomen „das" benutzen soll. Wie Sie schon gesehen haben, kommt in diesem Artikel das Wort „daß" sehr oft vor. Vervollständigen Sie diesen Dialog, indem Sie entweder „daß" oder „das" einfügen.

„Das Mädchen, _____ gerade vorbeigegangen ist, ist sehr gut in Mathe."
„Ehrlich? Ich dachte immer, _____ nur Jungen gut in Mathe sein können."
„Wie kannst du _____ bloß denken? Ich hatte keine Ahnung, _____ du so altmodisch bist."
„_ bin ich doch gar nicht! _____ darfst du mir nicht vorwerfen! Ich spreche nur von dem, was ich während meiner Schulzeit beobachtet habe. Übrigens, _____ meine Tochter sehr schlecht in Mathe ist, weißt du doch."
„Ja, aber warum ist sie so schlecht? _____ mußt du dich fragen. Vielleicht hast du ihr das Gefühl, _____ du schon lange hegst und pflegst, nämlich _____ Mädchen mathematisch unbegabt sind, irgendwie mitgeteilt."
„_ kann sein. Und wenn es tatsächlich so ist, bereue ich es sehr, _____ ich sie nicht mehr unterstützt habe."

Was haben Sie herausgefunden? War es schwieriger für Mädchen im naturwissenschaftlichen Bereich? Haben Sie zur Zeit mehr Selbstbewußtsein als im 9./10. Jahrgang?

Wenn Sie ein Mädchen sind und Sie Mathe, Wissenschaft oder Technik weiterstudieren, sind Sie in der Minderheit in der Gruppe? Mußten Sie sehr resolut sein, um Erfolg zu haben? Welche Behauptungen im Artikel scheinen Ihnen am wichtigsten zu sein?

4.9

Für Millionen eine Welt voll unbekannter Zeichen

Das Schulsystem läßt manche Leute im Stich. In diesem Artikel lesen Sie, wie diese Leute als Erwachsene nachholen müssen, was man normalerweise in der Schule lernt.

EIN BERICHT VON FEE ZSCHOCKE MIT FOTOS VON KRISTINA JENTZSCH

Ein freundliches, lichtdurchflutetes Klassenzimmer. Durch die großen Sprossenfenster sieht man weit über Hamburg. Doch die Schüler, die hier gerade angestrengt „lauttreue Leseübungen" veranstalten, haben keinen Blick für die Aussicht. Sie sind viel zu beschäftigt damit, den geheimnisvollen schwarzen Kringeln da auf dem Papier einen Sinn zu geben. Der Finger hilft mit, manchmal auch die Zungenspitze. Die Wörter in dem Heft vor ihnen sind in lesefreundliche Silben zerlegt – „Rei-fe" –, und trotzdem dauert es manchmal Minuten, bis ein einfacher Satz entziffert ist.

„Mit ‚L' fängt's an, dann kommt ein ‚e', ein ‚d', ein ‚e' und ein ‚r' – das gibt zusammen?" fragt der junge Lehrer. Er sagt tatsächlich „rr", wie ein Hundeknurren, nicht etwa „Er" – das wäre zu verwirrend. Endlich, erleichtert: „Le-der".

Die acht Abc-Schützen hier sind zwanzig bis vierzig Jahre alt, arbeitslos und chancenlos, weil sie etwas nicht können, was als Grundvoraussetzung für das Leben in einer modernen Industriegesellschaft gilt: lesen und schreiben.

Eine von ihnen ist Edeltraud Jacobsen (36), geschieden, Mutter von drei Kindern, Analphabetin. Das heißt: Sie kann keine Zeitung lesen und keine Speisekarte, keinen Antrag ausfüllen und keinen Einkaufszettel schreiben. Sie ist unfähig, eine

Nummer aus dem Telefonbuch herauszusuchen oder beim Augenarzt die Buchstaben zu benennen. Sie steht ratlos vor Straßen- und Hinweisschildern und traut sich in der U-Bahn nur die paar Stationen zu fahren, die sie kennt: Edeltraud Jacobsen, geboren im Kreis Anklam/DDR und aufgewachsen in Hamburg, war noch nie in der glitzernden City der Hansestadt. Nur ihren Namen kann sie schreiben, schnell und schwungvoll, in richtiger Schönschrift. Darauf ist sie stolz.

Wie findet sich jemand wie Edeltraud Jacobsen im Dickicht der Großstadt zurecht, wenn alles Geschriebene ein Buch mit sieben Siegeln ist, jede Busfahrt eine Expedition ins Ungewisse?

Um das herauszufinden, habe ich sie begleitet. Bin mit ihr zu Behörden gegangen und in den Supermarkt, ins Restaurant und in Geschäfte. Und immer, wenn mir als „Sehender" ein rascher Blick genügte, um mich zu orientieren, dann habe ich mich gefragt: Was tut sie jetzt? Wie tastet sie sich weiter in einer Welt, die – so wollte es mir an diesem Tag scheinen – nur aus marktschreierischen Lettern bestand, die höchst wichtige Informationen hinausposaunten; Einbahnstraße! Räumungsverkauf! Haltestelle verlegt! Sonntags geschlossen! Achtung – Hochspannungsleitung! Sonderangebote! Betreten verboten! Eintritt frei!

Keine dieser Informationen erreicht sie, nur vereinzelt erkennt sie Buchstaben in diesem Hieroglyphengewirr. Das ist, im mildesten Fall, lästig oder von Nachteil; im schlimmsten Fall kann es lebensgefährlich sein.

A

Lesen Sie den Artikel, dann haken Sie passend ab oder kreuzen Sie die untenstehenden Behauptungen an, um zu zeigen, ob sie im Text stehen oder nicht:

1 Die Arbeit dieser Schüler braucht ihre totale Aufmerksamkeit.
2 Die Zunge kann beim Lernen helfen.
3 Diese Abc-Schützen sind arbeitslos, weil sie nie die Gelegenheit gehabt haben, das Lesen zu lernen.
4 Analphabeten können immerhin in der Industrie arbeiten.
5 Edeltraud Jacobsen ist wirklich eine Ausnahme. Andere Analphabeten finden es leichter durchzukommen.
6 Edeltraud kann fast nichts Schriftliches verstehen.
7 Die Journalistin hat Edeltraud in der Großstadt beobachtet.
8 All die Straßenschilder und Werbung müssen sehr verwirrend sein.

B

Vervollständigen Sie folgende Sätze, damit sie den Sinn des Textes widerspiegeln:

1 Die Schüler in dieser Klasse haben keine Zeit, …
2 Um einen einfachen Satz zu entziffern, …
3 Diese Analphabeten sind zwischen …
4 Eine moderne Industriegesellschaft braucht Leute, die …
5 In der glitzernden City können Abc-Schützen …
6 Fee Zschocke hat Edeltraud zu Behörden usw. …
7 Für Analphabeten, die alleine in der Großstadt herumwandern, kann es auch …

Analphabet(in)	*illiterate*
glitzernd	*glittering*
sich orientieren	*to get one's bearings*
hinausposaunen	*to trumpet far and wide*
lebensgefährlich	*life-threatening*

C *Selbständig*

Nehmen Sie den Artikel zu Hilfe, um folgende Kurzfassung ins Deutsche zu übersetzen:

To be illiterate in a modern industrial society is to be unemployed and without hope, since reading and writing are fundamental requirements for survival. You cannot read newspapers or menus, fill in application forms, or even find a number in the phonebook. How is it even possible to manage, simply walking around the jungle which is the big city, when everything is like a journey into the Unknown? In the confusion of hieroglyphics, you can wander around helpless or, at worst, find your life in danger.

ANWENDUNG *und* ERWEITERUNG

 Zum Nachlesen: 4.9 Für Millionen eine Welt …

 Zum Nachschlagen: um … zu + Infinitiv

 Zum Üben

Lesen Sie den Artikel nochmals durch und finden Sie die deutsche Übersetzung für die zwei Sätze: 'To find that out, I went with her,' und 'A quick glance sufficed for me to orientate myself.' Übersetzen Sie jetzt die folgenden Sätze ins Deutsche:

1 I'm attending evening classes [der Abendkurs] to learn French.
2 She bought a cassette so as to be able to practise in the car.
3 They'll phone to arrange the extra tuition [die Nachhilfe].
4 He left school at [mit] fourteen to find a job.
5 They took the bus to get home more quickly.
6 I went to bed early to relax [sich entspannen] after my exhausting day.
7 The teacher wrote the answers on the board to help the class.
8 Many people study languages to get a job abroad.

ANWENDUNG *und* ERWEITERUNG

 Zum Nachlesen: 4.9 Für Millionen eine Welt …

 Zum Nachschlagen: Adjektive mit Präpositionen

 Zum Wiederholen: 1.7, 2.10

 Zum Üben

1 Einige Adjektive im Deutschen werden oft mit einer bestimmten Präposition verwendet. In diesem Artikel kommen „beschäftigt mit" und „stolz auf" vor.
Welche Präpositionen fehlen hier? (Beachten Sie: aus stilistischen Gründen ist es oft der Fall, daß die Präposition *vor* dem dazugehörigen Adjektiv im Satz erscheint.)

a Obwohl er immer sehr fleißig war, war der Schüler _____ ein schlechtes Ergebnis gefaßt. Demzufolge war er _____ die bestandene Prüfung sehr froh.
b Sie ist leider sehr neidisch _____ die Errungenschaften ihrer Schwester. Die Eltern sind sehr traurig _____ die Rivalität zwischen den beiden.
c „Ich kann nicht mitkommen, denn ich bin _____ meinen Hausaufgaben beschäftigt." Wenn sie das hören, sind meine Eltern sehr stolz _____ mich!
d Die Direktorin war sehr neugierig _____ die Geschehnisse im Klassenraum 4a. Als sie hineinging, sah sie, daß Herr Schmidt _____ Wut rot geworden war. Er war wirklich sehr böse _____ die Klasse, weil sie so nachlässig _____ ihrer Arbeit gewesen war. Die Direktorin mußte ihn ins Lehrerzimmer schicken, damit die Klasse sicher _____ ihm war!

2 Wenn diese Adjektive in Sätzen vorkommen, in denen ein Nebensatz oder ein Infinitivsatz auch eine Rolle spielt, kann folgendes passieren:

i Ich bin *dar*auf gefaßt, die Prüfung nicht zu bestehen.
oder
ii Ich bin *dar*auf gefaßt, daß ich die Prüfung nicht bestehe.
(*i* kann man nur dann verwenden, wenn die handelnde Person – das Subjekt – in beiden Satzteilen dieselbe ist.)

Schreiben Sie die folgenden Sätze richtig auf. (Alle konjugierten Verben sollen in der Gegenwart sein.)

a Sie/sein/traurig über/sitzenbleiben/müssen.
b Sie/sein/traurig über/ich/sitzenbleiben/müssen.
c Meine Mutter/sein/froh über/mich/auf diese Schule/geschickt/haben.
d Meine Mutter/sein/froh über/meine Freunde/freundlich und hilfsbereit/sein.
e Unser Schulleiter/sein/zufrieden mit/wir alle/einen Studienplatz/bekommen/haben.
f Wir/sein/stolz auf/einen Studienplatz/bekommen/haben.
g Durch unseren Umzug/sein/ich/sicher vor/meinem alten Chemielehrer/auf der Straße/begegnen.
h Mein alter Chemielehrer/sein/auch/sicher vor/er mir/auf der Straße/begegnen.

4.10

Tonio Kröger

Wir haben schon einige Schwierigkeiten in der Schule diskutiert. Betrachten wir jetzt den perfekten Schüler und den perfekten Lehrer. Können sie uns auch Probleme bereiten?

Lesen Sie zuerst einen Ausschnitt aus *Tonio Kröger* von Thomas Mann, worin der junge Tonio seinen Schulkameraden, Hans Hansen beschreibt, der völlig tadellos scheint.

Hans Hansen war ein vortrefflicher Schüler und außerdem ein frischer Gesell, der ritt, turnte, schwamm wie ein Held und sich der allgemeinen Beliebtheit erfreute. Die Lehrer waren ihm beinahe mit Zärtlichkeit zugetan, nannten ihn mit Vornamen und förderten ihn auf alle Weise, die Kameraden waren auf seine Gunst bedacht, und auf der Straße hielten ihn Herren und Damen an, faßten ihn an dem Schopfe bastblonden Haares, der unter seiner dänischen Schiffermütze hervorquoll, und sagten: „Guten Tag, Hans Hansen, mit deinem netten Schopf! Bist du noch Primus? Grüß' Papa und Mama, mein prächtiger Junge …"

So war Hans Hansen, und seit Tonio Kröger ihn kannte, empfand er Sehnsucht, sobald er ihn erblickte, eine neidische Sehnsucht, die oberhalb der Brust saß und brannte. Wer so blaue Augen hätte, dachte er, und so in Ordnung und glücklicher Gemeinschaft mit aller Welt lebte wie du! Stets bist du auf eine wohlanständige und allgemein respektierte Weise beschäftigt. Wenn du die Schulaufgaben erledigt hast, so nimmst du Reitstunden oder arbeitest mit der Laubsäge, und selbst in den Ferien, an der See, bist du vom Rudern, Segeln und Schwimmen in Anspruch genommen,

A Nachdem Sie den Ausschnitt gelesen haben, setzen Sie die richtigen Satzteile zusammen:

1 Hans Hansen war	**a**	die Schüler nicht mit Vornamen.
2 Die Lehrer bewiesen ihm	**b**	von Neid und Sehnsucht.
3 Normalerweise nannten die Lehrer	**c**	sportlich sehr begabt.
4 Hans sah fast wie ein	**d**	allgemein respektiert.
5 Tonio empfand eine Mischung	**e**	auf glanzvolle Weise.
6 Hans wurde	**f**	eine Art Zärtlichkeit.
7 Nach der Arbeit entspannte er sich	**g**	Matrose aus.

B Notieren Sie in Ihren eigenen Worten alle Einzelheiten, die Hans' Beliebtheit zeigen.

C *Arbeit zu zweit*

1 Mit einem Partner/einer Partnerin versuchen Sie, Tonios Gefühle für Hans mündlich zu beschreiben.
2 Schreiben Sie die Ergebnisse Ihres Gesprächs auf.

ANWENDUNG *und* ERWEITERUNG

Zum Nachlesen: 4.10 Tonio Kröger

Zum Nachschlagen: Fälle (der Genitiv)

Zum Wiederholen: 3.4

Zum Üben

Es gibt kleine Gruppen von Präpositionen, Adjektiven und Verben, die oft mit dem Genitiv benutzt werden. In diesem Auszug kommen die Präposition „außerhalb" und das Verb „sich … erfreuen" vor.

Vervollständigen Sie diesen Text, indem Sie die fehlenden Wörter ins Deutsche übersetzen:

Aufgrund (the efforts of my mother) bin ich (the German language) noch mächtig. Als wir noch in Deutschland lebten, war es natürlich sehr einfach für mich, die Sprache zu lernen. Später aber, als wir wegen (my father's work) nach London ziehen mußten, wurde alles viel problematischer. Während (the following – darauf folgend – years) war es so, daß wir außerhalb (the house) nur Englisch hörten, sprachen und lasen. Im Laufe (our daily life) trafen wir selten jemanden, der eine andere Sprache konnte.

Diesseits (the Channel) scheinen die meisten Leute doch noch einsprachig zu sein. Zum Glück jedoch bestand meine Mutter darauf, daß wir, sobald wir uns innerhalb (the walls of our house) befanden, uns nur mittels (our native tongue) verständigen durften.

Unweit (my present home) wohnt ein anderer Deutscher, dessen Eltern ihm nicht so geholfen haben, und der sich (his ignorance) schämt, während ich und meine Geschwister uns (our knowledge) erfreuen.

---

vortrefflich	*excellent, outstanding*
der Primus	*the best of his/her class*
erledigen	*to see to*
die Laubsäge	*fretsaw*

4.11 📖

Moon besucht die Schule, wo sein Vater unterrichtet

Sie treffen jetzt den perfekten Lehrer. Moon erzählt, wie er seinen Vater zum ersten Mal beim Unterrichten sieht. Zu seiner Überraschung ist er ganz anders als zu Hause.

B e s u c h   b e i   e i n e m   p e r f e k t e n   L e h r e r

Moon, 15jähriger Schüler aus Köln, beschreibt den Besuch in einem Gymnasium. Dort unterrichtet Moons Vater Mathematik. Die Schüler mögen ihren Lehrer. Das hatte Moon nicht erwartet.

Am nächsten Tag hätte ich eigentlich frei gehabt. Unsere Lehrer machten einen Ausflug. Doch dafür hatte mein Vater kein Verständnis. Pünktlich um sieben Uhr warf er mich aus dem Bett. "He, Moon. Die Sonne scheint, steh auf." "Nein", sagte ich und wälzte mich auf die andere Seite. "Ich habe eine Idee, Moon. Du kommst heute mit mir."
"Wohin?" fragte ich, noch halb im Schlaf. "In die Schule. Komm, steh auf."
"Was will ich in deiner Schule?" "Du kannst dir einmal ansehen, was dein Vater für ein perfekter Lehrer ist."
Er hatte manchmal wirklich verrückte Ideen, das mußte man ihm lassen. Ich

stand trotzdem auf. Vielleicht war es ganz witzig. Er wollte mir garantiert vorführen, wie phantastisch der Unterricht am Gymnasium sei.
"Es ist sicherlich lehrreich für dich, Kleiner", sagte er, als wir im Auto saßen und ich bereits wieder halb am Schlafen war. Ja, lehrreich. Als erstes lernte ich einen Lehrer kennen, wie es ihn an unserer Schule garantiert nicht gegeben hätte.
Er legte die Beine über den Tisch und begann mit seinen Schülern über das Fußballspiel vom vergangenen Abend zu reden. Mich parkte er neben einem brillentragenden, lang aufgeschossenen (umgangssprachlich für: groß gewachsenen) Typen, der sich zu seinem Nachbarn an der linken Seite umwandte und sagte: "Daß dem Alten auch nie etwas anderes einfällt!"
Ich wäre froh gewesen, hätte er sich einmal mit mir über Fußball unterhalten, auch wenn es mich nicht im geringsten interessierte. Er hatte übrigens nicht gesagt, wer ich war.

Wer weiß, warum. Sein besonderer Liebling schien ein Typ der Marke Leistungssportler zu sein. Sie redeten miteinander, wie Vater und Sohn oder auch wie zwei Freunde miteinander redeten. Ich konnte den Typen nicht ausstehen. Sie redeten darüber, wie phantastisch die Schulmannschaft Fußball gespielt hatte und daß mein Vater mit ihnen Pizza essen gehen würde. Ich brauche wohl nicht zu erwähnen, daß er mit mir niemals Pizza essen ging. Irgendwann begann er sogar mit dem Unterricht. Er sagte dem Leistungssportler, er solle die Hausaufgaben vorlegen. Der Leistungssportler hatte seine Hausaufgaben allerdings zu Hause liegenlassen. Auch nicht so tragisch. Die lange Latte (umgangssprachlich für: großer Mensch) neben mir sagte, sie sei letzte Stunde nicht anwesend gewesen. Machte auch nichts. Mein Vater nahm die Beine vom Tisch, grinste in die Klasse und fragte, ob irgend jemand zufällig die Hausaufgaben da hätte. Vier meldeten sich tatsächlich. Mein Vater meinte, das sei vorbildlich. "Ich habe einen Sohn", sagte er und grinste mich breit an, "der ist genauso wie ihr. Der vergißt seine Hausaufgaben ständig." Der Leistungssportler sah mich an und fragte: "Ist er Ihr Sohn?" "Ja", sagte mein Vater, und es klang fast stolz. Sie konnten ja nicht ahnen, daß ich schlecht in der Schule war. Sonst hätte er sicher nicht stolz geklungen. 14 Augenpaare richteten sich auf mich, was ich furchtbar peinlich fand. "Ganz der Papa", sagte eine Braungelockte (Mädchen mit braunen Locken). "Schönheit liegt bei uns in der Familie", sagte mein Vater. Dann lenkte er glücklicherweise wieder vom Thema ab und widmete sich den wenigen vorhandenen Hausaufgaben. Die Latte fragte mich, wie es sei, Sohn von Dr. Jonas zu sein, und ich antwortete, es sei scheußlich. Darauf begann er zu lachen, und mein Vater bewarf ihn mit Kreide. "Ruhe", befahl er in einem Ton, der mir schon vertrauter war.
Nach einer Ewigkeit war die Stunde vorbei. Ich hatte genug gesehen. Ich hatte gesehen, daß mein Vater freundlich zu Minderjährigen sein konnte. Das hatte ich nicht für möglich gehalten. Ich hatte es erst recht nicht für möglich gehalten, daß seine Schüler ihn nett finden konnten. Es kam mir fast so vor, als würden sie ihn mögen.

A Die Wörter in der Tabelle befinden sich im Text. Für jedes Wort vervollständigen Sie die Zeile, indem Sie das passende Substantiv, Adjektiv oder Verb herausarbeiten:

Substantiv	Adjektiv	Verb
	frei	
das Verständnis		
	verrückt	
	witzig	
		garantieren
		parken
Sportler		
	phantastisch	
		melden
		ahnen
die Ruhe		

B Finden Sie im Text die Details, die folgende Punkte veranschaulichen:

1 Moons Eifersucht
2 der Mangel an Verständnis von Moons Vater
3 wie Moons Vater körperlich entspannt war
4 Moons Verlegenheit
5 Dinge, die der Vater nie mit Moon gemacht hatte [2]
6 wie Vater und Schüler ein sehr enges Verhältnis zueinander hatten
7 etwas, was Moon erstaunt hat

C Füllen Sie die Lücken in dieser Zusammenfassung des Artikels aus:

Moon hat die Schule seines Vaters besucht, als er _____ hatte, aber er war nicht so zufrieden, da sein Vater ihn _____ hatte. Im Gymnasium war er _____, weil er herausgefunden hatte, daß sein Vater _____ sein konnte, und daß die Schüler ihn _____. Moon hatte auch gesehen, daß sein Vater sehr _____ in der Schule war und daß er einen _____ hatte, der Moons Eifersucht hervorgerufen hatte. Der Vater machte auch Dinge mit den _____, die er nicht mit Moon machen würde, wie zum Beispiel Gespräche über _____ und Besuche in der _____. Moon hätte nie geglaubt, daß sein Vater _____ und _____ zu _____ sein könnte.

ANWENDUNG *und* ERWEITERUNG

Zum Nachlesen: 4.11 Moon besucht die Schule …

Zum Nachschlagen: Verben (die Zeiten)

Zum Wiederholen: 1.2, 1.5/6, 1.8, 1.11, 2.3, 2.12, 4.2, 4.5

Zum Üben

Finden Sie die Verben im Text, mit denen Sie diese Sätze vervollständigen können. Sie sollen die angegebenen Zeiten benutzen.

1 Lehrer _____ Schüler manchmal mit Kreide. (Gegenwart)
2 Sie _____ ihre Doktorarbeit ihrer ehemaligen Deutschlehrerin _____. (Perfekt)
3 Er _____ seine Hausaufgaben zu Hause _____, weil er sie noch nicht fertiggeschrieben hatte. (Imperfekt)
4 Unser Lehrer _____ sich oft mit uns über die Spiele vom Wochenende. (Gegenwart)
5 Nachdem der Schulleiter „Ruhe" _____ _____, wurde alles ganz still. (Plusquamperfekt)
6 Es gibt nicht viele Lehrer, die die Beine über den Tisch _____. (Gegenwart)
7 Der Mathelehrer hatte ein schlechtes Gedächtnis; er _____ oft die Namen seiner Schüler. (Imperfekt)
8 Heute früh _____ uns der Klassenlehrer den neuen Schüler _____. (Perfekt)
9 Viele Schüler _____ es nicht für möglich, daß Lehrer auch Menschen sein können. (Gegenwart)
10 Wenn ein Schüler sich _____ und mit seinem Nachbarn _____, regen sich die meisten Lehrer auf. (Gegenwart)

4.12 📖

Körperpflege – eine neue Qualifikation für Lehrer

Perfekter Lehrer, perfekte Lehrerin? Jetzt hat der Berufsschullehrkörper in Hessen die Gelegenheit, sich in einem neuen Bereich fitzumachen. Lesen Sie, wie Körperpflege als neue Qualifikation angeboten wird.

Lehrer sollen sich in Körperpflege fitmachen

WIESBADEN. Das hessische Institut für Lehrerfortbildung wird von nun an Berufsschullehrern die Möglichkeit einer pädagogischen, didaktischen, fachlichen und betrieblichen Qualifikation im Berufsfeld Körperpflege anbieten. Wie das Kultusministerium in Wiesbaden mitteilte, sollen in die Fortbildungsangebote geeignete Betriebe und Institute einbezogen werden.

Steigendes Gesundheitsbewußtsein, höhere Anforderungen an die Hygiene, Verantwortung für die Umwelt und stärkere Anforderungen an den Umweltschutz erforderten „ein Weiterdenken" über das Gesamtkonzept der Fortbildung, sagte Staatssekretärin Christiane Schmerbach (SPD). Auch die Verwendung moderner Techniken im Berufsfeld Körperpflege erforderten eine Reaktion.

Schwerpunkte der Fortbildung sollten die Bereiche Gesundheit und Hygiene, Präparate, Technik sowie Mode sein.

A Richtig oder falsch? Haken Sie folgende Behauptungen über den Artikel ab oder kreuzen Sie an:

1 Diese neuen Qualifikationen sind Pflicht für Lehrer(innen).
2 Sie sind nicht für Lehrlinge in den Pädagogischen Hochschulen.
3 Gymnasiallehrer können auch daran teilnehmen.
4 Betriebe und Institute werden zusammenarbeiten.
5 In den Kursen wird man sich auf Umweltschutz konzentrieren.
6 Man wird auch moderne Techniken der Körperpflege in Betracht ziehen.
7 Mode wird auch dabei eine Rolle spielen.

B Die untenstehenden Wörter befinden sich im Text. Wie könnte man sie anders auf deutsch ausdrücken?

1	fachlich	6	steigend
2	betrieblich	7	Anforderungen
3	Qualifikation	8	erfordern
4	mitteilen	9	Konzept
5	geeignet	10	Schwerpunkte

C *Gruppenarbeit*

Meinen Sie, daß man die Qualifikation in Körperpflege bei Ihren Lehrern einführen soll? Besprechen Sie diese Frage in der Großgruppe.

4.13 📖✍

Lehrermangel bei steigenden Schülerzahlen

Jetzt lesen Sie etwas mehr vom Lehrermangel in Deutschland und von der steigenden Schülerzahl, die das Problem verschlimmert.

Schulpolitik mit dem Rechenstift

Der strikte Sparkurs vertreibt Bildung und erschwert soziale Förderung

Von Heidrun Graupner

Um 27 Prozent werden die Schülerzahlen in den nächsten Jahren steigen. Aus dem Lehrermangel wird ein Lehrernotstand werden, wenn nicht etwas geschieht trotz der Zeit des knappen Geldes.

Überall in Deutschland wird künftig in den Schulen gespart: Die Stundenpläne werden reduziert und zwar bis zu fünf Stunden pro Woche, die Arbeitszeit der Lehrer verlängert, die Klassen auf 28 bis 33 Schüler vergrößert, die Rentabilität von kleinen Schulen geprüft. Die ostdeutschen Länder haben mit dem mehrgliedrigen Schulsystem des Westens die Spardirektiven gleich mitübernommen, wobei sie nach wie vor Schwierigkeiten haben, da Planung und Sparkonzept immer noch nicht übereinstimmen.

Die Zahlen des Mangels sind gigantisch. In Nordrhein-Westfalen fehlen nach dem Kienbaum-Gutachten zur Zeit 25 000 Lehrer. Kultusminister Friedhelm Farthmann (SPD) hat 2400 Stellen geschaffen und gedenkt im übrigen, weiter Berge zu untertunneln, da er vom Jahr 2000 an einen Rückgang der Schülerzahlen erkannt haben will. Das Statistische Landesamt in Baden-Württemberg stellt andere Prognosen: Bis zum Jahr 2005 werden dort die Schülerzahlen um 400 000 auf über 1,8 Millionen steigen. 20 000 neue Stellen werden allein in den nächsten acht Jahren gebraucht.

Kultusministerin Marianne Schultz-Hector (CDU) hat zunächst einmal 1760 bewilligt, im übrigen streicht sie in den Schulen. In Bayern, das Bildungseliteland sein will, werden für das Schuljahr 93/94 insgesamt 425 neue Planstellen genehmigt, die Schülerzahl wird sich aber in den nächsten Jahren um fast 80 000 erhöhen. 16 000 Lehrer müßten bis 2004 eingestellt werden, um das Niveau auch nur einigermaßen zu halten.

Die Schulen verwalten nur noch den Mangel. Kultusminister bringen es dennoch fertig, ihre Sparmaßnahmen als pädagogische Ziele zu verbrämen, als umfassende Entwicklungspläne, als ob Bildungsreformen ohne eine ausreichende Zahl von Lehrern funktionieren könnten – sei es in Schleswig-Holstein, sei es in Baden-Württemberg, wo Kultusministerin Schultz-Hector eine Fülle von Detailkenntnissen in Zeiten, in denen man Wissen jederzeit abrufen kann, für überflüssig hält. Länder, die auf ihren Bildungsanspruch pochen, sparen durch ihr Auslesekonzept.

Wieviele Kinder sind für das Gymnasium geeignet, 30 Prozent oder 40 Prozent? Sind die Aufnahmereglements, die Sachsen dem Freistaat Bayern nachgeahmt hat, nicht Mittel, die Schülerströme kostengünstig zu lenken oder die Verschärfungen in bayerischen Gymnasien für schlechtere Schüler? Zwölf Schuljahre bis zum Abitur lösen einige Finanzprobleme von selbst.

AN IHRER ZUKUNFT wird gespart:
Steigende Schülerzahlen und
Lehrermangel werden durch
Einschränkungen im Unterricht
ausgeglichen.
Petri/SZ-Archiv

Demonstration gegen Unterrichtsausfall

ANWENDUNG *und* ERWEITERUNG

 Zum Nachlesen: 4.12 Körperpflege – eine neue Qualifikation

 Zum Nachschlagen: Modalhilfsverben mit dem Passivinfinitiv

 Zum Wiederholen: 2.14, 3.6, 3.9, 3.15, 4.3, 4.4

Zum Üben

Im ersten Artikel gibt es ein Beispiel eines Hilfsverbs mit dem Passivinfinitiv, und zwar „... sollen in die Fortbildungsangebote geeignete Betriebe und Institute einbezogen werden."

Versuchen Sie jetzt, die folgenden Sätze so umzuschreiben, daß in jedem Satz ein Passivinfinitiv vorkommt.

Beispiel:
Die Schüler müssen einen blauen Pullover tragen.
Ein blauer Pullover muß getragen werden.
[Die Person soll nur dann genannt werden, wenn das Subjekt des Satzes im Aktiv <u>unterstrichen</u> ist.]

1 <u>Die Mädchen</u> dürfen eine schwarze Hose anziehen.
2 Die Schüler sollen ein Lunchpaket für den Ausflug mitbringen.
3 <u>Alle Schüler</u> müssen jeden Abend Hausaufgaben machen.
4 Die Schüler dürfen während des Unterrichts nichts essen.
5 Man kann die Schule mit 16 verlassen.
6 In England sollen Eltern ein Kind kurz vor dem fünften Geburtstag einschulen.
7 <u>Der dafür zuständige Lehrer</u> muß alle Schüler über ihre weiteren Ausbildungsmöglichkeiten informieren.
8 <u>Gesundheitsbewußte Schüler und Lehrer</u> können Vollwertkost in der Kantine kaufen.
9 <u>Nur Mitglieder der Schulleitung</u> dürfen das Telefon im Büro benutzen.
10 <u>Jeder freundliche Lehrer</u> kann die Dienste des Sekretariats in Anspruch nehmen.

A Unten finden Sie einige Ideen aus dem Text, aber falsch geordnet. Ordnen Sie die Aussagen richtig zu.

1 Es fehlt eine riesige Anzahl Lehrer.
2 Was für eine Prozentzahl Kinder sollte zum Gymnasium gehen?
3 Schulzeit ist Sparzeit in allen Bundesländern.
4 In den Landtagen tun sie, als ob ihre Sparinitiativen etwas Positives wären.
5 Überall nimmt man winzige Schulen unter die finanzielle Lupe.
6 Auch wenn man zusätzliche Lehrer einplant, wächst die Schülerzahl immer weiter.
7 Die Münchner Politik ist imitiert worden.
8 Wenn man nicht genug Lehrer hat, kann man keine wirklichen Reformen durchführen.

B Finden Sie im Text das Gegenteil folgender Ausdrücke:

1 erhöht
2 verkürzt
3 sich widersprechen
4 der Überfluß
5 verspätete Einsichten
6 abgelehnt
7 entlassen
8 ab und zu
9 abkoppeln

C *Arbeit zu zweit*

Person A ist der Vater/die Mutter eines Kindes in der Schule, an der *Person B* der Direktor/die Direktorin ist.
Person A klagt über den Lehrermangel und die Sparmaßnahmen, unter denen die Schüler leiden müssen (kein Geld für Hardware, Reparaturen, usw.).
Person B verteidigt das System nach besten Kräften.

D *Selbständig*

Nehmen Sie den Artikel zu Hilfe, um den folgenden Text ins Deutsche zu übersetzen:

Despite living in times when money is short, something must happen if we are to avoid an impossible shortage of teachers. Everywhere in Germany economies are having to be made in schools, timetables have been reduced, teachers' working hours extended and class sizes increased. Still, the problem remains. There are no realistic development plans and, instead, schools have to administer the decisions of the ministers responsible for education and things will get worse. The numbers in schools are set to rise by 400,000 by the year 2005, but how many planned new teaching posts will be approved? Not enough, that much is certain.

71

ANWENDUNG *und* ERWEITERUNG

 Zum Nachlesen: 4.13 Lehrermangel bei steigenden Schülerzahlen

 Zum Nachschlagen: Der Infinitiv mit und ohne „zu"

 Zum Üben

Finden Sie die Infinitive in diesem Artikel. Welche sind mit „zu", welche sind ohne „zu"? Warum?

Finden Sie passende Infinitive für die Lücken in diesen Sätzen (siehe unten). Entscheiden Sie auch, ob Sie „zu" hinzufügen müssen oder nicht.

1 Es ist nicht vernünftig, an der Ausbildung unserer Kinder ….
2 Eigentlich müßte die Regierung den Schulen mehr Geld zur Verfügung ….
3 Es ist keine gute Idee, die Arbeitszeit der Lehrer ….
4 Die Kultusminister der Länder versuchen, ihre Sparmaßnahmen als pädagogische Ziele ….
5 Die Politiker könnten ihre eigenen Gehälter …, um Geld …..
6 Um das jetzige Niveau der Schulausbildung …, müßte man mehr Lehrer …, statt Stellen ….
7 Bildungsreformen können nicht ohne eine ausreichende Zahl von Lehrern durchgeführt ….
8 Es ist schwer, Klassen …, ohne die Atmosphäre …
9 Ziel einer zivilisierten Gesellschaft muß es …, jeden so …, daß er sein Potential … kann.
10 Demzufolge wäre es ratsam, jede neue Reform genau …

streichen	beeinträchtigen	verlängern	werden	einstellen
erhalten	ausbilden	vergrößern	sein	verbrämen
überprüfen	reduzieren	erfüllen	sparen (x2)	stellen

ANWENDUNG *und* ERWEITERUNG

 Zum Nachlesen: 4.13 Lehrermangel bei steigenden Schülerzahlen

 Zum Nachschlagen: Das Passiv

 Zum Wiederholen: 2.14, 3.6, 3.15, 4.12

 Zum Üben

Lesen Sie den zweiten Absatz des Artikels („Überall in Deutschland …" bis „… immer noch nicht übereinstimmen") noch einmal durch. Finden Sie alle Beispiele des Passivs, die darin vorkommen. Übersetzen Sie dann diese Sätze ins Deutsche (Beachten Sie dabei, daß alle in der Vergangenheit sind):

1 School timetables have been reduced.
2 Savings have been made in schools and universities everywhere in Germany.
3 The viability of all small schools was looked at before this one was closed.
4 Pupils' free time has been extended.
5 The West German school system was adopted by the East German federal states.

4.14

Zukunftspläne

Jetzt denken wir positiv: nicht alles ist so düster in der Bildungswelt! Hören Sie einige Jugendliche, die über ihre Zukunftspläne sprechen.

A Finden Sie soviel wie möglich über Schulabschluß/Lehrstellen/Abitur heraus, indem Sie Sebastian, Britta, Paulina und Michaela zuhören. Notieren Sie sich die Informationen aus den Texten.

B *Selbständig*

1 Arbeiten Sie Ihre persönliche Erklärung über Ihre Zukunftspläne schriftlich aus, indem Sie die Informationen und Ausdrücke im Hörtext zu Hilfe nehmen.
2 Nehmen Sie diese Erklärung für einen Austauschpartner/eine Austauschpartnerin auf Kassette auf.

4.15

Synthese

Schreiben Sie einen Artikel für ein deutsches Schulmagazin (250 Wörter), in dem Sie die Ähnlichkeiten und Unterschiede in Ihrem eigenen Schulsystem im Vergleich mit dem deutschen Bildungsprogramm beschreiben.

Frauen und die Arbeitswelt

In dieser Einheit betrachten wir die Lage der Frauen in der Arbeitswelt. Lesen und hören Sie, was Jugendliche und Erwachsene dazu meinen, und überlegen Sie, ob Frauen die gleichen Chancen und Berufsmöglichkeiten wie Männer haben.

5.1

Rat für Hausfrauen

Sehen Sie sich den Comicstrip an, dann entscheiden Sie in der Großgruppe, ob das Leben der Hausfrau wahrheitsgetreu widergegeben ist.

DAS HAUSFRAUEN-HOROSKOP

A
Ständig sollen Sie für alle da sein. Aber am 24. droht Ihr Geduldsfaden einmal zu reißen. Lassen Sie es geschehen.

B
Helfen Sie nicht allen und jedem. Sonst sind Sie am Ende völlig geschafft, ohne daß man es Ihnen dankt.

C
Trennen Sie sich von lästig gewordenen Gewohnheiten. Damit am 25. Platz für Neues ist.

D
Seien Sie konsequent. Wenn Sie den einen abgewiesen haben, bleiben Sie auch beim nächsten hart.

E
Sie haben oft genug auf Verschleißerscheinungen hingewiesen. Jetzt sind auch Sie mit Ihrem Latein am Ende.

F
Bestehen Sie darauf, daß Ihr Partner seinen Arbeitsanteil leistet. Das bringt beiden Gewinn.

G
Da, wo Sie sich im Moment befinden, sind Sie fehl am Platz. Suchen Sie nach neuen Wegen.

H
Privat wie beruflich bieten sich Chancen zur Veränderung. Zögern Sie nicht! Nutzen Sie die Möglichkeit!

I
Seien Sie vorsichtig mit Ihrer Kritik, wenn Ihnen etwas mißfällt. Man könnte Sie für neidisch halten.

J
Sie haben völlig recht mit Ihren Ansprüchen. Setzen Sie sich mit der nötigen Energie durch.

A Finden Sie die fünf „richtigen" Tierkreiszeichen, die man in Magazinen und anderen Zeitschriften sieht.

B Welche Überschrift paßt zu welchem Bild? Stellen Sie die richtigen Überschriften und Bilder zusammen.

C Erfinden Sie für jedes Sternzeichen ein zusätzliches Ereignis.

D Besprechen Sie die Ideen im Comicstrip und entscheiden Sie, inwieweit sie ein realistisches Porträt der Lage der Frau in unserer Gesellschaft sind.

ANWENDUNG *und* ERWEITERUNG

 Zum Nachlesen: 5.1 Rat für Hausfrauen

 Zum Nachschlagen: Verben – der Imperativ

 Zum Üben

Seien Sie fleißig! Finden Sie alle Beispiele des Imperativs, die im „Hausfrauen-Horoskop" vorkommen.

1 Schreiben Sie dann diese „Ratschläge für ein ausgeglichenes Leben" richtig aus:

a … immer optimistisch.
b … sich verwöhnen, so oft es geht.
c … viel Geduld und viel Mut.
d … Ihr Temperament.
e … jede Chance, die Ihnen geboten wird.
f … es leicht.
g … sich selbst, Ihre Pläne zu verwirklichen.
h … lange Spaziergänge im Wald, um Ihre innere Ruhe zu finden.
i … den anderen keine Chance, Sie aus dem Gleichgewicht zu bringen.
j …, daß Sie vielseitige kulturelle Interessen pflegen.
k … am Ball.
l … viele gute Bücher.

Imperative zur Auswahl			
i Helfen Sie	**iv** Bleiben Sie	**vii** Nutzen Sie	**x** Haben Sie
ii Geben Sie	**v** Nehmen Sie	**viii** Machen Sie	**xi** Sehen Sie zu
iii Seien Sie	**vi** Lesen Sie	**ix** Zeigen Sie	**xii** Lassen Sie

2 Schreiben Sie die Ratschläge so um, daß sie einem Freund/einer Freundin (du-Form) gelten.
a … immer optimistisch.
b … _____ verwöhnen, so oft es geht.
c … viel Geduld und viel Mut.
d … _____ Temperament.
e … jede Chance aus, die _____ angeboten wird.
f … es leicht.
g … _____ selbst, _____ Pläne zu verwirklichen.
h … lange Spaziergänge im Wald, um _____ innere Ruhe zu finden.
i … den anderen keine Chance, _____ aus dem Gleichgewicht zu bringen.
j …, daß _____ vielseitige kulturelle Interessen pflegst.
k … am Ball.
l … viele gute Bücher.

3 Jetzt schreiben Sie die Ratschläge so um, daß sie einer Gruppe von Freunden (ihr-Form) gelten.
a … immer optimistisch.
b … _____ verwöhnen.
c … viel Geduld und viel Mut.
d … _____ Temperament.
e … jede Chance, die _____ geboten wird.
f … es leicht.
g … _____ es selbst, _____ Pläne zu verwirklichen.
h … lange Spaziergänge im Wald, um _____ innere Ruhe zu finden.
i … den anderen keine Chance, _____ aus dem Gleichgewicht zu bringen.
j …, daß _____ vielseitige kulturelle Interessen pfleg_.
k … am Ball.
l … viele gute Bücher.

5.2

Lieber 20 oder 40?

Laut den Frauensternzeichen scheint das Frauenleben schwierig zu sein, aber ist das wirklich der Fall? Sie wissen schon, daß die Jugendjahre problematisch für Mädchen und Jungen sein können. Lesen Sie den Artikel „Noch mal 20 sein?" um herauszufinden, was Frauen zwischen 30 und 50 empfinden.

Beate Bunge (47; links vor über 20 Jahren) hat sich mit einem Make-up-Studio selbständig gemacht.

Noch mal 20 sein? Nein, danke!

Früher hübsch und unsicher, heute attraktiv und selbstbewußt – Frauen zwischen 30 und 50

Bettina Ahrens (32; oben als 20jährige) präsentiert und verkauft die Kollektion von Joop.

Jugend über alles – diese Welle mache ich nicht mit. Ich glaube einfach, daß Frauen mit 30 oder 40 interessanter sind, weil sie mehr Persönlichkeit und Ausstrahlung entwickelt haben. Das ist doch logisch: Ich zum Beispiel kenne mich heute viel besser und weiß, wer und was zu mir paßt. Früher habe ich mich der Mode zu sehr unterworfen, auch was die Frisur anbelangt. Da habe ich doch tatsächlich meine naturkrausen Haare glattgefönt und

sogar abgeschnitten. Dabei stehen mir lange Locken viel besser, sie gehören zu meiner Persönlichkeit. Außerdem ist das Lufttrocknen gesünder für meine Haare. Ich gehe heute wesentlich bewußter und liebevoller mit meinem Körper um. Bis Mitte zwanzig habe ich oft stundenlang in der Sonne gelegen. Nach dem Motto: je brauner, desto schöner. Heute genügt mir eine leichte Tönung, weil ich meine Haut nicht unnötig strapazieren will. Gegen ein paar Falten habe ich übrigens nichts. Ich kann mir auch nicht vorstellen, daß ich mir mit 40 das Gesicht liften lasse. Mich erschreckt die Vorstellung, wie eine Maske auszusehen.

Ein paar Falten im Gesicht dürfen sein, die zeigen, daß man gelebt hat.

Auf den Fotos von früher sehe ich älter aus, als ich war – wie 30 und nicht wie 24. Das lag sicherlich an der Mode, aber auch an meiner Lebenssituation. Damals waren meine Zwillinge ein Jahr alt. Ich hatte meine Arbeit aufgegeben und fühlte mich als Hausfrau isoliert. Nur am Wochenende ging ich mit meinem Mann aus. Und dafür putzte ich mich toll raus – mit Kostüm, Haarteil, falschen Wimpern, dickem Lidstrich. Das alles war Mode in den 60ern, und was Mode war, wurde getragen. Egal ob es zum Typ paßte oder nicht. Richtig wohl gefühlt habe ich mich erst, als ich wieder anfing, meinen Interessen nachzugehen. Als Grafikerin begeisterte mich die Kosmetik, und ich besuchte eine Kosmetikfachschule. Aus diesem Hobby entwickelte sich mein neuer Beruf als Visagistin. Ich kümmere mich jetzt viel mehr um mich selbst. Mache regelmäßig Sport – Yoga und Trampolin –, achte auf eine gesunde Ernährung. Mit Make-up und Frisuren experimentiere ich an mir nicht mehr herum. Ich habe meinen Typ gefunden.

Mein Leben ist wesentlich bunter und vielseitiger geworden.

selbstbewußt *self-confident, self-aware*
sich unterwerfen(Dat.) *to subject oneself to*
strapazieren *to tax, put a strain on*
egal ob *all the same, whether*
die Grafikerin *female graphic artist*

A Nachdem Sie den Artikel ein- oder zweimal durchgelesen haben, schreiben Sie alle erwähnten Vorteile des jetzigen Lebens und Nachteile des früheren Lebens für Bettina und Beate auf.

	Vorteile von heute	*Nachteile von gestern*
Bettina		
Beate		

B Lesen Sie den Artikel wieder durch. Sind folgende Aussagen richtig oder falsch? Kreuzen Sie an:

	Richtig	*Falsch*

Bettina …
1 kann die Suche nach ewiger Jugend leicht verstehen.
2 dachte einst zu viel an die Mode.
3 hat jetzt ein Aussehen, das ihre Persönlichkeit besser ausdrückt.
4 hat Angst vor Falten im Gesicht.
5 wird sich eventuell in Zukunft verjüngen lassen.

Beate …
6 hatte als junge Mutter zu wenig Kontakt zu anderen Leuten.
7 wollte sich überhaupt nicht rausputzen, wenn sie mit ihrem Mann ausging.
8 hielt sich zwischen 1960 und 1969 streng an die Mode.
9 hat einen neuen Beruf, der aus einer Freizeitbeschäftigung hervorging.
10 glaubt, die Ernährung habe nichts mit der Gesundheit zu tun.

ANWENDUNG *und* ERWEITERUNG

 Zum Nachlesen: 5.2 Lieber 20 oder 40? (Bettina Ahrens)

 Zum Nachschlagen: der Komparativ

 Zum Wiederholen: 3.5

 Zum Üben

In diesem Auszug gibt es jede Menge Beispiele des Komparativs. Können Sie sie alle finden? Welche sind Adjektive, welche sind Adverbien? Obwohl alle Adjektive hier ohne Endung erscheinen, ist es durchaus möglich, das Komparativadjektiv *mit Endungen* zu benutzen. Wie sollten die Endungen in diesen Sätzen lauten?

1 Hast du je ein_ interessanter_ Frau kennengelernt?
2 Wenn man ein_ brauner_ Körper als all die anderen hat, heißt das längst nicht, daß man ein_ besser_ Kondition hat.
3 Ein_ liebevoller_ Haustier als einen Hund kann ich mir gar nicht vorstellen.
4 Mit etwas bewußter_ und vorsichtiger_ Planung hätten wir ein_ noch erfolgreicher_ Fete organisieren können.
5 An den Inhalt unser_ früher_ Gesprächs kann ich mich jetzt nicht mehr so genau erinnern. Ich weiß nur, daß es um ein_ älter_ Verwandten von dir ging.

C Nehmen Sie den Artikel zu Hilfe, um diese Ideen ins Deutsche zu übersetzen:

It used to be thought that very young women had more personality and charisma than women between thirty and fifty. For Bettina and Beate it is the opposite, since they now know themselves and also what suits them much better. The fact that they looked older when they were young undoubtedly had to do both with fashion and with their lifestyle at the time. Many young women of their generation felt themselves to be isolated housewives who only went out at the weekend. Eventually, women began to pursue their interests, to care much more about themselves and to find their own style, like Bettina and Beate.

ANWENDUNG *und* ERWEITERUNG

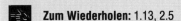 **Zum Nachlesen:** 5.2 Lieber 20 oder 40? (Beate Bunge)

Zum Nachschlagen: Verben

Zum Wiederholen: 1.13, 2.5

Zum Üben

1 Lesen Sie den Artikel noch ein- oder zweimal durch. Diesmal achten Sie insbesondere auf die Verben. Machen Sie drei Listen, und zwar von den Verben, die in diese Kategorien passen:

trennbare Verben	*reflexive Verben*	*Verben mit Präpositionen*

2 Benutzen Sie diese Verben, um die folgenden Sätze zu vervollständigen. Schreiben Sie alle Sätze in der Gegenwart.
   a Deine neuen Kleider ____ sehr gut ____ dir.
   b Heike ____ ____ im Moment sehr müde. Das ____ wohl ____ der Fete gestern abend.
   c Viele Leute ____ ____ immer noch nicht genug ____ ihre Gesundheit. Sie ____ auch nicht ____ ihre Ernährung.
   d Obwohl ich normalerweise sehr gern mit ihm ____, kann ich im Moment nicht, weil ein sehr guter Film gerade ____.
   e Indem ich all meinen Hobbys ____, ____ ich ____.

5.3

Eine „erstaunliche Begabung"

Immer mehr Frauen setzen sich heutzutage auf Gebieten durch, die früher ausschließlich zur „Männerwelt" gehörten. In diesem Text lesen Sie über eine junge Schachspielerin aus Ungarn, die sich schon oft gegen die besten männlichen Gegner behauptet hat.

Das große Ziel: Weltmeister der Männer

Ein „Duell der Geschlechter" hat es also gegeben, „einen Kampf der Generationen". In Wirklichkeit aber ist nichts anderes passiert, als daß ein junges Mädchen und ein älterer Mann gegeneinander zehn Partien Schach gespielt haben. Doch weil es offenbar nicht geht, ganz einfach einen Schachwettkampf zu veranstalten, müssen Superlative her, um das Ereignis zu verkaufen.

Und daß die 16 Jahre alte Ungarin Judit Polgar gegen den 56jährigen Wahlfranzosen Boris Spasski gewonnen hat, ist so überraschend auch nicht, denn die jüngste der drei Polgar-Schwestern hat schon – wie auch Zsuzsa und Zsofia – starke männliche Großmeister besiegt, wogegen der ehemalige Weltmeister Spasski in seiner Spielstärke auf dem absteigenden Ast ist.

Aber weil schachspielende Frauen schon an sich eine Minderheit sind – sie stellen gerade vier Prozent aller Klötzchenschieber –, und weil Schachspielerinnen, die auf dem Niveau starker Männer spielen, an einer Hand abzuzählen sind, reizt ein Vergleich natürlich.

Judit Polgar wird das Etikett angehängt, besser zu sein, als es Bobby Fischer und Garri Kasparow im gleichen Alter waren. Und wirklich hat sie in jüngeren Jahren als die beiden männlichen Koryphäen den Großmeistertitel der Männer errungen, aber Parallelen sind schwer zu ziehen.

„Sie ist schon eine erstaunliche Begabung", sagt der frühere Weltmeister Anatoli Karpow über Judit Polgar. Er glaubt dennoch nicht, daß sie eine realistische Chance hat,

Judit Polgar

das erklärte Ziel der Polgar-Familie zu erreichen: den Weltmeistertitel bei den Männern.

Das Match gegen Boris Spasski war, abgesehen vom Erfolgshonorar in Höhe von 110 000 Dollar vielleicht, für Judit Polgar an sich auch nichts Besonderes. Denn die Ungarin spielt, wie ihre Schwestern, ausschließlich gegen Männer. Denn nur gegen starke Gegner läßt sich die Spielstärke steigern. Ihr Vater Laszlo hat das einmal so formuliert: „Wenn ich meinen Kindern statt heißes Wasser nur lauwarmes Wasser gebe, werden sie nicht wissen, wie sie mit heißem Wasser umgehen müssen."

Wolfgang Wosnitza

---

die Geschlechter   *the sexes*
in Wirklichkeit   *in reality*
der Wahlfranzose   *naturalised Frenchman*
das Etikett   *label*
lauwarm   *lukewarm*

A Wie werden diese Wörter bzw. Ausdrücke im Text formuliert?

1 hat ... stattgefunden
2 in der Tat
3 Spiele
4 offensichtlich
5 nicht möglich ist
6 organisieren
7 erstaunlich
8 immer schwächer wird
9 knapp
10 Schachspieler
11 Genies
12 gewonnen
13 äußerst talentiert
14 Siegerprämie
15 nur
16 lernt man, besser zu spielen
17 ausgedrückt

B Füllen Sie die Lücken in diesen Sätzen aus. (*Nicht* alle passenden Wörter finden Sie im Text.)

1 Judit Polgar und Boris Spasski _____ zehnmal _____ Schach _____.
2 Spasski ist in der Sowjetunion _____, ist aber inzwischen französischer _____.
3 Im Laufe der _____ spielte Spasski immer _____.
4 Es gibt nur sehr _____ Frauen, die zur Schachelite _____.
5 Es ist nicht _____, Judit mit anderen _____ zu vergleichen.
6 Nach der Ansicht Anatoli Karpows ist es _____, daß Judit einmal _____ bei den Männern _____ wird.
7 Judit spielt _____ gegen andere Frauen.
8 Was die Geschwister betrifft, scheint Judit _____ _____ _____ zu haben.
9 Laszlo Polgar hat offensichtlich sehr _____ Ambitionen für seine drei _____.

C *Selbständig*

Übersetzen Sie den letzten Absatz des Textes ins Englische.

5.4 📼

Michaela und Peter

Bettina und Beate scheinen zufrieden zu sein, aber wie sieht die Situation wirklich aus für junge Frauen? Wie weit sind die Emanzipation und die Gleichberechtigung schon vorangeschritten? Hören Sie, was Michaela und Peter darüber sagen.

A Nachdem Sie das Gespräch ein- oder zweimal gehört haben, füllen Sie die Lücken in dieser Transkription aus:

Michaela Also, ich würde sagen, schon immer noch. Man _____ zwar, daß ja die Emanzipation schon so weit vorangeschritten ist, aber _____, wenn man sich das jetzt mal so ganz genau anguckt, dann kann ich mir das nicht _____. Es ist ja immer noch so, daß die Frauen, also, _____ bezahlt werden als die Männer, wenn sie dieselbe Arbeit haben und auch _____ arbeiten. Und die Aufstiegschancen sind, glaube ich, so, daß jetzt ein Mann _____ von irgendwas Direktor werden kann als 'ne Frau. Und sonst auch, _____ ich, auch im Privatleben ist es immer noch so, daß die Frau den _____ Haushalt zu machen hat ... Also, manche schaffen das vielleicht, daß sie sich dagegen _____. Bei uns ist es jetzt auch so; meine Mutter sagt _____, wir sollen nicht alles machen, sie macht schon das meiste, aber wir _____ auch gucken, daß wir auch so _____ sehen und dann auch _____ machen.
Frage Was sagst du dazu?
Peter Ich find', daß die Emanzipation schon _____ ist, also, wir haben das neulich gemacht im Unterricht, und dann, wie das _____ war, und heute ist es schon ein Unterschied, also, es ist schon besser geworden. Aber, daß es jetzt überhaupt _____ ist, das glaub' ich nicht, daß das schon ganz geschafft ist.

B Finden Sie jetzt alle Angaben in den Gesprächen von Michaela und Peter, die zu den folgenden Kategorien gehören: **Positive Aussagen** und **Negative Bemerkungen**.

5.5 ✏️📖✍️

Chefredakteurin

Auf den nächsten Seiten werden Sie Jugendliche treffen, die sich um ihre erste Stelle beworben haben oder nach ihrem Traumjob suchen. Inzwischen hören Sie einigen Topfrauen zu, die Karriere gemacht haben. Fangen wir mit Ulrike Wolf, der ersten NDR-Chefredakteurin, an. Hatte sie es leicht, voranzukommen?

Darüber möcht' ich mal reden – Prominente über ein Thema ihrer Wahl

„FRAUEN MACHEN KEINE FAULEN KOMPROMISSE"
ULRIKE WOLF ÜBER KARRIERE

BRIGITTE: „Sehen Sie sich selber als Karrierefrau?"
ULRIKE WOLF: „In diesem Begriff schwingt fast etwas Vorwurfsvolles mit – als würde es sich hier um eine besondere, nicht ganz geheure Spezies von Frau handeln. Dennoch: Ich fühle mich nicht beleidigt, wenn man mich als Karrierefrau bezeichnet; denn schließlich habe ich mir den beruflichen Erfolg hart und redlich erarbeitet."
„Glauben Sie, daß es die männliche Karriere-Konkurrenz heute noch immer leichter hat?"
„Nein. Bei den gleichen fachlichen Voraussetzungen sind die Erfolgschancen mittlerweile auf beiden Seiten ziemlich ausgeglichen, zumindest in meinem Beruf. Wenn es dennoch so wenige Frauen in Chefetagen gibt, dann hat es meist andere Gründe. Meine Erfahrung ist, daß Frauen sehr viel direkter und klarer in ihren Entscheidungen sind als die Männer; außerdem neigen wir Frauen weniger dazu, faule Kompromisse zu machen."
„Welche Tips können Sie dem weiblichen Karriere-Nachwuchs geben?"
„Vor allem qualifizierte Ausbildung, nicht vor Verantwortung zurückschrecken und auch nicht so nach Karriere strampeln, daß es schon riecht. Keine Intrigen oder Ränke inszenieren!

So weit wie Ulrike Wolf ist bisher noch keine Frau in der deutschen Fernseh-Hierarchie aufgestiegen. Als die Hamburger Journalistin im Juli 1987 ihr Amt als erste NDR-Chefredakteurin antrat, sahen nicht wenige ihrer männlichen Kollegen schwarz. Und manche haben bis heute immer wieder Krach mit ihr. Der Streit mit Hanns Joachim Friedrichs ist ein Dauerbrenner. Die 45jährige Mutter von drei Kindern kennt auch die Kehrseiten des beruflichen Erfolgs.

Auch das Bett des Vorgesetzten ist ein denkbar schlechtes Sprungbrett; daß manche Frauen via Sexualität zu Spitzenpositionen gelangen, ist ein altes Männermärchen."

„In manchen Berufen ist das richtige Parteibuch ein zuverlässiger Karriere-Paß. Haben Sie als eingeschriebenes CDU-Mitglied auch …"

„Ich weiß, worauf diese Frage zielt. Dazu muß ich sagen, daß ich der CDU seit nunmehr zwanzig Jahren angehöre, und zwar aus politischer Überzeugung, nicht aus beruflichem Opportunismus. Ich habe nie daran gedacht, die Partei als Steigbügel zu benutzen."

„Sie haben sich schon vor Jahren von Ihrem Mann getrennt, leben jetzt in Scheidung. Welche Opfer mußten Sie der Karriere bringen?"

„Ich will da nicht von Opfern reden – es hat mich ja keiner in diese Position gezwungen, meine Arbeit macht mir meistens Riesenspaß. Aber ich muß natürlich gewisse Einschränkungen in meinem privaten Bereich in Kauf nehmen: Ich treibe beispielsweise viel zuwenig Sport, habe kaum noch Zeit für Freunde und Bücher, auch das Familienleben kommt zu kurz, leider. Hin und wieder träume ich – eine kleine, unverbindliche Spielerei – vom Aussteigen."

ANWENDUNG *und* ERWEITERUNG

 Zum Nachlesen: 5.5 Chefredakteurin

 Zum Nachschlagen: Deklination der Artikel und der Adjektive

 Zum Wiederholen: 1.7, 2.8, 2.9

 Zum Üben

Lesen Sie den Text noch einmal durch und konzentrieren Sie sich dabei auf die Adjektive. Wie heißen die Artikel und die Adjektivendungen in diesen Sätzen richtig?

1 Ich habe mich neulich mit ein_ besonder_, nicht ganz geheur_ Spezies von Frau getroffen, wie sie sich selbst beschreibt.

2 D_ beruflich_ Erfolg bedeutet mir unheimlich viel.

3 D_ gleich_ fachlich_ Voraussetzungen gelten hier für Männer und Frauen.

4 Ich konnte heute aus ganz ander_ Gründen nicht kommen, als du denkst.

5 Dies_ faul_ Kompromisse gehen mir auf d_ Nerven!

6 Die Wichtigkeit ein_ qualifiziert_ Ausbildung kann man nicht genug betonen.

7 Man sagt ihm nach, daß er Karriere gemacht hat, weil er im Besitz d_ richtig_ Parteibuch_ ist.

8 Ohne zuverlässig_ Arbeitskollegen werden manch_ unangenehm_ Aufgaben fast unmöglich.

9 Gestern abend habe ich mich mit Bernd, ein_ eingeschrieben_ CDU-Mitglied, lange unterhalten.

10 Aufgrund mein_ politisch_ Überzeugung habe ich viel_ Probleme mit d_ verständnislos_ Menschen auf d_ Chefetage gehabt.

11 Weißt du eigentlich, was „beruflich_ Opportunismus" bedeutet?

12 Ich bestehe darauf, daß niemand etwas über mein_ privat_ Bereich erfahren soll.

13 D_ gewiss_ Einschränkungen, die ich deswegen in Kauf nehme, machen mir nichts aus.

14 Irgendwann wird das, was ich heute für ein_ unverbindlich_ Spielerei halte, kein_ klein_ Traum mehr, sondern hart_ Wirklichkeit.

A Nachdem Sie das Interview gut durchgelesen haben, studieren Sie folgende Liste von Adjektiven und kreuzen Sie diejenigen an, die Ulrike am besten beschreiben:

1 mitfühlend	**16** fortschrittlich
2 weise	**17** sanft
3 stark	**18** verzweifelt
4 tapfer	**19** hoffnungsvoll
5 gewaltsam	**20** kultiviert
6 warmherzig	**21** neurotisch
7 ruhig	**22** sorgenfrei
8 energisch	**23** freigebig
9 glücklich	**24** stolz
10 selbstsicher	**25** rücksichtsvoll
11 eingebildet	**26** konservativ
12 herrisch	**27** humorvoll
13 ängstlich	**28** heiter
14 umsichtig	**29** passiv
15 entspannt	**30** seelenlos

B Finden Sie sechs Aussagen, mit denen Sie völlig einverstanden sind. Erklären Sie Ihrem Partner/Ihrer Partnerin, und der Großgruppe, warum.

Dann formulieren Sie Ihre Gründe aus.

C *Arbeit zu zweit*

Person A ist Radiosprecher(in) und interviewt *Person B*, indem er/sie die zwei ersten Fragen aus dem Interview mit Ulrike Wolf stellt.

1 Sehen Sie sich selber als Karrierefrau/Karrieremann?

2 Glauben Sie, daß es die männliche Karriere-Konkurrenz heute noch immer leichter hat?

D *Selbständig*

Fassen Sie Ulrike Wolfs Lage schriftlich zusammen (150 Wörter).

ANWENDUNG *und* ERWEITERUNG

 Zum Nachlesen: 5.5 Chefredakteurin

 Zum Nachschlagen: Reflexive Verben (mit dem Akkusativ- bzw. Dativreflexivpronomen)

 Zum Wiederholen: 5.2

 Zum Üben

In Ulrike Wolfs erster Antwort befinden sich drei reflexive Verben. Welches davon nimmt das Dativreflexivpronomen zu sich? Welches ist ein unpersönliches Verb?

1 Schreiben Sie die Reflexivpronomen auf:

	Akkusativ	**Dativ**
ich		
du		
er/sie man/es		
wir		
ihr		
Sie/sie		

2 Schreiben Sie die folgenden Sätze mit der jeweils richtigen Form des Reflexivpronomens auf:

a Fühlst du ____ enttäuscht?

b Nein, wieso? Er hat ____ seinen Sieg hart erarbeitet.

c Aber es handelt ____ um eine schwere Niederlage. Ich kann ____ vorstellen, wie schwierig es ist, so etwas zu ertragen.

d Ich habe ____ schon daran gewöhnt.

e Du sollst ____ vornehmen, etwas positiver zu denken! Ich habe ____ früher auch immer danach gerichtet, daß ich nie gewinne. Dann hat ____ alles schnell geändert, nachdem ich ____ mit einem Sportpsychologen darüber unterhalten habe. Er meint, daß man ____ während eines Spiels gar nicht erlauben darf, an eine Niederlage zu denken. Ich treffe ____ mindestens einmal pro Monat mit ihm, um ____ beraten zu lassen.

f Das hört ____ sehr gut an! Wie hast du ____ mit ihm in Verbindung gesetzt?

g Da bin ich ____ nicht mehr so sicher. Ich bilde ____ ein, ein Inserat in der Fachzeitschrift gelesen zu haben. Ich kann dir aber seine Nummer geben, denn ich weiß, daß er ____ über jeden Anruf freut. Kannst du sie ____ so merken oder soll ich sie aufschreiben?

3 Schreiben Sie alle reflexiven Verben, die in Übung 2 vorkommen, in ihrer Infinitivform auf.

5.6

Frauen in Top-Jobs

Wie ist es wirklich für die Topfrauen in der Gesellschaft? In diesem Artikel finden wir heraus, wie Frauen es schaffen, an die Spitze zu kommen.

Die Powerfrauen im Fernsehen

Top-Jobs in Sendeanstalten sind rar und begehrt. Diese Frauen haben es bis ganz nach oben geschafft. Ihre Stärken und was sie anders machen als Männer

Fernsehen, reine Männersache? Von wegen. Hier stellen wir Ihnen sechs Frauen vor, die das Gegenteil bewiesen haben.

Angelika Fischer, 34, Programmplanerin bei PRO 7, hat eine ungewöhnliche Laufbahn hinter sich. Studierte Biologie, promovierte, arbeitete in der Aids-Forschung. Dann der Wechsel zum Fernsehen: „Das faszinierte mich einfach." Zunächst in der Promotion-Abteilung, wurde sie innerhalb kürzester Zeit Chefin von 30 Mitarbeitern. Hierarchie, wie oft unter Männern, lehnt sie ab. Viel wichtiger: „Organisationstalent."

Kathrin Zechner, 28, Unterhaltungschefin bei Tele 5. Begann ihre Fernsehkarriere nach einem Jura-Studium beim ORF. Lernte dort den jetzigen Tele-5-Boss Gerhard Zeiler kennen, der sie nach München holte. Die Erfolgsformel: „Den Dingen etwas Fröhliches abgewinnen, nicht zu verbissen und ehrgeizig sein."

Gisela Manger, 58, von Anfang an beim ZDF, dort Chefin der Planungsredaktion. „Ich arbeite penibler als Männer, achte genauer aufs Detail." Obwohl es immer mehr Frauen beim Fernsehen gibt, ärgert sie sich manchmal: „Wenn ich in wichtigen Konferenzen bin, sehe ich fast ausschließlich Männer."

Ulrike Wolf, 47, Direktorin des Landesrundfunkhauses in Dresden, davor NDR-Chefredakteurin. Was sie anders macht als männliche Kollegen? „Nichts. Ich arbeite halt möglichst professionell."

Lea Rosh, 56, SFB-Talkmasterin und seit kurzem Direktorin des Landesrundfunkhauses in Hannover. Ihre Stärke? „Ich bin zur Freundschaft fähig." Eine Eigenschaft, die selten sei im Konkurrenzkampf innerhalb der Sender.

Elke Herrmann, 49, seit Februar 1991 Chefredakteurin beim Saarländischen Rundfunk. Moderierte politische Magazine und will heute auch andere Frauen ganz bewußt fördern: „Damit endlich mehr von ihnen vor und hinter der Kamera Verantwortung übernehmen."

A Lesen Sie diesen Artikel über die Frauen, die in der Fernsehindustrie an der Macht sind, und kreuzen Sie in der Tabelle passend an.

Diese Frau:	Angelika Fischer	Kathrin Zechner	Gisela Manger	Ulrike Wolf	Lea Rosh	Elke Herrmann
1 vermeidet zu viel Ehrgeiz.						
2 ist engagiert, was Frauenrechte betrifft.						
3 ist schnell zur Abteilungsleiterin geworden.						
4 hat eine Stärke, die in ihrem Beruf ungewöhnlich ist.						
5 hat es nötig, fleißiger als Männer zu arbeiten.						
6 meint, daß sie genau wie Männer arbeitet.						
7 will nicht mehr die einzige Frau in Besprechungen sein						
8 hat zuerst im wissenschaftlichen Bereich gearbeitet						

B *Arbeit zu zweit*

Welche von den Frauen im Artikel würden Sie am liebsten als Geschäftspartnerin haben? Aus welchen Gründen? Besprechen Sie Ihre Wahl mit Ihrer Partnerin/Ihrem Partner, dann formulieren Sie Ihre Ideen aus.

Nützliche Redewendungen

Das sagt mir zu *That is to my liking/taste.*
Ich mag ihr Verhalten gegenüber … *I like the way she treats …*
auf (einfühlsame/positive usw.) Weise *in a (sensitive/positive etc.) way*

C Vervollständigen Sie folgende Sätze:

1 Angelika Fischer kam zur Fernsehindustrie nach …
2 Kathrin Zechner hat früher mit …
3 Gisela Manger glaubt, daß Männer …
4 Ulrike Wolf findet, daß eine professionelle Frau wie sie nicht …
5 Lea Rosh ist vor kurzem …
6 Elke Herrmann ist stärker politisch engagiert als …

ANWENDUNG *und* ERWEITERUNG

 Zum Nachlesen: 5.6 Frauen in Top-Jobs

Zum Nachschlagen: Relativsätze

Zum Wiederholen: 3.7, 4.8

Zum Üben

Das Relativpronomen kommt dreimal in diesem Artikel vor. Können Sie alle drei finden?

Vervollständigen Sie diesen Dialog mit der jeweils richtigen Form des Relativpronomens.

„Die Frau, ____ dort sitzt, kommt mir bekannt vor."

„Die Frau, ____ du meinst, ist mir völlig unbekannt, aber ich kenne den Mann, ____ neben ihr sitzt."

„Ja, den kenne ich auch! Das ist Hajo Berkmüller. Und wie heißt der dritte Mann am Tisch, ____ Sohn gerade ein Eis ißt?"

„Ich glaube, das ist der Münchner Regisseur, über ____ man in allen Illustrierten so viel liest, Will Wippers. Er ist doch mit der Fernsehmoderatorin vom Bayerischen Rundfunk verheiratet, an ____ Namen ich mich im Moment nicht erinnern kann."

„Genau. Das ist sie! Die Frau, auf ____ ich ganz am Anfang gedeutet habe, das ist seine Frau."

„Bist du dir sicher? Die Frau im Fernsehen, von ____ die Rede eben war, ist doch dunkelhaarig. Diese hier hat blonde Haare."

„Aber sieh sie dir genau an. Das ist doch das Gesicht, ____ wir jeden Abend im Fernsehen sehen, oder?"

„Ja, genau. Du hast recht. Das sind wirklich Leute, mit ____ man selten in Berührung kommt."

5.7

Vor und hinter der Kamera

Jetzt überlegen Sie sich einige reizvolle Berufe, die sich aus Ihren Freizeitjobs und Ihrer Schularbeit ergeben könnten. Viele Leute wollen eine Beschäftigung in der Fernsehindustrie finden. Hier treffen wir einige Frauen, die so eine Beschäftigung bekommen haben.

TV-JOBS: hier geht's zum

Fernsehen!

Ob vor oder hinter der Kamera: Hier ist immer die totale Action angesagt, denn beim Fernsehen geht's um Sekunden. Wir stellen Dir vier tolle TV-Jobs vor und sagen Dir, wie Du in diese aufregenden Berufe einsteigen kannst

Moderatorin

Sabine moderiert für den Privatsender Tele 5 das Wunschmagazin „Aber Hallo". Wenn Sabine auf Sendung ist, muß sie sich den Zuschauern von ihrer besten Seite zeigen, einen schlechten Tag darf es in diesem Job nicht geben. Sie kündigt die Video-Clips an und liest aus Zuschauerbriefen vor. Kaum fertig mit der Sendung, geht's gleich weiter: Berge von Zuschauerbriefen lesen und Video-Clips auswählen. Sabine: „Ich liebe meinen Job – trotz Streß." Zufall, Glück und natürlich auch Können verhalfen Sabine zu ihrem Job: Nach der mittleren Reife jobbte sie bei einem Fotografen, dann als Produktionsassistentin bei der Musiksendung „Teen-Magazin" des Bayerischen Rundfunks. Sabine: „Wir veranstalteten für diese Sendung Probeaufnahmen für Moderatoren. 40 Leute sprachen vor – am Schluß machten wir aus Spaß selber mit. Die Wahl fiel schließlich auf mich, und so wurde ich Moderatorin!"

Ausbildung: Nach bestandener Mikrophon-bzw. Kameraprüfung bilden Radio- und Fernsehsender gute Stimmen aus. Talent und telegenes Aussehen muß man selbst mitbringen! Verdienst als freie Mitarbeiterin: von 250 bis zu mehreren tausend Mark pro Sendung.

Sabine, 22

Kamerafrau

Rosa, 18

Regisseurin

Dagmar, 25

Tontechnikerin

Tanja, 17

Auf der Berliner Funkausstellung steht Rosa an einer Kamera, mit der soeben die Sendung „Die 2 im Zweiten" mit Thomas Gottschalk und Günther Jauch live aufgenommen wurde. Das hochempfindliche Gerät wird durch eine Schutzhülle vor Regen bewahrt. Die Kamerafrau (oder der Kameramann) trägt die Verantwortung für die Kameraführung, die Lichtgestaltung und die Bildwirkung. Wie in den meisten TV-Jobs sind auch hier die Dienstzeiten unregelmäßig. Rosa hatte bereits mit ihrer Freundin Tanja (Foto ganz rechts) TV-Erfahrung bei einem selbstgedrehten Videofilm über Berliner Jugendbanden sammeln können, den der Offene Kanal in Berlin sendete.
Ausbildung: Zwei Jahre Staatliche Fachschule für Optik und Fototechnik, Einsteinufer 43–53, 1000 Berlin 10, zur Kamera-Assistentin. Voraussetzung: Realschulabschluß und Berufsausbildung etwa als Filmlaborant. Verdienst: für Spitzenkräfte bis zu 3200 Mark wöchentlich.

Hier heißt es aufgepaßt: Dagmar darf bei Fernsehaufnahmen keinen Fehler machen. Als Regisseurin ist sie verantwortlich für alles, was auf dem Bildschirm erscheint. Für die Musiksendung bei Tele 5 kümmert sie sich erst mal um die Ausstattung (Dekoration). Beim Drehen setzt sie die Ideen der Redakteure bildnerisch um. Klar, daß eng mit den Kameraleuten zusammengearbeitet wird. Teamgeist ist da besonders wichtig. Hier sitzt sie am Bildmischpult und wählt aus den Bildern, die die Kameraleute anbieten, die Einstellung aus, die später gesendet werden soll … Dagmar: „Als Frau muß man in dieser Macho-Branche doppelt so gut sein wie ein Mann."
Ausbildung: 3 Jahre auf der Hochschule für Fernsehen und Film, Frankenthaler Straße 23, 8000 München 90. Voraussetzung: Abitur, Praktika oder bereits eigene (Video-) Filme. Manche schaffen es auch gleich nach einer Ausbildung als Cutterin (wie Dagmar) oder arbeiten zunächst als Regie-Assistentin. Verdienst: auf Verhandlungsbasis.

Auf der Berliner Funkausstellung war Tanja, die bereits mit Freundin Rosa (Foto ganz links) für den Berliner Offenen Kanal einen Film gedreht hatte, fasziniert vom Mischpult der ARD. „Für TV-Jobs muß man echt viel Eigeninitiative aufbringen, dann sind die Chancen auf einen Ausbildungsplatz größer", sagt Tanja, die nach der Schule Geschichten schreibt, die sie mal verfilmen will. Als Tontechnikerin bedient man zum Teil recht komplizierte Studiogeräte. Mikrophone müssen so ausgerichtet werden, daß der Ton optimal aufgenommen wird. Am Mischpult werden die einzelnen Tonkanäle „sauber" abgemischt, daß das Wichtigste laut und Nebengeräusche nur leise aufgenommen werden.
Ausbildung: 9 Monate in der Schule für Rundfunktechnik, Wallensteinstraße 121, 8500 Nürnberg 80. Voraussetzung: Abitur oder eine Ausbildung, etwa als Fernsehtechnikerin, und ein gutes Gehör. Verdienst: bis zu 1565 Mark wöchentlich.

moderieren	*to present (a show)*
die Redakteure	*the producers*
die Ausstellung	*exhibition*
das Mischpult	*mixer-deck*
der Ton	*sound*

A Lesen Sie die Berichte über die Berufe von Sabine, Rosa, Dagmar und Tanja, dann entscheiden Sie, welche Aussagen zu welchen Berufen passen:

	Moderatorin	*Kamerafrau*	*Regisseurin*	*Tontechnikerin*
1 Für diesen Beruf braucht man zwei Jahre Fachschule:				
2 Dieser Beruf hat mit komplizierter Technik zu tun:				
3 Hier hat man kaum Zeit zum Atmen:				
4 Hier kann man nicht ins Fettnäpfchen treten:				
5 Hier hat man keine regelmäßige Arbeitszeit:				
6 Hier braucht man gute Ohren:				
7 Hier muß man immer lächeln können:				

B Wie lauten die Ausdrücke in den Jobbeschreibungen auf deutsch:

1 We are setting up test-recordings.
2 It was recorded live.
3 the highly sensitive piece of equipment
4 She is responsible for everything.
5 while the film is being shot
6 Team spirit is especially important.
7 She had already made a film.

C *Selbständig*

Sie suchen eine Stellung als Moderator(in)/Kameramann/frau. Schreiben Sie einen Bewerbungsbrief an Wolkenkuckucksheim-Rundfunk, in dem Sie Ihre Talente und Ausbildung beschreiben.

ANWENDUNG *und* ERWEITERUNG

 Zum Nachlesen: 5.7 Vor und hinter der Kamera

 Zum Nachschlagen: Präpositionen

 Zum Wiederholen: 1.7, 2.10, 4.9

Zum Üben

1 Lesen Sie die Texte noch einmal durch. Konzentrieren Sie sich dabei auf die Präpositionen. Ohne daß Sie auf die Texte zurückblicken, geben Sie an, welche Präpositionen hier fehlen:

a verantwortlich ____ *responsible for*
b bis ____ *up to*
c eng ____ *close(ly) to*
d sich kümmern ____ *to take care of*
e bewahren ____ *to protect from*
f fallen ____ *to fall to*
g die Chance ____ *the chance of*
h j–m ____ verhelfen *to assist sb. to sth.*

2 Schreiben Sie acht Sätze. Jeder der obenangegebenen Ausdrücke soll mindestens einmal vorkommen.

ANWENDUNG *und* ERWEITERUNG

 Zum Nachlesen: 5.7 Vor und hinter der Kamera

 Zum Nachschlagen: trennbare und untrennbare Verben

 Zum Wiederholen: 2.5, 5.2

 Zum Üben

1 Finden Sie die Verben, die in diesen Texten vorkommen, die die folgenden Bedeutungen haben:

Moderatorin
a to introduce (an item)
b to read (aloud)
c to select
d to help (sb. to sth.)
e to put on/organise
f to audition
g to join in
h to train
i to bring along

Kamerafrau
j to record
k to protect

Regisseurin
l to appear
m to transform
n to cooperate/work with
o to offer

Tontechnikerin
p to summon up
q to film
r to operate (equipment)
s to set up
t to mix

2 Machen Sie zwei Listen (eine mit trennbaren, eine mit untrennbaren Verben) daraus.

3 Vervollständigen Sie diese Sätze mit der jeweils richtigen Form des angegebenen Verbs.

a Die Moderatorin hat die Aufgabe, die Video-Clips ____ (to introduce).
b Gute Techniker können nur von Experten ____ (to train) werden.
c Dieser Regisseur ist selber oft vor der Kamera ____ (to appear).
d Sie ist ins Tonstudio gegangen, um das Mischpult ____ (to operate).
e Die Schauspieler werden morgen nachmittag ____ (to audition).
f Die Schauspielerin für die weibliche Hauptrolle ist schon ____ (to select) worden.
g Es ist sehr wichtig, teure elektronische Geräte vor schlechtem Wetter ____ (to protect).
h Diese Geschichte hatte er schon zweimal ____ (to film), bevor er mit der neuen Version anfing.
i Wer soll die Probeaufnahmen ____ (to organise)?
j Der Rat, den sie mir ____ (to offer) hat, hat mir zu meiner Stelle als Kamerafrau ____ (to help).
k Er atmete ein paarmal tief ein, um Mut für seinen Auftritt ____ (to summon up).
l Ich habe schon viele Jahre mit einem sehr guten Team ____ (to work with). Alle sind bereit, bei jedem Job ____ (to join in).

5.8

Tricks für den Berufsstart

Wie fängt man an, sich Bahn zu brechen? Normalerweise faßt man den Entschluß, sich um eine Stellung oder eine Lehrstelle zu bewerben, und das ist oft nicht so leicht wie es scheint. Deutsche Magazine unternehmen allerlei Anstrengungen, um den jungen Bewerbern bzw. Bewerberinnen zu helfen, indem sie Artikel über Berufsmöglichkeiten, Bewerbungen usw. veröffentlichen. Hier ist so ein Artikel mit allerlei Tips für die Bewerbung. Er könnte Ihnen auch bei Ihren zukünftigen Bewerbungen helfen.

A Machen Sie eine Liste von allen wichtigen Punkten in dem Artikel, die Ihnen zusagen, und schreiben Sie sie in der ersten Person.

Beispiel: Ich werfe meine „Angel" aus.

B *Arbeit zu zweit*

Interviewen Sie Ihren Partner/Ihre Partnerin und finden Sie soviele Informationen wie möglich über seinen/ihren Lebenslauf heraus.

Folgende Ausdrücke werden dabei helfen:
– Alter und Geburtsdatum?
– Wo sind Sie geboren?
– Was sind Ihre Lieblingsfächer?
– Haben Sie schon eine Ausbildung gemacht?
– Was lernen Sie in der Schule?
– Wie könnten Sie uns nützlich sein?
– Was für ein Abschlußzeugnis haben Sie?
– Warum ist die Stelle von Interesse für Sie?

C *Selbständig*

Nach dem Interview mit dem Partner/der Partnerin, formulieren Sie Ihren eigenen Lebenslauf.

Die Bewerbung	*application*
begehrt	*sought after, in demand*
die Anzeige	*advertisement*
die Formel	*formula = set expression/*
	convention
sich bewerben um (+Akk)	*to apply for*

ANGEL DIR DEINEN TRAUMJOB

Melissa, 16, hat's geschafft: Sie hat ihren Lehrvertrag in der Tasche und wird nun Verlagskauffrau! Kein leichtes Unterfangen, denn qualifizierte Ausbildungsjobs sind begehrt, und die Konkurrenz ist groß. Doch wir zeigen Dir hier Tricks und Kniffe, die Deine Chancen für den Berufsstart verbessern!

SCHRIFTLICHE BEWERBUNG

Das Paßbild nicht im Automaten, sondern unbedingt bei einem Profifotografen machen lassen. Es kommt mit Haftecken oder Klebepunkt in die rechte obere Ecke des Lebenslaufs

Im Lebenslauf auch Lieblingsfächer, Praktika, Sprach- und besondere Kenntnisse (Schreibmaschinen- oder Töpferkurs) angeben!

Mit dem Abschlußzeugnis der vorletzten Klasse wird's „ernst": Große Firmen, Banken, Versicherungen und Behörden beginnen schon ein Jahr vor dem Einstellungstermin mit der Auswahl der Bewerber. Und die Situation ist günstig: Auf 1000 freie Lehrstellen kommen in diesem Jahr nur 582 Bewerber! Hast Du Deinen Traumjob erst mal im Visier, wirfst Du Deine „Angel" aus – die schriftliche Bewerbung. Und so sollte sie aussehen: Benutze für das kurze Anschreiben (Schreibmaschine und nie länger als eine DIN-4-A-Seite) einen einfachen, weißen Briefbogen. Tipp-Ex ist tabu. Vor der Anrede („Sehr geehrte Damen und Herren", wenn Du keinen genauen Ansprechpartner kennst) nennst Du den Grund für Dein Schreiben, also: „Bewerbung auf Ihre Anzeige in (Zeitungsname) als (Ausbildungsberuf)", niemals „Betreff"! Im Brief selbst solltest Du genau erklären, warum Dich der Beruf interessiert und weshalb Du Dich bei genau dieser Firma bewirbst. Wenn Du eine schlechte Note im Zeugnis hast – trau Dich ruhig, das anzusprechen, z.B.: „Geometrie machte mir Schwierigkeiten, aber im nächsten Halbjahr nehmen wir wieder Algebra durch, was mir sehr liegt." Am Schluß dann die Formel „Mit freundlichen Grüßen" und der Hinweis auf Anlagen: Lebenslauf, Zeugnisse. Unterschrift nicht vergessen! Auch den Lebenslauf solltest Du persönlich gestalten. Nur auf besonderen Wunsch handschriftlich anfertigen! Die Anlagen kommen in Klarsichthüllen, obendrauf das Anschreiben, dann alles in einen (neuen) Schnellhefter packen und das Kuvert ausreichend frankieren (beim Postamt auswiegen lassen!). Buchtip mit vielen Beispielen: „Sich bewerben und vorstellen", humboldt!

5.9

Der nächste Schritt: Eignungstests oder Vorstellungsgespräch

Wenn man sich richtig vorbereitet, braucht man keine Angst vor dem nächsten Schritt (Eignungstests oder Vorstellungsgespräch) zu haben. Lesen Sie, was man im voraus machen kann, um seine Chancen zu verbessern.

KEINE ANGST VOR EIGNUNGSTESTS

Immer mehr Firmen vertrauen darauf, mit Hilfe von Tests die Fähigkeiten der Bewerber herauszufinden. Oft werden mehr als zehnmal so viele Jugendliche eingeladen wie Ausbildungsplätze zu vergeben sind! Deshalb: Nicht verzweifeln, wenn's beim ersten Mal schiefgeht, sondern positiv denken – Du konntest wichtige Testerfahrungen sammeln! Wenn Du Dich im kaufmännischen Bereich bewirbst, solltest Du Dich auf Mathe-Textaufgaben und Zahlentüfteleien gefaßt machen. Rechtschreibung und Ausdrucksfähigkeit (Aufsatz) werden auch getestet. Handwerksbetriebe wollen oft wissen, ob die Bewerber mit Material umgehen können (z.B. Draht sorgfältig biegen). Bei Persönlichkeitstests, die Einstellung und

Charakter abfragen, solltest Du immer versuchen, mit Deinen Antworten optimistisch, zielstrebig und ausgeglichen zu wirken. Bleibe ruhig und versuche zu analysieren, worauf der Text abzielt: Fragen wie „Träumen Sie gern?", „Fühlen Sie sich oft ungerecht behandelt?" u.ä. gehören mit „nein" beantwortet – der Testauswerter würde sie automatisch als „negativ" verbuchen! Ein bißchen mogeln ist also erlaubt – aber versuche nicht, Dich um jeden Preis als „Supermädchen" hinzustellen, so was fällt auf! Tips: Besorge Dir beim Arbeitsamt die kostenlose Broschüre „Orientierungshilfe zu Auswahltests". Zusätzlich empfehlenswert: die Bücher „Das neue Testprogramm", Eichborn-Verlag und „Das große Buch der Eignungstests", humboldt. ●

TRAINING FÜRS BEWERBUNGSGESPRÄCH

Melissa beim Rollenspiel mit ihrer Freundin Sandra (16) als Personalchefin: So ist die Begrüßung viel zu lässig

Ob nach bestandenem Test oder direkt als Reaktion auf Dein Bewerbungsschreiben – das persönliche Gespräch ist der letzte Schritt, bevor Du Deinen Traumjob fest an der Angel hast. Auf folgende Fragen solltest Du Dich einstellen: „Warum möchten Sie gerade diesen Beruf lernen?" – „Was stellen Sie sich unter Ihrem Aufgabengebiet vor?" – „Warum haben Sie sich gerade bei uns beworben?" – „Wie stellen Sie sich Ihren weiteren Berufsweg vor?" Auch hier ist es gut, persönlich zu antworten, Vorlieben und Interessen herauszustellen. Informiere Dich vorher genau über den Beruf (beim Arbeitsamt und in jeder öffentlichen Bibliothek bekommst Du den Leitfaden „Beruf aktuell") und erkundige Dich auch über die Firma selbst. Bei großen Unternehmen kannst Du Dir von der Abteilung Öffentlichkeitsarbeit Infomaterial schicken lassen. Vielleicht findest Du auch über sieben Ecken einen Mitarbeiter, der Dir etwas sagen kann (Eltern, Freunde, Bekannte, Verwandte einschalten!). Tips: Übe vorher im Rollenspiel mit Deiner Freundin, wie Du Dich im Gespräch verhältst. Überlege Dir dabei selbst ein paar Fragen zum Beruf und zur

Firma – so zeigst Du Interesse! Testet auch mal den Händedruck – lasch sollte er nicht sein. Vor einem großen Spiegel kannst Du Deinen Gang kontrollieren: Versuche, aufrecht und elastisch zu gehen, das wirkt immer positiv. Wähle auf jeden Fall korrekte, seriöse Kleidung, in der Du Dich dennoch wohlfühlst. Lieber mal ein „gutes Stück" kaufen, das Du später auch mit Jeans kombinieren kannst, als sich mit dem supereleganten Kostüm der älteren Schwester zu verkleiden! Starte mit einem ausgewogenen Frühstück (Müsli, Fruchtsäfte) – und packe Deinen „Spickzettel" mit Fragen ein! ●

Text: Anja Keul; **Fotos:** Bärbel Mohr

Hier wirkt Melissa total schüchtern, weil sie wegschaut. Blickkontakt bei der Begrüßung ist absolut wichtig!

Das Üben mit ihrer Freundin Sandra hat sich gelohnt: Beim „echten" Vorstellungsgespräch war Melissa dann ganz locker – und bekam den Job!

der Eignungstest   *aptitude test*
der Persönlichkeitstest   *personality test*
die Einstellung   *attitude*
kontrollieren   *to (keep in) check*

A Was ist erlaubt/ nicht erlaubt bei der Bewerbung? Schreiben Sie eine Liste unter den Überschriften erlaubt/ nicht erlaubt.

B Wie sagt man in den Texten:

1 ten times as many
2 to come across as single-minded
3 treated unfairly
4 you should think yourself into
5 How do you see your career developing?
6 gen yourself up in advance on
7 find out about the firm
8 think up a few questions
9 in any case

C Lesen Sie 5.8 und 5.9 wieder durch und schreiben Sie alle Vokabeln heraus, die mit der Bewerbung zu tun haben.

D Übersetzen Sie diese englische Bearbeitung von einigen Ideen in den drei Texten ins Deutsche:

> *Think positively and you will make it, even if well-qualified jobs are in demand and the competition is great! The first thing is to set your sights on your ideal job. In your letter of application, let them know why you are interested in the post and why this particular firm. If you get as far as an interview and/or aptitude tests, always try to come across as an optimistic and well-balanced person. For the interview, try to obtain as much information as you can about both the job and the firm. Finally, on the day itself, dress sensibly! Good luck!*

ANWENDUNG *und* ERWEITERUNG

 Zum Nachlesen: 5.8 Tricks für den Berufsstart, 5.9 Der nächste Schritt: Eignungstests oder Vorstellungsgespräch

 Zum Nachschlagen: Pronomen, Possessivum als Artikel

 Zum Wiederholen: 1.10

 Zum Üben

1a Lesen Sie die Texte noch einmal durch. Vervollständigen Sie dann diese Tabelle:

	Pronomen	Possessivum als Artikel			
		Mask.	Fem.	Neut.	Pl.
Nom.	du	dein			
Akk. (Refl.)			deine		
Gen.	deiner				deiner
Dat. (Refl.)				deinem	

(Refl. = Reflexivpronomen)

b Füllen Sie ähnliche Tabellen für „er" und „sie" (im Singular) aus.

Nom.	er
Akk. (Refl.)	
Gen.	
Dat. (Refl.)	

Nom.	sie
Akk. (Refl.)	
Gen.	
Dat. (Refl.)	

2a Hier spricht eine Mutter über ihren Sohn. Benutzen Sie die passenden Wörter aus der Tabelle, die Sie zusammengestellt haben, um die Lücken im Text auszufüllen.

Mein Sohn ist ganz glücklich. _____ hat _____ neulich um _____ Traumjob als Elektrotechniker beworben.

Nachdem _____ stundenlang verschiedene Anzeigen gelesen hat, hat _____ eine gefunden, die _____ besonders gut gefiel. Obwohl ich bereit war, _____ zu helfen, bestand _____ darauf, _____ Bewerbung selbst zu schreiben.

Letzte Woche hat _____ eine Einladung zu einem Eignungstest erhalten. Während _____ Tests hat man _____ über _____ Leistungen in der Schule ausgefragt; man hat _____ auch einige ziemlich schwere Matheaufgaben gegeben. Zum Schluß wurden _____ handwerklichen Fähigkeiten getestet. Als _____ nach Hause kam, meinte _____, _____ sei ganz optimistisch. Gestern rief _____ der Personalchef der Firma an, um _____ die Stelle anzubieten. Du kannst dir bestimmt vorstellen, wie _____ Reaktion war. Ich bin unheimlich stolz auf _____!

b Jetzt spricht eine Mutter über ihre Tochter, die Elektrotechnikerin werden möchte. Füllen Sie die Lücken in **2a** mit den passenden Wörtern aus.

5.10

Freizeitjobs für Schüler

Vielleicht ist der Freizeitjob der beste erste Schritt, während man noch über einen zukünftigen Beruf nachdenkt. Er vermittelt eine Ahnung von der Welt der Arbeit, und man lernt, für und mit anderen Leuten, Kollegen und Kunden zu arbeiten. Lesen Sie jetzt von Anjas und Markus' Erfahrungen.

Jobs zwischen Popcorn und Computer

Sie sortieren die Post, servieren Getränke oder stehen an der Drehbank: Viele Schüler und Studenten jobben als Hilfskräfte. In der Ferienzeit ist der Wunsch nach solchen Jobs besonders groß. Die Chancen sind nicht schlecht: Fest angestellte Mitarbeiter sind im Urlaub, die Produktion läuft nicht mit voller Kraft – da stellen manche Betriebe Mädchen und Jungen ein, die sonst die Schulbank drücken. Einige Branchen haben in den Ferien Hochsaison: Gartenlokale engagieren Jugendliche als Kellner, und Freizeitparks suchen Hilfen für die Betreuung der Gäste. Es gibt aber auch Schüler, die arbeiten müssen. Sie verdienen sich ihren Lebensunterhalt selbst. JUMA hat sich umgesehen.

Anja muß sehr früh aufstehen. Sie arbeitet als Briefträgerin bei der Post. Schon um 6.00 Uhr sortiert sie Briefe, die sie dann mit dem Postfahrrad austrägt. „Ich habe einfach angerufen und den Job bekommen", erzählt sie. „Zwei Wochen lang hat mich ein Briefträger auf der Tour begleitet und mir alles erklärt. Die ersten drei Tage habe ich gedacht, daß ich es nicht schaffe. Jetzt mache ich die Arbeit schon seit zwei Monaten allein." Anja möchte Nachrichtentechnik studieren. Ein Praktikum hat sie auch schon bei der Post gemacht. „Das hatte aber nichts mit meinem jetzigen Job zu tun.

Den mache ich nur, um Geld zu verdienen. Das Geld brauche ich für mein Studium. Außerdem möchte ich bald von zu Hause ausziehen und eine eigene Wohnung haben. Der Umzug ist natürlich teuer."

Markus macht Popcorn. Er verzichtet auf Freibad und Ferienspaß. Stattdessen steht er in einem bunt bemalten Wagen und füllt Popcorn in Tüten oder verkauft Zuckerwatte. Manchmal 11 Stunden am Tag. Jeden Morgen muß Markus früh aufstehen. Denn er wohnt in Bad Münstereifel, und sein Arbeitsplatz, der Erlebnispark Phantasialand, ist dreißig Kilometer entfernt. Sein Freund Peter nimmt ihn im Auto mit. Um neun Uhr öffnet der Park. Bei gutem Wetter bleiben einige Gäste bis zur letzten Minute. Wenn die beiden nach Hause kommen, sind sie meistens todmüde. Peter hatte Markus von dem Job erzählt. Markus schickte eine schriftliche Bewerbung. Die Antwort war positiv: Er durfte sich vorstellen. Zuerst machte er eine kurze Schulung. Dann bekam er seinen Platz in dem Popcorn-Wagen. Markus gefällt die Arbeit. Viele Besucher fragen ihn auch nach einzelnen Attraktionen des Parks. Dann gibt der Sechzehnjährige freundlich und selbstsicher Auskunft.

Markus, 16 Jahre: „Das ist mein erster Ferienjob. Ich habe ein teures Hobby: Computer. Das Geld, das ich verdiene, spare ich dafür."

A

Nachdem Sie Markus' und Anjas Meinungen gelesen haben, füllen Sie folgende Tabelle aus, indem Sie die Adjektive im Kästchen verwenden, um die zwei Jobs zu beschreiben.

Anja als Briefträgerin	Markus als Popcornverkäufer

geduldig   weise   herrisch
sorgenfrei   stark   freundlich
umsichtig   zahlenkundig
zuverlässig   gesund
resolut   gut   organisiert
methodisch   rücksichtsvoll
fortschrittlich   heiter   kultiviert
energisch   selbstsicher
leidenschaftlich   lustig   entspannt
sanft   humorvoll   demütig

B Arbeit zu zweit

Besprechen Sie mit dem Partner/der Partnerin Ihren aktuellen Job oder eine Stelle, die Sie haben möchten/könnten. Nehmen Sie die Berichte über Anja und Markus zu Hilfe.

C Selbständig

Antje hat einen Bewerbungsbrief für einen Ferienjob geschrieben. Studieren Sie diesen Brief und schreiben Sie dann Ihren eigenen Bewerbungsbrief für einen Ferienjob oder einen Teilzeiterwerb, der Sie interessiert.

Antje Berkemeier

Inselstr. 10
3542 Sonnenstadt
10. Juni 1993

An die
Personalabteilung
der Stadtwerke Sonnenstadt AG
Mondstr. 58
3542 Sonnenstadt

Betr.: Beschäftigung als Werkstudentin

Sehr geehrte Damen und Herren!

Hiermit möchte ich anfragen, ob in Ihrem Hause die
Möglichkeit besteht, mich als Werkstudentin zu be-
schäftigen.
Ich würde gern in der Zeit vom 24. August bis
Ende September 1993 für ca. 4 Wochen bei Ihnen
arbeiten.
Ich bin 19 Jahre alt und zur Zeit noch Schülerin
der Stufe 13 des Städtischen Gymnasiums.
Ich verfüge über Schreibmaschinenkenntnisse sowie
Kenntnisse über Textverarbeitung (System Microsoft Word).

In der Hoffnung, bald von Ihnen zu hören, verbleibe
ich mit freundlichen Grüßen

A. Berkemeier

ANWENDUNG *und* ERWEITERUNG

 Zum Nachlesen: 5.10 Freizeitjobs für Schüler

 Zum Nachschlagen: Substantive

 Zum Üben

1 Schreiben Sie die Pluralformen und die Artikel dieser Substantive auf, die in den Texten vorkommen.

a Freibad	**l** Briefträgerin
b Wagen	**m** Postfahrrad
c Auto	**n** Tag
d Park	**o** Monat
e Gast	**p** Nachrichtentechnik
f Job	(nur Art.)
g Bewerbung	**q** Praktikum
h Schulung	**r** Studium
i Platz	**s** Wohnung
j Attraktion	**t** Umzug
k Auskunft	

2 Versuchen Sie, die Pluralformen und die Artikel dieser Substantive aufzuschreiben, ohne daß Sie sie im Wörterbuch nachschlagen. Nehmen Sie die Substantive unter **1** zur Hilfe.

a Ankunft	**g** Rummelplatz
b Überzug	**h** Fernsehtechnik (nur Art.)
c Feiertag	**i** Lenkrad
d Gremium	**j** Zunft
e Umarmung	**k** Elektrikerin
f Ast	**l** Situation

Nehmen Sie jetzt ein Wörterbuch, um die Bedeutungen dieser Substantive herauszufinden.

ANWENDUNG *und* ERWEITERUNG

 Zum Nachlesen: 5.10 Freizeitjobs für Schüler

 Zum Nachschlagen: Präpositionen, Verben, Fälle, Wortstellung, Bindewörter, Adverbien

 Zum Üben

Lesen Sie den Text über Markus, den Popcornverkäufer, noch einmal durch. Konzentrieren Sie sich dabei auf die obengenannten grammatikalischen Aspekte. Übersetzen Sie diesen Teil eines Radiointerviews ins Deutsche:

"I am standing in a brightly painted trailer in a theme park. This is my workplace where I fill bags with sweets and nuts. A friend told me about the job. I was happy because I always need money. But it's rather boring especially when the weather's good. I have to work up to eleven hours a day and must go without the normal pleasures of being on holiday. When visitors ask me about the attractions of the park I give out information. That's quite interesting. At the end of the day my friend takes me home in his car. We're always dead tired!"

5.11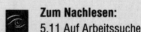

Auf Arbeitssuche

Diese zwei jungen Mädchen wollten auch gerne arbeiten. Lesen Sie im Text weiter, um herauszufinden, wie es ihnen bei der Suche erging.

Gemeinsam mit Petra ging ich auf die Suche, und so leicht, wie wir uns das gedacht hatten, war es gar nicht. Anfangs haben wir immer ehrlich gesagt, wir seien noch nicht ganz sechzehn, aber das war nur ein zusätzliches Hindernis, und daraufhin sind wir schnell um ein Jahr gealtert, dann hörte man uns wenigstens an. Aber zu machen war trotzdem nichts.

Als wir es schon fast aufgegeben hatten, fanden wir dann doch noch einen Job, und das ausgerechnet wieder da, wo ich auch mein Praktikum gemacht hatte – in der Firma meines Vaters. Vater bestreitet es ja, aber ich nehme doch an, er hat ein gutes Wort für uns eingelegt. Jedenfalls durften wir anfangen, und Vater sagte mir am Abend vor dem ersten Arbeitstag, ich solle mir nur ja nicht einbilden, ich hätte eine Sonderstellung, weil er dort Abteilungsleiter sei; während der Arbeitszeit sei unser verwandtschaftliches Verhältnis aufgehoben, und außerdem seien Petra und ich ja in der Packerei, und in seiner Abteilung hätte ich nichts zu suchen und solle mich gefälligst auch nicht dort blicken lassen. Mir war's nur recht.

A Finden Sie die Wörter bzw. Ausdrücke im Text, die diese Bedeutungen haben:

1 at the beginning
2 we weren't quite sixteen yet
3 an additional obstacle
4 we quickly aged a year
5 there was nothing to be done
6 there of all places
7 my work experience
8 he put in a good word
9 I shouldn't delude myself
10 section manager
11 our family relationship was suspended
12 packing department
13 I should kindly not show my face

B Welche Version der folgenden Sätzen stimmt?

1 Am Anfang waren die beiden Mädchen (erfolglos./einigermaßen erfolgreich.)
2 Es wurde (etwas besser/viel schlimmer), als sie behaupteten, schon 16 zu sein.
3 (Sie zweifelten nie daran, daß sie/Sie fingen an, zu zweifeln, ob sie jemals) eine Stelle finden würden.
4 Sie bekamen den Job (wahrscheinlich durch Beziehungen./ohne jegliche Hilfe.)
5 Die Mädchen würden in (der selben/einer anderen) Abteilung (wie/als) der Vater arbeiten.
6 Der Vater wollte die Mädchen während der Arbeitszeit (so oft wie möglich sehen./möglichst gar nicht sehen.)

C *Gruppenarbeit*

Zur Diskussion:
Darf man je lügen, um eine Stelle zu bekommen?
Wenn ja, welche Lügen sind gerechtfertigt?
Inwieweit sollten Eltern ihren Kindern helfen, Arbeit zu finden (wie es der Vater in diesem Text wahrscheinlich gemacht hat)?

ANWENDUNG *und* ERWEITERUNG

Zum Nachlesen:
5.11 Auf Arbeitssuche

Zum Nachschlagen:
der Konjunktiv/die indirekte Rede

Zum Wiederholen: 4.4

Zum Üben

1 Als sie versucht haben, eine Stelle zu finden, haben die Mädchen natürlich nicht gesagt: „Wir *seien* nicht ganz sechzehn," sondern: „Wir *sind* nicht ganz sechzehn." Dies ist ein Beispiel des Konjunktivs in der indirekten Rede. Finden Sie alle anderen Beispiele des Konjunktivs, die in diesem Text vorkommen.

2 Was hat der Vater seiner Tochter am Abend vor dem ersten Arbeitstag wirklich gesagt? Setzen Sie den Teil von „ich solle mir ja nur … " bis „… nicht dort blicken lassen" in die direkte Rede.

5.12

Erfolg in „untypischen" Berufen

Neulich haben Sie Frauen gesehen, die jetzt in Gebieten arbeiten, wo Männer einst herrschten. Aber was sind eigentlich Männer- und Frauenberufe in unserer heutigen Gesellschaft?

Ein typischer Frauenberuf — was ist das? Sekretärin, Friseuse, Verkäuferin — das wollen viele Mädchen werden. Junge Männer haben oft ganz andere Berufswünsche: Automechaniker, Installateur oder Tischler zum Beispiel. Weibliche Industriemechaniker oder männliche Krankenschwestern sind selten. Lesen Sie die Interviews mit zwei jungen Leuten mit „untypischen" Berufen.

Jürgen turnt gerne mit den Kindern. Aber auch kochen macht ihm Spaß.

ZARTE JOBS FÜR HARTE HÄNDE

Jürgen Münnich, Erzieher

1 Wie sieht Ihr Tagesablauf aus?

A

„Ich bin Erzieher geworden, weil ich mich mit Menschen beschäftigen wollte. Die Tätigkeit ist abwechslungsreich, und man kann selbständig arbeiten. Das gefiel mir. Daß es ein ‚Frauenberuf' ist, hat mich nie gestört. Es ist mir eigentlich zum ersten Mal aufgefallen, als ich in die Fachschule kam. Dort war ich der einzige Mann in der Klasse. Das war zuerst ein komisches Gefühl. Aber ich habe mich mit meinen Kolleginnen immer gut verstanden."

2 Wie reagieren denn die Kinder auf einen männlichen Erzieher?

B

„In meinem Bekanntenkreis sind viele, die einen ähnlichen Beruf gewählt haben, zum Beispiel Krankenpfleger. Für meine Freunde ist es also nichts Außergewöhnliches, daß ich als Erzieher arbeite."

3 Wie sind Sie denn auf die Idee gekommen, Erzieher zu werden?

C

„Einige Eltern denken wohl: ‚So eine leichte Arbeit ist nichts für Männer.' Andere Leute sagen: ‚Ihr spielt nur mit den Kindern und trinkt Kaffee.' Dieses Vorurteil trifft alle Erzieher, egal ob Männer oder Frauen."

4 Gab es auch abfällige Bemerkungen?

D

„Von einem Mann verlangt man, daß er eine Familie ernähren kann. In meinem Beruf verdient man so wenig, daß das nicht möglich ist."

5 Warum arbeiten nur so wenige Männer in Kindergärten?

E

„Ich komme aus einer Lehrerfamilie. Mit dem Thema Erziehung hatte ich also schon früh zu tun. Allerdings wollte ich kein Lehrer werden. Zuerst hatte ich viele Berufswünsche: Fotograf, Buchhändler u.s.w. Dann habe ich in meiner Freizeit eine Kindergruppe betreut. Das hat mir sehr viel Spaß gemacht, und ich habe mich für den Erzieherberuf entschieden."

6 Wie haben Ihre Freunde reagiert?

F

„Morgens komme ich um 8.30 Uhr. Dann sind meistens alle Kinder meiner Gruppe in der Schule. Vormittags habe ich Zeit für Besprechungen mit meinen Kollegen und auch mit den Eltern der Kinder. Oder ich organisiere Spiele und Ausflüge. Ab und zu fahre ich in die Schule und spreche mit den Lehrern, die die Kinder meiner Gruppe unterrichten. Mittags gibt es Essen, danach betreue ich die Hausaufgaben. Dann machen wir Spiele, basteln oder turnen. Gegen 17.00 Uhr habe ich frei."

7 Sie arbeiten als Erzieher in einem Kindergarten. Warum haben Sie diesen typischen Frauenberuf gewählt?

G

„In meiner Ausbildungszeit waren viele Kinder sehr erstaunt, daß jetzt ein Mann ihr Erzieher ist. Aber ich habe gute Erfahrungen gemacht. Viele freuen sich, wenn ein Mann kommt. Sie denken: Jetzt können wir Fußball spielen und raufen. Das stimmt natürlich. Aber ich koche auch gerne mit meiner Gruppe. Die Kinder lernen dann, daß Männer ebenfalls die Küchenarbeit machen können. Ich möchte ihnen zeigen, daß heute die Rollen im Beruf und im Leben anders verteilt sind."

A Nachdem Sie das erste Interview gelesen haben, entscheiden Sie, welche Fragen zu welchen Antworten passen.

B Die folgende Tabelle enthält nützliche Vokabeln aus dem Interview. Füllen Sie die Tabelle aus, indem Sie jede Zeile vervollständigen:

Substantiv	Adjektiv	Verb
der Erzieher		
		wählen
		beschäftigen
das Gefühl		
	ähnlich	
	abfällig	
	egal	
die Erziehung		
der Ablauf		
		organisieren
		betreuen
	erstaunt	

Sabine Stobbe, Schlosserin

Wie bist Du zu dem Männerberuf „Schlosser" gekommen?

„Ich habe mir keine Gedanken gemacht, daß das ein Männerberuf ist. Bei uns in der Familie macht jeder alles. Von dort kannte ich Schlosserarbeiten."

Du hast vor einigen Jahren die Hauptschule beendet. Damals gab es noch weniger Frauen in technischen Berufen als heute. Wie war das bei Deiner Bewerbung?

„Ich habe mich beworben und den Einstellungstest gemacht. Zuerst hat man mich überredet, technische Zeichnerin zu werden. Man dachte: ‚Der Schlosserberuf ist zu hart für Mädchen.' Doch nach kurzer Zeit hatte ich keine Motivation mehr. Da hat mich die Firma doch als Schlosserin übernommen. Meine Mutter war begeistert und meinte: ‚Endlich kannst du machen, was du willst.' "

Welche Erfahrungen hast Du während Deiner Ausbildung gemacht?

„Ganz am Anfang habe ich einen älteren Kollegen begleitet. Dem durfte ich die Werkzeugkiste aufmachen. Dann wollte ich ihm die Schlüssel geben. Doch er sagte: ‚Mach' das

Seit kurzem heißen die Schlosser „Industriemechaniker". Das klingt zwar moderner, doch die Arbeit ist immer noch hart und anstrengend: ein Grund, warum Frauen diese Ausbildung nur selten machen.

besser nicht. Wenn etwas passiert, muß ich es ausbaden.' Ein anderer Kollege meinte: ‚Laß' die Finger davon, du hast doch sowieso nicht die Kraft.' – Ich verstehe das: Auszubildende packt man in Watte, da darf nichts passieren. Die Arbeit ist nicht ungefährlich: Wenn man mit dem Vorschlaghammer daneben schlägt, macht man einen Salto! Natürlich kamen da auch Sprüche: ‚Guck' mal, was will die denn hier?' Aber darüber muß man hinwegsehen. Das steckt in den Männern drin. Das ist normal."

Wie behandelt man heute in Deiner Firma einen weiblichen Schlosser?

„Ich werde genauso behandelt wie die Männer. Die Arbeit ist für eine Frau schwerer, weil man manchmal viel Kraft braucht. Zur Zeit stellen wir eine neue Turbine auf. Da arbeiten wir im Team. Alle anderen sind Männer. Die Kollegen sind sehr hilfsbereit. Ich probiere alles zuerst selber. Wenn ich Hilfe brauche, ist das kein Problem."

C Finden Sie die Details im Interview mit Sabine, die ihren Erfolg erklären, und schreiben Sie sie in eigenen Worten auf.

D *Selbständig*

Fassen Sie das Interview schriftlich zusammen (80 Wörter).

E *Arbeit zu zweit*

1 Besprechen Sie mit Ihrem Partner/ Ihrer Partnerin eine(n) persönliche(n) Bekannte(n), die/der einen „untypischen" Beruf ausübt.

2 Nehmen Sie Ihr Gespräch auf Kassette auf.

5.13

Synthese: Fairplay für junge Frauen und Männer

A *Gruppenarbeit*

Lesen Sie die Einheit noch einmal durch und machen Sie eine Liste der Kernpunkte. Dann vergleichen Sie alle Listen in der Großgruppe.

B *Selbständig*

Schreiben Sie eine Analyse der Ergebnisse. Wenn Sie wollen, halten Sie sich an diese Reihenfolge:

die Arbeitswelt … Probleme für junge Frauen … Probleme für junge Männer … Fortschritte … was man noch tun muß

C Benutzen Sie Ihre Analyse, um einen Drei-Minuten-Vortrag vorzubereiten, den Sie vor der ganzen Großgruppe halten werden.

W*ie sieht unsere Welt von morgen aus?*

In dieser Einheit diskutieren wir Umweltprobleme, wie sie die Deutschen sehen und was bereits zu ihrer Lösung getan wird, was noch zu tun ist, was große Leute vorschlagen, was kleine Leute machen. Was bedeutet denn genau „Umweltschutz" im Ursprungsland der Partei „Die Grünen"?

6.1

Die Erde beginnt sich zu rächen

Lesen Sie zuerst über die Ausbeutung der Erde und ihre Auswirkungen auf das Klima und die Weltbevölkerung.

A Finden Sie im Kästchen auf Seite 94 die Wörter, die in den Bildkommentaren fehlen:

Die Umwelt-Experten sagen, daß die Erde sich in den nächsten Jahrzehnten verändert. Sie beginnt sich zu rächen – mit Klimaveränderung und Naturkatastrophen. Weil wir sie ausbeuten, ohne sie zu schützen. Woran wir uns alles gewöhnen müssen, was sich ändern wird und was wir uns abschminken können – eine Bestandsaufnahme über die Welt von morgen

Nichts wird mehr sein, wie es mal war

„Die vom Menschen verursachten Klimaänderungen werden tief in die natürlichen Ökosysteme und in die menschliche Gesellschaft eingreifen." Nichts wird also mehr sein, wie es mal war. Diese düstere Prognose stellt die Enquete-Kommission des Deutschen Bundestages „Vorsorge zum Schutz der Erdatmosphäre" in der bisher gründlichsten Untersuchung zu Treibhauseffekt und Ozonloch. Was sich klimabedingt ändert, wie unsere Welt von morgen aussieht – hier sind die wichtigsten Forschungsergebnisse:

Klima:
5,4 Milliarden Menschen vergasen die Erdatmosphäre u. a. mit Kohlendioxid – 180 Milliarden Tonnen waren es seit dem Jahr 1800. Die Folge: Treibhauseffekt. In den nächsten 100 Jahren wird die Durchschnittstemperatur auf der Erde um vier Grad steigen. Schon jetzt zeigen sich Wirkungen. In den letzten 30 Jahren hat sich die Zahl verheerender Wirbelstürme fast verdreifacht.

Klima
Weltweit werden jede Sekunde 1000 ____ des Treibhausgases Kohlendioxid in die Atmosphäre geblasen, die ____ der Erde steigt. Deshalb hat sich die Zahl tropischer Wirbelstürme ____ den 60er Jahren verdreifacht. Auch ____ uns, sagen Wissenschaftler voraus, werden verheerende ____ an Zahl und Intensität zunehmen

Umweltflüchtlinge

In 50 _____ werden 300 Millionen Menschen _____ von Flut- und Dürrekatastrophen ihre Heimat _____ haben. Unberechenbar ist die Zahl derer, die vor Industrieunfällen _____ müssen – nach dem Reaktorunfall von Tschernobyl z. B. mußten 100 000 Ukrainer auf Dauer _____ werden

Reines Trinkwasser

Nur 0,65 _____ des Wassers der Erde steht der Menschheit als Trinkwasser zur Verfügung. Der große Rest ist _____ oder als Eis gebunden. 146 Liter Wasser verbraucht ein Bundesbürger _____ pro Tag, davon drei Liter zum Trinken und Kochen. Der Preis dafür wird sich vervierfachen

Wirtschaft

Drei Viertel der Wirtschaftsleistungen _____ werden in der EG, in Nordamerika und Japan erbracht. Aber nur ein _____ der Weltbevölkerung lebt in diesen Ländern. In 20 Jahren _____ 95 Prozent der Kinder in Entwicklungsländern geboren – ohne Aussicht auf Arbeit und _____ Ernährung

Küsten und Inseln

Überflutung in _____ vor einem Jahr. Wenn in 50 bis 75 Jahren der Meeresspiegel um _____ einen Meter gestiegen sein wird, ist dieses Land _____ überschwemmt. Dazu weite Teile der südlichen USA, die fruchtbarsten _____ Indiens und Inselgruppen wie die Bahamas

Verkehr

Statistisch steht jeder deutsche Autofahrer 65 Stunden pro Jahr im _____. Im Jahr 2010 werden es 140 Stunden sein. Zur Zeit gibt es über 500 Millionen _____ auf der Erde, jährlich steigt der Bestand um drei Prozent

Meter	Tonnen	höchstens	
mindestens	Salzwasser	weltweit	
Jahren	verlassen	Temperatur	bei
ausreichende	durchschnittlich		
Prozent	Autos	Stau	werden	Viertel
Stürme	seit	bei	Bangladesch
Gebiete	dauerhaft	evakuiert	
aufgrund	fliehen	mangelhafte	grob

B Welche Aussagen stimmen und welche stimmen nicht? Machen Sie √ oder X.

1 Die überwiegende Mehrheit des Wassers auf der Erde steht uns zur Verfügung.
2 Die BRD-Bürger verbrauchen relativ wenig Wasser beim Kochen.
3 Dreiviertel der Leute auf der Erde wohnen in der Zweiten und Dritten Welt.
4 Bald werden nur 5 Prozent der Kinder in den reichen Ländern geboren.
5 Überall auf der Erde sinkt die Temperatur.
6 Die Zahl großer Stürme sinkt auch.
7 Solche Stürme nehmen an Stärke zu.
8 In weniger als einem Jahrhundert wird das Meer um einen Meter höher sein.
9 Bald wird jeder Deutsche mehr als dreimal so lang wie jetzt am Steuer im Stau sitzen.
10 Bald werden viele Leute ihre Heimat wegen des Anstiegs des Meeresspiegels verlieren.

C Es gibt bestimmte Vokabeln im Text, die man unbedingt kennen muß, wenn man über die Umwelt spricht. Wie sagt man auf deutsch:

1 sea-level
2 traffic jam
3 flooding
4 to treble
5 developing countries
6 greenhouse-gas
7 drought
8 under water
9 to quadruple
10 cyclone
11 carbon dioxide
12 to evacuate
13 to consume
14 world-wide
15 refugees
16 drinking-water
17 catastrophe
18 world population
19 scientist
20 climate
21 greenhouse effect
22 hole in the ozone layer

D *Arbeit zu zweit*

1 *Person A* und *Person B* haben fünf Minuten, um den Artikel erneut durchzulesen.

2 *Person A* wählt drei von den sechs erwähnten Kategorien (reines Trinkwasser, Wirtschaft, Klima, Küsten und Inseln, Verkehr, Umweltflüchtlinge). *Person B* muß ohne Notizen darüber sprechen.

3 Mit den drei anderen Kategorien machen *Person A* und *Person B* dasselbe umgekehrt.

ANWENDUNG *und* ERWEITERUNG

 Zum Nachlesen: 6.1 Die Erde beginnt sich zu rächen

 Zum Nachschlagen: Zukunft, vollendete Zukunft

 Zum Wiederholen: 3.6, 4.2

 Zum Üben

In diesen kurzen Texten gibt es mehrere Beispiele der Zukunft mit „werden". Finden Sie sie alle!

Sie werden sicherlich auch gesehen haben, daß die relativ seltene „vollendete Zukunft" auch zweimal vorkommt. Ein Beispiel dafür befindet sich im Absatz über „Küsten und Inseln", das andere ist im Absatz mit dem Titel „Umweltflüchtlinge". Können Sie diese zwei Beispiele finden?

Ein Optimist und ein Pessimist sprechen darüber, wie die Welt in zehn Jahren aussehen wird. Alle beide benutzen die „vollendete Zukunft". Füllen Sie die Lücken aus.

„Es ist ganz schrecklich! In zehn Jahren ____ der Meeresspiegel ganz sicherlich um einen halben Meter ____ sein."

„Nein, nein! In zehn Jahren ____ wir ganz tolle technologische Fortschritte gemacht ____. Insbesondere ____ Wissenschaftler Anlagen zur Herstellung von Trinkwasser ____ haben. Der Meeresspiegel ____ sogar um einiges gesunken ____!"

„Das würde ich dir gerne glauben. Aber wie sieht's mit den Flüchtlingen aus? In zehn Jahren ____ bestimmt 100 Millionen Menschen ihre Heimat ____ haben. Und von ihnen ____ etliche verhungert ____ oder an verschiedenen Krankheiten gestorben ____."

„Na ja. Das ist schwierig. Jedoch ____ man bis dahin eine Lösung ____ haben, wie man die Leute in ihrer Heimat unterbringen kann. Organisationen wie das Rote Kreuz ____ auch effektive weltweite Nahrungs- und Impfungsprogramme eingeführt ____."

„Und wie geht es mit der Verschmutzung der ganzen Umwelt weiter? Meinst du nicht, daß die Menschheit in zehn Jahren fast alles ____ haben ____?"

„Nein, das glaube ich nicht. In zehn Jahren ____ wir ____ haben, wie wir mit unserer Welt umgehen sollen, damit wir sie an die nächste Generation heil übergeben können. Ich bin ja schließlich Optimist!"

ANWENDUNG *und* ERWEITERUNG

 Zum Nachlesen: 6.1 Die Erde beginnt sich zu rächen

 Zum Nachschlagen: Präpositionen

 Zum Wiederholen: 1.7, 2.10, 4.9, 5.7

 Zum Üben

Lesen Sie den Text noch einmal durch. Nachdem Sie alle Präpositionen gefunden haben, füllen Sie die Lücken in den folgenden Sätzen aus:

1 Aufgrund der Verbrennung ____ Kohle, Benzin usw. steigt die Durchschnittstemperatur ____ der Erde. ____ Dauer ist diese Entwicklung natürlich äußerst gefährlich ____ uns.
2 ____ 50 ____ 75 Jahren wird der Meeresspiegel ____ ca. einen Meter gestiegen sein.
3 Stürme und andere klimabedingte Katastrophen haben ____ der industriellen Revolution ____ Zahl und Intensität zugenommen.
4 Wenn sich nicht bald etwas ändert, werden wir ____ Hoffnung oder Aussicht ____ eine gesunde Umwelt ____ unsere Kinder leben müssen.
5 Letztes Jahr ist die Zahl der Autos ____ der Erde ____ ____ 500 Millionen gestiegen.
6 Viele Menschen mußten schon ____ schrecklichen Industrieunfällen fliehen. Untersuchungen ____ den Folgen ____ solchen Unfällen haben gezeigt, daß weder die betroffenen Menschen noch die Umwelt ____ der Lage sind, sich schnell zu erholen. ____ dem Reaktorunfall ____ Tschernobyl haben 100 000 Menschen ihre Heimat verlassen müssen. Bis jetzt konnten sie nicht ____ Hause zurückkehren.

6.2

Was kann man selber tun?

Andrea und Michaela sprechen kurz über die Maßnahmen, die der Durchschnittsbürger/die Durchschnittsbürgerin ergreifen kann, um die Umwelt zu schonen.

A Füllen Sie folgende Tabelle aus:

	Andrea	**Michaela**
Erwähnte Probleme		
Was sie tut		
Was noch zu tun ist		

95

B Jetzt hören Sie, was Paulina und Dominik zu sagen haben. Transkribieren Sie ihre Gespräche, indem Sie einige Fehler korrigieren.

Paulina

Frage Was machst du, um die Umwelt zu schürzen? Das ist ja auch ein Thema, das in Deutschland relativ hoch bewirtet wird.

Paulina Das populäre Mülltrennen, all die Flaschen und all die Zeitungen in den einen Container und Kompost und Nicht-Wiederwertbares in den anderen.

Frage Bis du der Meinung, daß Mann mehr tun könnte oder müßte?

Paulina Auf jedes Fell, also gerade auch im Schulbereich.

Frage Und was könnte Amanda mehr tun?

Paulina In der Hochschule? Ja, also, zum Beispiel beim Milchverkauf in der großen Pauke sollte man wieder auf Flaschen zurückgreifen, weil die Papiertüten sind ein altheimischer Müllberg. Und man sollte öfter mal das Licht einschalten, wenn es ziemlich unnötig brennt.

Dominik

Frage Was glaubst du, was man noch für den Unweltschutz machen könnte, zum Beispiel?

Dominik Ja, also zum Beispiel im Verkehrsbereich könnte man das nahe Verkehrsnetz noch so weit ausbauen, daß auch ein Umstieg wirklich hundertprozentig möglich ist und damit auch den Autoverkehr einkränkeln, zum Beispiel.

Frage Und was machst du selbst? Wie beschreibst du Umweltschutz?

Dominik Ja, wir sortieren auch nach Hause den Müll, und es ist halt … meine Mutti ist da auch ein bißchen so beim Verkauf von Produkten, daß man da entsprechendes kauft, auch mit Einpackung und so.

C *Arbeit zu zweit*

1 *Person A* und *Person B* studieren die korrekte Transkription und den originalen Hörtext zur selben Zeit.

2 *Person A* dolmetscht ins Englische für *Person B* (Satz um Satz) die Unterhaltung zwischen Paulina und dem Interviewer.

3 *Person B* macht das gleiche mit dem Gespräch zwischen Dominik und dem Interviewer.

6.3

Die Wälder sterben ab

Überall in Europa sterben Wälder aufgrund von Verschmutzung; besonders in Deutschland, dem traditionellen Land des Waldes. Folgender Artikel beschreibt den Umfang des Schadens.

Der Wald stirbt weiter: Über die Hälfte unserer Bäume sind bereits krank! So der jetzt veröffentlichte Waldschadensbericht des Jahres 1988. Doch Industrie und Autos blasen immer noch ihren Dreck in die Luft

WENN DER WALD

52 PROZENT ALLER DEUTSCHEN BÄUME SIND KRANK

BRAUN WIRD

A

Ein grüner Wald mit rauschenden, vollbelaubten oder -benadelten Kronen ist nicht nur ein angenehmes Naturerlebnis. Er ist lebensnotwendig für die Menschen: Er produziert Sauerstoff, bindet Staub (bis zu 68 Tonnen je Hektar Buchenwald) und filtert so unsere Atemluft. Er wirkt ausgleichend auf das Klima, schluckt Lärm, reguliert das Grundwasser – unser lebenswichtiges Trinkwasser! – und schützt den Boden vor Erosion und Austrocknung.

B

Doch unser Wald steht kurz vorm Kollaps! Das ergab die staatlich durchgeführte Waldschadenserhebung 1988. 52 Prozent der deutschen Bäume sind bereits krank. Und die Wälder im Harz, Fichtelgebirge, Schwarzwald und den Alpen sind besonders stark betroffen – dort sind bereits ganze Waldflächen total abgestorben.

C

Denn der Wind trägt die Schadstoffe aus den Schornsteinen der Kraftwerke, den Industrieschloten und den Auspuffrohren der Autos auch in entlegene Gebiete. Am meisten geschädigt sind die Tannen (73%) und die Eichen (69%). Zuerst traten Schäden an den Nadelwäldern auf, da diese Bäume die Schadstoffe am intensivsten auffangen.

D

Besonders gefährlich sind in die Luft geblasenes Schwefeldioxid und Stickoxide, die als Säuren herunterregnen. Sie führen zu einer Versauerung des Bodens, aus dem die Wurzeln nicht mehr genügend Wasser (und damit Nährstoffe) für den Baum entnehmen können.

E

Zudem wirkt auch die mit Schadstoffen und erhöhtem Ozongehalt belastete Luft direkt auf den Baum ein. Die Folge: Blätter und Nadeln verfärben sich gelblich-braun und fallen schließlich ab. Der Baum steht mit kahlen Ästen „nackt" da. Selbst oberhalb der Baumgrenze wirken die Schadstoffe: Dort verfärben sich die Nadeln der Latschen.

Ein grüner, gesunder Wald ist für uns alle absolut lebenswichtig

F

Die Mangelernährung macht Bäume anfällig gegenüber Krankheitserregern wie Pilzen oder Insekten. Besonders der Borkenkäfer befällt kranke und schwache Bäume. Viele sind dann so geschwächt, daß sie einem starken Windstoß oder einem Unwetter nicht mehr standhalten können und deshalb abbrechen oder entwurzelt werden.

G

Und das hat wiederum weitere Folgen: eine Erosion des Bodens, der dann durch Regen so ausgewaschen und unfruchtbar wird, daß kein neuer Wald mehr darauf wachsen kann. Wie am 1731 Meter hohen Herzogstand beim bayerischen Ort Urfeld am Walchensee, wo eine Umweltgruppe des Deutschen Alpenvereins sich für die Berglandschaft engagiert.

H

In den Alpen, wo der hochgelegene Bergwald schon zu 80 bis 90 Prozent der Fläche geschädigt ist, wird das Wachstum neuen Waldes zudem durch zu hohen Wildbestand behindert. Aber der Freizeit-„Sport" Jagd verlangt eben einen gewissen Bestand an Rehen und Hirschen.

Wenn die Bäume sterben, trocknet der Boden aus

Verkehr und Industrie sind verantwortlich für das Waldsterben

I

Wenn nicht schnell Gegenmaßnahmen getroffen werden, ist es um unseren Wald geschehen. Zuerst müssen die Industrieanlagen umweltfreundlicher arbeiten. Dasselbe gilt für die Verkehrsmittel.

J

Durch Tempolimits von 100 bzw. 80 Stundenkilometern ließen sich ca. 12 Prozent der Autoabgase vermeiden. Der Drei-Wege-Katalysator sollte Pflicht werden, denn er kann den Austritt von Stickoxiden verhindern.

A Lesen Sie den Text gründlich durch und finden Sie dann heraus, welche Überschrift zu welchem Absatz paßt.

1 Die Zeit ist knapp
2 Schlecht ernährt verteidigen sich die Bäume schlecht
3 Die Bäume sind unentbehrlich
4 Die äußerst gefährlichen Abgase
5 Unsere Wälder sind unheilbar
6 Je langsamer man fährt, desto besser geht's!
7 Große Waldflächen sterben überall
8 Die Bäume verlieren ihre „Kleidung"
9 In diesem Traumland ist die Lage am schlimmsten
10 Gas und Wind sind eine tödliche Kombination
11 Zerstörte Wälder verursachen einen zerstörten Boden

B Jetzt beantworten Sie folgende Fragen zu der ersten Hälfte des Textes (bis „direkt auf den Baum ein"), indem Sie den Weilsatz gebrauchen:

Beispiel
Warum sollte ein schöner Wald nicht nur eine Sehenswürdigkeit sein? Weil er notwendig für die Menschen ist.

1 Warum ist der Wald so unentbehrlich für uns? Weil …
2 Woher wissen wir, daß die Lage in Deutschland so schwierig ist? Da …
3 Warum spielt der Wind eine so wichtige Rolle bei dieser Krankheit? Weil …
4 Aus welchen Gründen sollten Schwefeldioxid und Stickoxide so gefährlich sein? Da …
5 Das Ozon soll auch eine Rolle dabei spielen. Wieso? Weil …

C Füllen Sie die Lücken in dieser Kurzfassung der zweiten Hälfte des Artikels:

Es steht fest, daß wir nicht so viel ＿＿＿＿ haben, wenn wir den Wald ＿＿＿＿ möchten; und Schuld an der Lage sind hauptsächlich die ＿＿＿＿ und die ＿＿＿＿. Wenn die Technik umweltfreundlicher wird und wir ＿＿＿＿ und mit Kat fahren, dann werden wir die Umwelt viel besser ＿＿＿＿. Die Ozonschicht spielt auch eine ＿＿＿＿ dabei, da die Luft vom Ozongehalt ＿＿＿＿ wird und die ＿＿＿＿, die ihre Blätter und Nadeln ＿＿＿＿, beschädigt. Und wenn die Wälder auch sterben, wird es ＿＿＿＿ sein, neue Wälder zu pflanzen, weil der Boden zu ＿＿＿＿ ist, um junge Bäume zu tragen.

ANWENDUNG *und* ERWEITERUNG

 Zum Nachlesen: 6.3 Die Wälder sterben ab

 Zum Nachschlagen: Trennbare Verben

 Zum Wiederholen: 2.5, 5.2, 5.7

 Zum Üben

1 Finden Sie die trennbaren Verben im Text, die die folgenden Bedeutungen haben:

a to break off
b to drop off
c to die
d to collect
e to appear
f to effect
g to rain down

2 Vervollständigen Sie die folgenden Sätze mit jeweils einem der trennbaren Verben, die sich oben befinden. Achten Sie darauf, daß Sie die passende Zeit bzw. Form verwenden.

a Diese Bäume sind ganz kahl. Alle Blätter ____ ____.

b Schwefeldioxid und Stickoxid ____ überall in Europa als Säuren ____.

c Große Schäden ____ auch schon in entlegenen Gebieten ____.

d Schadstoffe aller Arten ____ auf die Umwelt ____.

e Die Bäume im Harz ____ schon über viele Jahre hinweg allerlei Schadstoffe ____.

f Infolge von Luftverschmutzung können viele Beschwerden der Atemwege beim Menschen ____.

g Bäume, die durch die Einwirkungen von Borkenkäfern geschwächt sind, ____ oft ____.

h Wenn nicht schnell Gegenmaßnahmen getroffen werden, ____ ganz bestimmt große Waldflächen ____.

i Nicht nur die Wälder, sondern auch Flüsse und Seen ____ immer mehr giftige Substanzen ____.

j Die Wälder hatten längst begonnen ____, bevor die Ursachen dafür entdeckt wurden.

6.4

Dicke Luft auf der Straße

Durch Werbung versucht man, die Leute zu mehr Umweltbewußtsein aufzufordern.

> ## 126,5 MIO.t AUTOABGASE BEDROHEN UNS JÄHRLICH. WANN GEHEN SIE ENDLICH VOM GAS?

A Setzen Sie die Satzteile richtig zusammen, um herauszufinden, was man im Originaltext der Werbung sagte:

1 Wenn wir weiterhin so sorglos mit der Erdatmosphäre umgehen,
2 Kein
3 Denn was Autos allein in Deutschland zur Luftverschmutzung beitragen,
4 So geht's
5 Wir alle
6 Wir müssen lernen,
7 Und wir alle müssen lernen, wesentlich
8 So wie es täglich
9 Je mehr Menschen umdenken,
10 Viele sind schon
11 Wann gehen Sie endlich

a desto besser für uns alle.
b sorgt im wahrsten Sinne des Wortes für „dicke Luft".
c wird uns allen bald der Atem stocken.
d müssen umdenken.
e vom Gas?
f nicht weiter.
g auf dem richtigen Weg.
h häufiger Busse und Bahnen zu nutzen.
i Wunder!
j 25 Millionen Fahrgäste tun.
k unsere Verkehrsmittel sinnvoller und überlegter zu gebrauchen.

B *Selbständig*

Mit Hilfe dieser Werbung und der Artikel, die Sie in dieser Einheit schon gelesen haben, entwerfen Sie Ihre eigene Werbung für den Umweltschutz (100 Wörter).

Im Artikel (Seite 96) finden Sie allerlei nützliche Redewendungen, die Sie gebrauchen können, wie zum Beispiel:

– Es wirkt auf das Klima
– Unser ... steht vorm Kollaps!
– Am meisten geschädigt sind ...
– Besonders gefährlich sind ...
– Es wirkt direkt auf [+Akk] ein
– Das hat weitere Folgen
– Eine Umweltgruppe engagiert sich für ...

ANWENDUNG *und* ERWEITERUNG

 Zum Nachlesen: 6.4 Dicke Luft auf der Straße

 Zum Nachschlagen: Wennsätze, Konditional (Konjunktiv)

 Zum Wiederholen: 3.2, 4.3, 4.8, 4.9

 Zum Üben

1 Diese Reklame fängt mit einem Wennsatz an. Studieren Sie ihn, dann vervollständigen Sie die folgenden Sätze:

a Wenn ich genug Geld (verdienen), (kaufen) ich mir ein Auto mit Katalysator.

b Wenn wir die Möglichkeit (haben), (gehen) wir alle zu Fuß zur Arbeit.

c Vorausgesetzt, daß sich alle Regierungen der Welt bald (verständigen), (sein) es möglich, die Umwelt zu retten.

d Wenn man keine modernen Transportmittel (einsetzen), (können) man Nahrungsmittel nicht verteilen.

e Wenn es keine neuen Bürgerinitiativen (geben), (aussehen) es mit der Umwelt noch viel schlimmer.

f Wenn die Kommunen sich nicht dringend (einschalten), (ersticken) die Bevölkerung in manchen Städten an Abgasen.

g Wenn die Fahrpreise für öffentliche Verkehrsmittel (sinken), (sein) die Chancen umso größer, daß die Mehrzahl der Berufspendler sie in Anspruch nehmen.

h Wenn die Staus auf den Autobahnen (verschwinden), (werden) die Belastung für das Umland viel weniger.

i Wenn man die Kontrollen in vielen Ländern (verschärfen), (aufhören) das Waldsterben hoffentlich.

j Wenn du durch einige Länder (reisen), (erfahren) du, wie wenig sich die Regierungen um die Umwelt gekümmert haben.

2 Schreiben Sie diese Sätze jetzt so um, daß jedesmal das Konditional vorkommt.

Beispiel: Wenn wir weiterhin so sorglos mit der Erdatmosphäre *umgingen*, *würde* uns allen bald der Atem stocken.

3 Und jetzt formulieren Sie die Sätze so, als ob alles in der Vergangenheit wäre.

Beispiel: Wenn wir weiterhin so sorglos mit der Erdatmosphäre *umgegangen wären*, *hätte* uns allen bald der Atem *gestockt*.

4 Übersetzen Sie die Sätze, die Sie in Fragen 1, 2 und 3 geschrieben haben, ins Englische.

6.5

Kampf gegen Atomkraftwerke

Atomkraftwerke sind immer ein heißes Eisen, in Deutschland genauso wie in Großbritannien, Frankreich, Neuseeland und anderen Ländern. Viele Leute sprechen Bände darüber und tun gar nichts. Andere dagegen sind sehr engagiert. In diesem Artikel werden Sie Andrea und Daniela kennenlernen, die für die Stillegung von Atomkraftwerken in Deutschland kämpfen.

WIR HABEN ANGST

Täglich müssen sie vor Pannen, Gefahren und Gesundheits-Risiken zittern. Andrea und Daniela wollen nicht mehr zusehen, sondern kämpfen für die Stillegung von Atomkraftwerken

Daniela (l.) und Andrea mit einer Unterschriftenliste ☞

UMWELTHEINI VON REINHARD HABECK

Mit Gasmasken demonstrieren Andrea und Daniela, daß ihnen durch einen Unfall die Luft zum Atmen wegbleiben kann

„Helft uns beim Kampf gegen Atomkraftwerke!"

„Das macht dich ganz schön fertig! – Du weißt nie, ob du innen drin nicht schon krank bist, welches Gemüse du essen, über welches Feld du laufen kannst, ob du dein Fenster aufmachst oder zuläßt, ob deine Kinder einmal überhaupt noch leben können … Wir stecken in einer Art Sackgasse, aus der wir, glaube ich, nicht mehr herauskommen!" Andrea ist 18. Sie erzählt resigniert und aufgebracht von ihrer Unsicherheit und von ihren Ängsten – jetzt und für die Zukunft.

Andrea wohnt wenige Kilometer vom Kernkraftwerk Isar 1 (oder auch Ohu 1) bei Landshut in Niederbayern entfernt – ihre Freundin Daniela, 19, sogar in Sichtweite der „Zeitbombe". Vom jüngsten Störfall in Isar 1 erfuhren die beiden wie alle anderen Anwohner auch erst eineinhalb Wochen später aus der Zeitung. Ein Teleskoparm oberhalb des Reaktordruckbehälters brach ab, zertrümmerte ein Kugellager und zahlreiche Kugeln fielen in die Druckkammer,

die mit hochradioaktivem Wasser gefüllt ist.

Dagegen kämpfen Andrea und Daniela in der Bürgerinitiative „Bürgerforum". Daniela: „Wir wollen nicht mehr in der ständigen Panik leben, daß uns das Ding einmal wie in Tschernobyl um die Ohren fliegt. Wir wollen nicht verstrahlt dahinvegetieren. Wir setzen uns dafür ein, daß die Leute nicht mehr tagtäglich Risiken auf sich nehmen müssen, von denen sie oft nichts ahnen!"

Die beiden Abiturientinnen wissen, wovon sie reden. Denn Störfälle sind gerade in Isar 1 an der Tagesordnung. Schon im ersten Jahr der Inbetriebnahme des Atomreaktors (1978) wurden durch eine undichte Leitung radioaktive Dämpfe frei, riß eine Schweißnaht im Kühlsystem … In den Jahren darauf platzte einmal ein Dampfrohr. Dadurch trat Radioaktivität über den Abluftkamin aus. Ein anderes Mal wurde ein Ventil nicht richtig geschlossen. Diesmal

gelangte radioaktives Wasser in den Isar-Seitenkanal …

Pannen, Pannen, Pannen … und die meisten werden einfach verschwiegen. Und das nicht nur im Kernkraftwerk Isar 1.

Eine offizielle Untersuchung über die Tumorhäufigkeit bei Kindern und Jugendlichen ergab „keine bedeutenden Anhaltspunkte". Allerdings wurde nur sehr großflächig nach Landkreisen getestet. „Eine Häufigkeit in kleinen Landstrichen geht da leicht unter", meint das „Bürgerforum". Zumindest ist der Wald im direkten Windkanal von Isar 1 stärker geschädigt als anderswo. Genauere Untersuchungen in der Umgebung anderer Kernkraftwerke (z.B. Würgassen in Nordrhein-Westfalen, Lingen im Emsland oder auch Sellafield in England) brachten aber auch ein angeblich „überdurchschnittliches Auftreten von Leukämie bei Kindern und Jugendlichen" ans Tageslicht. Offizielle Bestätigungen dafür gibt es nicht.

Muß das alles sein? Es muß, sagen die Verantwortlichen. Ohne Kernenergie geht es nicht. Etwas merkwürdig, wenn man bedenkt, daß viele Kernkraftwerke bis zu 50 Prozent Energie „überproduzieren", obwohl die Kapazität nur zu 30 bis 75 Prozent beansprucht wird. Ein enormes Risiko für relativ wenig Nutzen. Und Geld, das für die Erforschung von Alternativen zur Energiegewinnung angeblich nicht da ist. Der Bau eines Kernkraftwerks kostet mehrere Milliarden, der Unterhalt Hunderte von Millionen. Ganz zu schweigen von den Reparaturkosten an veralteten und gefährlichen Reaktoren wie Isar 1. Allein der schluckte über 300 Millionen für die Behebung von Pannen.

Andrea und Daniela leben hautnah mit diesen Problemen. „Aber auch wir können doch nur etwas erreichen, wenn uns möglichst viele helfen. Vor allem junge Leute müssen sich einfach über die Thematik informieren – auch wenn sie 200 Kilometer von einem Kernkraftwerk weg wohnen. Es geht doch um die Zukunft von uns allen!"

A Im Artikel befinden sich viele Schlüsselvokabeln. Füllen Sie folgende Tabelle passend aus, damit Sie diese Schlüsselwörter besser kennenlernen:

Substantiv	Adjektiv	Verb
das Risiko		
		zertrümmern
		anrichten
	stillgelegt	
(in) Betrieb		
	verstrahlt	
die Leitung		
die Dämpfe		
		platzen
	verschwiegen	
der Ausstoß		
	bedeutend	
		überproduzieren

B Vervollständigen Sie folgende Aussagen, damit sie Aussagen oder Ideen im Artikel genau widerspiegeln:

Beispiel: Andrea und Daniela wollten für die Stillegung … von Atomkraftwerken kämpfen.

1 Das Leben vieler Deutscher ist voller …
2 Ein Spitzname von Isar 1/Ohu 1 ist …
3 Die Druckkammer in Isar 1 ist …
4 Das „Bürgerforum" ist eine Art …
5 Relativ üblich sind …
6 Störfälle und Pannen passieren nicht nur …
7 Laut offiziellen Untersuchungen in anderen Gegenden soll die Tumorhäufigkeit bei kleinen Kindern auch …
8 Atomkraftwerke verbrauchen enorm viel Geld für …
9 Für Jugendliche ist es Pflicht, …

C *Selbständig*

Schreiben Sie eine Kurzfassung des Artikels (120 Wörter).

6.6 📼 ▱ 📖 ✍

Wer könnte mehr für den Umweltschutz tun?

Die Umwelt hat eine große Bedeutung für die Deutschen, vielleicht noch mehr als für manche andere Europäer. Auch die Presse in Deutschland tut ihr Bestes, an der Umweltbewegung teilzunehmen. Lesen Sie, was das Magazin *PRIMA* gemacht und herausgefunden hat.

Was ärgert Sie beim Umweltschutz?
Die Ergebnisse der großen PRIMA-Umwelt-Umfrage

Politiker und Industrie tun viel zu wenig… die Verpackungsflut muß eingedämmt werden… umweltfreundliche Produkte sind zu teuer…

LIEBE LESER

herzlichen Dank fürs Mitmachen bei unserer Umfrage. Ihre Einsendungen zeigen, wie engagiert Sie für den Umweltschutz eintreten. Viele von Ihnen haben nicht nur den Fragebogen ausgefüllt, sondern uns auch ihre kritische Meinung geschrieben. Wie z. B. Elisabeth Wiersema aus Halle/Westfalen: „Langfristiger Umweltschutz wird kurzfristigem Luxus geopfert." Die Umfrage-Ergebnisse zeigen deutlich, wo verbraucherfreundliche Lösungen am dringlichsten benötigt werden. Wie die aussehen könnten, darüber wird PRIMA auch weiterhin regelmäßig berichten.

Ihr PRIMA-Team

PRIMA-Ergebnis Nr. 1
POLITIKER TUN VIEL ZU WENIG
Aktiver Umweltschutz bleibt Sache der Verbraucher

Vernichtendes Urteil:
▶ 99 Prozent der PRIMA-Leser sagen, daß die Politiker nur vom Umweltschutz reden, aber wenig dafür tun. Genauso schlecht steht es ums Ansehen von Industrie und Handel:
▶ Ebenfalls 99 Prozent finden, daß in diesem Bereich noch nicht genug getan wird.
▶ 90 Prozent der PRIMA-Leser sind darüber verärgert, daß man die meiste Verantwortung immer dem Verbraucher zuschiebt. Die weiteren Ergebnisse:

▶ 61 Prozent glauben, daß ihre Bemühungen für den Umweltschutz zwecklos sind, solange die großen Probleme, wie etwa die Luftverschmutzung, nicht gelöst sind.
▶ 57 Prozent fühlen sich durch ständige Neuerungen zum Thema Umweltschutz inzwischen überfordert.
▶ 38 Prozent wissen nicht, woran sie umweltfreundliche Produkte erkennen können.
▶ 75 Prozent der PRIMA-Leser kennen kein verläßliches Umweltzeichen und fühlen sich durch Begriffe wie „Öko" und „Bio" verunsichert, oft sogar verschaukelt.

A

Sie haben schon die Ergebnisse der Umfrage gelesen. In der Tabelle unten sind diese Ergebnisse mit anderen Worten beschrieben. Ergänzen Sie die passenden Prozentsätze:

%	*sind der Meinung*
1	die großen Firmen und Regierungen sind in höherem Maße verantwortlich als wir Durchschnittsbürger.
2	sie haben keine Ahnung, wie umweltfreundliche Produkte aussehen.
3	Prominente sagen viel, tun aber relativ wenig.
4	man hört so viel über die Umwelt, daß es Streß verursacht.
5	wir brauchen ein leicht erkennbares Umweltlogo.
6	Industrielle und Geschäftsleute tun viel zu wenig.

B

Wie sagt man im Text:

1 what angers you about …?
2 must be stemmed
3 for participating in our poll
4 with what commitment you join in
5 not only … but also …
6 long term … short term
7 the results show clearly
8 are most urgently needed

C

Jetzt hören Sie, was der Umweltminister darüber zu sagen hat.

1 Transkribieren Sie das ganze Interview.

2 Finden Sie die Sätze, die folgende Eindrücke vermitteln:

  a Der Umweltminister ist gut vorbereitet.
  b Er scheint herablassend den Lesern gegenüber.
  c Er ist stolz auf sein eigenes Land.
  d Es müssen Veränderungen im Geschäft eintreten.

D *Arbeit zu zweit*

Person A ist Sprecher(in). *Person B* ist Umfrage-Leiter(in). *Person A* interviewt *Person B* und fragt, welche Ergebnisse der Umfrage ihn/sie überrascht haben und aus welchen Gründen.

6.7

Sind Sie umweltbewußt?

„Die Umwelt … das ist nicht meine Sache!" „Doch! Das ist bestimmt deine Sache. Die Umwelt geht uns alle an." Verschiedene Anschauungen von zwei 50jährigen Menschen auf der Straße, als wir Interviews machten. Auf der anderen Seite scheinen die Jugendlichen engagierter als die ältere Generation zu sein. Vielleicht sind es die Jugendlichen von heute, die unsere Welt retten werden, auch wenn andere schon einen Anfang gemacht haben. Lesen Sie, was fünf Jugendliche dazu sagen.

Das Solarmobil Pinky braucht kein Benzin, nur die Sonne. Warum testen Forscher natürliche Energiequellen wie Sonne, Wind und Wellen? Weil der Alltag so aussieht: stinkende Autoabgase, sterbende Wälder und wachsender Energieverbrauch. Auch Einwegverpackungen sind ein Problem: Die Herstellung von Milchtüten, Joghurtbechern und Coladosen kostet Energie und Rohstoffe. Nach Gebrauch schmeißt man die Verpackungen einfach weg, die Müllberge wachsen.

„Meine Eltern fahren auf der Autobahn langsamer. Sie sparen Benzin. Ich bin umweltbewußt erzogen worden. Wenn ich aus dem Zimmer gehe, mache ich immer das Licht aus. Im Winter drehe ich die Heizung ab, sobald ich das Haus verlasse. Beim Einkaufen achte ich auf die Verpackung. Joghurt zum Beispiel kaufe ich im Glas, nicht in Pappbechern." **Christoph, 15**

„UMWELTSCHUTZ

Wir haben Schüler gefragt: „Wie spart ihr und eu

„Ich bade nicht in der Badewanne, sondern dusche. Dabei verbrauche ich weniger Wasser. Papier und Glas schmeiße ich nur in Spezialcontainer, die stehen in jedem Stadtteil. Dafür laufe ich gern ein paar Meter. Meine Mutter denkt auch an die Umwelt. Im Supermarkt macht sie zum Beispiel die Verpackungen ab und läßt sie einfach liegen. Meine Schwester und mein Vater interessieren sich wenig für den Umweltschutz. Sie sind zu bequem." **Ines, 18**

„Beim Einkaufen denke ich selten an die Umwelt. Außerdem gibt es viele Produkte nur in Dosen. Und mit dem Auto oder Motorrad bin ich schneller als mit dem Bus oder der Straßenbahn. Meiner Meinung nach darf man den Umweltschutz nicht dem einzelnen überlassen. Man muß ihn erzwingen. In Hamburg zum Beispiel durfte man vor Weihnachten nicht mehr in die Innenstadt fahren. Nur so kann man die Probleme lösen." **Stephan, 16**

„Der einzelne kann nur wenig für die Umwelt tun. Ich kann das kritische Umweltgerede nicht mehr hören. Es gibt schließlich auch noch andere Themen." **Tobias, 18**

„Wir haben versucht, die Coladosen in der Schule durch Glasflaschen zu ersetzen. Aber Cola in Glasflaschen ist teurer. Deshalb blieb alles, wie es war. Wir bringen Pappe zu Sammelstellen, und im Fotokopierer benutzen wir nur Recyclingpapier. Aber auf die wirklich wichtigen Sachen haben wir keinen Einfluß: die Zerstörung des Regenwaldes in der ganzen Welt, das Ozonloch usw." **Anne, 17**

„Alufolie, Kunststoffabfälle usw. gebe ich an Sammelstellen ab, weil Umweltschutz für mich wichtig ist. Von diesen Sammelstellen sollte es viel mehr geben. Wenn die öffentlichen Verkehrsmittel öfter kämen und billiger wären, würde ich sie viel mehr benutzen. So lasse ich mich lieber mit dem Auto bringen oder abholen. Jeder einzelne muß viel mehr an die Umwelt denken. Stattdessen waschen viele jeden Samstag die Autos. Meine Mutter hat jetzt einen Zweitwagen; seitdem fährt sie viel öfter Auto." **Verena, 17**

GEHT JEDEN AN"

milie Energie, und was tut ihr für die Umwelt?"

103

A Nachdem Sie den Artikel gelesen haben, füllen Sie die Tabelle passend aus:

Wer hätte sagen können:	Christoph	Ines	Verena	Stephan	Tobias	Anne
1 Als Individuen schaffen wir nichts.						
2 In unserer Familie sind wir teils für, teils gegen persönliche Umweltinitiativen.						
3 Auf die großen Probleme haben wir keinen Einfluß.						
4 Ich stamme aus einer umweltfreundlichen Familie.						
5 Die Leute selbst könnten nachdenken und viel mehr tun.						
6 Die Regierung sollte uns dazu bringen, mehr zu tun.						
7 Lieber mit den öffentlichen Verkehrsmitteln fahren!						
8 Zu Hause können wir viel tun.						
9 Wenn ein alternatives Produkt zu viel kostet, dann vergessen die Leute den Umweltschutz.						

B

1 Lesen Sie den Artikel erneut durch.
2 Finden Sie fünf Standpunkte, mit denen Sie übereinstimmen, und schreiben Sie (in Ihren eigenen Worten) eine Erklärung, die diese Standpunkte enthält (150 Wörter).
4 Nehmen Sie diese Erklärung auf Kassette auf.

C *Gruppenarbeit*

1 Besprechen Sie in Kleingruppen andere Maßnahmen, die man zum Umweltschutz ergreifen könnte.
2 Machen Sie eine Liste dieser Maßnahmen und stellen Sie sie der Großgruppe vor.

D *Selbständig*

Übersetzen Sie diese Bearbeitung von den Hauptthemen im Artikel ins Deutsche:

Some people think that the individual can do little for the environment and that we have no influence on the really important things. Others feel that every individual must simply think more about the environment, that there should be more collection-points for recyclable materials, etc. Others are just too comfortable and show little interest in the environment. When they go shopping, they pay no attention to the packaging. They use their own transport because it's quicker than the bus or tram, while others make real efforts, by, for instance, driving more slowly on the motorways to save petrol. It's a mixed picture, but what we can do about the destruction of the rainforest or the ozone layer everywhere in the world, no one seems to know.

ANWENDUNG *und* ERWEITERUNG

Zum Nachlesen: 6.7 Sind Sie umweltbewußt?

Zum Nachschlagen: Adverbien, Adjektive

Zum Wiederholen: 1.7, 2.8, 2.8/9, 5.5, 6.3

Zum Üben

Lesen Sie die Beiträge von den Jugendlichen noch einmal durch. Finden Sie mindestens fünf Adverbien und fünf Adjektive.

Im folgenden Text sind die Adverbien und Adjektive unterstrichen. Schreiben Sie, wo nötig, die richtigen Endungen dazu.

Ich komme aus einer sehr <u>umweltbewußt</u> Familie. Wir Kinder sind alle <u>umweltbewußt</u> erzogen worden. Zum Beispiel gehen wir nur in Geschäfte, wo es keine <u>teuer</u> Verpackungen gibt und wo <u>ausschließlich</u> Produkte verkauft werden, die entweder aus <u>biologisch</u> Anbau stammen oder auch sonst auf eine <u>umweltfreundlich</u> Art und Weise hergestellt werden. Die Produkte, die man im <u>normal</u> Supermarkt bekommt, sind natürlich <u>billiger</u>, aber wir halten es für <u>wichtiger</u>, etwas für die <u>gefährdet</u> Umwelt zu tun. Unsere Eltern haben oft <u>lang</u> Briefe an <u>verschieden</u> Zeitungen geschrieben, um sich der Umweltpolitik irgendeiner <u>politisch</u> Partei gegenüber <u>kritisch</u> zu äußern.

Wir haben auch an einigen <u>bundesweit</u> Aktionen teilgenommen. Vor kurzem wurden beispielsweise <u>bundesweit</u> Unterschriften gesammelt, um gegen ein <u>geplant</u> Atomkraftwerk zu protestieren. Ob unsere <u>heftig</u> Proteste <u>erfolgreich</u> waren, wissen wir noch nicht. Als wir die <u>riesig</u> Unterschriftensammlung einreichen wollten, sind wir mit <u>öffentlich</u> Verkehrsmitteln zum Bundestag gefahren. Der Bus fuhr so <u>langsam</u> durch den <u>dicht</u> Großstadtverkehr, daß wir den Minister nicht treffen konnten. Jetzt organisieren wir eine Kampagne für eine <u>autofrei</u> Innenstadt!

6.8

Umweltschutzdienst?

Einige Prominente in Deutschland glauben, es wäre wünschenswert, daß Jungen einen Militärdienst bei der Bundeswehr und Mädchen einen Sozialdienst im Umweltschutz machen. Einerseits scheint das sexistisch zu sein, aber für viele ist es ein seriöser Vorschlag. Um die Meinungen der Durchschnittsjugendlichen genauer kennenzulernen, hat MÄDCHEN-Magazin seine eigene Umfrage über „ein *Umweltjahr für Mädchen*" durchgeführt.

In der aktuellen Diskussion:
EIN UMWELTJAHR FÜR MÄDCHEN?

Jungs zur Bundeswehr, Mädchen in den Umweltschutz, fordert der CDU-Politiker Jürgen Todenhöfer. MÄDCHEN-Mitarbeiter Olaf wollte wissen: Was haltet Ihr vom Umweltjahr für Mädchen?

"Wenn ich das Abi geschafft habe, bin ich 20. Dann noch eine Ausbildung, später Kinder. Wenn dann noch so ein Umweltjahr dazukommt, wäre das eine lange Zeit."

"Gut, aber nur freiwillig, und dann für Jungen und Mädchen gleich. Das wäre mal was Konkretes. Geredet wird viel und am Ende kommt nichts Brauchbares heraus. Es wäre eine Chance!"

"So gut finde ich die Idee nicht, denn ein ganzes Jahr raus aus der beruflichen Karriere ist für uns Frauen verdammt schwer, denn wir müssen uns noch praktisch in allen Bereichen gegen die Männer durchsetzen – und das ist jetzt schon schwer."

DOLLY, 18

"Als Alternative zur Bundeswehr finde ich die Idee gut. Egal ob Junge oder Mädchen – jeder soll mitmachen, aber natürlich nicht als Pflichtjahr. Und gegen Auspuffgase, Industriedreck und den kriminellen Raubbau an Bodenschätzen reicht das kaum. Es wäre zu wenig."

NANA, 16

SANDRA, 18

MARKUS, 18

A

Lesen Sie die Meinungen von Dolly, Nana, Sandra und Markus sorgfältig durch, dann finden Sie heraus, welche Satzteile zusammenpassen:

1 Es dauert so lange,
2 Beide Geschlechter sollten
3 Es könnte die
4 Ja, aber man sollte
5 Eine gute Idee,
6 Das ist eine
7 Für mich ist es
8 Wir studieren

a nicht dazu gezwungen sein.
b schon zu lange.
c aber keine vollständige Lösung.
d ein negativer Vorschlag.
e bis man sein Abitur hat.
f Karrierechancen zerstören.
g positive Initiative.
h die Gelegenheit haben.

B Selbständig

Finden Sie fünf Behauptungen im Text, mit denen Sie übereinstimmen, und schreiben Sie Ihre eigene Meinung über den möglichen Umweltschutzdienst in eigenen Worten (50 Wörter).

C Arbeit zu dritt

Person A liest, was Dolly zu sagen hat. *Person B* dolmetscht auf englisch für *Person C*. Dann wechseln *Personen A, B* und *C* die Rollen und machen das gleiche für die Gespräche von Nana, Sandra und Markus.

D Timmy, Britta, Astrid, Rob und Kees kommen jetzt zu Wort. Wer hat diese Meinungen geäußert? Hören Sie den Jugendlichen gut zu und kreuzen Sie in der Tabelle passend an. Aber Vorsicht, zwei Personen könnten dieselbe Meinung teilen.

TIMMY, 18   BRITTA, 14   ASTRID, 15   ROB, 20   KEES, 21

Meinung	Timmy	Britta	Astrid	Rob	Kees
1 So etwas sollte nicht Pflicht sein.					
2 Ich bin für ein Pflichtjahr für Mädchen.					
3 In unserem Land haben wir ähnliche Schwierigkeiten.					
4 Jungen sollten auch die Gelegenheit haben, am Umweltjahr teilzunehmen.					
5 Aber überhaupt keine Bürokratie!					
6 Die Industriellen sollten obligatorisch mitmachen.					

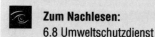

ANWENDUNG *und* ERWEITERUNG

Zum Nachlesen:
6.8 Umweltschutzdienst

Zum Nachschlagen: das Adjektiv als Substantiv (Adjektivendungen)

Zum Wiederholen: 1.7, 2.8, 2.8/9, 5.5, 6.7

Zum Üben

In Timmys Kommentar (siehe Transkription) wird das Adjektiv „freiwillig" als Substantiv benutzt. Was wäre die richtige Form von „freiwillig" in den folgenden Sätzen?

1 Man braucht immer viele Freiwillig_, wenn man eine solche Aktion organisiert.
2 Dieser Freiwillig_ heißt Georg.
3 Die Frau jenes Freiwillig_ ist auch bereit, selbst Freiwillig_ zu sein.
4 Kannst du allen Freiwillig_ ihre Aufgaben erklären?
5 Einem Freiwillig_ sollte man nach vollendeter Arbeit immer etwas schenken.
6 Ein Freiwillig_, der nur zwei Stunden mitmachen kann, ist mir auch willkommen.
7 Sucht ihr gerade einen Freiwillig_? Ich habe im Moment nichts vor.
8 Eine Freiwillig_ hat sich bei uns schon gemeldet.
9 Welche vier Freiwillig_ werden gewählt?

E Hören Sie noch einmal den Interviews zu. Wie sagt man in den Gesprächen:

1 to work voluntarily in a group
2 they would get bored
3 that would be sensible/wise
4 naturally without compulsion
5 as a compulsory year it achieves nothing
6 more must be done

F Wären Sie für oder gegen ein Umweltjahr in Ihrem eigenen Land? Könnte man das machen, sobald man die Schule verläßt?

Ihre Lehrerin/ Ihr Lehrer wird Ihnen jetzt eine Transkription der Gespräche geben. Gebrauchen Sie diese und die Ideen auf Seite 105, um für die Großgruppe einen Minivortrag (1 Minute) vorzubereiten. Nehmen Sie diesen Vortrag auf Kassette auf, bevor Sie vor der Großgruppe sprechen.

ANWENDUNG *und* ERWEITERUNG

Zum Nachlesen:
6.8 Umweltschutzdienst

Zum Nachschlagen: Infinitiv mit und ohne „zu"

Zum Wiederholen: 4.13

Zum Üben

1 Es folgt eine unvollkommene Transkription von dem, was Timmy zu diesem Thema sagt. Ohne die Kassette nochmal anzuhören, schreiben Sie den Text richtig ab. (Das Wort „zu" sollte viermal darin vorkommen.) Versuchen Sie auch, alle Infinitivformen zu unterstreichen.

Ich möchte die Möglichkeit haben, freiwillig in einer Gruppe arbeiten, die aber auch nur aus Freiwilligen besteht. Die Atmosphäre in einer Gruppe von Leuten, die gezwungen werden, Bäume pflanzen, Dreck einsammeln, oder Öffentlichkeitsarbeit leisten, kann doch nur mies sein. Und dann der bürokratische Aufwand.

6.9

Aktion in der Gemeinde und in der Schule

Sie haben schon von einer möglichen Umweltschutzinitiative seitens der deutschen Regierung gelesen und gehört. Wie Sie vom Geburtsort der Umweltschutzbewegung erwartet hätten, gibt es allerhand Bürger- und Geschäftsinitiativen in Deutschland, die versuchen, die Umwelt zu schonen. Machen Sie sich jetzt mit einer solchen Initiative, „Jugend schützt Natur", vertraut.

```
Aktion "Jugend schützt Natur"

Liebe Interessentin, lieber Interessent,

die zahlreichen Zuschriften der vergangenen Wochen haben uns gezeigt: Die
Sorge um unsere Umwelt ist groß. Und viele sind bereit, etwas für Natur
und Umwelt zu tun, etwas zur Erhaltung und Wiederherstellung der Existenz-
grundlage von Pflanzen, Tieren und Menschen beizutragen.

Klar, wer will das nicht? Aber was? Und wie? Wer hilft?

Die "AOK - Die Gesundheitskasse." sieht selbstverständlich in einer gesunden
Natur die Grundlage eines gesunden menschlichen Lebens. Gemeinsam mit
der Umweltstiftung WWF-Deutschland will sie deshalb möglichst viele junge
Leute dafür motivieren, im eigenen Umfeld, in der Gemeinde, in der Schule
oder auch im Kindergarten selbst aktiv zu werden.

Die beiliegende Informationsmappe "Jugend schützt Natur" enthält alles Wis-
senswerte über die Aktion.

Die AOK hilft gerne weiter, wenn Fragen oder Probleme auftauchen. Die An-
sprechpartner in der nächstgelegenen Geschäftsstelle (Rufnummer im Telefon-
buch) freuen sich über jeden Anruf.

Mit freundlichen Grüßen
Der Geschäftsführer
Im Auftrag

Dittrich

Anlage
```

A Finden Sie die deutschen Entsprechungen für folgende Schlüsselwörter im Text:

1 the concern for
2 maintenance
3 restoration
4 means of subsistence
5 to contribute
6 basis
7 healthy
8 environmental charity/foundation
9 field of activity
10 community

B Sie machen eine Lehre bei einer Firma in Ihrem eigenen Land. Die Leiterin Ihrer Abteilung hat die AOK Informationsmappe erhalten, und Sie sollen sie über den Inhalt informieren. Stellen Sie auf englisch eine Liste der wichtigsten Punkte zusammen, die im Brief erwähnt werden.

Hinweise für Antragsteller

Langfristige Nutzung des Projekts
a) Schulen

Aus Eurem Antrag sollte unbedingt hervorgehen, wie das Projekt in den Unterricht einbezogen wird. Das Vorhaben sollte auf jeden Fall Möglichkeiten zu einem interessanten Unterricht unter freiem Himmel bieten. Die Anlage oder der Bau eines Schauobjekts, das nach kurzer Zeit nicht mehr beachtet wird, kann nicht gefördert werden.

b) Außerschulische Gruppen

Auch hier gilt, daß Schauobjekte nicht gefördert werden können. Die Einbeziehung in die weitere Gruppenarbeit ist wichtig. Durch die Anregung und Anleitung, z. B. von jüngeren Gruppenmitgliedern, kann die Dauerhaftigkeit des Projekts sichergestellt werden.

Beschreibung des Projekts

Eine möglichst ausführliche Beschreibung Eures Projekts erleichtert uns die Beurteilung der Förderungsfähigkeit. Schreibt uns ruhig auch ein paar Zeilen, warum Ihr auf die Idee gekommen seid, gerade dieses Projekt zu beginnen. Biotope sollten standortgerecht geplant sein. Deshalb brauchen wir bei der Anlage von Biotopen auch eine genaue Beschreibung des Umfeldes, genaue Planungsskizzen sowie eine Übersichtskarte, aus der die Lage und Entfernung von natürlichen Biotopen der näheren Umgebung hervorgeht. Wenn möglich, berichtet über die Standortverhältnisse. Und vergeßt bitte nicht, den Kostenvoranschlag so detailliert wie möglich auszufüllen. Ihr erspart uns und Euch damit unnötige Nachfragen.

Anregungen für Projekte

Denkt nicht nur an die Anlage von Biotopen, Schulgärten und Fassadenbegrünungen. Auch Renaturierungsmaßnahmen, Biotopschutz und -pflege von Magerrasen, Hecken, Bäumen, Bächen, Tümpeln, Feuchtwiesen etc., Artenschutzaktionen für Insekten, Fledermäuse, Vögel und Amphibien, Öffentlichkeitsarbeit sowie Maßnahmen zum Umweltschutz (Energie, Wasser, Verkehr, Müll etc.) können gefördert werden. Wir wollen vielseitige, phantasievolle, den lokalen Gegebenheiten angepaßte Vorhaben fördern.

Planung des Projekts

Sucht fachlichen Rat nicht nur bei uns, sondern auch bei Naturschutzfachleuten und Verbänden am Ort und bei der Unteren Naturschutzbehörde und diskutiert Euer Konzept. Bei großen Vorhaben kann eine naturschutz- oder wasserrechtliche Genehmigung erforderlich werden, die uns vorliegen muß. Ganz wichtig sind auch Überlegungen zur Langfristigkeit Eures Projekts. Dazu gehört ein Nutzungs- und Pflegekonzept für die nächsten Jahre.

C Oben stehen die Hinweise für AOK-Antragsteller, die ein Umweltschutzprojekt vorhaben. Lesen Sie das Material durch, dann entscheiden Sie, ob folgende Feststellungen im Text stehen oder nicht:

	✓	✗
1 Das Projekt kann total unabhängig vom Unterricht sein.		
2 Projekte von kurzer Dauer kommen nicht in Frage.		
3 Schauobjekte sind genauso gültig wie andere Projekte.		
4 Die Mitarbeit von jüngeren Kollegen kann die lange Dauer des Projekts garantieren.		
5 Es wäre wünschenswert, die Wurzeln des Projekts zu erklären.		
6 Antragsteller sollen eine Ansichtskarte von der Gegend schicken.		
7 Die Projekte sollten so groß wie möglich angelegt sein.		
8 Einige Projekte können reine Phantasie sein.		
9 Antragsteller sollen nur in der Schule Rat suchen.		
10 Man sollte unbedingt erklären, wie lange das Projekt dauern wird.		

D *Selbständig*

Schreiben Sie der AOK einen Brief, worin Sie ein Projekt beschreiben, wodurch man:
– Insekten/Blumen schützen wird
– Wasser/Strom/Benzin sparen wird
– ein Stadtviertel verschönern wird

ANWENDUNG *und* ERWEITERUNG

 Zum Nachlesen: 6.9 Aktion in der Gemeinde und in der Schule

 Zum Nachschlagen: Verben

 Zum Wiederholen: 1.2, 1.5/6, 1.8, 1.11, 2.3, 2.11, 4.2, 4.5, 4.11

 Zum Üben

Die Verben im Kästchen erscheinen im Brief. Vervollständigen Sie folgende Sätze, indem Sie jeweils das passende Verb in der richtigen Zeitform einfügen.

a Vor vierzig Jahren _____ die Sorge um unsere Umwelt nicht sehr groß. Zum Glück sind in der Zwischenzeit sehr viele Menschen aktiv _____.

b Ich habe immer mein Bestes für die Umwelt _____.

c Ich _____ auch schon immer _____, aber wie?

d Als wir versuchten, eine Umweltgruppe in der Schule zu gründen, sind sehr viele Probleme _____. Unsere Lehrer haben uns aber _____, weiterzumachen. Sie haben gesagt, sie würden sich über jede kleine Aktion _____.

e Diese Haushaltszeitschrift, die es seit langem nicht mehr gibt, _____ früher sehr viel zum Umweltschutz _____, da sie Rat _____, wie man den alltäglichen Abfall wiederverwerten kann. Es wurde zum Beispiel _____, wie man Kompost für den Garten herstellt. Wie du _____, mache ich das immer noch!

> zeigen sein tun beitragen wollen sehen motivieren
> werden enthalten helfen auftauchen sich freuen

ANWENDUNG *und* ERWEITERUNG

 Zum Nachlesen: 6.9 Aktion in der Gemeinde und in der Schule

 Zum Nachschlagen: Fragewörter/Interrogativpronomen

 Zum Üben

Finden Sie die Fragewörter, die in diesem Brief enthalten sind. Dann schreiben Sie die folgenden Sätze, die dem Brief entnommen sind, so um, daß die unterstrichenen Worte durch ein passendes Fragewort ersetzt werden.

1 Die zahlreichen Zuschriften der vergangenen Woche haben uns gezeigt: <u>Die Sorge um unsere Umwelt ist groß</u>.

2 Die zahlreichen Zuschriften der vergangenen Woche haben <u>uns</u> gezeigt: Die Sorge um unsere Umwelt ist groß.

3 <u>Und viele</u> sind (Vorsicht!) bereit, etwas für Natur und Umwelt zu tun.

4 Die AOK sieht in einer <u>gesunden</u> Natur die Grundlage eines gesunden menschlichen Lebens.

5 Die AOK sieht in <u>einer gesunden Natur</u> die Grundlage eines gesunden menschlichen Lebens.

6 Die AOK sieht in einer gesunden Natur die Grundlage <u>eines gesunden menschlichen Lebens</u>.

7 Die AOK sieht in einer gesunden Natur <u>die Grundlage eines gesunden menschlichen Lebens</u>.

8 <u>Die AOK</u> sieht in einer gesunden Natur die Grundlage eines gesunden menschlichen Lebens.

9 Gemeinsam mit <u>der Umweltstiftung WWF-Deutschland</u> will sie möglichst viele junge Leute <u>dazu</u> motivieren, selbst aktiv zu werden.

10 Gemeinsam mit der Umweltstiftung WWF-Deutschland will sie <u>möglichst viele junge Leute</u> <u>dazu</u> motivieren, selbst aktiv zu werden.

11 Gemeinsam mit der Umweltstiftung WWF-Deutschland will sie möglichst viele junge Leute <u>dazu</u> motivieren, <u>selbst aktiv zu werden</u>.

12 <u>Die beiliegende</u> Informationsmappe enthält alles Wissenswerte über die Aktion.

13 Die beiliegende Informationsmappe enthält alles Wissenswerte über <u>die Aktion</u>.

6.10

Umweltfreundlicher fahren

Wir haben die Umweltprobleme weitgehend besprochen und mit „Jugend schützt Natur" haben wir gesehen, daß nicht alles an der Umweltszene negativ ist. Es gibt allerlei Bürgerinitiativen, um unseren Planeten zu schonen, und in diesem letzten Teil der Einheit werden wir sich auf diese positiven Versuche konzentrieren. Fangen wir mit „Einige Ideen für die Zukunft" an, die praktisch und durchführbar sind.

Verkehr: Einige Ideen für die Zukunft

Wenn es so weitergeht, ersticken wir bald im Autoverkehr. Doch es muß nicht so weitergehen. Wir stellen sechs ungewöhnliche Projekte vor, die sich Bürger ausgedacht haben – zur Nachahmung empfohlen.

1 DER BÜRGERBUS

In ländlichen Gebieten werden immer mehr Buslinien eingestellt, weil sie nicht mehr rentabel sind. Da bleibt für autolose Bürger nur noch die Selbsthilfe mit einem Bürgerbus, wie im bayrischen Schwandorf. Insgesamt elf Dörfer im Kreisgebiet werden von achtsitzigen Kleinbussen regelmäßig angefahren; den Fahrplan und die Haltestellen sprechen interessierte Bürger untereinander ab. Die Busse werden von der Gemeinde zur Verfügung gestellt; die Fahrer arbeiten jedoch freiwillig und unentgeltlich – meist sind es Arbeitslose, Studenten, Hausfrauen, Rentner, die einmal pro Woche für einige Stunden den Fahrdienst übernehmen.

In Holland (dem Land mit den meisten umweltfreundlichen Verkehrsideen) haben sich Bürgerbusse bereits seit langem bewährt; bei uns sind sie mittlerweile in neun Landkreisen unterwegs. Da ein solches Projekt viel Organisationsarbeit erfordert, hat die Hamburger Studiengesellschaft für Nahverkehr einen Leitfaden entwickelt und steht interessierten Bürgern mit Rat und Tat zur Seite.

Etwas anders funktioniert der „Ruf-Bus" im Kreis Wunstorf bei Hannover. Es ist ein normaler Linienbus, der aber bei Bedarf auch an abgelegenen „Bedarfshaltestellen" vorbeikommt. Die Fahrgäste melden sich telefonisch bei der Verkehrszentrale; schon nach kurzer Zeit hält der Bus dann an einer nahegelegenen Haltestelle. Das Modell ist so erfolgreich, daß sich zahlreiche Gemeinden aus dem In- und Ausland auch dafür interessieren.

2 FAHRPLAN PER POST

Wenn in allen Haushalten der Bus- und Bahnfahrplan mit aktuellen Abfahrtszeiten in der Küche hängt, lassen viele Bürger das Auto mal stehen – das hofft zumindest der „Verkehrsclub der Bundesrepublik Deutschland" (VCD). In Aachen, Mainz und Bonn haben VCD-Mitarbeiter Fahrpläne für die einzelnen Stadtteile ausgearbeitet und sie kostenlos an alle Haushalte verteilt. „Die müssen ins Haus

flattern wie ein Kaufhausprospekt", so ein VCD-Mitarbeiter, „die Bahn darf nicht warten, bis die Kundschaft danach fragt, und dann auch noch Geld dafür verlangen."

3 DAS UMWELTTICKET

Freiburg und Bremen haben es vorgemacht: Die Preise für Monatskarten im öffentlichen Nahverkehr wurden drastisch gesenkt (in Bremen von 76 auf 40 Mark), die Tickets sind frei übertragbar (nicht

auf einen Benutzernamen ausgestellt), es gibt keine komplizierten Tarifzonen mehr und keine zeitlichen Beschränkungen. Kritiker sagten noch höhere Defizite für die Verkehrsbetriebe voraus – eingetreten ist das Gegenteil: Statt 30 000 Karten pro Monat werden in Bremen nun 80 000 „Umwelttickets" verkauft, die Einnahmen sind gestiegen – und die Umwelt hat den Nutzen davon.

4 DIE FAHRRADGARAGE

In Großstädten ein Problem: Wo das Fahrrad über Nacht diebstahlsicher unterbringen, wenn im Flur kein Platz ist? Im Hamburger Stadtteil Altona gibt's dafür abschließbare „Fahrradhäuschen" auf Plätzen und Gehwegen. Mehrere Bürger können gemeinsam so eine Fahrradgarage beim Bezirksamt beantragen ☞

109

(maximal ein Dutzend Stahlrösser passen hinein). Für den Bau bekommen sie öffentliche Zuschüsse; ein kleiner Rest der Kosten wird auf die Antragsteller umgelegt.

5 DIE FAHRRADSTATION

Viele würden gern öfter mit dem Zug fahren – wenn sie wüßten, wie sie billig, bequem und schnell zum Bahnhof kommen könnten. Die Lösung: eine Fahrradstation am Bahnhof. Vorbild: Bremen. Das Rad wird bis zur Rückkehr des Bahnkunden sicher verwahrt und bei Bedarf sogar repariert: Sollte etwas defekt sein, beheben Fachleute in der Zwischenzeit den Schaden. Touristen können an der Fahrradstation außerdem Räder mieten. Und wer sich als Berufspendler zwei Velos anschafft – eines für den Abfahrts- und eines für den Zielbahnhof –, der hat nie mehr Parkplatzsorgen in der Innenstadt.

6 FAHRRADSTADTPLAN

Wie man mit dem Fahrrad schnell ans Ziel gelangt, ohne unversehens auf einer vierspurigen Schnellstraße zu landen, verraten Stadtpläne mit Radwegeverzeichnis. In Köln, Bonn, Bremen und Erlangen existieren sie bereits; meist haben fahrrad-begeisterte Bürger den Anstoß gegeben und daran mitgearbeitet.

Beate Etzler

A
Lesen Sie den Artikel durch, dann füllen Sie folgende Tabelle aus:

Substantiv	Adjektiv	Verb
die Nachahmung		
		absprechen
die Verfügung		
	abgelegen	
	übertragbar	
	kompliziert	
die Einnahme		
		unterbringen
	abschließbar	
		beantragen
der Zuschuß		
die Lösung		
		reparieren
		mieten
	begeistert	
der Anstoß		

B
Finden Sie im Text das Gegenteil von:

1 überleben
2 üblich
3 teuer
4 endlich
5 erfolglos
6 eingesammelt
7 nachgeahmt
8 schutzlos
9 Ankunft
10 perfekt
11 Ausgangspunkt

C
Welche Idee gehört zu welcher Initiative? Für jede Idee schreiben Sie die Nummer der Initiative.

Initiative

1 Man wird hoffentlich den Wagen zu Hause lassen. ☐
2 Mit diesem Ding können Radler schnell durch die Stadt. ☐
3 Hier sieht man freiwillige Fahrer. ☐
4 Bei dieser Initiative parkt man sein Fahrrad. ☐
5 Hier teilen Gemeinde und Bewerber die Kosten auf. ☐
6 Hier kann man die Fahrkarte eines anderen benutzen. ☐
7 Diese Initiative schützt gegen Diebe. ☐
8 Die Niederländer waren die Pioniere hier. ☐
9 Eine Maschine am Anfang und eine am Ende wäre eine gute Idee! ☐

D *Selbständig*

Übersetzen Sie diese Bearbeitung des Artikels ins Deutsche:

Traffic-projects thought out by local German citizens are a form of self-help to stop them from choking in vehicle traffic, and they are schemes which are worth copying in our own country. Why not start a people's bus in country areas where more and more lines are being closed? Or, why shouldn't we make drastic reductions in the price of a monthly ticket on local transport, getting rid of complicated price zones and restrictions on the times we can travel? Bus company receipts can actually go up and the environment clearly benefits. Such initiatives show that local people can be encouraged to become involved to the benefit of us all. Let's get involved!

6.11 📖 ✏️🌍

Machen Sie eine Umfrage

A Lesen Sie jetzt diesen Auszug aus einer BRIGITTE-Umweltinitiative. Sie werden die Ergebnisse von sechs Hauptfragen sehen, die man den BRIGITTE-Lesern und Leserinnen gestellt hat. Gebrauchen Sie die Auskunft unter den sechs Bildern, um einen Fragebogen auf englisch zu bilden.

B Führen Sie nun diese Umfrage bei mindestens 25 anderen Unter- und Oberprimanern in Ihrer Schule/Ihrem College durch. Finden Sie heraus, wieviel Prozent für und gegen folgende Handlungen sind:

1 die Abstellung von umweltbelastenden Kohlekraftwerken
2 die Stillegung von allen Kernkraftwerken
3 die Einführung von Tempo 100 auf allen europäischen Autobahnen
4 die große Zunahme der umweltfreundlichen Ersatzprodukte
5 die verbindliche Sammlung von Altpapier und Altglas

C *Selbständig*

Schreiben Sie Ihre Ergebnisse auf, indem Sie sie mit den deutschen Ergebnissen vergleichen und Strukturen wie *mehr/weniger als, so viele wie, genau wie, anders als* gebrauchen.

D *Gruppenarbeit*

Vergleichen Sie Ihre Ergebnisse mit denen der anderen Mitglieder der Großgruppe. Bei welchen Fragen haben Sie ähnliche Ergebnisse?

Hier ist er, der zweite Teil des Brigitte-Beiheftes „Mit der Umwelt haushalten". Nach den Wasch- und Putzmitteln geht es diesmal um Energie, Recycling, Müll, Wasser – und alles, was jeder einzelne tun kann, um die Umwelt sowenig wie möglich zu belasten.

EINSTIEG: Neue Atomkraftwerke, um umweltbelastende Kohlekraftwerke abstellen zu können, fordert vor allem die CSU. Sie findet nur geringe Zustimmung: 8% der Befragten (13% der CDU/CSU-Anhänger) sehen darin einen wichtigen Beitrag zum Umweltschutz.

AUSSTIEG: Spätestens 1998 sollten alle Atomkraftwerke stillgelegt sein. Dafür setzen sich ein Drittel aller Befragten mit Nachdruck ein, Anhänger der Grünen am häufigsten (66%), CDU/CSU-Anhänger am seltensten (17%).

TEMPO 100: Die Frauen sind am engagiertesten: 22% von ihnen, gegenüber 11% der Männer, halten Tempo 100 auf Autobahnen für wichtig.

TEMPO 130: Mehr als ein Drittel (39%) der Autofahrer hält sich an die freiwillige Richtgeschwindigkeit auf Autobahnen.

UMWELTFREUNDLICHE PRODUKTE: Jede dritte Frau (32%) ist bereit, dafür etwas mehr Geld auszugeben.

ALTPAPIER: 60% der Bundesbürger geben es regelmäßig in die Altpapiersammlung; der zweithäufigste Beitrag der Verbraucher zum Umweltschutz nach dem Sammeln von Altglas.

ANWENDUNG *und* ERWEITERUNG

 Zum Nachlesen: 6.11 Machen Sie eine Umfrage

 Zum Nachschlagen: der Imperativ

 Zum Wiederholen: 5.1

 Zum Üben

1 Entwerft Parolen für eine Umweltaktion! Benutzt dabei die „ihr-Form" des Imperativs!

Beispiel: ... um umweltbelastende Kohlekraftwerke abstellen zu können. „Stellt Kohlekraftwerke ab!"

a ... sollten alle Atomkraftwerke stillgelegt sein.
b ... hält sich freiwillig an Tempo 130.
c ... ist bereit, mehr Geld für umweltfreundliche Produkte auszugeben.
d ... geben Altpapier in die Altpapiersammlung.
e ... nach dem Sammeln von Altglas.

2 Versucht (als Gruppe) zehn weitere Parolen zu finden. Malt Plakate!

ANWENDUNG *und* ERWEITERUNG

 Zum Nachlesen: 6.11 Machen Sie eine Umfrage

 Zum Nachschlagen: Das Gerundium

 Zum Üben

In diesen kurzen Texten gibt es ein Beispiel des Gerundiums, und zwar: „Sammeln" („... nach dem Sammeln von Altglas").

Versuchen Sie jetzt die folgende Übung: Welcher Satzteil in Gruppe A paßt zu welchem in Gruppe B? Übersetzen Sie die englischen Wörter ins Deutsche und schreiben Sie die Sätze richtig aus.

Diese Verben werden Ihnen behilflich sein:

abstellen to switch off
einhalten to keep, stick to
einkaufen to buy, purchase
sammeln to collect
sparen to save
stilllegen to close down
überschreiten to exceed
wegwerfen to throw away
wiederverwerten to recycle

Gruppe A
1 Ich interessiere mich für (the collecting)
2 Heutzutage halten viele (the recycling)
3 Ohne (the purchasing)
4 Nach (the closing down)
5 Mit (the switching off)
6 (The keeping)
7 (The exceeding)
8 (The throwing away)
9 Durch (the saving)

Gruppe B
a von wertvollen Ressourcen ist ein Fluch unserer Gesellschaft.
b von umweltfreundlichen Produkten wird die Situation noch schlimmer werden.
c von Kohlekraftwerken würden die Mengen von Kohlendioxid in der Luft drastisch sinken.
d von Tempo 100 würde einen wichtigen Beitrag zum Umweltschutz und zur Sicherheit aller Straßenbenutzer leisten.
e von Energie jetzt können wir zum Wohl künftiger Generationen beitragen.
f von Altglas.
g von Tempo 130 ist aus vielen Gründen nicht ratsam.
h dieser Atomkraftwerke wird die Welt erheblich sicherer sein.
i von Altpapier für unentbehrlich.

6.12

Synthese

A Transkribieren Sie den Anfang von Phines Gespräch (von „Also, Umweltverschmutzung ist ein Problem ..." bis „... von Altstoffen").

B Machen Sie eine Liste von allen erwähnten umweltschonenden Maßnahmen im ersten Teil von Phines Unterhaltung.

C Erklären Sie auf englisch (100 Wörter), was Phine im zweiten Teil über Politik und über einen bestimmten politischen Artikel sagt.

D *Selbständig*

1 Hören Sie noch einmal was Phine und die anderen über die Umwelt gesagt haben. Lesen Sie die Artikel auch noch einmal durch.
2 Schreiben Sie einen Mini-Vortrag (300 Wörter), worin Sie Ihre persönliche Anschauung und Lösungen zum Thema Umweltschutz beschreiben.
3 Lesen Sie diesen Vortrag der Großgruppe vor.

G_ute Fahrt!_

In der letzten Einheit haben wir gesehen, wie eng wachsende Umweltprobleme mit dem Pkw verbunden sind – Verschmutzung durch Abgase, Stau, Lärm, usw. In dieser Einheit betrachten wir den Verkehr im weiteren Sinne – die Sorgen der Bürger, die Maßnahmen, die man zur Lösung der Verkehrsprobleme ergreift, und auch, wie man Spaß auf den Straßen haben kann.

7.1 📖

Weniger Unfälle mit Hilfe der Technik

Lesen Sie jetzt einen Auszug aus der Broschüre _Rücksicht schafft Sicherheit_ und erfahren Sie, wie man Technik anwendet, um Fahrern und Fahrerinnen in Deutschland zu helfen, sicher zu fahren.

Mehr Sicherheit durch flexible Verkehrsregelung

Wachsende **Verkehrsdichte**, höhere **Fahrleistungen**, zunehmender **Kraftfahrzeugbestand** und die Unfälle machen die Frage der richtigen Dosierung des Tempos für den einzelnen Autofahrer immer wichtiger.

Intelligente technische Lösungen sollen hier **Abhilfe** schaffen.

Dafür werden auf Autobahnen in steigendem Maße sogenannte **Verkehrsbeeinflussungsanlagen**, also technische **Leitsysteme**, eingerichtet.

Sie arbeiten nach folgendem Prinzip: **Induktionsschleifen** in den Fahrbahnen zählen die Fahrzeuge und messen deren **Geschwindigkeiten**, in der Regel getrennt nach **Pkw** und **Lkw**. Andere **Sensoren** messen z. B. die **Sichtweiten**, um Nebel festzustellen. **Meßfühler** können **Nässe** oder **Seitenwind** ermitteln. All diese Daten werden über **Fernmeldekabel** zu einer **Zentrale** übertragen. Dort **wertet** ein **Verkehrsrechner** die Daten **aus** und schaltet die der Verkehrssituation angepaßten **Verkehrszeichen**, also z. B:

Stau oder NEBEL

Natürlich sind diese „Wechselverkehrszeichen" genau so **verbindlich** zu **beachten** wie alle anderen Verkehrszeichen.

Damit kann zum Beispiel die Zahl der **Massenunfälle** bei Nebel oder schlechter Sicht **verringert** werden.

A Finden Sie die englische Übersetzung für die im Texte hervorgehobenen Schlüsselvokabeln.

B Vervollständigen Sie folgende Sätze im Sinne des Textes:

1 Die Verkehrsdichte in Deutschland ...
2 Von immer größerer Bedeutung ist ...
3 Technik spielt hier ...
4 Die sogenannten Verkehrsbeeinflussungsanlagen sind eine Art ...
5 Die Fahrzeuge werden durch ...
6 Fernmeldekabel übertragen die Daten ...
7 Dort werden sie von einem Verkehrsrechner ...

ANWENDUNG *und* ERWEITERUNG

 Zum Nachlesen: 7.1 Weniger Unfälle mit Hilfe der Technik

 Zum Nachschlagen: Partizip Präsens

 Zum Üben

In diesem Auszug kommt das Partizip Präsens viermal vor. Finden Sie alle vier Beispiele.

Schreiben Sie die folgenden Sätze so um, daß die unterstrichenen Wörter mit Hilfe eines Partizips ausgedrückt werden:

1 Die Verkehrsdichte, die wächst, ist für Kinder und die Umwelt besonders gefährlich.
2 Infolge des Kraftfahrzeugbestands, der zunimmt, müssen alle Straßenbenutzer immer mehr Rücksicht nehmen.
3 In einem Maße, das steigt, wird der Verkehr von technischen Leitsystemen geführt.
4 Wenn man in der Stadt fährt, soll man auf Kinder, die spielen, Rücksicht nehmen.
5 Ein Fahrrad, das schnell ausweicht, kann für einen Autofahrer ein Problem sein.
6 Ein Autofahrer, der aus seinem Auto aussteigt, kann für einen Radfahrer sehr gefährlich sein.
7 Junge Autofahrer, die mit Musik, die laut dröhnt, durch die Stadt fahren, gehen vielen Leuten auf die Nerven.
8 Viele Verkehrsunfälle sind auf Geduld, die fehlt, zurückzuführen.
9 Auf Straßen, die frieren, muß man immer besonders vorsichtig fahren.
10 Bei Straßenbedingungen, die schlechter werden (beispielsweise bei Nebel, der dichter wird), ist es durchaus ratsam, anzuhalten.

7.2

Sicherheits-Checkliste

Diese „Checkliste für Eltern" bekommen alle Eltern, bevor ihre kleinen Kinder zum ersten Mal zur Schule gehen. Hören Sie jetzt ein Gespräch zwischen einer Bezirksforscherin und den Eltern eines kleinen Kindes, worin sie die Checkliste besprechen.

A Kreuzen Sie passend an, um zu zeigen, welche Dinge das Kind tun kann, und notieren Sie, wo es Schwierigkeiten hat:

Hier können Sie nun prüfen, ob Sie den ersten Alleingang Ihres Kindes verantworten können. Beobachten Sie und entscheiden Sie Punkt für Punkt:

	Ja	*Nein*
1 Unser Kind kann die Entfernung zu einem heranfahrenden Auto (Motorrad) vor dem Überqueren der Fahrbahn richtig abschätzen.	○	○
2 Es kennt die Bedeutung der Ampelfarben bzw. der Zeichen des Verkehrspolizisten.	○	○
3 Es kann die Druckknopfampel bedienen.	○	○
4 Es hält vor dem Bordstein immer an.	○	○
5 Es schaut vor Betreten der Fahrbahn erst nach links und dann nach rechts.	○	○
6 Es sucht vor dem Überqueren die Blickverbindung mit den Fahrzeugführern.	○	○
7 Es vergißt nicht, seine Absicht durch Handzeichen deutlich zu machen (besonders gegenüber Rechtsabbiegern).	○	○

	Ja	*Nein*
8 Es überquert die Fahrbahn immer auf dem kürzesten Weg.	○	○
9 Wenn es zwischen parkenden Autos die Fahrbahn überqueren muß, hält es an der Sichtlinie nochmals an und schaut, ob die Fahrbahn frei ist.	○	○
10 Es weiß, daß der kürzeste Weg nicht immer der sicherste ist. Es sucht sich deshalb Zebrastreifen, Fußgängerampeln oder Unterführungen bzw. Überwege aus.	○	○
11 Unser Kind kennt seinen künftigen Schulweg in- und auswendig.	○	○

Jedes „Nein" bedeutet „weiter üben".

B Wie sagte man im Hörtext:

1 your answer to the first question
2 he can judge distance
3 he knows how to use …
4 he finds eye-contact difficult
5 he doesn't like looking at strangers

6 like a professional in a cycle-race
7 I didn't mean that
8 he can manage
9 he's afraid of underpasses
10 that's not a problem

A

E

B

F

C

D

C

Die Straßen in Deutschland sind genauso gefährlich wie überall in Westeuropa. Deshalb sehen wir jetzt einen Auszug aus einer Broschüre voller Ratschläge für junge Autofahrer und Autofahrerinnen, Radler und Kinder. Welche Sätze/Überschriften/Behauptungen passen zu welchen Bildern?

1 An der Einmündung absteigen
2 Ein rollender Ball muß auf einen Autofahrer wie das Rotlicht einer Ampel wirken
3 Wenn Kinder gerufen werden, vergessen sie jede Vorsicht!
4 Langsam an Ausfahrten heranfahren
5 Kinder springen plötzlich hinter Sichthindernissen hervor
6 Langsam, aufmerksam und mit Abstand an parkenden Autos vorbeifahren

ANWENDUNG *und* ERWEITERUNG

 Zum Nachlesen:
7.2 Sicherheits-Checkliste

 Zum Nachschlagen:
Modalhilfsverben

 Zum Wiederholen: 3.9, 4.3, 4.4,
4.12

 Zum Üben

Füllen Sie die Lücken in diesem Text mit
einem passenden Modalhilfsverb in der
Gegenwart aus:

Polizist Entschuldigen Sie! _____ Sie Ihren
Sohn nicht?

Herr M. Natürlich _____ ich ihn! Was _____
Sie damit sagen?

Polizist Ich _____ Sie nur darauf
aufmerksam machen, daß Ihr Kind auf der
Straße fährt.

Herr M. Wieso? _____ er das nicht?

Polizist Sie _____ eigentlich wissen, daß
Jugendliche unter acht Jahren auf dem
Bürgersteig fahren _____, falls kein Radweg
vorhanden ist.

Herr M. Ja und? Ich _____ leider immer
noch nicht verstehen, wo hier das Problem
liegt.

Polizist Warum _____ Sie mich nicht
verstehen? Ihr kleiner Sohn radelt auf der
Straße, was Sie ihm dem Gesetz nach nicht
erlauben _____.

Herr M. Jetzt _____ ich Ihnen aber etwas
sagen: der kleine Junge, von dem Sie
sprechen, ist inzwischen achtzehn Jahre alt
und _____ sich jeden Morgen rasieren.

Polizist Ist das wahr? Dann _____ ich
morgen meine Brille wirklich nicht wieder
vergessen!

ANWENDUNG *und* ERWEITERUNG

 Zum Nachlesen: 7.2 Sicherheits-Checkliste

 Zum Nachschlagen: der Imperativ

 Zum Wiederholen: 5.1, 6.13

 Zum Üben

Es folgen einige Hinweise zur Sicherheit von Kindern im Straßenverkehr. Wie könnte ein
besorgter Erwachsener einem Kind diese Hinweise nahebringen? Benutzen Sie dabei die „Du-
Form" des Imperativs.

Beispiel:
Vorsichtig an parkenden Autos vorbeifahren.
Fahr(e) vorsichtig an parkenden Autos vorbei!

1 Langsam an Ausfahrten heranfahren.
2 Ohren und Augen immer offenhalten.
3 An Kreuzungen absteigen.
4 Nach vorne, nach hinten und zur Seite schauen.
5 Auf abbiegende Autos achten.
6 Das Fahrrad über die Straße schieben.
7 Das Fahrrad um unüberschaubare Hindernisse herumschieben.
8 Klare Signale geben.
9 Immer schön aufmerksam sein.
10 Die Fahrradlampen nicht vergessen.

7.3 📖

Verkehrserziehung für Millionen

Wie Sie schon gesehen haben, machen die deutschen Experten und Behörden allerlei
Anstrengungen, um ihren Landsleuten auf der Straße Beistand zu leisten. Wir haben schon drei
schriftliche Initiativen gesehen, die dem gewidmet sind. Jetzt erfahren wir etwas über eine
Fernsehinitiative, die eine Art nationaler Fahrschule in die Flimmerkiste bringt.

Die Fahrschule der Nation

Der „7. Sinn". Dauerparkplatz im Fernsehen.
Drei Minuten Verkehrserziehung für Millionen. *Auto* Bild besuchte die
Macher und einigte sich: Ab sofort fahren wir mit

Bilder, die einem nicht mehr aus
dem Kopf gehen. Ein Kadett bricht
aus, Überschlag. Scheiben
splittern. Ein Ford 12 M stürzt
zeitlupenlangsam in die Kiesgrube.
Flammen schlagen hoch. Ein Opal Admiral
schlägt einen Salto in einen Fluß. Panik
unter Wasser.

Dazu die sonore Stimme, die erklärt,
predigt: Der Mensch hat fünf Sinne, der
Autofahrer aber muß sieben haben.

„Der 7. Sinn" – seit 27 Jahren ein Tatort

in drei Minuten. TV-Verkehrserziehung mit perfekten Crashs, realistischer Aktion – immer ein bißchen oberlehrerhaft kommentiert vom Sprecher Egon Hoegen. Doch das mögen die Leute. Auch diesen Donnerstag um 21.00 Uhr werden gut acht Millionen Interessierte ehrfurchtsvoll erschaudern, wenn zum Rhythmus eines Trommelwirbels das Rot-Gelb-Grün einer Ampel aufblinkt. Danach Trompeten-schmettern und dann der Knall. Thema diesmal: schwerer Unfall zwischen Radfahrer und Pkw – wie Helfer ein Unglück mit Verletzten richtig melden.

Erfinder der Titelmusik und erster Autor der Verkehrsshow ist Produzent Alfred Noell. Der Ex-Rallyefahrer und seine Mitstreiter sind das Original. Sie haben uns gelehrt, Bremsen stottern zu lassen und im Reißverschlußverfahren einzufädeln. Begriffe, die auch *Auto* Bild Woche für Woche prägen.

Deshalb drücken wir ab sofort mit unseren Lesern wieder die Schulbank: Wir greifen Themen vom „7. Sinn" auf, erklären und analysieren die TV-Bilder. Sequenzen aus dem spannendsten Kurzkrimi den das Fernsehen zu bieten hat.

**Realistisch nachgestellt: Unfallszenen und spektakuläre Auto-Stunts vom „7. Sinn"
flimmern in 63 Ländern über die Bildschirme. Über 1300 Autos wurden in 27 Jahren
zu Schrott gefahren**

A Beantworten Sie folgende Fragen zum Text:

1 Warum nennt man die Serie einen „Dauerparkplatz"?
2 Was für eine Sendung ist *Der 7. Sinn*?
3 Wie erfolgreich ist die Serie geworden?
4 Warum muß der Autofahrer laut der Sendung zwei Sinne mehr als der normale Mensch haben?
5 Seit wann existiert die Sendung?
6 Beschreiben Sie ein wenig *den 7. Sinn*.
7 Wie wird die Sendung von den Zuschauern aufgenommen?
8 Machen Sie eine Liste der typischen Szenen im *7. Sinn*.
9 Wie erklärt man den psychologischen Erfolg der Serie?

B Finden Sie im Text das Gegenteil von:

1 blitzschnell
2 Ruhe
3 rückblicken
4 verfälscht
5 respektlos
6 lautlose Stille
7 verbergen
8 Nachahmer
9 Kopie
10 unregelmäßig

C Vervollständigen Sie die Witzzeichnung mit einer Antwort seitens des Hundes.

117

ANWENDUNG *und* ERWEITERUNG

 Zum Nachlesen: 7.3
Verkehrserziehung für Millionen

 Zum Nachschlagen: Verben: die
Gegenwart

 Zum Wiederholen: 1.2, 1.5/6, 2.11,
4.11, 6.10

 Zum Üben

1 Finden Sie in diesem Text die Verben, die
folgende Bedeutungen haben:
a to shudder
b to report
c to preach
d to offer
e to shatter
f to fall
g to press, squeeze
h to comment (on)
i to explain
j to teach
k to let

2 Lesen Sie den Artikel noch einmal durch,
dann versuchen Sie, die Lücken im
folgenden Text auszufüllen. Jedes der oben
angegebenen Verben kommt einmal vor,
und zwar in der Gegenwart.

Wir haben eine ganz tolle Fahrschullehrerin,
die uns allerlei ____. Zum Beispiel ____ sie
uns, was wir machen müssen, wenn die
Windschutzscheibe ____, oder wenn das
Auto außer Kontrolle gerät und von der
Straße ____, oder auch wie ein Helfer ein
Unglück mit Verletzten richtig ____. Beim
Fahren ____ sie uns auch vieles einfach
ausprobieren und nachher ____ sie das, was
wir gemacht haben. Zum Glück ____ sie gar
nicht. Manchmal ____ sie uns die
Möglichkeit an, kurze Filme über
Verkehrsunfälle zu sehen. Ich ____ oft bei
dem Gedanken, daß mir so etwas passieren
könnte. Deswegen ____ ich bei ihr so gern
die Schulbank.

7.4

Mit Alkohol steigt das Unfallrisiko

Wenn man Alkohol getrunken hat, ist das Risiko, einen Unfall zu bauen, viel höher. Alkohol am Steuer kann das Leben aller aufs Spiel setzen. Lesen wir jetzt, was das deutsche Gesetz darüber zu sagen hat.

Hochprozentiges Risiko

Mit Alkohol steigt die Stimmung – und das Unfallrisiko. Alkohol verlängert schon in geringen Mengen die Reaktionszeit und schränkt die Urteils- und Handlungsfähigkeit ein.

Deshalb spielt Alkohol bei Unfällen eine viel größere Rolle, als die meisten glauben. Mindestens jeder fünfte Unfalltote ist ein Alkoholopfer.

Auf Ihr Wohl – kein Alkohol.

Nach einer Feier ist der Alkohol-Spiegel auch am nächsten Morgen nicht immer auf Null. Auch der Morgenkaffee hilft da nicht.

Bei einer Fahrt mit Folgen kann schon ein festgestellter Blutalkoholwert ab 0,3 Promille schwerwiegende Konsequenzen nach sich ziehen: Dann handelt es sich nämlich um eine Straftat, die mit Freiheitsstrafe bis zu einem Jahr oder Geldstrafe und zusätzlich mit Entziehung der Fahrerlaubnis geahndet werden kann.

Ab 1,1 Promille erfolgt – auch wenn nichts passiert ist – wegen absoluter Fahruntüchtigkeit immer eine strafgerichtliche Verurteilung, Geld- oder Freiheitsstrafe und Entzug der Fahrerlaubnis. Diese strafrechtlichen Regelungen gelten überall in Deutschland.

Wichtig: Alkohol-Unfälle können mit erheblichen Kosten verbunden sein. Wer zum Beispiel mit 0,6 Promille gegen einen Baum fährt, wird den Schaden höchstwahrscheinlich voll aus der eigenen Tasche bezahlen müssen. Alkohol kommt immer teuer. Deshalb am besten gar keinen Alkohol trinken, wenn man noch fahren muß.

Mineralwasser empfiehlt sich aber auch aus einem viel wichtigeren Grund: Um sich und andere nicht unnötig zu gefährden.

Alkohol-gehalt im Blut	Wenn keine Anzeichen von Fahrunsicherheit vorliegen	Wenn Anzeichen von Fahrunsicherheit vorliegen	Wenn es zu einem Unfall kommt
Ab 0,3‰ Alkohol zeigt Wirkung	Verwarnung, keine Weiterfahrt siehe ①		
Ab 0,5‰ doppeltes Unfallrisiko	siehe ①		
Ab 0,8‰ vierfaches Unfallrisiko			
Ab 1,1‰ über zehnfaches Unfallrisiko			

- = Punkte im VZR Flensburg
- = Geldbuße (bis 3.000 DM)
- = Geldstrafe
- = Fahrverbot (bis 3 Monate)
- = Führerscheinentzug (Sperrfrist 6 Monate bis 5 Jahre oder auf Dauer)
- = Freiheitsstrafe (bis 5 Jahre oder Geldstrafe)
- = Schadenersatz, Schmerzensgeld und eventuell Rente an Unfallopfer

① Anmerkung: Nur in den neuen Bundesländern und Berlin-Ost bis Ende 1992

A Nachdem Sie die Erklärung aus der Sicherheitsbroschüre gelesen und die Tabelle studiert haben, hören Sie den vier Zwischenfällen gut zu und versuchen Sie, die passenden Strafen auszuarbeiten. Diese Übung können Sie alleine oder in der Kleingruppe machen.

Zwischenfall	*Strafen*
1	
2	
3	
4	

B *Arbeit zu zweit*

Sie befinden sich in Deutschland mit einer Person, die kein Deutsch spricht, die aber wissen will, was das Gesetz über Alkohol beim Fahren sagt.

Person A erklärt (auf englisch) die Hauptpunkte des Berichts.

Person B erklärt die Tabelle (auch auf englisch).

C

1 Finden Sie die entsprechenden Regeln und Strafen in Ihrem eigenen Land heraus und schreiben Sie sie auf.
2 Nehmen Sie Ihre Notizen auf Kassette auf.

D *Selbständig*

Schreiben Sie einen Bericht (250–300 Wörter), worin Sie die Regeln und Strafen in Deutschland und in Ihrem eigenen Land vergleichen, was Alkohol am Steuer betrifft. Welches Land hat das beste System? Aus welchen Gründen?

ANWENDUNG *und* ERWEITERUNG

 Zum Nachlesen: 7.4 Mit Alkohol steigt das Unfallrisiko

 Zum Nachschlagen: Bindewörter

 Zum Wiederholen: 4.3, 4.8, 6.4

 Zum Üben

Verbinden Sie die Satzteile in Gruppe A mit den passenden Satzteilen aus Gruppe B. Sie sollen auch das jeweils passende Bindewort wählen und sich versichern, daß die Wortfolge im daraus entstehenden Satz stimmt.

Gruppe A

1 Ich kann Alkohol nur schlecht vertragen
2 Alkoholfreies Bier ist eine gute Lösung
3 Man muß eventuell eine Blutprobe abgeben
4 Die Polizei geht immer stärker gegen Alkoholsünder vor
5 Alkohol bleibt viel länger im Blut
6 Bei einer positiven Blutprobe kriegt man auf jeden Fall Punkte in der polizeilichen Verkehrskartei

Gruppe B

a viele Leute vermuten es
b man muß vielleicht sogar ins Gefängnis
c ich trinke immer Mineralwasser
d man wird von der Polizei angehalten
e die Verkehrsunfallquote wird reduziert
f man mag nicht auf den Geschmack von Bier verzichten

Bindewörter	
wenn	deswegen
dann	damit
als	falls

7.5

Frisieren ist lebensgefährlich

Wie Sie gerade gelesen haben, ist das Fahren mit Alkohol im Blut eine Straftat. Deutsche Jugendliche haben einen gefährlichen Zeitvertreib erfunden, der auch zu einer Straftat führen kann. Er heißt „Frisieren". Lesen Sie den Artikel durch und nehmen Sie Stellung zum Frisieren.

Frisieren: So wird ein Mofa zum tödlichen Geschoß

Traum vieler Jugendlicher: ein Mofa. Ab 15 darf man es mit Mofa-Führerschein fahren.

Von M. QUANDT und W. KEMPF

„Papiiii, ich möchte ein Mofa!" Was spendable Eltern oft nicht ahnen: **Die kleine Maschine, die sie ihrem Jungen schenken, kann immer noch zu einem lebensgefährlichen Geschoß frisiert werden – obwohl die Hersteller Tricks gegen das „Tuning" einbauen.**

● In Ellerbek wurde Bastian H. (15) erwischt. Sein Mofa (Tempo ab Werk: 25) brachte es auf 120 km/h! Die Polizei zog es ein. Polizeihauptmeister Helmut Lütje aus Neumünster: „Bei Kontrollen sind acht von zehn Mopeds frisiert."

● Unter den Jugendlichen spricht sich schnell herum, wo in den Motoren Feile und Bohrer anzusetzen sind. Andrej S. (16) aus Hamburg: „Natürlich so, daß die Bullen es nicht sehen." Sein Freund Marko hat sein Mofa auf 50 getrimmt: „Ich laß mich doch nicht von 'nem Fahrrad überholen."

Jugendliche ab 16 dürfen „Leichtkrafträder" fahren. Höchstgeschwindigkeit: 80 km/h. Sie lassen sich mühelos auf Tempo 130 bringen. Die Polizei hat für regelmäßige Kontrollen nicht die Leute.

Horst Hoffmann, Kfz-Sachverständiger: „Frisieren ist lebensgefährlich. Bremsen und Stoßdämpfer sind zu schwach. Wer manipuliert, verliert den Versicherungsschutz."

A Nachdem Sie den Artikel gut durchgelesen haben, tragen Sie passende Informationen in die Tabelle ein:

1 Was Mutter und Vater nicht verstehen

2 Das Schicksal von Bastian H.

3 Die Veränderung an Bastians Mofa

4 Der Prozentsatz von frisierten Mofas

5 Was die Polizei nicht sehen darf

6 Der Unterschied zwischen erlaubter und möglicher Geschwindigkeit für Leichtkrafträder

7 Das Problem für die Polizei

8 Der Grund für die Gefahr

B *Arbeit zu zweit*

Person A: Sie waren an einem Zwischenfall beteiligt, wobei ein(e) Mitschüler(in) ein frisiertes Mofa fuhr, das einen kleinen Verkehrsunfall verursacht hat. Erklären Sie dem Polizisten/der Polizistin (*Person B*), was passiert ist, indem Sie versuchen, den Ärger für Ihren Mitschüler/Ihre Mitschülerin auf ein Minimum zu beschränken.

Person B: Sie sollten höchst skeptisch/ungläubig sein.

Folgende Ausdrücke werden Ihnen dabei helfen:
– Er/sie war nicht daran schuld.
– Es war soviel Verkehr.
– Ich konnte nicht gut sehen.
– Mein(e) Freund(in) ist sehr zuverlässig.
– Fragen Sie lieber den anderen Fahrer.
– Es scheint mir, er/sie ist zu schnell gefahren!
– Wer war dafür verantwortlich?
– Ist das Mofa frisiert worden?

7.6

„Wir kommen in jedes Auto"

Weil wir so viel Wert auf den Pkw legen und er ein teures Gut ist, scheint es nur natürlich zu sein, daß der Autodiebstahl ein großes Geschäft geworden ist. Hören wir jetzt Klaus, einen erfahrenen Autodieb, der sich momentan im Gefängnis befindet. Er spricht im folgenden Artikel über seine Karriere, seinen „Beruf".

Bis vor kurzem Autoknacker, jetzt Häftling: 72 Monate. In *Auto* Bild erzählt Klaus, 33, wie Autos aufgebrochen und verkauft werden. Wie Autoclubs dabei helfen. Wie die Polizei sich selbst ausbremst. Und wie leicht Autosicherungen zu knacken sind

A
Eine Ausbildung habe ich nicht, aber gelernt habe ich etwas: Autos knacken. Angefangen habe ich mit 16. Wir waren so zehn Leute, haben uns das gegenseitig beigebracht. Zuerst nur aus Spaß, um damit rumzufahren.

B
Später bin ich mit jemandem ins Gespräch und dann ins Geschäft gekommen, der mir die Autos abgekauft hat. So läuft das: Irgendwer kennt irgend jemand, der das und das haben will.

C
Wenn ich einen Auftrag hatte, habe ich gesucht. Rumgeguckt, wo so einer steht. Es mußte alles stimmen. Farbe, Motor, Baujahr. Denn mein Hehler hatte irgendwo schon einen entsprechenden Brief her. Meistens von einem Schrottwagen für ein paar Hunderter. Zu dem mußte ich jetzt noch das passende Auto finden.

D
Das war manchmal nicht einfach. Einmal sollte ich einen Kadett GSi 16V besorgen. Kein Problem. Aber die Kiste mußte monacoblau sein. Die Farb-Nummer ist schließlich im Brief vermerkt. Aber das Schrottauto, das mein Hehler an der Hand hatte, war offensichtlich

der einzige monacoblaue GSi auf der Welt. Ich habe keinen gefunden.

E
Der Vectra 4x4 war auch nicht unproblematisch. Ich habe dann das passende Modell auf der Autobahn gesehen. Zack, fuhr es an mir vorbei. Ich habe mir das Kennzeichen notiert, und das Ding war so gut wie meines.

F
Die Nummer habe ich meinem Hehler durchgegeben. Der kannte einen bei der Zulassungsstelle, und der hat alles rausgesucht. Name, Adresse, alles. Ohne Kontakte zu offiziellen Stellen läuft nicht viel. Das ist gar nicht mal Bestechung, sondern man kennt sich eben. Lockere Verbindungen, ein bißchen Geld.

Ganz brauchbar ist es auch, wenn man jemanden bei einer Mietwagen-Firma kennt. Der kann einem sagen, bei welchen Kunden gerade welche ihrer Autos stehen. Oder was abends nach Feierabend wieder reinkommt: Der Schlüssel landet dann im Briefkasten, und da angelt man ihn eben wieder raus. Natürlich kann man sich auch einfach auf die Lauer legen und gucken, was einem die Nacht so beschert.

Sicherungen – und was Klaus dazu sagt

„So ein Quatsch": Alarmanlagen, die nicht scharfgemacht sind – oder nur ein Aufkleber – schrecken höchstens Anfänger ab

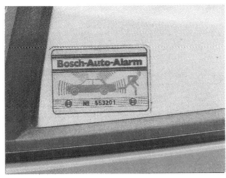

„Wirkungsvoll": Eingravierte Fahrgestell-Nummern (oben) mindern den Gewinn und machen das Auto für den Dieb unattraktiv. Und ein nachträglich an versteckter Stelle eingebauter Unterbrecher-Schalter (unten) kostet Zeit – und kann den Dieb zum Aufgeben bewegen

„Witzig": Stahlstangen an Lenkrad und Pedal hängt Klaus „einfach aus"

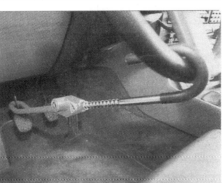

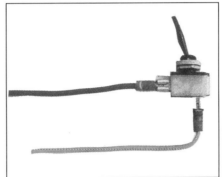

G

Alarmanlagen helfen kaum. Legt eine los, mache ich sie schnell wieder aus, indem ich das Kabel zur Hupe durchtrenne. Meistens reagiert sowieso niemand. Das ist echt heiß: Das Ding heult, und keiner guckt. Viele Anlagen sind außerdem gar nicht scharfgemacht. Oder manche Autos haben nur den Aufkleber drauf: „Vorsicht, Alarm" und denken, das schreckt ab. So ein Quatsch.

H

Ein Witz sind diese Stahlstangen, die das Lenkrad am Pedal festhaken. Da tret' ich dagegen und hänge sie aus.

I

Etwas wirkungsvoller ist die Methode, die Fahrgestell-Nummer in die Scheiben einzugravieren. Wenn ich jedesmal neue Scheiben besorgen muß, schwindet meine Verdienstspanne.

J

Was hilft, sind auch nachträglich eingebaute Unterbrecher-Schalter. Eine dieser Kleinigkeiten, die einen aufhalten. Da sitz' ich im Auto, Lenkradschloß ist geknackt, Zündung kurzgeschlossen, und nichts passiert. Dann muß ich suchen. Das kostet Zeit, und die habe ich nicht.

So etwas würde ich mir einbauen, wenn ich mein eigenes Auto sichern müßte.

A
Hören Sie dem Gespräch mit Klaus zu und entscheiden Sie, welche Behauptung zu welchem Absatz im Artikel paßt.

B
Wie sagt man im Text:

1 someone or other knows someone
2 everything had to tally
3 it was also not without its problems
4 without contacts in official places
5 you can lie in wait
6 for the most part, no one reacts
7 somewhat more effective
8 one of those little things

C *Selbständig*

Schreiben Sie eine Kurzfassung des Artikels (150 Wörter), worin Sie sich auf die Punkte konzentrieren, die Sie am meisten interessieren.

ANWENDUNG *und* ERWEITERUNG

 Zum Nachlesen: 7.6 „Wir kommen in jedes Auto"

 Zum Nachschlagen: das Perfekt/das Imperfekt

 Zum Wiederholen: 1.2, 1.8, 1.11, 2.3, 4.2, 4.5, 4.11, 6.10

 Zum Üben

Lesen Sie den Artikel „Klaus packt aus" noch einmal durch, wobei Sie sich insbesondere auf die Zeiten von den Verben konzentrieren sollen. In dem folgenden Auszug beschreibt Klaus, wie er früher in Autos eingebrochen ist. Vervollständigen Sie den Artikel, indem Sie die in Klammern stehenden Verben in das Perfekt (ggf. Imperfekt) setzen. Und passen Sie auf, daß Ihnen so etwas nicht passiert!

Erst mal ich das Auto (aufmachen). Dann ich (weggehen). Ich (warten), ob was passiert. Wenn nicht, dann ich (wiederkommen) und (loslegen). Meistens (sein) es die Einzelheiten, die einen (aufhalten). Zum Beispiel, wenn es dunkel (sein). Obwohl ich manchmal am hellichten Tag ein Auto (wegfahren) – im allgemeinen (arbeiten) man nachts. Natürlich ich (sehen) nichts. Da ich nicht gesehen werden (wollen), (können) ich keine Taschenlampe mitnehmen. Wenn ich eine Schraube nicht (finden), die ich abdrehen (müssen), dann (sitzen) ich da und (tasten) und (suchen).

7.7

Ein Auto gegen die Angst

Im ersten Teil dieser Einheit wird die Sicherheit auf der Straße behandelt. Jetzt lesen Sie, wie Frauen sich auf der Straße unsicher fühlen, aber aus anderen Gründen. Erwägen Sie die „Frauen-Nachttaxis"-Initiative, die in Bielefeld angefangen und sich weiter in Deutschland ausgedehnt hat. Hier kommen wir wieder zum Thema der zweiten Einheit: müssen Frauen Angst auf der Straße haben? Es erscheint ironisch, daß der Erfolg des Wagens als persönlicher Kraftwagen hier als Zerstörer der öffentlichen Verkehrsmittel eine Rolle spielt.

Frauen-Nachttaxis

Die autofixierte Verkehrspolitik unserer Tage führt Fußgänger durch schlecht beleuchtete Unterführungen, sie werden in U-Bahn Schächte oder an einsame Haltestellen verbannt. Lange Wartezeiten, bedingt durch miese Bus- und Bahnverbindungen besonders zur Abend- und Nachtzeit, verstärken das Gefühl der Sicherheit nicht unbedingt.

Das „Frauen-Nachttaxi" könnte Frauen ihre Angst und Unsicherheit weitgehend nehmen. In den 80er Jahren wurde die Forderung nach einem solchen Projekt erstmals in der Frauenbewegung laut. Nicht nur einen „Von Haus zu Haus"-Service galt es zu realisieren; er sollte zudem auch bezahlbar sein. Sammeltaxis und der Zuschuß durch die Stadt sollten für alle Frauen tragbare Preise gewährleisten.

PILOTPROJEKT BIELEFELD

Im Herbst 1984 gründete sich in Bielefeld die erste Nachttaxi-Initiative. Ihre Forderungen wurden von der Grünen/ Bunten Liste in die Haushaltsverhandlungen der Stadt eingebracht. Mit Erfolg: Im Dezember 1985 wurde der Modellversuch „Frauen-Nachttaxi" im Rat beschlossen. 200.000 DM wurden 1986 dafür von der Stadt bereitgestellt.

Der verbilligte Tarif galt in der Zeit von 20.00 Uhr bis 5.00 Uhr und richtete sich an Frauen ab 14 Jahren, die pro Fahrt nur noch einen Eigenanteil von 2.50 DM entrichten mußten. 17 Tage lang beteiligten sich nahezu alle Taxen der Bielefelder Taxizentrale (BIETA) an diesem Modellversuch, dann waren die städtischen Zuschüsse verbraucht und der Versuch beendet.

Die Gleichstellungstelle für Frauenfragen der Stadt war mit der wissenschaftlichen Begleitung des Versuches beauftragt. Ihrem Bericht zufolge fühlten sich 73,4 Prozent der befragten Frauen unterwegs in der Dunkelheit unsicher. 47,7 Prozent berichten über Belästigungen. Mit klarer Mehrheit traten sie deshalb für die ständige Einrichtung von Frauen-Nachttaxis ein.

A Lesen Sie den Artikel durch und versuchen Sie, folgende Satzteile passend zusammenzustellen:

1 Heutzutage leiden wir unter	**a**	fehlerhaft.
2 Fußgänger haben Furcht vor	**b**	kein Geld mehr für diesen Versuch.
3 Bahnverbindungen sind oft	**c**	begann im Herbst 1984.
4 Die Frauenbewegung hat	**d**	viel Geld dafür bereitgestellt.
5 Die Bielefelder Initiative	**e**	fühlten sich unsicher in der Dunkelheit.
6 Die Stadt hat	**f**	das „Frauen-Nachttaxi" erst gefordert.
7 Spät am Tag fuhren die Frauen	**g**	Nachttaxis ein ständiger Dienst werden.
8 Schließlich gab es	**h**	einer autofixierten Verkehrspolitik.
9 Fast Dreiviertel der Frauen	**i**	zu verbilligtem Tarif.
10 Für Frauen sollten solche	**j**	dunklen Unterführungen und einsamen Haltestellen.

B Welche Sätze sind richtig, welche sind falsch? Kreuzen Sie passend an:

	Richtig	Falsch

1 Frauen fürchten sich mehr als alle anderen Fußgänger.

2 Bus- und Bahnverbindungen waren koordiniert.

3 Das „Frauen-Nachttaxi" könnte wesentliche Konsequenzen haben.

4 Die Initiative hat den Beistand der Grünen erhalten.

5 Der Versuch hat nur einige Tage gedauert.

6 Mehr Frauen als Männer haben von der Initiative gehört.

7 Fast die Hälfte der Frauen fühlten sich belästigt.

8 Nach dem Ende des Versuchs haben die Frauen demonstriert.

C *Arbeit zu zweit*

Sie sind zu Besuch bei einer Freundin/einem Freund in Deutschland und Sie haben zusammen über die Nachttaxi-Initiative gelesen. Schreiben Sie Ihrer Ortszeitung einen Brief, in dem Sie die Initiative erklären und vorschlagen, daß es gut wäre, eine ähnliche Initiative in Ihrer Heimatstadt einzuführen. Entwerfen Sie zusammen den Brief, indem Sie folgende Punkte erwähnen:
– wie die Initiative durchgeführt wird
– wieviel sie kostet
– warum sie notwendig ist
– inwiefern sie Frauen hilft

ANWENDUNG *und* ERWEITERUNG

 Zum Nachlesen: 7.7 Ein Auto gegen die Angst

 Zum Nachschlagen: Relativpronomen

 Zum Wiederholen: 3.7, 4.8, 5.6

Zum Üben

Finden Sie die Relativpronomen, die in diesem Text vorkommen. Dann verbinden Sie die folgenden Satzpaare mit Hilfe des passenden Relativpronomens.

1 Es gibt zahlreiche Formen von versteckter Bedrohung.
Die Formen richten sich gegen Frauen.

2 Es gibt viele Formen von Gewalt.
Die Formen finden keinen Eingang in die Kriminalitätsstatistiken.

3 Ein Nachttaxi könnte viele Probleme lösen.
Das Taxi wurde schon in vielen Städten getestet.

4 Das Taxi fährt jeden Tag zwischen 22.00 Uhr und 07.00 Uhr.
Jede Frau darf für wenig Geld mit dem Taxi fahren.

5 Die Frauen waren begeistert von der Idee.
Die Reporter haben mit den Frauen gesprochen.

6 Die Reporter haben auch mit einigen Männern gesprochen.
Die Männer fanden die Idee nicht so gut.

7 Ein Mann war dabei.
Der Bruder des Mannes war auch auf der Straße bedroht worden.

8 Er wollte dann beim nächsten Mal auch mit dem Nachttaxi nach Hause fahren.
Er durfte aber in das Nachttaxi gar nicht einsteigen.

9 Der Taxifahrer erlaubte es ihm nicht.
Er hatte den Taxifahrer angesprochen.

10 Er sagte, das Nachttaxi sei ausschließlich für Frauen gedacht.
Nur die Sicherheit der Frauen sei gefährdet.

7.8

Wie kommt man mit dem Auto zurecht?

Die Nachttaxi-Initiative wurde für Frauen eingeführt, die kein eigenes Auto haben. Sind Frauen im eigenen Auto aber wirklich unabhängig? Wie ist es, wenn man eine Panne hat? PRIMA-Magazin hat den folgenden Fragebogen für Fahrerinnen entworfen.

Frauen und Auto

1. Wie lange besitzen Sie Ihren Führerschein? _____ **Jahre**

2. Wie oft fahren Sie Auto?

Täglich ☐ 1   Mehrmals in der Woche ☐ 2

Mehrmals im Monat ☐ 3   Seltener ☐ 4

3. Wie viele Kilometer fahren Sie im Jahr? (ca.): _____

4. Haben Sie ein eigenes Auto?   Ja ☐ 1   Nein ☐ 2

5. Zu welchen Anlässen fahren Sie mit dem Auto?

(Mehrfachnennung möglich)

	oft 1	selten 2	nie 3
Arbeit/Ausbildung	☐	☐	☐
Einkäufe/Besorgungen	☐	☐	☐
Freizeitaktivitäten	☐	☐	☐
Urlaub	☐	☐	☐

6. Wieviel verstehen Sie von der Technik eines Autos?

(Mehrfachnennung möglich)

Verstehe nur wenig davon ☐ 1

Ich würde gerne mehr davon verstehen ☐ 2

Weiß soviel, daß ich mir notfalls

selbst helfen kann ☐ 3

Kenne mich sehr gut aus ☐ 4

Kenne Leute, die ich fragen kann ☐ 5

Interessiert mich nicht ☐ 6

7. Wer repariert Ihr Auto meistens?

Vertragswerkstatt 1   Freie Werkstatt 2   Tankstelle 3

Partner/Ehemann, Freunde 4

8. Machen Sie kleinere Reparaturen/Wartungsarbeiten selbst?

(Mehrfachnennung möglich)

Ölstand kontrollieren/Öl nachfüllen ☐ 1

Kühl- und Scheibenwaschwasser kontrollieren ☐ 2

Reifendruck überprüfen/Luft auffüllen ☐ 3

Scheibenwischer austauschen ☐ 4

Glühbirnen, Sicherungen wechseln/tauschen ☐ 5

Reifen wechseln ☐ 6

Kleinere Lackschäden beheben ☐ 7

9. Was wünschen Sie sich von einer Kfz-Werkstatt?

Ich möchte die nötige Reparatur erklärt bekommen ☐ 1

Ich möchte, daß Terminzusagen eingehalten werden ☐ 2

Längere Öffnungszeiten (z. B. Donnerstag bis 20.30 Uhr) ☐ 3

Ich bin zufrieden ☐ 4

10. Wie fühlen Sie sich in der Kfz-Werkstatt als Frau behandelt?

(Mehrfachnennung möglich)

Ernstgenommen ☐ 1   Übervorteilt ☐ 2

Schlechter behandelt als Männer ☐ 3

Besser behandelt als Männer ☐ 4

Mir fehlen die technischen Ausdrücke ☐ 5

Ich lasse mir die Mängel genau erklären ☐ 6

Ich gehe nicht gerne in eine Werkstatt ☐ 7

11. Treffen Sie Vorsorge für Notfälle?

(Mehrfachnennung möglich)

Ich habe wichtige Telefonnummern griffbereit ☐ 1

Ich weiß mit Bordwerkzeugen umzugehen ☐ 2

Ich habe einen Pannenkurs gemacht ☐ 3

Ich würde gerne einen Pannenkurs machen ☐ 4

Ich bin Mitglied in einem Automobilclub ☐ 5

Ich habe überlegt, Mitglied zu werden ☐ 6

Ich habe einen Schutzbrief ☐ 7

12. Wo wohnen Sie?

Auf dem Land ☐ 1   In einer Kleinstadt ☐ 2

In einer Großstadt ☐ 3   Im Umkreis einer Großstadt ☐ 4

13. Sind Sie berufstätig?

Ja ☐ 1   Nein ☐ 2

A

Füllen Sie den Fragebogen für Ihre Mutter/Schwester/Tante und auch für ein Mitglied des männlichen Geschlechts aus.

B *Gruppenarbeit*

Vergleichen Sie Ihre Ergebnisse zuerst in der Kleingruppe und dann in der Großgruppe. Stellen Sie sich folgende Fragen:

1 Worin unterscheiden sich Frauen und Männer am meisten?
2 Wer fährt mehr Kilometer im Jahr – der Durchschnittsfahrer oder die Durchschnittsfahrerin?
3 Wer scheint mehr von der Technik zu verstehen?
4 Wer findet sich in der Werkstatt besser zurecht?
5 Wer trifft mehr Vorsorge für Notfälle?

C

Jeder Kleingruppensprecher/jede Kleingruppensprecherin gibt der Großgruppe einen mündlichen Bericht über die Ergebnisse.

D *Selbständig*

Schreiben Sie einen Bericht (150 Wörter) über die Klassenergebnisse.

7.9

Selbsthilfe unterwegs

Im nächsten Artikel hören Sie von Jutta Nabholz, die viel über Autos weiß und Ratschläge darüber gibt, wie man bei einer Panne unterwegs zurechtkommt.

Bei einer Panne

Die besten Tips zur Selbsthilfe

Trotz der modernen Technik: Bei einer Panne können Sie Ihren Wagen oft auch selbst wieder flott machen

Regelmäßige Wartung Ihres Autos beugt Pannen vor. Überprüfen Sie deshalb öfter einmal ____, Luftdruck und Profiltiefe der ____ (empfehlenswert: mindestens 3 mm). Funktionieren Scheinwerfer, ____ und Bremslichter? Und so helfen Sie sich unterwegs:

▶ Bei einer Panne: Licht aus- und Warnblinkanlage einschalten, ____ aufstellen (mindestens 100 m hinter dem Fahrzeug).

▶ Reifenwechsel: Auto auf festen Untergrund stellen, notfalls Brett unter ____ legen. Gang einlegen, Handbremse anziehen. Vor dem Hochbocken Radmuttern ____. Hinterher Schrauben über Kreuz festdrehen.

▶ Kühlwasser kocht: Sofort anhalten, aber Motor nicht abstellen, sondern eine Minute im ____ weiterdrehen lassen. Gleichzeitig Heizung und Gebläse auf höchste Stufe stellen. Vorsicht: Motor abkühlen lassen, bevor Sie Kühlwasser nachfüllen. Sie

können sich sonst beim Öffnen des Deckels ganz leicht ____.

▶ Öldrucklampe leuchtet: Zu wenig Öl! Sofort anhalten, Motor ____, Wagen ausrollen lassen, sonst riskieren Sie einen Motorschaden.

▶ Ladekontrollampe leuchtet: Fahren Sie sofort zur nächsten Kfz-Werkstatt. Wahrscheinlich ist die Lichtmaschine oder der Regler ____. Unnötige Stromverbraucher (z.B. Radio) ausschalten. Aber: Wenn gleichzeitig die Kühlwassertemperatur steigt, sofort anhalten. Dann ist der Keilriemen gerissen und muß sofort ____ werden (gut: Ersatzriemen im Kofferraum).

▶ Abschleppen: Warnblinkanlage einschalten. Abschleppseil in den dafür vorgesehenen Ösen (siehe Betriebsanleitung) ____. Wichtig: Im Pannenfahrzeug Zündung einschalten, damit die Bremslichter leuchten und das Lenkrad nicht einrastet. Viele Autos haben einen sogenannten Bremskraftverstärker. Der arbeitet aber nur, wenn der Motor läuft. Deshalb müssen Sie im geschleppten Wagen ____ als sonst aufs Bremspedal treten.

A Und wieviel wissen Sie? Sind Sie schon Experte? Wer in der Gruppe kommt am besten mit Autoproblemen zurecht? Im Text haben wir einige Schlüsselwörter nicht eingesetzt. Finden Sie im Kästchen die treffenden Wörter:

gewechselt Warndreieck verbrühen
Blinker stärker Ölstand Leerlauf
befestigen lockern Reifen defekt
Wagenheber abstellen

B Wie sagt man im Text auf deutsch:

1 put car on firm ground
2 it only works when the engine's running
3 regular servicing prevents breakdowns
4 stop straightaway, but don't switch off the engine
5 switch on your hazard lights
6 you risk damaging the engine
7 let the engine cool down

C *Arbeit zu zweit*

1 Sie haben fünf Minuten, um den Artikel noch einmal durchzulesen.
2 Die Lehrerin/der Lehrer gibt Ihnen je einen Zettel, auf dem Anzeichen für Autopannen stehen. Sie sollen dem Partner/der Partnerin Vorschläge über den Zustand des Wagens machen.

D *Arbeit zu zweit*

Person A beschreibt folgende Anzeichen für Autopannen:
1 Die Ladekontrollampe leuchtet.
2 Das Kühlwasser kocht.

Person B beschreibt folgende Anzeichen:
1 Die Öldrucklampe leuchtet.
2 Die Bremse funktioniert nicht beim Abschleppen!

Person B macht sich Notizen, während *Person A* die Anzeichen beschreibt, und umgekehrt. Dann vergleichen *Person A* und *Person B* ihre Notizen, um festzustellen, ob sie einander richtig verstanden haben.

7.10

Gratis-Pannenkurse für Frauen

Es gibt Frauen, die die beste Selbsthilfe praktizieren und ihren eigenen Wagen warten und reparieren. Die Frauen, die aber mehr über die Autotechnik wissen möchten, können dank einer Initiative des ZDK und der AvD an Gratis-Pannenkursen teilnehmen, wie Sie im nächsten Artikel lesen können.

Wenn's drauf ankommt, helfen Sie sich selbst

Prima Service: Ab sofort veranstalten viele tausend Kfz-Meisterbetriebe für Sie, liebe Autofahrerinnen, Gratis-Pannenkurse. Und Sie können sogar ein Auto gewinnen

Wichtig: Ölstand-Kontrolle

Haben Sie sich auch schon einmal darüber geärgert, daß Ihr Auto gestreikt hat? Natürlich im falschen Moment – und kein helfender Retter in der Nähe!
Oft ließe sich der Defekt auch selbst beheben: denn seine Ursache ist nicht selten nur eine Kleinigkeit. Aber welche? In solchen Momenten wünscht man sich dann, doch etwas mehr von der Autotechnik zu verstehen. Wenn die nur nicht so kompliziert wäre! Darüber kann Verena Schultz nur noch lachen. Sie hat an einem Pannenkurs in einem Kfz-Meisterbetrieb teilgenommen. „Alles halb so wild", meint die Münchnerin jetzt, „früher traute ich mich nicht einmal, den Ölstand zu kontrollieren. Heute weiß ich sogar, was ein Verteiler ist." Viel Praxis, wenig Theorie – nach diesem Motto veranstalten Kfz-Meisterbetriebe jetzt solche Pannenkurse für

Autofahrerinnen – bundesweit und kostenlos. Die Initiatoren dieser Aktion sind der Zentralverband Deutsches Kraftfahrzeuggewerbe (ZDK) und der Automobilclub von Deutschland (AvD). Sie informieren auch darüber, wann und wo Kurse stattfinden. Schicken Sie einfach eine Karte (Stichwort: Pannenkurs) an: ZDK, Postfach 321245, 4000 Düsseldorf. Oder: AvD, Postfach 710153, 6000 Frankfurt/M.
Im Vordergrund der Pannenkurse steht die Praxis: Die Autofahrerinnen lernen an bereitgestellten Fahrzeugen, was sie tun müssen, wenn der Motor nicht anspringt, wenn eine Kontroll-Leuchte aufblinkt, wie Reifen, Scheinwerferbirnen oder Sicherungen ausgewechselt werden, was beim Abschleppen zu beachten ist und vieles mehr. Außerdem erhalten alle Teilnehmerinnen ein spezielles Pannenheft mit vielen Erklärungen und Tips. Mit den neuen Kenntnissen und der Broschüre (gehört natürlich ins Handschuhfach!) ist zumindest ein Problem für immer beseitigt: „Ich weiß jetzt, daß ich der Technik nicht machtlos ausgeliefert bin", bestätigt Verena Schultz. „Ich fühle mich so viel sicherer."

Kfz-Meister Alfons Brachem zeigt Verena Schultz, worauf bei einem Reifenwechsel geachtet werden muß

A

Nachdem Sie den Artikel gelesen haben, fassen Sie den Inhalt unter folgenden Überschriften zusammen:

– Die angebotenen Kurse
– Der Inhalt dieser Kurse
– Die Förderer
– Typische Probleme, die behandelt werden

B *Gruppenarbeit*

Finden Sie diese Initiative und den Artikel ein wenig herablassend oder wäre das übertrieben? Sollten Männer auch an Gratis-Pannenkursen teilnehmen können?

1 Finden Sie Beispiele im Text, die Ihre Meinung stützen und notieren Sie sie.

2 Mit Hilfe Ihrer Notizen besprechen Sie in der Großgruppe folgende Frage: Warum finden Sie Aspekte dieser Initiative (nicht) herablassend?

C *Selbständig*

Übersetzen Sie folgende Bearbeitung bestimmter Ideen aus den letzten drei Artikeln ins Deutsche.

I have had my driving licence for five years yet I still understand so little about the mechanics of the car and I would really love to know more. For instance, I'd like to be able to service my own car regularly to avoid breaking down. I'd like to know what to do in a breakdown, how to change a tyre and I've been saying this for years, but I suppose I no longer have any excuse since so many large garages are putting on free courses on what to do in a breakdown. It would be nice not to get cross anymore when the car refuses to move, when the engine doesn't even start, when one of those little warning lights comes on. The main thing is I'd feel so much safer, if I were no longer hopelessly dependent on the mechanics.

ANWENDUNG *und* ERWEITERUNG

 Zum Nachlesen: 7.8 Wie kommt man mit dem Auto zurecht?, 7.10 Gratis-Pannenkursen für Frauen

Zum Nachschlagen: Präpositionen und Fälle

 Zum Wiederholen: 1.7, 2.10, 4.9, 5.7, 6.1

Zum Üben

Lesen Sie diese Texte noch einmal durch, dann füllen Sie die Lücken in dem folgenden Text mit der jeweils richtigen Präposition aus. Sie müssen auch entscheiden, ob der jeweilige Artikel im Akkusativ oder im Dativ sein soll. Es stehen Ihnen zur Verfügung:

> über (x3)　an (x2)　von　mit　in

Ich brauche nie wieder der Technik ausgeliefert zu sein! Seit letztem Jahr bin ich Mitglied ____ (ein) Autoklub und vor kurzem konnte ich da ____ (ein) Kursus für Leute mit wenig Ahnung von der Autotechnik teilnehmen. Da hat man uns ausführlich ____ (die) am häufigsten auftretenden Probleme informiert. Wir haben ein wenig Theorie gemacht, aber eigentlich haben wir alles in der Praxis ____ (ein) bereitgestellten Auto gelernt. Infolgedessen verstehe ich viel mehr ____ (die) wichtigsten Aspekten der Technik und kann einfach ____ (ein) Auto viel besser umgehen als vorher. ____ (die) vielen Fehler, die ich früher gemacht habe, mußte ich inzwischen oft lachen. Jetzt ärgere ich mich nur ____ (die) Tatsache, daß ich das vor Jahren nicht gemacht habe.

ANWENDUNG *und* ERWEITERUNG

 Zum Nachlesen: 7.8 Wie kommt man mit dem Auto zurecht?, 7.10 Gratis-Pannenkurse für Frauen

 Zum Nachschlagen: Reflexive Verben

 Zum Wiederholen: 5.2, 5.5

 Zum Üben

In diesen beiden Texten gibt es reflexive Verben mit dem Reflexivpronomen sowohl im Akkusativ als auch im Dativ. Können Sie sie finden?

1 Versuchen Sie diese Tabelle auszufüllen, möglichst ohne nachzuschlagen:

Reflexivpronomen	
im Akkusativ	im Dativ
ich	
du	
er/sie/es/man	
wir	
ihr	
Sie/sie	

2 Übersetzen Sie jetzt die folgenden Sätze, indem Sie von den reflexiven Verben (und auch anderen Wörtern), die in beiden Texten vorkommen, Gebrauch machen:

a He didn't even believe he could change a tyre.

b I know all about the technology of bicycles but I wish I understood more about the technology of cars.

c We've often been annoyed by the fact that our helicopter has stopped working at the wrong time.

d Do you now feel sure that you can help yourself when necessary?

e After a visit to the workshop I always have everything explained to me.

7.11

Bertha Benz macht die erste Testfahrt

Bis jetzt haben Sie viel vom Auto in dieser Einheit gelesen. Kehren wir nun zum Anfang der Autoepoche zurück, um zu sehen, wie die Frau eines berühmten Erfinders sehr eng mit seiner Erfindung verbunden war. Die meisten Leute haben von der Karriere von Carl Benz gehört, haben jedoch keine Ahnung, inwieweit Bertha Benz dabei engagiert war. Lesen Sie diese Bildgeschichte und Sie werden verstehen, wie Mut und Entschlossenheit mit Einfallsreichtum zusammengehen.

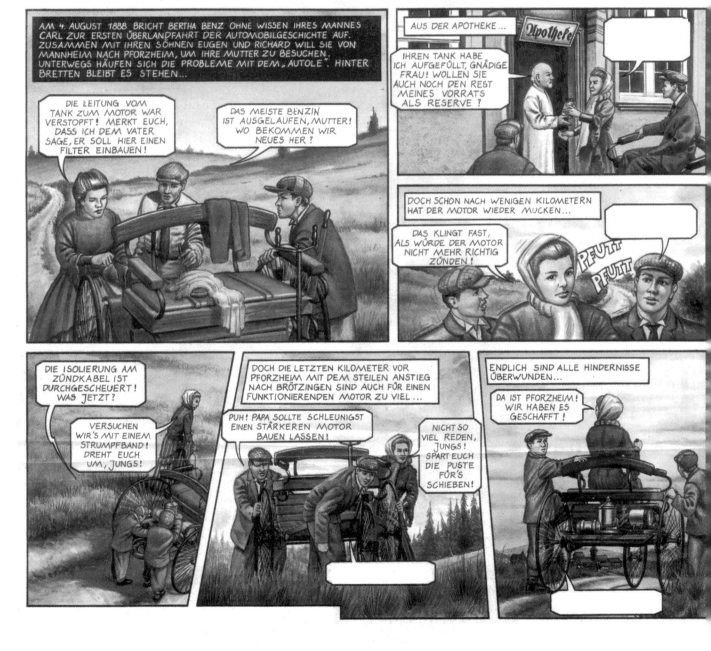

A Lesen Sie die Geschichte ein- oder zweimal durch, ordnen Sie dann die untenstehenden Ereignisse richtig ein.

1 Bald darauf hat das Auto wieder gestreikt.
2 Die Familienreise hat gezeigt, wo man den Wagen verbessern konnte.
3 Nach einer Weile hat man alle Probleme gelöst.
4 Frau Benz hatte eine Reise nach Pforzheim vor.
5 Unterwegs ist das Benzin ausgelaufen.
6 Er hat glücklicherweise schriftliche Nachrichten erhalten.
7 Später hat der Wagen „Autole" auch Schwierigkeiten bei Steigungen gehabt.
8 Mutter und Söhne sind wohlbehalten in Pforzheim angekommen.
9 Fünf Tage nach dem Anfang war das Abenteuer zu Ende.
10 Der Ingenieur machte sich Sorgen um seine Familie.

B Einige Sprechblasen sind leer. Hören Sie dem kleinen Hörspiel gut zu und füllen Sie die fehlenden Blasen aus.

ANWENDUNG *und* ERWEITERUNG

Zum Nachlesen: 7.11 Bertha Benz macht die erste Testfahrt

Zum Nachschlagen: Pronomen, Possessivum

Zum Wiederholen: 1.10, 5.8/9

Zum Üben

Lesen Sie die Geschichte noch einmal durch. Vervollständigen Sie dann diesen Auszug aus Eugens Tagebuch, indem Sie die jeweils richtige Form des Pronomens bzw. Possessivums einfügen:

Am 4. August sind ____ Mutter, ____ Bruder und ____ ohne Wissen ____ Vaters von Mannheim nach Pforzheim gefahren. Dort wollten ____ die Mutter von ____ Mutter besuchen. Unterwegs haben ____ einige Schwierigkeiten erlebt: als die Leitung vom Tank zum Motor verstopft war, mußten ____ ____ natürlich freimachen; als das Benzin alle war, war ____ gar nicht einfach, neues zu bekommen; als die Isolierung vom Zündkabel durchscheuerte, mußte ____ Mutter ____ mit einem ____ Strumpfbänder ersetzen, und zum Schluß, als das Auto ____ nicht mehr schaffte, den Anstieg nach Pforzheim hinaufzufahren, mußten ____ ____ einige Kilometer schieben.

Da ____ dachten, daß ____ Vater ____ schon Sorgen machen würde, haben ____ ____ ein Telegramm geschickt, sobald ____ angekommen waren. ____ sagte später, ____ sei sehr erleichtert gewesen, ____ zu erhalten. Als ____ vier Tage später wieder zu Hause ankamen, hat ____ ____ erstmal recht herzlich begrüßt, dann haben ____ ____ einige Verbesserungsvorschläge gemacht. Daraufhin hat ____ ____ in die Tat umgesetzt, welche ____ Auto letzten Endes zu einem großen Erfolg machten.

7.12 📖

Reisen wie in einem bösen Traum

Reisen macht nicht immer Spaß, wie Sie vielleicht schon wissen. Es hängt von der Stimmung, der Jahreszeit, der Landschaft, der Gesellschaft, der Gesundheit, in der man sich befindet, ab. Betrachten Sie in diesem Zusammenhang folgenden Auszug aus Friedrich Dürrenmatts Roman *Das Versprechen*.

Am nächsten Morgen machten wir uns auf den Weg. Ich hatte in der Dämmerung – um noch etwas schlafen zu können – zwei Medomin genommen und war wie gelähmt. Es war immer noch nicht recht hell, obgleich schon lange Tag. Irgendwo glänzte ein Stück metaller Himmel. Sonst schoben sich nur Wolken dahin, lastend, träge, noch voll Schnee; der Winter schien diesen Teil des Landes nicht verlassen zu wollen. Die Stadt war von Bergen eingekesselt, die jedoch nichts Majestätisches aufwiesen, sondern eher Erdaufschüttungen glichen, als wäre ein unermeßliches Grab ausgehoben worden. Chur selbst offenbar steinig, grau, mit großen Verwaltungsgebäuden. Es kam mir unglaubhaft vor, daß hier Wein wuchs. Wir versuchten, in die Altstadt einzudringen, doch verirrte sich der schwere Wagen, wir gerieten in enge Sackgassen und Einbahnstraßen, schwierige Rückzugsmanöver waren nötig, um aus dem Gewirr der Häuser hinauszukommen; dazu war das Pflaster vereist, so daß wir froh waren, die Stadt endlich hinter uns zu wissen, obgleich ich nun eigentlich nichts von diesem alten Bischofssitz gesehen hatte. Es war wie eine Flucht. Ich döste vor mich hin, bleiern und müde; schattenhaft schob sich in den tiefliegenden Wolken ein verschneites Tal an uns vorbei, starr vor Kälte. Ich weiß nicht, wie lange. Dann fuhren wir gegen ein größeres Dorf, vielleicht Städtchen, vorsichtig, bis auf einmal alles in der Sonne lag, in einem so mächtigen und blendenden Licht, daß die Schneeflächen zu tauen anfingen. Ein weißer Bodennebel stieg auf, der sich merkwürdig über den Schneefeldern ausmachte und mir den Anblick des Tales aufs neue entzog. Es ging wie in einem bösen Traume zu, wie verhext, als sollte ich dieses Land, diese Berge nie kennenlernen.

Wieder kam die Müdigkeit, dazu das unangenehme Geprassel von Kies, mit dem man die Straße bestreut hatte; auch gerieten wir bei einer Brücke leicht ins Rutschen; dann ein Militärtransport; die Scheibe wurde so schmutzig, daß die Wischer sie nicht mehr reinigen konnten. H. saß mürrisch neben mir am Steuer, in sich versunken, auf die schwierige Straße konzentriert. Ich bereute, die Einladung angenommen zu haben, verwünschte den Whisky und das Medomin. Doch nach und nach wurde es besser. Das Tal war wieder sichtbar, auch menschlicher. Überall Höfe, hie und da kleine Industrien, alles reinlich und karg, die Straße nun ohne Schnee und Eis, nur glänzend vor Nässe, doch sicher, so daß eine anständigere Geschwindigkeit möglich wurde. Die Berge hatten Platz gemacht, beengten nicht mehr, und bei einer Tankstelle hielten wir.

A Finden Sie im Text das Gegenteil von:

1 auf der Höhe
2 ermunternd
3 grüßen
4 eingeengt
5 entfliehen
6 die gerade Linie

7 erquickt
8 die Metropole
9 die Wirklichkeit
10 verschmutzen
11 reichlich

B Nachdem Sie den Auszug ein- oder zweimal gelesen haben, füllen Sie folgende Tabelle mit den passenden Einzelheiten aus:

Zustand	*Anzeichen*
Die Gesundheit des Erzählers	*Beispiel:* Ich hatte zwei Medomin genommen.
Die Stimmung der Reisenden	
Das Wesen der Stadt	
Das Wesen der Landschaft	

C Was erfahren Sie über den Charakter und das Wesen des Erzählers in dem Auszug? Finden Sie soviele Einzelheiten wie möglich.

Beispiel: Vielleicht hatte er eine Tendenz, zuviel Whisky zu trinken.

7.13

Fahrraddemo in Köln

In dieser Einheit hat der Pkw bis jetzt viel Platz eingenommen, wie in der Gesellschaft selbst. Umweltschutz, Radler und Fußgänger sind durch den Wagen bedroht, aber Bürgerinitiativen dagegen gibt es schon. Lesen Sie diesen Artikel aus dem Kölner Stadt-Anzeiger, um herauszufinden, wie engagierte Radfahrer in Köln ihren Standpunkt klar gemacht haben.

Eine Tour zu täglichen Ärgernissen

1000 Fahrradfahrer demonstrierten für eine autofreie Innenstadt

Von Eva-Maria Schirge

Mit lautstarken Sprechchören, Klingeln und farbenfrohem Outfit radelten die Kölner Radfahrer durch die Innenstadt und forderten mehr Beachtung und bessere Bedingungen im Straßenverkehr. Vom Hauptbahnhof ging es zunächst in Richtung Norden – entgegen den Einbahnstraßen. Einige blockierte Autofahrer zeigten dafür wenig Verständnis. (Bilder: Walter Schiestel)

A
Johannes Zinkler ist Arzt – und hat kein Auto. Der Kölner will zeigen, daß man mit der KVB und dem Fahrrad auch leben kann. Die Autos will er den Kranken, den ____ und Schwachen vorbehalten.

B
Aber der Alltagsradfahrer hat es schwer: „Umwege und Hindernisse, die sich kein Autofahrer bieten lassen würde", sind ein tägliches Ärgernis. Deshalb, und „gegen die Selbstverständlichkeit, mit der jeder eine Tonne Blech für sich beansprucht", hat sich Zinkler eine Blechbüchse an sein Rad gebunden und lautstark an der Demo durch die Innenstadt teilgenommen.

Machtvolles Zeichen

C
Die erste große Fahrraddemo seit Jahren hatte am Samstag etwa 1000 Radlerinnen und Radler auf den Sattel gebracht. „Ein machtvolles Zeichen an den Rat, endlich aufzuwachen", freute sich Christian Schirmer, verkehrspolitischer ____ der Grünen.

D
Der Verkehrsclub der Bundesrepublik Deutschland (VCD) hatte zusammen mit zahlreichen Verkehrs- und Umweltverbänden eine Strecke mit den „normalen Kölner Radfahr-Hindernissen" ausgewählt. Über die Nord-Süd-Fahrt, „eher eine Autobahn", ging es in der Marzellenstraße/Eigelstein der Einbahnstraße entgegen.

E
„Wie sonst?", fragt Roland Schüler vom VCD. „Es gibt keine anständige Verbindung vom Zentrum in den Kölner Norden." Und wolle man „legal" über den Ebertplatz fahren, müßte man seinen ____ durch den Fußgänger-Tunnel tragen.

F
Das dürfte der radelnden Familie Pohl zum Problem gereichen. In einem kleinen, durchsichtig überdachten Hänger fahren der vierjährige Raphael und der eineinhalbjährige Pascal mit. Am ____ waren sie dabei, „damit sich an der Gesamtsituation endlich was ändert". „Die neuen Radwege sind viel zu eng, und an manchen Kreuzungen kann man gar nicht abbiegen", schimpft Vater Pohl und weiß auch gleich ein ____ „von der Inneren Kanalstraße zum Schlachthof".

G
Weiter ging's über die Ringe, die der VCD schlichtweg als „lebensgefährlich" einstuft, die Venloer Straße, deren Radweg eingekeilt ist von parkenden Autos, ____ und Laternenmasten. Auch die Radwege auf der Inneren Kanalstraße/Universitätsstraße seien „holprig, kurvig und riskant". „Nicht die fehlenden, die vorhandenen Radwege ☛

131

sind das Problem", können die Radler auch angesichts der Dürener Straße, wo sie „von der Straße auf eine Hindernisbahn geräumt" wurden, stöhnen.

H

Endstation der ____ war der Neumarkt („Die schlechteste Luft von Köln"). „Wir sind das Gestinke satt, autofreie Innenstadt" forderten die Teilnehmer unüberhörbar per Sprechchor und riefen damit Autofahrer auf den Plan. „Die Radler benehmen sich wie die Axt im Walde", wetterte Manfred Klein, der warten mußte. „Für die gibt es offensichtlich keine Straßenverkehrsordnung. Sie fahren bei ____ über die Straße, kennen keine Einbahnstraßen, gefährden sich und andere."

Ungeduld

I

„Wenn die gesamte Verkehrsplanung nur für die Autos gemacht wird, wir aber ewig und ständig Rot haben", sei das kein Wunder, hielt Roland Schüler dagegen. Um so wichtiger, daß „endlich unsere Forderungen durchgesetzt werden": Autofreie Innenstadt; Radwege auf Straßen, statt auf Kosten der Fußgänger; erlaubtes ____ gegen die Einbahnstraßen.

J

Angesichts der Ungeduld der Autofahrer, die etwa an der Kreuzung Weinsberger Straße/ Piusstraße direkt zwischen die Demonstranten fuhren, nahm auch der Vertreter des VCD kein Blatt vor den Mund: „Da folgt auch ein härteres Vorgehen von ____ der Radler – ein Miteinander gibt es nicht."

So freundlich, wie sich manche Demonstranten den Umgang zwischen Auto- und Radfahrern wünschen, ist er leider nicht immer.

A Finden Sie im Kästchen die Substantive, die im Artikel fehlen:

> Demonstration Sprecher Rot Alten Seiten Drahtesel Beispiel Fahren Fußgängern Samstag

B Welche Überschrift paßt zu welchem Absatz? Finden Sie den Buchstaben des passenden Absatzes:

1 Radler haben sich vereinigt!
2 Konflikt zwischen beiden Seiten
3 Ein Mediziner übernimmt die Führung
4 Ein totales Durcheinander!
5 Schlecht verbunden!
6 Der Stadtverkehr muß wieder geplant werden!
7 Verbände kollaborieren
8 Sie haben moderne Radwege nötig!
9 Ohne Wagen ist man im Nachteil
10 Komplette Familien demonstrieren

C *Selbständig*

Übersetzen Sie ins Deutsche folgende Bearbeitung einiger Ideen im Text:

Cologne cyclists have been demonstrating against a traffic planning system which is only meant for cars. They have held the first large demonstration by cyclists for many years, having had enough of the car and its smell, of highly risky cycle paths, many of which they have only obtained at the expense of pedestrians, and are consequently demanding a car-free inner city. They have finally lost patience with conditions which no car drivers would accept, and despite the impatience of motorists and a likely hardening of attitudes and behaviour on the latters' part, there is no sign of a solution to the problem.

D Uli hat an der Fahrraddemo in Köln teilgenommen. Hören Sie sich jetzt das Interview an. Wie sagt Uli folgendes auf Deutsch:

1 the cycle paths
2 made safe
3 amongst the people of Cologne
4 the joining together
5 in the main
6 with over a thousand participants
7 in retrospect
8 for other interests
9 in the consciousness
10 people who make decisions

E Lesen Sie jetzt diese vier Zusammenfassungen von Ulis vier Antworten. In jeder Zusammenfassung gibt es ein Detail, das nicht stimmt. Versuchen Sie es zu finden.

1 Die Radfahrer haben demonstriert, um bessere und sichere Fahrradwege in Köln zu bekommen. Sie hoffen auch, daß die Kölner bereiter als zuvor sein werden, Radfahrer zu akzeptieren, und daß umgekehrt die Radfahrer mehr Respekt vor Autos zeigen werden.
2 Um die Demonstration zu organisieren, haben einige Gruppen zusammengearbeitet. Es waren ein Fahrradclub, die SPD (die Sozialistische Partei), die Grünen, eine Umweltorganisation und ein sogenannter Verkehrsclub.
3 Die Demo war ein Erfolg. Viele Leute haben daran teilgenommen; positive Zeitungsartikel über die Demo sind geschrieben worden; der Kölner Stadtrat denkt sogar daran, in nächster Zeit jemanden einzustellen, der insbesondere für die Fahrräder in Köln zuständig sein wird.
4 Seit der Demo ist eine andere politische Partei in den Stadtrat aufgenommen worden. Jetzt denken die Städteplaner viel mehr darüber nach, wie man die Radfahrer in Köln unterstützen kann.

F Machen Sie eine Transkription von den ersten beiden Antworten.

7.14

Wird Theo die Diebe fangen?

Zur Abwechslung stellen wir Ihnen die erste Hälfte einer Filmgeschichte *Theo gegen den Rest der Welt* vor, worin Verkehr und Autos eine große Rolle spielen. Vielleicht wird die Geschichte Sie dazu ermuntern, sich ein wenig für das deutsche Kino zu interessieren. Der Film selbst bringt einige unserer Hauptthemen – Wagendiebstahl, Vorsicht beim Fahren und Alkohol am Steuer – geschickt zusammen.

Theo gegen den Rest der Welt
1980

Theo Gromberg hat in dem nagelneuen 38-Tonner-LKW, für den er und sein Partner Enno Goldini sich hoch verschuldet haben, schwarze Fracht geladen. Kurz vor Herne, seinem Standort, schläft er trotz des Nescafé-Pulvers, das er dauernd schluckt, am Steuer ein, schlägt mit dem Kopf auf die Hupe, wacht wieder auf und bringt den Volvo an der Raststätte Stuckenbrock zum Stehen. Auf der Toilette legt er sich mit zwei Kollegen an. Als er zurückkommt, ist die Stelle, wo eben noch sein LKW geparkt war, leer. Jetzt ist Theo hellwach. Die Polizei zu verständigen, kommt wegen der illegalen Fracht nicht in Frage; also muß er auf eigene Faust etwas unternehmen. Er drängt Ines Röggeli, eine Schweizer Medizinstudentin, die mit ihrem Fiat 500 nach Hause unterwegs ist, auf den Beifahrersitz und nimmt ungeachtet ihres Protestes die Verfolgung auf. Tatsächlich holt er die Diebe auf der Autobahn auch ein, muß aber schnell einsehen, daß man mit einem Fiat keinen LKW abdrängen kann. Ines' Auto, den Anstrengungen nicht gewachsen, gibt bald seinen Geist auf. Der alarmierte Enno kommt und lädt die beiden in einen mit Zuchthühnern beladenen Wagen, den er sich von einem Freund ausgeliehen hat. Es scheint klar, daß die Diebe versuchen wollen, den Volvo in Lüttich, einem LKW-Schieberplatz abzusetzen, und so rasen die drei Richtung Aachen, um ihn womöglich noch vor der Grenze abzufangen. Es gelingt ihnen tatsächlich. Doch als Theo den Fahrer ihres Volvo angreift, behält er nur ein Toupet in der Hand und landet hart auf dem Pflaster.

A

Nachdem Sie den Auszug gelesen haben, finden Sie Ausdrücke darin, die besagen, daß:

1 der LKW kein Gebrauchtwagen war.
2 die Partner ihn nicht bar bezahlt hatten.
3 Theo zu müde zum Fahren war.
4 Theo eine krumme Sache drehte.
5 Ines widerwillig mitkam.
6 der geborgte Wagen zu klein war.
7 man mit dem Tiertransporter so schnell wie möglich fuhr.
8 der Dieb eine Glatze hatte.

B

Lesen Sie die Geschichte noch einmal durch und entscheiden Sie, welche Satzteile zusammenpassen (Vorsicht! Sie haben mehr Satzteile als Sie brauchen.):

1 Theo und Enno
2 Sie transportierten
3 Theo trank
4 Theo ist im Wagen
5 Man hat seinen LKW auf
6 Die Partner konnten
7 Ines hat
8 Ihr Wagen
9 Im Tiertransporter
10 Die drei mußten

a ständig Kaffee.
b den Wagen vor der Grenze überholen.
c protestiert.
d war Geflügel.
e eingeschlafen.
f dem Parkplatz gestohlen.
g waren Partner.
h hat endlich aufgegeben.
i dauernd Alkohol.
j schwarze Güter.
k geborgt.
l die Polizei nicht anrufen.

C *Selbständig*

Schreiben Sie eine Fortsetzung zu dieser Geschichte (250–350 Wörter).

7.15

Günstige Ferienreisen

In der nächsten Einheit wird das Thema „Ferien" diskutiert. Wenn Sie Urlaub in den Bergen, auf dem Lande oder am Meer machen, wie fahren Sie dorthin? Für Jugendliche kann das Bahnfahren äußerst günstig sein, wenn man den Sommerpaß hat.

A Hören Sie den gesamten Hörtext von der Bahnwerbung und füllen Sie dann die Lücken in der Werbung aus.

B *Arbeit zu zweit*

Person A und *Person B* hören dem Hörtext wieder zu und drücken den Pauseknopf nach jeder Stimme. Dolmetschen Sie abwechselnd füreinander.

ANWENDUNG *und* ERWEITERUNG

Zum Nachhören: 7.15 Günstige Ferienreisen

Zum Nachschlagen: Präpositionen

Zum Wiederholen: 1.7, 2.10, 4.9, 5.7, 6.1, 7.8

Zum Üben

Hören Sie sich die Kassette nochmal an; entscheiden Sie dann, mit welchen Präpositionen die folgenden Sätze zu vervollständigen sind:

1 Ich bin schon bis _____ Minden gefahren.
2 Um den Bahnhof zu erreichen, mußt du bis _____ der Ampel gehen, dann nach rechts.
3 Kann man mit diesem Zug bis _____ die Nordsee fahren?
4 Alle meine Freunde haben jetzt eine Ferienkarte – bis _____ Jörg.
5 Mit der Ferienkarte kann man oft bis _____ 50% des Eintrittspreises für irgendeine Sehenswürdigkeit sparen.
6 Bis _____ dem fünften Lebensjahr können Kinder umsonst mit dem Zug fahren.
7 Eine Studentenkarte konnte man bis _____ die neunziger Jahre noch kaufen; dann wurde die sogenannte Bahncard eingeführt.
8 All die Passagiere, die in diesem Abteil saßen, sind in Fürth ausgestiegen – bis _____ einen.
9 Bis _____ sechs Personen können normalerweise in einem Zugabteil sitzen.
10 Dieser Zug ist früher bis _____ die DDR-Grenze gefahren.

E*inheit* 8

U*rlaub*

In dieser Einheit kommen wir zum Thema „Ferien" und wir erfahren etwas über die Bedeutung dieses Begriffes für junge deutschsprachige Erwachsene.

8.1

Urlaub im Heimatland

Für viele Ausländer ist Deutschland ein echtes Urlaubsland, für die meisten Deutschen auch. Wie vielleicht bei Ihnen, machen die Deutschen öfter Ferien im schönen Heimatland als im Ausland; aber wohin, in welche Gegenden fahren sie?

8.2 🔲📖

Ungetrübte Badefreuden

Fangen wir mit dem Strand an. In den meisten Fällen fährt man lieber ans Meer als anderswohin, aber ist es immer möglich, sauberes Wasser zu finden? Nicht überall in Europa konnte man sich darauf verlassen, saubere Badestrände vorzufinden. Jetzt aber, dank der EG-Initiative „Blaue Europa-Flagge", hat sich die Lage deutlich verbessert. Lesen Sie die Kurzinformation der Initiative auf Seite 136, dann hören Sie den Bericht über saubere Strände an der Nord- und Ostsee-Küste.

WO DEUTSCHE FERIEN MACHEN

Nordsee	%
Voralpen	%
Schwarzwald	%
Alpen	%
Bayerischer Wald	%
Ostsee	%
Bodensee	%
Sauerland	%
Lüneburger Heide	%
Harz	%

Prozentzahlen beziehen sich auf Bundesbürger, die in Deutschland Urlaub machen

A Hören Sie die Ergebnisse dieser Umfrage über deutsche inländische Reiseziele und tragen Sie die fehlenden Prozentsätze in die Tabelle (links) ein.

B *Arbeit zu zweit*

1 Fragen Sie 30 Leute aus Ihrem Bekanntenkreis, wohin sie in Ihrem eigenen Land in Urlaub fahren, und notieren Sie die Ergebnisse.

2 Stellen Sie eine Tabelle wie die unsere mit diesen Reisezielen und Prozentsätzen auf.

3 Erklären Sie Ihrem Partner/Ihrer Partnerin Ihre Ergebnisse.

4 Mit Ihrem Partner/Ihrer Partnerin vergleichen Sie Ihre Ergebnisse mit den deutschen Zahlen und arbeiten Sie schriftlich einen Vergleich aus.

Folgende Ausdrücke werden dabei helfen:
– der größte/kleinste Prozentsatz fährt …
– das Lieblingsziel
– an erster/zweiter/letzter Stelle steht …
– … fahren lieber … als …

5 Stellen Sie diesen Vergleich der Großgruppe vor.

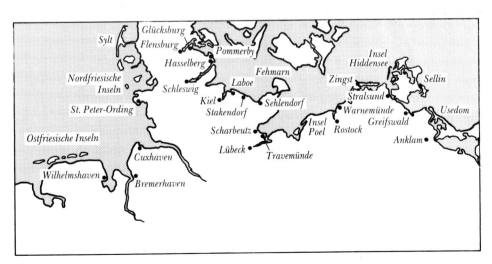

A Nachdem Sie den Hörtext ein- oder zweimal gehört haben, numerieren Sie die erwähnten Strände auf der Landkarte oben.

So finden Sie Ihren (sauberen) Lieblingsstrand

Nur am sauberen Strand macht der Badeurlaub Spaß

Wenn Sie einen schönen Strand suchen – mit sauberem Wasser und guten sanitären Anlagen – achten Sie auf die „Blaue Europa-Flagge". Sie wird in den EG-Staaten (und auch in der Türkei) jedes Jahr neu an Badeorte vergeben, die sich freiwillig einer EG-Überprüfung unterzogen haben. Hier finden auch während der Saison unangemeldete Prüfungen statt. **Meiden Sie dagegen Flußmündungen und die Nähe großer Städte und Industrieanlagen** – hier kann das Wasser gerade während Ihres Urlaubs verschmutzt sein. An der Ostsee gilt: Baden Sie nicht in den schönen, aber verdreckten Bodden (von offenem Meer abgetrennte Salzwasserseen)! Wollen Sie sich kurzfristig über die Wasserqualität an Ihrem Badeort informieren, wenden Sie sich an den ADAC-Sommerservice:

☎ 089/7676–
Nord- und Ostsee: –2666
Spanien (Katalonien): –2564
Spanien (Andalusien): –2565
Südfrankreich: –2563
Italien (Obere Adria): –2561
Italien (Riviera): –2562
Individuelle Beratung: –4884

B Zu besuchen oder zu meiden? Viele Deutsche fahren auch gern an andere Reiseziele in Europa ganz wie Ihre Landsleute, die nicht nur im eigenen Land Urlaub machen wollen. Lesen Sie den schriftlichen Bericht über Gegenden und Strände in Deutschland und anderswo in Europa und finden Sie die Gegend, die zu jedem Satz paßt:

1 Hier ist das Wasser am klarsten.
2 Diese Gegend hat oft einen schlechten Ruf.
3 Nicht immer ist hier das Baden erlaubt.
4 In diese Gegend kann man beruhigt fahren.
5 Hier ist das Leben gemütlich.
6 In diesem Land gibt es eine Mischung von sauberen und schmutzigen Stränden.
7 In dieser Gegend hat man viele Anstrengungen gemacht.
8 Das Baden ist hier nicht ratsam.

C Unten finden Sie Schlüsselausdrücke aus dem Bericht. Für jeden Ausdruck führen Sie einen passenden Ort in Ihrem eigenen Land an und erklären Sie Ihre Wahl in der zweiten Hälfte des Satzes:

Beispiel: Im Seengebiet gibt's noch Urlaubsparadiese, wie Bassenthwaite und Kendal.

1 In … gibt's noch Urlaubsparadiese, wie …
2 Sie sollten lieber … meiden, weil …
3 Vor allem zu empfehlen sind … wegen …
4 … ist eine Alternative zu …, da …
5 Keine Angst vor …, weil …
6 Man muß die Mündung vom … meiden, weil …
7 In … ist Urlaub ein Genuß, da …

Wo die Strände am saubersten sind

Saubere Strände, malerische Buchten und klares Wasser unter blauem Himmel. In Europa gibt's noch Urlaubsparadiese. Ob Sie in Deutschland bleiben und sich lieber an heimischen Stränden erholen oder ans Mittelmeer fahren – wir sagen Ihnen, wo es die schönsten Strände Mitteleuropas gibt und welche Orte Sie lieber meiden sollten.

• NORDSEE
Die Nordsee ist besser als ihr Ruf. Sie haben die Qual der Wahl zwischen Ost- und Nordfriesland. Doch vor allem zu empfehlen sind die Inseln entlang der Küste: von **Borkum** bis **Sylt**. Sehr schön und ruhig: die Insel **Amrum** bei Sylt, mit einem der breitesten Strände Europas. Lediglich die Elbmündung lädt nicht zum Baden ein. Das Wattenmeer südlich von Büsum ist leider auch verschmutzt.

• OSTSEE
SCHLESWIG-HOLSTEIN ist bekannt für schöne Strände. Wie zwischen **Nieby** und **Kappeln**, aber auch bei **Stakendorf** und **Hohwacht**. Keine Angst vor den Modeorten **Scharbeutz** und **Timmendorf**. „Ungenießbar" ist das Baden in Habernis. Bei Flensburg, Kiel und Lübeck ist das Wasser zeitweise verschmutzt.

MECKLENBURG-VORPOMMERN ist eine Alternative zu Schleswig-Holstein. Hier wurde viel getan – nach EG-Kriterien. Von **Warnemünde** bis nach **Usedom** gibt's mit einigen Ausnahmen saubere Strände. Im Norden von Usedom findet man wunderschöne Ecken. Tip: Es muß nicht immer Rügen sein (überlaufen, teilweise Badeverbot). Wie wär's mit **Poel** oder mit der Halbinsel **Darß**? Meiden muß man dagegen die verdreckten Bodden und Flußmündungen.

• MITTELMEER
Der Mittelmeerraum ist ein beliebtes Urlaubsziel. In **SPANIEN** wechseln sich saubere und verschmutzte Strände ab. Doch mit der **Costa Brava** macht man nichts falsch. Auch auf **Mallorca** und **Menorca** ist Urlaub ein Genuß. Gewässer um Barcelona (sehr trüb) und Flußmündungen sind nicht zu empfehlen.

SÜDFRANKREICHS schönste Küste ist die Côte d'Azur. Doch in Nizza oder Cannes badet man nicht. Dann lieber in **St-Tropez** oder **Hyères**. Sauber auch die Strände zwischen **Perpignan** und **Narbonne**. Auch hier gilt: Städte und Flüsse lieber meiden. Besonders klares Wasser hat **Korsika** – super! **ITALIEN** hat strenge Gesetze für Wasserhygiene. In der oberen Adria vor **Venedig** sind die Strände sauber (Lido Nord und West). Auch die **Riviera** (Modeort Viaréggio), **Toskana** und die Inseln **Capri, Ischia, Sardinien und Sizilien** sind einen Besuch wert. Minuspunkte für Genua und Livorno sowie Kampanien um Neapel und Salerno. Genauso für den Tiber.

Zum Schluß eine Bitte von „Greenpeace": Achten Sie auch im Urlaub auf Umweltschutz!

8.3

Schöne deutsche Heimat

Deutschland ist ein schönes Land, und darüber sind die Gelehrten sich einig. Um Ihnen eine kleine Vorstellung von dieser Schönheit zu vermitteln, stellen wir Ihnen einige Landschaften und andere Reiseziele vor.

A Stellen Sie die Bilder und die gemischten Beschreibungen richtig zusammen.

4

Feldberger Seenlandschaft

1

2

3

5

A Der Schloßpark in Neustrelitz ist wunderbar angelegt
B Die Halbinsel Bohnenwerder
C/D Für Wasserfreunde ist die Feldberger Seenlandschaft ein richtiges Paradies: Ob Paddeln, Angeln oder sonstige Wassersportarten – hier ist alles möglich
E In dem kleinen Ort Carwitz findet man noch richtig romantische Bauernhäuser

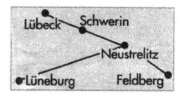

Nord-Schwarzwald

6

7

F Erquickend für Körper und Seele: lange Wanderungen in frischer Luft
G Einmaliger Panorama-Blick auf Forbach im schönen Murgtal

Schwangau

8

9

10

11

H Im Kurpark von Schwangau macht das Wassertreten besonderen Spaß
I Der Traum Ludwigs II. von Bayern: sein berühmtes Märchenschloß Neuschwanstein
J Mit der Kabinenbahn kann man bequem auf den Tegelberg fahren
K Ein wunderschöner Blick bietet sich dem Betrachter über Schwangau auf den Tegelberg, der sich über dem Dorf erhebt

Garmisch-Partenkirchen

12

13

L Das Münchner Haus auf dem Gipfel der Zugspitze ist einen Besuch wert
M Der höchste Berg Deutschlands ist sozusagen der „Hausberg" von Garmisch-Partenkirchen

B Mit Hilfe des Kästchens füllen Sie die Lücken in der ersten Hälfte des Artikels(Seite 139) aus.

> erholsame nennen bezaubernde engen erbärmlichsten
> Quadratmetern schönsten Thermalquellen beispielsweise
> Eiszeit soll weiten will entnehmen

C *Gruppenarbeit*

Was ist Ihr Traumurlaub? Vergleichen Sie Ihre Erwartungen in der Großgruppe.

Feldberger Seenlandschaft

Wer eine vielfältige und malerische Landschaft sucht, ____ Stille, kristallklare Seen liebt und eine artenreiche Flora und Fauna sehen ____, der ist in der Feldberger Seenlandschaft genau richtig. Etwa 100 Kilometer nördlich von Berlin und 30 Kilometer östlich der alten mecklenburgischen Residenzstadt Neustrelitz liegt eine der ____ Gegenden Mecklenburg-Vorpommerns. Acht Haupt- und mehrere kleine Seen, die ihre Existenz der ____ verdanken, sind von sich selbst überlassener Natur umgeben. Hier leben vom Aussterben bedrohte Tiere und Pflanzen. „Hauptstadt" dieses Naturidylls ist die kleine Stadt Feldberg mit ungefähr 3000 Einwohnern. Sie ist schon von weitem an ihrem 53 Meter hohen Kirchturm zu erkennen. Die Kirche wurde in den Jahren von 1873 bis 1875 erbaut. Von der altslawischen Höhenburg, die im 7./8. Jahrhundert auf dem Schloßberg entstand, blieb nur das Wall-Graben-System erhalten. Unbedingt empfehlenswert ist ein Abstecher nach Carwitz – einem kleinen Dorf etwa fünf Kilometer von Feldberg entfernt. Hier schrieb Hans Fallada viele seiner Romane.

Nord-Schwarzwald

Sein Traumklima verdankt der ____ Norden von Deutschlands beliebtestem Feriengebirge vor allem seinen ____ Tannenwäldern: Sie verströmen wertvolles ätherisches Öl, reinigen nachts die Luft mit unzähligen ____ Nadelfläche. Kein Wunder, daß sich von den mehr als 50 Kur- und Ferienorten im Nord-Schwarzwald viele „Heilklimatischer Kurort" ____ dürfen oder sogar ein „Bad" vor ihrem Namen tragen. Im schönen Bad Wildbad oder Bad Herrenalb ____ liegt die Gesundheit buchstäblich in der Luft. Patienten mit Atemwegserkrankungen können hier aufatmen, Rheumakranke schätzen die wohltuende Wirkung der ____. Das passende Quartier gibt's für jeden Geschmack und Geldbeutel.

Schwangau

Es ist sicher, daß dort, wo heute Schwangau liegt, schon um das Jahr 600 ein Dorf angesiedelt war. Seinen Namen hat der „Schwanengau" aus dem Mittelalter von den „Edlen von Schwangau", die etwa sechs Jahrhunderte lang die umliegenden Burgen zu Lehen hatten. Sie führten auch schon den silbernen Schwan im blutroten Wappen. Dieses Wappen, die Schlösser und die Burgen sind Erbstücke aus einer großen Vergangenheit. Das Wahrzeichen des heutigen heilklimatischen Kurorts Schwangau ist die barocke, auf freiem Feld stehende Wallfahrtskirche St. Koloman (1673 bis 1678) mit ihren großartigen Stuckmarmor-Altären. Das Schloß Hohenschwangau, ursprünglich Sitz der Herren von Schwangau und später kleine bayerische Grenzfeste gegen Tirol, entstand in der heutigen Form von 1832 bis 1838. Das zweite, berühmtere Schloß, Neuschwanstein, ließ Ludwig II. ab 1868 anstelle der Burgruine Vorderhohenschwangau in romantischen Formen erbauen.

Garmisch-Partenkirchen

Zu den Füßen des Wettersteingebirges und des Estergebirges, im Werdenfelser Land liegt der schöne heilklimatische Kurort Garmisch-Partenkirchen. Garmisch wurde im Jahre 802 erstmals urkundlich erwähnt, Partenkirchen wurde als „Parthanum" von den Römern errichtet. Während Garmisch in erster Linie von der Landwirtschaft lebte, lagen Partenkirchen und Mittenwald am vielbereisten Handelsweg vom Eschtal über den Seefelder Sattel nach Augsburg. Das brachte für beide Gemeinden Wohlstand. Anläßlich der Olympischen Winterspiele 1936 wurden Garmisch und Partenkirchen 1935 vereint. Mit 25 000 Einwohnern ist Garmisch-Partenkirchen heute der größte Markt Deutschlands.

ANWENDUNG *und* ERWEITERUNG

 Zum Nachlesen: 8.3 Schöne deutsche Heimat

 Zum Nachschlagen: der Superlativ

 Zum Wiederholen: 3.5, 5.2

Zum Üben

Laut Beschreibung in diesem Artikel gilt Reit im Winkl, der südlichste und höchstgelegene Ort des Chiemgaus, als schneereichster und schneesicherster Wintersportort Deutschlands.

> **CHIEMGAU**
> Rund um den schönen Chiemsee erstreckt sich eine Landschaft, die sich ihre gesunde Ursprünglichkeit erhalten hat – der Chiemgau. Herrliche Landschaften, waldbedeckte Berge, die bis zu 2000 Meter ansteigen, das Grün von Wäldern und Wiesen, reine Bergluft, saubere Seen, die Idylle der Chiemgauer Bauernhöfe mitten im Land. Hier hat die Natur noch Vorrang. Und hier findet der erholungssuchende Urlauber in den verschiedenen Orten des Chiemgaus alle Möglichkeiten, seine Ferien individuell und interessant zu gestalten. Egal ob Waging am See, Traunstein, Inzell, Schleching, Ruhpolding, Reit im Winkl, Obing oder die Achtalgemeinden – jeder dieser Orte hat seinen ganz bestimmten Reiz, den zu erkunden jedem Gast sicher viel Spaß macht. Beispielsweise gilt Reit im Winkl, der südlichste und höchstgelegene Ort des Chiemgaus, als schneereichster und schneesicherster Wintersportplatz Deutschlands. Oder Obing, das vor allem für Petrijünger eine Attraktion bietet: Der Obinger See ist besonders für seinen Fischreichtum bekannt. Auf jeden Fall finden Sie in jedem Ort des Chiemgau Erholung und Ruhe!

Schreiben Sie die folgenden Sätze so aus, daß alle Adjektive im Superlativ erscheinen.

1 Im Sommer fahren wir oft in die (schön), (weitläufig) Badeanstalt, die wir kennen.

2 Ich habe den (gut) aber auch (teuer) Urlaub meines Lebens an der Ostsee verbracht.

3 Die Eindrücke der (viel) Touristen waren sehr positiv.

4 Das (empfehlenswert) Restaurant in dieser Stadt ist ein Teil des (preiswert) Hotels.

5 Wir haben vor, morgen den (hoch) Gipfel dieser Bergkette zu erklimmen.

6 Eine der (populär) Möglichkeiten, auf die (nah) Insel zu fahren, ist mit Pferd und Wagen.

7 Die (lang), (warm) Strände Europas befinden sich nicht in Schottland, dafür aber einige der (schöngelegen).

8 Die (regelmäßig) Besucher dieser Gegend sind die Wochenendausflügler aus der Großstadt.

9 Zu dieser Jahreszeit muß man immer mit dem (kalt) Wetter rechnen.

8.4

Sport-Urlaub

Verschiedene Leute, verschiedene Zeitvertreibe. Für viele genügt ein Aufenthalt in einer schönen Gegend nicht, sie müssen aktiv sein, ob in Großbritannien, Irland, Neuseeland oder Deutschland. Hören und sehen Sie jetzt, wie Aktivurlaub in Deutschland genau wie in anderen Ländern Mode ist.

A Hören Sie zuerst einige Sportferienangebote, die den Sportfreunden zur Verfügung stehen. Aber Vorsicht, in der untenstehenden Transkription sind ein paar Fehler. Korrigieren Sie die Fehler:

Die schönsten Ideen für aktive Ferien

Surfen

Wer von Wind, Wellen und schönen Buchen träumt, ist auf der griechischen Ägäis-Insel Samos gut aufgeschoben. Ein wunderbares Surferrevier liegt beim Örtchen Kalami, umgeben von Pinien- Zypressen- und Magnolienwäldern. Unten zweiwöchigen Mini-, Grund-, Aufbau- und Fortgeschrittenenkursen können Sie das richtige Programm für sich auswählen. Sie wohnen im Hotel oder im Appartement in idyllischer Hangar mit herrlichem Blick übers Heer. Preis inkl. Flug, Unterkunft, Kurs, Surfbrettern, Mountainbikes.

Reiten

Ein Paradies für Pferde und Reiten liegt in Freigericht, einem reizvollen Dorf am Rande des Spessarts. Hof Birkelbach, freie Mühle und jetzt gemütlich-rustikale Reiterpension, organisiert den Unterricht für Anfänger und Fortgeschrittene. Zum Programm hören Dressurstunden in der Halle, aber auch Geländestunden und Tagesritte mit Grillabend. Eine Woche Vollpension mit 12 Reizstunden zu sehr billigen Preisen. Stiefel und Kappe müssen mitgebracht werden.

Lohn nach Reitstunden in der Bahn: der erste Galopp in der Natur.

Golf

Putt, Par, Albatros und Greenfee sind noch Fremdwörter für Sie? Das kann sich schnell ältern. Vielleicht beim 7-Tage-Anfängergolfkurs im wunderschönen sauberländischen Naturpark Rothaargebirge. In lockerer Atmosphäre lernen Sie hier die Grundschläge und Regeln des Elefanten-Sports kennen. Im Pauschalpreis sind enthalten: acht Trainerstunden mit anschließender Videokontrolle, Leihausrüstung, fünfzehn Übernachtungen mit Frühstücksbüfett.

Wichtig beim entscheidenden Schlag: viel Fingerspitzengefühl, Augenmaß

Tennis

Ein liebevoll restaurierter portugiesischer Landsitz aus dem 9. Jahrhundert ist Urlaubsdomizil für zweiwöchige Tennisferien. In Anfang, Aufbau- und Fortgeschrittenenkursen können Sie vom einfachen Grundschlag bis zum Topspin alles lehren. Zum Ausruhen und Baden laden die phantastischen Weiten der Atlantikküste 14 Kilometer südlich von Lissabon ein. Im Pauschalpreis enthalten: Flucht, Kurs, Unterkunft mit Frühstück, Grillabend, Benutzung von Mountainbikes und Boogie Boards zum Wellenreiten.

So macht es Spaß, Tennis zu lernen: in kleinen Gruppen und mit einem erfahrenen Trainer.

Kanu

Einen Hauch von Abenteuer können Sie beim Kanuwandern auf der Dordogne genießen: Der Fluß entspringt im französischen Zentralmassiv, fließt durch die Hügellandschaft der Auvergne **A**. Auf einer 13tägigen, geführten Tour erleben Sie Natur pur: kristallklares Wasser, herrliche Wälder, Inseln, Tropfsteinhöhlen, **B**. Die Etappen sind für Anfänger bequem zu bewältigen, inklusive Busanreise (ab Osnabrück, Dortmund, Köln), Kanu, Zelt, Campinggebühren.

Das Schönste beim Kanuwandern: ständig wechselnde Landschaften, die Natur zum Greifen nah erleben

Keine Lust, im Urlaub nur am Strand zu faulenzen? Wunderbar. „die aktuelle" gibt Ihnen tolle Tips für sportliche Ferien. Vielleicht entdecken Sie so ein ideales neues Hobby

Wandern

Malerisch ins Tal zwischen Dachsteingebirge und Schladminger Tauern gebettet, liegt Gröbming. **C** Bei fünf geführten Tagesrouten in die zauberhafte Bergwelt und in den Naturpark Sölktäler erzählt Ihnen der Begleiter auch einiges **D**. Die Touren sind für Ungeübte ohne Anstrengung zu schaffen. Im Pauschalpreis enthalten: 7 Tage Halbpension im Gasthof. 5 Wanderungen, ein Dia-Abend.

Im Sommer bis zur Schneegrenze wandern: Bei Gruppentouren wählen die Führer besonders eindrucksvolle Routen

Tauchen

In die faszinierende Unterwasserwelt des Roten Meeres führen Tauchkurse im ägyptischen Safaga. Zuerst per Schnorcheltrip, **E** lernen Sie nicht nur die richtige Technik, sondern auch eines der schönsten Tauchgebiete der Welt kennen. Fortgeschrittene können mehrtägige Fahrten zu den benachbarten Inseln **F**. Flug und Kurs, inklusive Ausrüstung und Halbpension im Drei-Sterne-Strandhotel „Menaville".

Reizt alle Taucher: die phantastische Vielfalt von Pflanzen und Tieren im Roten Meer

Radwandern

Auf die Spuren berühmter französischer Frauen führt eine 16tägige Radwandertour durch **G**. Ab Blois werden Schlösser und historische Stätten angesteuert, in denen **H** oder Schriftstellerin George Sand lebten und wirkten. Übernachtet wird auf Campingplätzen. **I** Preis: inklusive Busanreise (ab Berlin, Hannover und Köln), Campinggebühren und Leitung.

B In diesen Reiseberichten über sportliche Ferienangebote fehlen einige Schlüsselsätze, die sich unten befinden. Füllen Sie die Lücken mit den passenden Ausdrücken:

1 zum Beispiel Nationalheldin Jeanne d'Arc
2 über Tiere und Pflanzen dieser Region
3 Zelt und Rad (mindestens 5 Gänge) müssen mitgebracht werden
4 und mündet in den Atlantik
5 mit anspruchsvolleren Tauchgängen buchen
6 mit Ausflügen in den Harz
7 aber auch romantische Dörfer
8 die herrliche Flußlandschaft im Herzen Frankreichs
9 steigt in den Kleingebirgen
10 später mit kompletter Sauerstoffflaschen-Ausrüstung
11 das Bergdörfchen ist Ausgangspunkt einer Wanderwoche.

C Arbeit zu zweit

Person A wählt ein Ferienangebot und *Person B* wählt ein anderes. Sie versuchen einander zu überreden mitzukommen.

D Selbständig

Wählen Sie einen Urlaubsort aus den zwei Seiten aus. Schreiben Sie einen kurzen Brief, in dem Sie um nähere Informationen bitten. Vergessen Sie nicht zu erwähnen, ob Sie Anfänger oder Fortgeschrittener sind, usw. (120 Wörter).

ANWENDUNG *und* ERWEITERUNG

 Zum Nachlesen: 8.4 Sport-Urlaub

 Zum Nachschlagen: Indefinitpronomen (einer, eine, ein(e)s; welcher, welche, welches); negatives Pronomen (keiner, keine, kein(e)s)

 Zum Wiederholen: 1.10, 5.8/9, 7.11

 Zum Üben

Lesen Sie den Abschnitt über das Tauchen noch einmal durch. Wie würden Sie den Satz: 'This is one of the most attractive places to dive in the world' ins Deutsche übersetzen?

Vervollständigen Sie jetzt den folgenden Dialog, indem Sie die auf englisch gedruckten Wörter ins Deutsche übersetzen.

„Ich finde eigentlich (none of these) Freizeitveranstaltungen sehr interessant."
„Warum das? Das hier ist (one of the) breitesten Angebote, das ich je gesehen habe."
„Ehrlich? Dann hast du dir (one of the) langweiligsten Hotels ausgesucht, das es überhaupt gibt."
„Nein, bestimmt nicht. Du bist nur (one of the) wählerischsten Menschen, die ich kenne. (None of my) anderen Bekannten hat so reagiert."
„(Which of them) war eigentlich schon mal hier?"
„Die Familie Schmidt. Ich glaube aber, du kennst (none of them)."
„Doch. Ich kenne (one of the) Söhne, nämlich den Bernd."
„Bernd? (None of their) Söhne heißt Bernd. Du denkst sicherlich an eine andere Familie Schmidt."
„Kann sein. Mit (which of the) zahlreichen Schmidts, die du offensichtlich kennst, hast du dich denn hier getroffen?"
„Die Eltern heißen Gudrun und Moritz und sie haben zwei Mädchen …"
„Ach ja! Die kenne ich auch. (One of them) ist die Gabi, das andere ist die Michaela, oder?"
„Und (which of the two) hast du schon mal zum Essen eingeladen?"
„(Neither of them)! So gut kenne ich sie auch wieder nicht."

8.5 ⬚⬚

Die Lust aufs Fliegen

Bis jetzt haben Sie nicht sehr viel über Österreich gehört. Österreich ist wegen seiner Landschaften, Architektur, Musik und Leute ein Touristenziel. Seine hohen Gebirge ziehen nicht nur Touristen, sondern auch Sportler in Ihrem Alter an, die die modernen Sportarten – Paragleiten und Drachenfliegen – ausüben. Wenn Sie weder das eine noch das andere bereits ausprobiert haben, könnte die Begeisterung von Renate und Anna Sie vielleicht dazu bringen.

AN LANGEN LEINEN

Paragliding: einfach abheben und durch die Luft schweben. Den Traum vom Fliegen erfüllte sich BRIGITTE-Redakteurin Anna M. Löfken in Kössen, einem kleinen Ferienort im Kaisergebirge.

Bin ich denn total verrückt? Diese steile Almwiese soll ich jetzt hinunterrennen und, wenn alles klappt, nach einigen Metern abheben? Hinter mir mein Gleitschirm, halbmondförmig ausgebreitet. Es dauert einige Zeit, bis ich das Wirrwarr der Leinen geordnet und das Gurtzeug angelegt habe. Helm auf. Ein letzter Blick auf das grelle Nylonsegel. Ich laufe los. Der Schirm entfaltet sich über meinem Kopf, füllt sich sofort mit Luft. Ein leichter Ruck in den Schultern. „Renn, was das Zeug hält, schneller. Gib Gas!" brüllt Fluglehrer Peter. Ich stolpere über Steine, rutsche über Grasbüschel. Plötzlich verliere ich den Boden unter den Füßen, strampele noch ein wenig in der Luft – ich fliege.

Auf diesen Moment habe ich zwei Tage lang gewartet. Denn vorher war absolutes Flugverbot: grauer Himmel, ab und zu ein Regenschauer und starke Böen. Genug Zeit, die anderen Mitflieger kennenzulernen und Theorie zu büffeln. 5 Frauen und 14 Männer, zwischen 20 und 45 Jahre alt, haben sich hier in Kössen, einem kleinen Ferienort in Tirol, zusammengefunden. Was sie verbindet? Die Studentin aus Mannheim mit dem Anwalt aus Wien, die junge Mutter aus Fürstenfeldbruck mit dem Vermessungstechniker aus Saarlouis? Die Lust aufs Fliegen. Einmal den Prickel erleben, durch die Luft zu schweben wie ein Schmetterling. Wir sind alle Anfänger, die diesen fünftägigen Paragleiter-Grundkurs gebucht haben. Bei diesem Sport kommt es nicht auf Kraft an, sondern auf Geschicklichkeit, Konzentration und ein gewisses Gefühl für den Wind.

Gut gerüstet: Anna M. Löfken auf dem Weg zum Übungshang für Paragleiter.

Vor den ersten Luftsprüngen zeigt Fluglehrerin Renate, wie das Nylonsegel richtig ausgebreitet, das Gurtzeug angelegt und die vielen Leinen geordnet werden. Und dann heißt es: rennen, was das Zeug hält. Denn ohne Power und Gegenwind läuft hier gar nichts. Zur Sicherheit dürfen niemals zwei Para-Piloten gleichzeitig starten. Und wenn das Segel über dem Kopf schwebt, wenn keine Stolpersteine oder Grasbüschel bremsen, dann kommt der große Augenblick: verliert man plötzlich den Boden unter den Füßen und hebt ganz einfach ab.

Lohn der Mühe: über Baumkronen schweben und Luftschleifen ziehen. Renate hilft zwar beim Landemanöver, doch jeden aus der Gruppe erwischt es mal. Einige knallen in Kuhfladen, andere streifen Sträucher oder Bäume, manche fallen wie Steine auf die Wiese. Und blaue Flecken bleiben bei diesem Sport nicht aus.

A Lesen Sie die Überschriften und den Artikel ein- oder zweimal durch, vervollständigen dann Sie die folgende Tabelle:

Substantiv	*Adjektiv*	*Verb*
	gerüstet	
	geordnet	
die Sicherheit		
		abheben
		knallen
	verrückt	
	ausgebreitet	
		entfalten
der Ruck		
		strampeln

B Stellen Sie die passenden Satzteile zusammen:

1 Für solche Sportarten muß
2 Das Wichtigste beim
3 Das Gurtzeug muß
4 Das Paragleiten ist ohne Power
5 Die Fluglehrerin hilft auch
6 Anna Löfken hat
7 Sie wollte wissen, ob
8 Für diesen Zeitvertreib muß

a richtig angelegt werden.
b beim Landemanöver.
c ihren Traum erfüllt.
d man den Helm aufhaben.
e man gut gerüstet sein.
f und Gegenwind nicht erfolgreich.
g Paragleiten ist das Rennen!
h sie total verrückt wäre.

C *Selbständig*

Übersetzen Sie folgende englische Zusammenfassung des Artikels ins Deutsche:

BRIGITTE editor Anna M. Löfken went to a little holiday spot in the Kaiser mountains in order to fulfil a dream to take off, paragliding through the air. After her arrival in Kössen, Anna had to wait two whole days before her first launch into the air, since flying was absolutely forbidden until then. Eventually, with her harness and lines correctly positioned, she began to run down the steep meadow hillside and to lose the ground from under her feet. After a few kicks in the air, Anna was flying! What a wonderful feeling!

ANWENDUNG *und* ERWEITERUNG

Zum Nachlesen: 8.5 Die Lust aufs Fliegen

Zum Nachschlagen: das Plusquamperfekt

Zum Wiederholen: 1.11

Zum Üben

Machen Sie eine Liste von allem, was passiert war, bevor die Reporterin losfliegen konnte. Benutzen Sie dabei das Plusquamperfekt.

Beispiel:
Bis das Wetter stimmte/sie/zwei Tage lang/warten
Bis das Wetter stimmte, hatte sie zwei Tage lang gewartet.

1 Nur Anfänger/diesen Grundkurs/buchen
2 Fünf Tage vor dem geplanten Flugtermin alle Flieger/in Kössen/ankommen
3 Ganze sieben Tage/sie alle/auf den Flug/warten
4 Vor dem Tag ihres Flugs/absolutes Flugverbot/wegen schlechter Wetterverhältnisse/sein
5 Während der Vorbereitung/sie/die anderen Mitflieger/kennenlernen
6 Vor ihrem Start/sie/viel Theorie/büffeln
7 Durch die Vorbereitungen/die Reporterin/bestimmt viel selbstsicherer/werden
8 Doch noch nie vorher/sie/den Prickel des Abenteuers/so stark erleben

8.6

Spaß mit dem Mountain-Bike

Vielleicht ist das Paragleiten nichts für Sie, aber wenn Sie in den Ferien aktiv sein möchten oder z.B. Austauschschüler in einem deutschsprachigen Land sind, werden Sie die Gelegenheit haben, einen Radurlaub zu machen. Die Deutschen schwärmen fürs Rad und besonders fürs Mountain-Bike. Spornt Sie dieser Artikel an mitzumachen, oder nicht?

Aufwärts mit dem Mountain-Bike

Immer mehr Mädchen steigen in den Sattel

Ein Sport macht Mode: Mountain-Bike! Immer mehr junge Leute schwingen sich aufs Rad, erklimmen damit Hügel und Berge, machen Rast in Almhütten oder ein Picknick an Flüssen und Seen – sie genießen einfach die Natur, die gute Luft, die Bewegung und das Gefühl, gemeinsam etwas zu erreichen

Ein Super-Vergnügen fürs Wochenende: Unsere vier von der Biker-Clique sind schon seit den frühen Morgenstunden unterwegs, über Stock und Stein. Springt mal die Kette ab: Kein Problem: Nicki repariert alles perfekt

Ein Super-Vergnügen fürs Wochenende: Unsere vier von der Biker-Clique sind schon seit den frühen Morgenstunden unterwegs, über Stock und Stein. Springt mal die Kette ab: Kein Problem: Nicki repariert alles perfekt

Bei den Bike-Fahrern ist es wie bei den Motorrad-Fans", sagt Claudia (22), Einkäuferin in der Elektronikbranche. „Da gibt's die Raser, die __1__, die alles niederbrettern, was ihnen in den Weg kommt. Und es gibt die Vernünftigen, die diesen Sport so betreiben, daß weder Natur zerstört noch Menschen gefährdet werden."

Mountain-Bike-Fahren ist nämlich nicht ungefährlich: Ein __2__ in einer steilen Bergkurve kann schwere Knochenbrüche, starke Hautverletzungen bedeuten. Ehrgeiz am falschen Platz – nämlich untrainiert plötzlich stundenlang bergauf fahren, womöglich noch bei Hitze – kann zu Kreislaufkollaps und Herzproblemen führen.

„Aber das alles ist ja leicht vermeidbar", meint Nicki (20), Student aus Berlin und seit seinem Praktikum in München ein begeisterter Mountain-Bike-Radler. „Man kann die Touren langsam steigern, braucht ja nicht wie ein Irrer jeden __3__ raufradeln ohne Kondition. Viel wichtiger ist ja für uns, daß wir sportlich fahren, also vernünftig – daß wir die herrliche Landschaft genießen, daß wir Spaß haben miteinander. Bei dieser Einstellung passiert dann auch nichts Schlimmes – außer ein paar leichteren Knöchel-Verstauchungen und abgesprungenen Radketten ist uns noch nie was passiert." Uns – das sind Claudia, Nicki, Beate (17), Bankkauffrau, und Maximilian (25), BWL-Student. Seit Frühjahr '89 hat die vier Münchner das Rad-Fieber gepackt, jedes __4__ düsen sie mit einem Transporter (Miete von rund 120 Mark wird aufgeteilt) in Richtung Süden. Mal an den Chiemsee, mal in die Alpen, mal entlang der Isar.

„Der Sport ist eigentlich billig", __5__ Beate. „So eine Wochenendtour kostet nie mehr als 70–80 Mark alles inklusive. Das gibt man bei einem Disco-Wochenende mit Stadtbummel auch locker aus. Unseren Proviant nehmen wir nämlich von zu Hause mit – Mineralwasser, Obst, mehr ist ohnehin bei diesem anstrengenden Sport nicht drin – und eine Brotzeit irgendwo in einer Almhütte für ein paar Mark. Auch die Übernachtungen in den Bergen sind sehr preiswert – mehr als 15 Mark __6__ man nie."

Nach oben ist den Bike-Preisen-keine Grenze gesetzt – es gibt Räder für 4000, 5000 Mark und mehr. Aber das ist dann irgendwie schon wieder __7__. Ein solides Rad kostet maximal 2500 Mark – das ist dann wirklich schon optimal. Ebenso ist es mit der Kleidung: Zwei Radlerhosen mit ledergepolstertem Gesäß (wichtig!!), feste Schuhe, die über die Knöchel reichen, am besten Wanderstiefel bei schwierigeren Touren – und Handschuhe!! Kostet rund 500 Mark und hält ewig. Ansonsten Baumwoll-T-Shirts, ein __8__ Anorak für Regenschauer und vielleicht noch eine Mütze gegen allzustarke Sonne und ein kleiner Rucksack.

Klar, die Erst-Ausrüstung ist teuer. Aber ein Tip: In Radler-Fachgeschäften gibt's immer wieder __9__ Mountain-Bikes, die kosten dann die Hälfte. Oder Klamotten zum Sonderpreis. Für den Anfang tun's auch Turnschuhe, allerdings hohe, denn die Knöchel sind nun mal beim Bike-Fahren sehr __10__.

Claudia ist total begeistert vom „Biking": „Mountain-Bike-Fahren begeistert immer mehr junge Leute – warum?! Ich glaube, es ist die Natur, die gesunde Bewegung, die gute Luft. Vielen ist der Disco-Mief zu __11__ geworden. Und Bike-Fahren braucht man nicht lernen – nicht so wie Tennis, Surfen oder Segeln. Man setzt sich aufs Rad, und los geht's", sagt ein Verkäufer in einem Radler-Fachgeschäft.

A Lesen Sie „Aufwärts mit dem Mountain-Bike", füllen Sie dann die numerierten Lücken im Text mit den Wörtern aus dem Kästchen:

leichter	Berg	findet	ungesund
Wochenende	nagelneue		Sturz
Rücksichtslosen		gebrauchte	Vernünftigen
affig	gefährdet	verkauft	zahlt

B Machen Sie sich Notizen unter folgenden Überschriften:

– Die Gründe, weshalb man radelt (6 Punkte)
– Wie man das macht (5 Punkte)
– Probleme beim Bike-Fahren (4 Punkte)
– Leute, die man meiden sollte (2 Punkte)
– Nützliche Vorschläge (5 Punkte)

C *Arbeit zu zweit*

Person A ist die Mutter/der Vater.
Person B ist die Tochter/der Sohn.
Person B will ein Mountain-Bike haben, um am Wochenende mit Freunden aufs Land zu fahren.
Person A ist total dagegen wegen der Kosten und der Gefahren.
Person B gebraucht die Argumente im Text und versucht *Person A* zu überreden.

D *Selbständig*

Übersetzen Sie diese englische Bearbeitung des Artikels ins Deutsche:

We go mountain-biking for the healthy exercise and the fresh air instead of spending our Friday or Saturday nights in discos which are just too unhealthy. Last weekend, for example, we just got in the saddle and off we went! Yes, it can be dangerous, I suppose, but the dangers are all avoidable and we've found the sport quite cheap really. The initial outlay is a little expensive, but you can buy a good, strong second-hand mountain bike at a reasonable price, costing at most half what a new bike would cost. What we spend each weekend we're away is only what we'd otherwise spend on a disco and shopping weekend and it keeps us fit !

145

8.7

Wochenend-Sportler zerstören die Natur

„Der Sport ist gesund, erholsam, eine schöne Sache", so sagt die Mehrheit der Leute. Aber diese Behauptung ist nicht immer ganz richtig, und Feriensportler und -sportlerinnen können auch die Umwelt bedrohen. Sportliche Ferien, ja, aber nicht ohne Nachdenken. Ein Beispiel: Deutschlands letzte Natur-Areale, die durch Touristen und Wochenend-Sportler geschädigt werden.

„Genug ist nicht genug"

Der wachsende Ansturm von Touristen und Wochenend-Sportlern schädigt Natur und Umwelt

Deutschlands letzte Natur-Areale, vom Elbsandsteingebirge bis zum Schwarzwald, sind nicht nur durch den Sauren Regen oder von Zersiedlung bedroht, sondern mehr und mehr auch durch Sportler und Touristen. Wissenschaftler und Naturschützer fordern, nach ausländischem Vorbild, die Einrichtung von Verbotszonen.

A
Jochen Holy, 49, Vorstandsmitglied des schwäbischen Herrenausstatters Boss AG, freute sich schon im letzten Monat darauf, „im Frühjahr ein leichtes Mountain-Bike kaufen zu können, um nach dem Wintersport im Sommer richtig biken zu können".

B
Der Textil-Millionär reiht sich damit in die rapide wachsende Schar jener Wald- und Wiesensportler ein, die nach Feststellung der Schwarzwald-Forstdirektion Freiburg immer häufiger „unfallträchtige Situationen" auf deutschen Waldwegen sowie „Aggression zwischen Wanderern und Bikern" auslösen.

C
Im letzten Jahr wurden in Deutschland bereits mehr als 1,5 Millionen Mountain-Bikes verkauft, die immerhin 1000 bis 7000 Mark teuer sind. Hersteller werben für „die einfache Art, sich auszutoben" – und provozieren mit solchen Slogans Gegenwehr.

D
Der Schwäbische Albverein, mit rund 120 000 Mitgliedern Europas größter Wanderbund, verlangt bereits Nummernschilder für die „Downhill-Akrobaten", dazu ein Fahrverbot im Wald und die Sperrung aller Wege unter zwei Metern Breite nicht nur für Reiter, sondern auch für Biker.

E
Der Streit um die Mountain-Bikes ist die jüngste Fehde in dem seit langem schwelenden Konflikt zwischen Freizeitsportlern und Umweltschützern: Amateur- und Wochenendsportler geraten zunehmend in Bedrängnis, seit Naturschutz- und Forstbehörden massiv gegen die rücksichtslose Nutzung von Boden, Luft und Wasser für Freizeitaktivitäten vorgehen.

F
Daß immer mehr Menschen sich bei „aktivem Sporturlaub" erholen, bedeute, so warnt der Düsseldorfer Sportwissenschaftler Professor Heinz-Egon Rösch, 59, einen „Angriff auf Natur und Umwelt". Zu den „naturgefährdenden Sportarten" im Winter zählt Rösch beispielsweise Langlauf und Helicopter-Skiing, im Sommer beeinträchtigen neben Mountain-Bike-Fahren vor allem Felsklettern und Drachenfliegen die natürliche Umwelt.

G
Eine Reihe neuer Forschungsarbeiten belegte, daß die deutschen Naturareale nicht allein durch Sauren Regen, Zersiedlung und Straßenbau bedroht sind. Am meisten würden sie „durch Freizeitaktivitäten geschädigt", klagt Wolfgang Erz von der Bonner Bundesforschungsanstalt für Naturschutz und Landschaftsökologie.

H
Seit der Wiedervereinigung ist die Gefahr noch gewachsen. Einerseits wird für dieses Jahr erstmals ein Ansturm von Urlaubern aus den neuen Bundesländern auf Schwarzwald, Allgäu und Alpen befürchtet, andererseits wollen West-Wanderer das Erz- und das Elbsandsteingebirge, den Thüringer Wald und den Ost-Harz erobern.

I
Ökologen sehen eine Welle der Naturzerstörung anrollen – beispielsweise auf den 1142 Meter hohen Brocken im Harz, der im einstigen Sperrgebiet liegt und dessen empfindliche Hochmoorzonen nun durch Touristen gefährdet sind.

J
Der Deutsche Alpenverein (DAV) in München schätzt die Zahl der potentiellen Bergsteiger und Bergwanderer in den fünf neuen Bundesländern auf 80 000. Die meisten haben, so der DAV, mit Natur- und Umweltschutz nicht allzuviel im Sinn.

A

Lesen Sie den Artikel durch, dann erklären Sie in eigenen Worten folgende Zahlen aus dem Text:

1 1,5 Millionen
2 1000–7000 Mark
3 120 000
4 zwei Meter
5 59
6 1142 Meter
7 80 000

B

Welche Überschrift paßt zu welchem Absatz?

1 Sportferien können erholsam sein, aber nicht für die Umwelt!
2 Sportliche Freude nach dem Winter
3 Die Ostdeutschen interessieren sich weniger für den Umweltschutz
4 Urlauber gegen Umweltschützer
5 Geld spielt keine Rolle
6 Urlauber sollten überall verboten werden!
7 Umweltspezialisten fürchten sich vor der Flut!
8 Sie fordern die Leute zu Gewalttaten heraus
9 Die Wende hat dazu beigetragen
10 Wissenschaftler beweisen die unerfreuliche Wahrheit
11 Echte Wanderer und Bergsteiger verlangen Maßnahmen gegen die eindringenden Sportler

C

1 Schreiben Sie alle Schlüsselpunkte aus dem Text heraus.
2 Mit Hilfe dieser Behauptungen nehmen Sie auf Kassette eine Kurzfassung des Artikels auf (1 Minute).

ANWENDUNG *und* ERWEITERUNG

 Zum Nachlesen: 8.6 Spaß mit dem Mountain-Bike
8.7 Wochenend-Sportler zerstören die Natur

 Zum Nachschlagen: Endungen; der Konjunktiv

 Zum Wiederholen: 1.7, 3.4, 4.4, 4.5, 4.10, 5.11, 6.10

 Zum Üben

1 Vervollständigen Sie den unten abgedruckten Beschwerdebrief an den Vorsitzenden eines Mountain-Bike Clubs, indem Sie alle fehlenden Endungen einfügen.

Nürnberg, den 18. August

An den Vorsitzenden des Aufsesser Mountain-Bike Clubs eV

Sehr geehrt_ Herr Becker!
Ich war heute mit mein_ Familie in der Fränkischen Schweiz. Nach ein_ anstrengend_ Arbeitswoche hatte ich mich sehr auf die Möglichkeit gefreut, mit mein_ Frau und mein_ Kindern die wunderschön_ Landschaft in dies_ sonst äußerst ruhig_ Gegend zu genießen. Also sind wir gestern schon dorthin gefahren und haben die Nacht in ein_ Pension verbracht.

Da ich, wie gesagt, etwas müde war, und die ander_ Mitglieder mein_ Familie auch kein_ sehr gut_ Kondition haben, hatten wir uns vorgenommen, nicht allzu früh aufzustehen, und darüberhinaus hatten wir uns ein_ von den etwas kürzen_ Wanderwegen ausgesucht, die es hier gibt. Sie können sich also bestimmt vorstellen, wie mein_ Frau und ich reagiert haben, als wir um sechs Uhr früh von ein_ unglaublich_ Lärm direkt vor unser_ Fenster aufgeweckt wurden. Ja, es waren sogenannt_ Mountain-Biker (wie ich von mein_ Sohn später erfuhr), die sich lautstark auf ein_ Tour vorbereiteten. Ich war nur froh, als sie sich ein_ halb_ Stunde später auf und davon machten. Ich habe mich jedoch über ihr Benehmen so aufgeregt, daß ich nicht mehr einschlafen konnte.

Aber das war nicht einmal das Schlimmst_. Etwas später, ein_ knapp_ Stunde, nachdem wir mit unser_ Wanderung begonnen hatten, kam uns dieselb_ Gruppe entgegen. Wir wurden von ihnen fast förmlich überrollt, obwohl wir sie ganz deutlich auf unser_ Anwesenheit aufmerksam gemacht hatten. Meine Frau mußte in den naheliegend_ Graben springen, um d_ Radfahrern auszuweichen (ihr_ Kleidung ist demzufolge ganz naß und dreckig geworden), und meine Tochter hat jetzt das Profil ein_ breit_ Reifens auf ihr_ neu_ Wanderschuhen.

Und zum Schluß muß ich Ihnen berichten, daß mein Sohn, der sich sonst für Sport gar nicht interessiert, jetzt unbedingt ein Mountain-Bike haben möchte. Wenn ich das richtig verstehe, kosten dies_ Maschinen weit über 1000 Mark. Außerdem mache ich mir Gedanken über die Umweltschäden, die durch dies_ Sportart möglicherweise verursacht werden.

Ich hoffe, Sie können mir weiterhelfen. Zum einen möchte ich gern wissen, wer die Radfahrer waren, die uns den Tag so verdorben haben, damit ich eventuell Schadenersatz von ihnen bekomme; zum anderen könnten Sie mir vielleicht Informationsmaterial zu dies_ von ihnen unterstützt_ Sportart zukommen lassen.
Hochachtungsvoll

2 Finden Sie die Stellen im zweiten Artikel („Genug ist nicht genug"), wo der Konjunktiv in der indirekten Rede eingesetzt wird.

Bei der nächsten Vereinsversammlung wird der Vorsitzende seinem Vorstand über den Inhalt des Briefes berichten und will sich dabei auf die wesentlichen Punkte beschränken. Schreiben Sie den Bericht (max. 120 Wörter). Vergessen Sie nicht, den Konjunktiv zu benutzen. Beginnen Sie so:

Wir haben vor kurzem einen Brief von einem Herrn aus Nürnberg bekommen, der mit seiner Familie hier wandern wollte. Er beschwert sich, …

8.8

Das Wiener Nachtleben

Österreich bedeutet nicht nur Sport, und wir sind nicht alle Sportfanatiker. Viele Leute hoffen eher auf ein aktives Nachtleben, wenn sie Ferien machen, und in diesem Fall ist Wien wirklich einen Besuch wert. Lesen Sie jetzt einen Bericht über das berühmte Wiener Nachtleben und entscheiden Sie, was für Lokale Sie besuchen möchten.

WIEN SCHON BEI NACHT GESEH'N?

Spötter behaupten: Zu den Lieblingsbeschäftigungen der Wiener gehört es, abends in Lokalen herumzusitzen, damit sie in der Früh nicht allzu wach sind. Und wenn sie nicht gerade im Kaffeehaus oder beim Heurigen hocken – das ist kein Klischee, sie sind wirklich häufig dort –, dann lassen sie sich halt in der Szene blicken. Und die kann sich sehen lassen …

<u>Hoher Unterhaltungswert:</u> **Das Bermuda-Dreieck** zwischen Rabensteig und Judengasse im 1. Bezirk. Anlaufstellen: **Kaktusbar** (Seitenstettengasse 5) – unter anderem Treff der Wiener Fotomodelle. **Stamperl** (Sterngasse 1) – verspieltes Design und erstklassige Aufstrichbrote; das Stehachterl gleich nebenan gehört demselben Wirt und bietet eine exklusive Weinkarte. **Krah-Krah** (Rabensteig 8) – Dauerbrenner bei der Wiener Jugend mit 25 verschiedenen Biersorten aus aller Welt, dazu gibt's einen kräftigen Imbiß. **Roter Engel** (Rabensteig 5) – „Wein- und Liederbar" mit schillerndem Publikum in ebensolcher Atmosphäre und Live-Musik bis 4 Uhr morgens; späte Überraschungsauftritte Wiener Stars.

<u>Fast eine Lebenseinstellung:</u> **Der Spittelberg**, stilgetreu renoviertes Altwiener Viertel im 7. Bezirk. Ab 22 Uhr beherrschen hier bleichgesichtige, schwarzgekleidete Nachtschwärmer das Bild, u. a. im **Friesz & Stirb** (Stiftgasse 8) – Friesz heißt der Wirt, und Stirb soll ein geistreiches Wortspiel sein. Im Volksmund wird dieses Lokal einfach Amerlinghaus genannt, dient auch als alternatives Kommunikationszentrum und ist besonders im Sommer wegen seines schönen Innenhofes gefragt (am Wochenende Frühstück ab 11 Uhr). Oder im **Donau** (Karl-Schweighofer-Gasse 10) – einer durchgestylten Säulenhalle in cooler Postmoderne-Manier, die ganz offensichtlich auch schicken Szenetypen gefällt; gute Weinkarte.

GEFÄHRLICHE PAUSEN

Kultur und Eßkultur konzentrieren sich in der Innenstadt und der nächsten Umgebung. So kann man einen Rundgang im

Wenn Insider auf die Piste gehen, landen sie spätnachts vielleicht im U 4.

Wien bei Nacht

1. Bezirk gleich mit einer Kaloriensünde kombinieren. Gute Küche in gefährlich großen Mengen und gefährlich weinseliger Stimmung:

Zu den 3 Hacken (Singerstraße 28, Telefon: 52 58 95, sonntags geschlossen). Franz Schubert war hier auch schon mal; die Kellner servieren in Lederschürzen unter alten Kreuzgewölben.

Bierhof (Naglergasse 13/Haarhof, Telefon: 5 33 44 28). Gemütlich-rustikales Altstadt-Lokal mit in- und ausländischen Bierspezialitäten und mit leckeren Gerichten, die mit Bier zubereitet werden. Viele junge Leute, die hier auch gern und gut im Freien sitzen.

Gulaschmuseum (Schulerstraße 20, Telefon: 5 12 10 17, täglich ab sieben Uhr früh). Für deutsche Gäste nicht alltägliche Alltagsküche in gelöster Stimmung; zum Beispiel Kuttel- oder Blunzengulasch (aus Blutwurst).

A

Lesen Sie den Kurzartikel durch. Wenn Sie folgendes suchten, welches Lokal würden Sie wählen?

1 einen Treffpunkt für Bierkenner
2 schöne Leute
3 den neuesten Stil
4 viel Stimmung
5 Qualitätsweine
6 einen Treff für die alternative Szene
7 die besten Kleinigkeiten zum Essen

B *Arbeit zu dritt*

Person A (die kein Deutsch spricht) erwähnt den Namen eines Lokals, das sie gesehen hat.

Person B beschreibt dieses Lokal auf deutsch laut dem Artikel.

Person C dolmetscht ins Englische für *Person A*.

Rollen wechseln nach zwei Versuchen.

C *Arbeit zu zweit*

Beide Partner(innen) lesen den Artikel wieder durch und denken an ihre eigene Stadt. Sie finden sechs Lokale, die zu den Beschreibungen im Text mehr oder minder passen. Sie schreiben eine kurze Beschreibung für jedes Lokal und geben einander eine Liste von den Lokalnamen. Der Partner/die Partnerin muß das jeweilige Lokal raten.

8.9

Wie war es in den Ferien?

In Deutschland fahren immer mehr Jugendliche ohne ihre Eltern in Urlaub. Dies gilt auch für bestimmte Jugendliche (ab 16) in Frankreich. Ist es auch bei Ihnen der Fall, und wie ist Ihre Meinung dazu? Hören und lesen Sie jetzt einige Kurzberichte von jungen, unabhängigen Urlaubern und Urlauberinnen.

GIRL!-Leserinnen geben Urlaubs-Tips: Vor allem action- und funmäßig muß in den Ferien richtig was abgehen. Bei den meisten sind heiße Flirts und Disco-Fever angesagt. Und Sonne, Sand und Meer. Nur wenige entschieden sich für die Strapazen eines Abenteuer-Urlaubs ...

ANIMATION IM CLUB

Ich verbrachte meinen Traumurlaub im Club Lyttos Beach auf Kreta. Da gab's jede Menge Action und Fun von 10 Uhr morgens bis nachts gegen 3, 4 Uhr. Ständig wurden verschiedene Aktivitäten geboten, wie etwa Volleyball, Seidenmalerei oder Tanzkurse. Jeden Abend war Showtime, im clubeigenen Theater führten die Animateure oder die Gäste verschiedene Stücke auf. Hier mischten vor allem die Jugendlichen, die etwa ein Drittel aller Gäste ausmachten, kräftig mit. Außerdem war ein Jugend-Animateur für uns da und organisierte z.B. Mountainbike-Touren ins Gebirge oder Special-Nights in der Disco.
Susanne aus Recklinghausen

PARADIES IN DER KARIBIK

Für Titelbilder eines Magazins war ich mit einem tollen Team zehn Tage vor der venezolanischen Küste auf Isla de Margarita. Es war wie im Paradies. Saubere, schneeweiße Strände, verträumte Lagunen, kristallklares Wasser, Ruhe, Plantagen, Kokospalmen, Sandberge, Samba- und Reggae-Musik, verträumte Sonnenuntergänge, nette, freundliche Menschen und feinstes Essen. Dieser Ort ist allerdings nichts für Discohüpfer, eher schon für verliebte Pärchen, da um 23 Uhr die Lichter ausgehen.
Nicole aus Dorsten

ZWEI GIRLS IN SPANIEN

Ich war drei Wochen mit meiner besten Freundin in Calpe, Spanien. Das war der beste, schönste und billigste Urlaub überhaupt. Die Discos, die Typen, die Finanzen, das Essen – einfach alles ist super. Die beste Disco weit und breit ist das „Comix", für Mädchen ist der Eintritt frei. Die Strandpromenade ist mittags und abends gut besucht. Und in der Innenstadt findet man einen Pub neben dem anderen. Dort ist bis zum Morgen was los, und man kann viele nette Leute kennenlernen. Und die Jungs sehen absolut super aus.
Tanja aus Ludwigshafen

EIN TRAUM WURDE WAHR

Ich habe mir einen langgehegten Traum erfüllt: Ponytrekking in Island. Leider ist die Reise sehr teuer (1 Woche Vollpension incl. Reiten und Flug ca. 2600 DM). Meine Trekking-Tour führte mich durch den Norden Islands, durch abgelegene Fjord-Seitentäler und am Meer entlang. Bei sommerlichen Temperaturen um die 10 Grad liegt noch Schnee auf den Gipfeln der Berge. Die rauhe Landschaft bietet ein faszinierendes Bild. In den Naturschutzgebieten gibt es viel zu sehen: Wasserfälle, Schwefelfelder, erkaltete Lavaströme, heiße Quellen, Kraterseen. Die Island-Ponys sind so zugänglich, verläßlich, robust und trittsicher, daß selbst für ungeübte Reiter kein Risiko besteht. Mir hat auch die einfache Lebensart hier sehr gefallen.
Annette aus Hünfeld

PARIS IN 5 TAGEN

Die Stadt ist der ____ Wahnsinn! Aber wenn man einen Stadtplan hat, ____ intelligent ist und Metrokarten besitzt, kann man in nur fünf Tagen alles sehen, was zum Muß ____. Das Beste ist bestimmt der Eiffelturm, besonders bei Nacht. So weit das Auge ____ – nur Häuser. Man hat das Gefühl, nie mehr aus der Stadt rauszukommen. Wer ____, in Paris einzukaufen, sollte genügend Geld mitnehmen, denn billig ist die Stadt nicht, und das ____ ist gewaltig. Man gerät leicht in Versuchung, sein Money auszugeben.
Ute aus H.

KOMPLETT GUT – LLORET DE MAR

Für meine Freundin und mich steht eines ganz ____: Im nächsten Jahr sind wir wieder in Lloret de Mar in Spanien. Wir haben auch schon viele gefunden, die ____ mitfahren wollen. Weil uns dort einfach alles gefallen hat! Aber am ____ die Super-Discos, in denen man bis in den Morgen ausflippen konnte, die süßen Jungen, mit denen man ohne Ende flirten konnte, die Action, die romantischen ____ ...
Sonja aus Linden

TOLLE LEUTE IN ST. TROPEZ

In St Tropez war ich kaum noch zu ____. Der Hafen ist voller Luxusyachten, am Strand ____ es von Strandläufern, Fotografen, Beignet- und Mandelverkäufern. Das Meer ist sauber. Schon bald haben wir die ersten hübschen Franzosen ____. Aber richtig los geht's erst am Abend. Da sind viele Jugendliche auf den Straßen und man wird gleich ____. Wer kein Französisch spricht, dem kann's passieren, daß die Jungen wieder davonlaufen.
Olga aus Gontenschwil

VIER WOCHEN USA

Los Angeles ist eine der ____ Städte, keinesfalls die ideale Urlaubsstadt. Aber San Diego ist eines der schönsten Fleckchen kalifornischer ____. Es gibt dort den Freizeitpark ‚Sea-World' mit vielen im oder am Wasser ____ Tieren. Sie werden vielfach dort aufgepäppelt und dann im ____ freigelassen. Nicht leicht zu finden ist die ‚Old Town', eine Stadt aus der Zeit, als der Westen noch wild war. Man kann die ____ ohne Führer betreten. Am erlebnisreichsten wird die Reise, wenn man mit einem ____ Wagen von Stadt zu Stadt fahren kann.
Janina aus Hannover

1

2

3

4

6

7

5

8

A Los Angeles war enttäuschend, aber San Diego hat Janina begeistert

B Annette erlebte in Island auf ihrer Stute „Glove" den kühlen nordischen Sommer

C Nicole machte in der Karibik, auf Isla de Margarita, Titelfotos für ein Magazin

D Ute war mit ihrem Freund in der Stadt der Liebe – Paris

E Viel Action erlebte Susanne auf Kreta, die Show „Das Deutschlandlied" begeisterte sie

F Für Sonja ist klar, daß sie auch den nächsten Urlaub in Lloret de Mar verbringen wird

G Tanja (l.) und Steffi fanden in Calpe die richtige Mischung von Action und Ruhe

H Olga tummelte sich in Saint Tropez, dem Urlaubsort der Schönen und Reichen

A Welche Überschrift paßt zu welchem Bild? Sehen Sie sich die Bilder und die Beschreibungen an und entscheiden Sie, welche zusammenpassen. Begründen Sie Ihre Wahl.

B Hören Sie den Berichten von Ute, Sonja, Olga und Janina gut zu, und füllen Sie die Lücken im Text.

C Lesen Sie jetzt die schriftlichen Berichte auf Seite 149 ein- oder zweimal durch und finden Sie dann das Deutsche für folgende englische Ausdrücke:

1 a variety of activities were constantly available
2 who made up something like a third of all holiday-makers
3 fairy-tale sunsets
4 the best possible
5 far and wide
6 a long-cherished dream
7 reliable and sure-footed
8 there is no risk
9 I liked the simple way of life

D Sie haben die Meinungen und Erlebnisse von den acht Mädchen bereits gehört oder gelesen. Ordnen Sie jetzt den Sätzen die Namen der Mädchen zu:

1 Meine Kolleginnen und ich haben auf der Insel zusammengearbeitet.
2 Diese Stadt gehört den schönen und reichen Leuten.
3 Man vergißt nie, daß es wirklich ein Winterland ist.
4 Hier braucht man sein Scheckheft!
5 Die zwei Städte bilden einen Gegensatz.
6 Es ist immer etwas los.
7 Es gab allerlei Zeitvertreibe.
8 Wenn Sie Liebe suchen, dann kommen Sie hierher.

E Dieser Artikel enthält ziemlich viel Umgangssprache. Wie würden Sie folgende Ausdrücke auf Hochdeutsch sagen:

1 die Stadt ist der totale Wahnsinn!
2 das Angebot ist gewaltig
3 man konnte ausflippen
4 ich war kaum zu bremsen
5 jede Menge Action
6 dieser Ort ist nichts für Discohüpfer
7 einfach alles ist super
8 die beste Disco weit und breit

F *Selbständig*

Schreiben Sie einen Brief an *GIRL!*, worin Sie Ihre eigenen Ferien beschreiben (200–250 Wörter).

ANWENDUNG *und* ERWEITERUNG

 Zum Nachlesen: 8.9 Wie war es in den Ferien?

 Zum Nachschlagen: das Passiv

 Zum Wiederholen: 2.14, 3.6, 3.15, 4.13/14

 Zum Üben

Finden Sie die Stellen in diesen Beiträgen, wo das Passiv eingesetzt wurde. Setzen Sie dann diese Sätze ins Passiv um:

1 Auf der Straße sprach man uns gleich an.
2 Nach einiger Zeit läßt man die Tiere im Meer wieder frei.
3 Jeden Tag hatten die Animateure verschiedene Aktivitäten angeboten, bis wir völlig erschöpft waren.
4 Ich habe gehört, daß heute abend die Animateure und einige von den Gästen ein Theaterstück in unserem Hotel aufführen werden.
5 Unser Jugend-Animateur organisierte gestern eine Mountainbike-Tour für uns.
6 In dem Ort, in dem ich war, hat man die Straßenbeleuchtung schon um 23 Uhr ausgemacht.
7 Die Einheimischen beklagen sich darüber, daß man oft eine Kneipe neben der anderen in den Urlaubsorten baut.
8 Ich hoffe, daß ich im kommenden Sommer meinen langgehegten Traum erfüllen werde.
9 Man behauptet, daß die rauhe Landschaft dort ein faszinierendes Bild bietet.
10 Sie hatte das Glück, daß ihre Eltern die hohen Kosten für diesen Urlaub trugen.

ANWENDUNG *und* ERWEITERUNG

 Zum Nachlesen: 8.9 Wie war es in den Ferien?

 Zum Nachschlagen: Partizipien

 Zum Wiederholen: 7.1

 Zum Üben

In diesen Berichten kommen viele Partizipien vor. Versuchen Sie, die entsprechenden Stellen zu finden. Schreiben Sie diese Sätze dann so um, daß statt eines Relativsatzes ein Partizip (entweder Präsens oder Perfekt) vorkommt.

1 Auf Island gibt es viele Lavaströme, die erkaltet sind.
2 In San Diego kann man viele Tiere sehen, die im oder am Wasser leben.
3 Wir haben Sonnenuntergänge genossen, die wirklich verträumt waren.
4 Ohne einen Wagen, der gemietet ist, kann man hier nur wenig erleben.
5 Wir sind auch mit vielen Reitern unterwegs gewesen, die sehr ungeübt waren.
6 Die Gruppe hat oft in Fjord-Seitentälern, die weit abgelegen sind, angehalten.
7 Der Blick auf den Strand, an dem es von Läufern, Fotografen und Verkäufern wimmelt, ist immer aufregend.
8 Die Tiere, die in dem Meer freigelassen werden, freuen sich bestimmt.
9 Ich bin mal mit einem Pärchen in Urlaub gefahren, das frisch verliebt war – nie wieder!
10 Und ich war letztes Jahr mit einem Paar zusammen, das sich ständig gestritten hat – ich wette, das war noch schlimmer!

8.10

Enge Beziehung zwischen Ski und Schnaps

Ob im eigenen Land oder im Ausland scheinen viele Urlauber Alkohol als einen wesentlichen Bestandteil des Urlaubs zu brauchen. Ein übermäßiger Genuß von alkoholischen Getränken kann zu Streit und Probleme führen, wie Sie vielleicht schon erfahren haben. Im Artikel „Sturzbetrunken auf die Piste" untersucht man, welche Rolle Alkohol bei Skiunfällen spielt.

DIESE WOCHE

Sturzbetrunken auf die Piste

Immer häufiger verunglücken Skifahrer, weil sie in der Skihütte zu tief ins Glas geschaut haben. In Österreich wird jetzt über ein Alkoholverbot nachgedacht

Hüttenzauber: Schnäpse, Jagatee und Bier sind die beliebtesten Getränke der Skifahrer. Manche von ihnen erleben hinterher ihr blaues Wunder und müssen mit dem Rettungshubschrauber ins Spital gebracht werden

Gegen den Biertisch hatte Bob, 62, keine Chance: Mit zuviel Schwung war der Businessman aus England auf der Sonnenterrasse der Kellerjoch-Mittelstation hoch über dem Inntal eingekehrt – und das anscheinend nicht zum ersten Male an diesem Tage. Seine Ski verhedderten sich zwischen Bierbänken und Sonnenschirmständern. Bob knallte mit dem Kopf voll gegen eine Tischkante. Der Bewußtlose mußte von einem Rettungshubschrauber in die Klinik gebracht werden. Dort fragten die Ärzte gar nicht mehr, wieviel Alkohol Bob intus hatte. Sein Sturz war für sie ein Routinefall.

Im vergangenen Winter kamen allein in Österreich, dem Lieblings-Skiland der Deutschen, 86 Menschen beim weißen Sport ums Leben, rund 90 000 wurden verletzt. Wievielen von ihnen Himbeergeist oder Jagatee das Genick oder die Haxn brachen, wurde bisher noch nicht erfaßt. Eine Statistik wäre aber bitter nötig, denn Promille auf den Pisten ist zu einem großen Problem geworden.

Wo immer Skifahrer in Rudeln beisammenhocken – Obstbrand, Glühwein oder Gerstensaft sind nicht fern. Vor allem in Skizentren wie Sölden, Saalbach oder St. Anton laden Schneebars und Berghütten die Brettlfans zur feuchtfröhlichen Einkehr. Der Saalbacher Bergretter Werner Binder konstatiert, daß „Ski und Schnaps eine so enge Beziehung erreicht haben wie der Skistiefel zur Bindung". Er schätzt, daß 40 Prozent aller Unfallopfer zu tief ins Glas geschaut haben. Denn Alkohol enthemmt.

A Nachdem Sie den Text gelesen haben, suchen Sie heraus, wo ausgesagt wird, daß:

1 der Engländer nichts dazu gelernt hatte.
2 beschwipste Skifahrer oft eine unangenehme Überraschung erleben.
3 Mediziner gegen Unfälle wie bei Bob abgehärtet sind.
4 es eine erhebliche Anzahl von Skiopfern gibt.
5 Alkohol unter Skifahrern zu einem Dilemma geworden ist.
6 Skifahren und Alkohol nicht zusammenpassen.
7 die Gasthäuser zu gemütlich sind.

B Finden Sie im Text das Deutsche für folgende englische Ausdrücke:

1 he had no chance against
2 the unconscious man had to be brought
3 how much alcohol he had consumed
4 has not yet been ascertained
5 wherever they herd together
6 he estimates that

C *Arbeit zu zweit*

Person A soll *Person B* beruhigen, die zu tief ins Glas beim Après-Ski geschaut hat. *Person B* hat sich eingebildet, eine dritte Person hätte ihn/sie im Gasthaus beleidigt, was gar nicht stimmt.

D *Selbständig*

1 Schreiben Sie einen imaginären Bericht (200 Wörter) über einen durch Alkohol provozierten Zwischenfall in einer schottischen/neuseeländischen Skistadt für Ihre deutsche Freundin/Ihren deutschen Freund.

2 Nehmen Sie diesen Bericht auf Kassette auf.

ANWENDUNG *und* ERWEITERUNG

 Zum Nachlesen: 8.10 Enge Beziehung zwischen Ski und Schnaps

 Zum Nachschlagen: Adjektiv als Substantiv

 Zum Üben

Finden Sie in diesem Artikel das Beispiel von einem Adjektiv, das als Substantiv eingesetzt wird. Dann vervollständigen Sie die folgenden Sätze, indem Sie die englischen Begriffe in Klammern ins Deutsche übersetzen.

Folgende Adjektive stehen Ihnen zur Hilfe:

verletzt   sturzbetrunken
gesellig   bewußtlos
vernünftig   geübt
schaulustig   gleichgesinnt
lang   hilfsbereit

1 Die Ärzte fragten nicht, wie der Unfall (of the unconscious man) sich ereignet habe.
2 (A sensible person) trinkt nicht zu viel auf der Piste.
3 Viele (people ready to help) hatten sich um (the injured lady) versammelt.
4 Wenn etwas Schlimmes passiert, ist leider immer mit (people wanting to have a look) zu rechnen.
5 Muß ich neben (a tall man) Schlepplift fahren, habe ich immer Schwierigkeiten, weil ich selbst sehr klein bin!
6 Es ist schön, einen Tag in den Bergen zu verbringen, ohne (a completely drunk person) zu sehen.
7 Selbst (a practised person) kann beim Skifahren auch so einiges passieren, wenn er nicht gut aufpaßt.
8 Die Einstellung von vielen (sociable people) hat sich geändert; beim Sport trinken sie inzwischen alkoholfreie Getränke.
9 Durch ein Gespräch am Lift bin ich mit (a woman of the same opinion) bekannt geworden.

ANWENDUNG *und* ERWEITERUNG

 Zum Nachlesen: 8.10 Enge Beziehung zwischen Ski und Schnaps

 Zum Nachschlagen: Präpositionen

 Zum Wiederholen: 1.7, 2.10, 4.9, 5.7, 6.1, 7.8, 7.15

 Zum Üben

Lesen Sie den Artikel noch einmal durch, decken Sie ihn dann zu und versuchen, die richtige Präposition für jeden Auszug aus dem Text zu finden.

1 Promille ____ den Pisten ist ____ einem großen Problem geworden.
2 Bob knallte ____ dem Kopf voll ____ eine Tischkante.
3 Sein Sturz war ____ die Ärzte ein Routinefall.
4 ____ zuviel Schwung war Bob ____ der Sonnenterrasse der Kellerjoch-Mittelstation hoch ____ dem Inntal eingekehrt.
5 ____ vergangenen Winter kamen ____ Österreich 86 Menschen ____ weißen Sport ____ Leben.
6 ____ allem ____ großen Skizentren laden Schneebars und Berghütten die Brettlfans ____ feuchtfröhlichen Einkehr.

8.11

Die Gefahren verschmutzten Wassers

Wie wir schon gesehen haben, können die Ferien gefährlicher als der Alltag sein. Gefahren, die man nicht sehen kann, sind die Bakterien und Algen, die in den verschmutzten Gewässern existieren, über die Sie am Anfang der Einheit gelesen haben. Aber man sollte nicht immer schwarzsehen; die zwei kleinen Berichte „Ostsee Badeverbot" und „Ein Sommer (fast) ohne Algen" weisen auf den ständigen Krieg hin, den man gegen die Umweltverschmutzung führen muß, aber der zweite Artikel vermittelt Hoffnung. Klar ist, daß Urlauber immer auf der Hut gegen Verschmutzung sein müssen.

A Hören Sie den Berichten gut zu und füllen Sie die Lücken in den Transkriptionen:

Ostsee
Badeverbot

Trübe Ostsee: Gestern … die ersten Badeverbote. Die Stadtverwaltung Lübeck … an den Stränden von Travemünde und Priwall. Im Wasser … Bakterien. In Mecklenburg-Vorpommern ist das Baden in Rerik, Strelasund, Ribnitzer See, auf Rügen am Prorer Wiek, Jasmunder Bodden und Wieker Bodden…. Hier wurde das Wasser … verschmutzt.

Ein Sommer (fast) ohne Algen

München (rtr) – Die Bundesbürger können in diesem Sommerurlaub auf durchweg … in den Haupturlaubsgebieten Europas hoffen.

Nach einer … des ADAC vom Freitag ist derzeit weder an Nord- und Ostsee, noch im Mittelmeerraum oder am Gardasee Algenschleim…. Größere Beeinträchtigungen der Wasserqualität gebe es daher …, versicherte der Club in München.

Allerdings gelten auch … sowohl in Italien als auch Spanien sowie an der Ostsee in … Badeverbote. Oft handelt es sich dabei um … von Flußeinmündungen. Für … nahe den ost- und den westfriesischen Inseln sind – so sieht es der ADAC – … und abgestorbene Algen verantwortlich oder aber es tritt aufgrund von Pollenflug eine … auf.

B Wie sagt man in den Texten:

1 troubled
2 to prohibit
3 dead
4 without exception
5 the holiday regions
6 survey
7 sighted
8 adverse effects/encroachments
9 furthermore
10 areas
11 estuaries
12 pollution
13 yellowing

ANWENDUNG *und* ERWEITERUNG

 Zum Nachhören: 8.11 Die Gefahren verschmutzen Wassers (Ostsee Badeverbot)

 Zum Nachschlagen: das Gerundium

 Zum Wiederholen: 6.11

 Zum Üben

In diesem Artikel kommt das Gerundium zweimal vor, und zwar in der Form des Wortes „Baden". Vervollständigen Sie die folgenden Sätze, indem Sie das Wort „Baden", jeweils mit dem richtigen Artikel, einfügen.

1 Vor ____ ____ an mehreren Ostseestränden wird gewarnt.
2 Jemand hat sich nämlich letzte Woche bei ____ ____ vergiftet.
3 Deswegen ist ____ ____ hier leider untersagt.
4 Schade! Ich hatte mich so sehr auf *des Bad* gefreut.
5 Wir sind sogar wegen *des Badens* hierhergekommen.
6 Wenn man auf ____ ____ wirklich nicht verzichten will, gibt es einen anderen Badeort etwa 100 km entfernt.
7 Da sollte man aber aufpassen, daß man sich nach ____ ____ gründlich wäscht.
8 Und es steht fest, daß man da ____ ____ nicht verboten hat?
9 Ja. Wegen ____ ____ sind sogar Duschen und Umkleidekabinen errichtet worden.
10 Gut! Dann auf zu *dem Bad*!

Good, let go swimming

ANWENDUNG *und* ERWEITERUNG

 Zum Nachhören: 8.11 Die Gefahren verschmutzten Wassers (Ein Sommer (fast) ohne Algen)

 Zum Nachschlagen: Verben mit Präpositionen

 Zum Wiederholen: 1.13, 5.2

 Zum Üben

In diesem Hörtext wird behauptet, daß die Bundesbürger *auf* ungetrübte Badefreuden hoffen können.

1 Welche Präpositionen können diese Verben mit sich führen? Wie würden Sie die Verben ins Englische übersetzen?

Verb	Präposition	Englisch
achten		
denken		
sich erholen		
sich freuen		
sich freuen		
hoffen		
riechen		
schützen		
teilnehmen		
sich verlassen		

2 Vervollständigen Sie die folgenden Sätze mit jeweils einem der oben angegebenen Verben.
 a Um sich ____ den Strapazen der Arbeit zu ____, schwimmen viele Leute gern im Meer.
 b Man ____ sich das ganze Jahr über ____ die Sommerferien.
 c Alle ____ natürlich ____ blendendes Wetter.
 d Wir waren letztes Jahr am Mittelmeer und haben uns ____ das kristallklare Wasser ____.
 e Wie alle anderen auch haben wir uns ____ die Aussagen der örtlichen Behörden ____.
 f Nur waren viele der Meinung, daß das Wasser so seltsam ____ Chemikalien ____.
 g Als wir zum ersten Mal schwimmen gingen, ____ wir auch ____ den seltsamen Geruch.
 h Um uns ____ irgendwelchen gesundheitlichen Schäden zu ____, haben wir sofort auf das Baden verzichtet.
 i Einige Familien haben ____ diesem Boykott nicht ____.
 j Wir haben uns immer gefragt, warum sie nicht ____ die Gesundheit ihrer Kinder ____.

8.12

Der Tod in Venedig

Man macht Urlaub aus allerlei Gründen: um sich zu amüsieren, oder als Ausweg aus einer schwierigen Situation und von Zeit zu Zeit als Erholungsreise, wie es der Fall bei Gustav von Aschenbach in *Der Tod in Venedig* war. Aber alles ist nicht immer so, wie es scheint.

Der Himmel war grau, der Wind feucht. Hafen und Inseln waren zurückgeblieben, und rasch verlor sich aus dem dunstigen Gesichtskreise alles Land. Flocken von Kohlenstaub gingen, gedunsen von Nässe, auf das gewaschene Deck nieder, das nicht trocknen wollte. Schon nach einer Stunde spannte man ein Segeldach aus, da es zu regnen begann.

In seinen Mantel geschlossen, ein Buch im Schoße, ruhte der Reisende, und die Stunden verrannen ihm unversehens. Es hatte zu regnen aufgehört; man entfernte das leinene Dach. Der Horizont war vollkommen. Unter der trüben Kuppel des Himmels dehnte sich rings die ungeheure Scheibe des öden Meeres. Aber im leeren, im ungegliederten Raume fehlt unserem Sinn auch das Maß der Zeit, und wir dämmern im Ungemessenen. Schattenhaft sonderbare Gestalten, der greise Geck, der Ziegenbart aus dem Schiffsinnern, gingen mit unbestimmten Gebärden, mit verwirrten Traumworten durch den Geist des Ruhenden, und er schlief ein.

Um Mittag nötigte man ihn zur Kollation in den korridorartigen Speisesaal hinab, auf den die Türen der Schlafkojen mündeten und wo am Ende des langen Tisches, zu dessen Häupten er speiste, die Handelsgehilfen, einschließlich des Alten, seit zehn Uhr mit dem munteren Kapitän pokulierten. Die Mahlzeit war armselig, und er beendete sie rasch. Es trieb ihn ins Freie, nach dem Himmel zu sehen: ob er denn nicht über Venedig sich erhellen wollte.

Er hatte nicht anders gedacht, als daß dies geschehen müsse, denn stets hatte die Stadt ihn im Glanze empfangen. Aber Himmel und Meer blieben trüb und bleiern, zeitweilig ging neblichter Regen nieder, und er fand sich darein, auf dem Wasserwege ein anderes Venedig zu erreichen, als er, zu Lande sich nähernd, je angetroffen hatte.

A Lesen Sie diesen Auszug aus der Novelle und suchen Sie die Stellen heraus, die besagen, daß:

1 die Szene düster war.
2 das Wetter der Stimmung nicht half.
3 Gustav im Boot war.
4 Gustav seine Mitreisenden nicht mochte.
5 Gustav enttäuscht war.

B Übersetzen Sie ins Englische von „Um Mittag nötigte man …" bis „… je angetroffen hatte".

C *Selbständig*

Schreiben Sie einen Schluß zu dieser Szene, der die Atmosphäre total verändert (200 Wörter).

ANWENDUNG *und* ERWEITERUNG

 Zum Nachlesen: 8.12 Der Tod in Venedig

 Zum Nachschlagen: Unpersönliche Verben mit dem Dativ

Zum Üben

In diesem Auszug gibt es ein Beispiel von einem unpersönlichen Verb, das den Dativ regiert, und zwar in dem Satz: „… fehlt unserem Sinn auch das Maß der Zeit".

1 Hier sind einige andere unpersönliche Verben, die den Dativ regieren. Benutzen Sie ein Wörterbuch, um ihre englischen Bedeutungen herauszufinden.

a es bangt (mir vor + Dat.)
b es gefällt (mir)
c es graut (mir vor + Dat.)
d es macht (mir) Spaß
e es scheint (mir, daß)
f es schmeckt (mir)
g es tut (mir) leid
h es ist (mir traurig) zumute

2 Jetzt übersetzen Sie diese Ausdrücke:

a It seemed to him
b They were sorry
c She will like the taste
d He enjoys
e I was frightened
f We dreaded
g Do you like
h How did she feel

3 Fügen Sie die Ausdrücke oben in den richtigen Satz:

a …, daß sie so spät ankamen.
b … vor dem Tag, an dem wir unsere Ergebnisse bekommen sollten.
c …, daß er an dem Tag nicht verlieren konnte.
d …, als sie deine Nachricht bekam?
e Ich habe Spaghetti Bolognese für sie gekocht. Ich hoffe, daß …
f … hier in Venedig, Herr Jürgens?
g Immer wenn ich fliege, … vor der Landung.
h Obwohl das Wasser sehr kalt ist, …, hier zu schwimmen.

8.13

Urlaub für die Armen geopfert

Diese Einheit nähert sich dem Ende, und wir haben allerlei Ferienmöglichkeiten kennengelernt. Sind Sie jetzt imstande, sich ein Urteil über die besten Urlaube zu bilden? Soll es mit dem Wagen, dem Bus, dem Rad, der Bahn sein? Soll es im Heimatland selbst sein oder im Ausland? Aktive oder faule Ferien? Es gibt auch eine andere Möglichkeit: Sie könnten den gesellschaftlich Benachteiligten helfen, zu Hause oder am Ende der Welt. Und das ist mehr oder minder was Andrea Löbell-Buch und Inge Weis gemacht haben. Nachdem Sie diesen Kommentar von der BRIGITTE-Redaktion gelesen haben, wird sich Ihre Anschauung ändern?

Liebe Leserin

und lieber Leser ...

STATT URLAUB: EINSATZ IN KALKUTTA

„Macht bloß keine Heldinnen aus uns", sagten die beiden Ärztinnen, um die es in der BRIGITTE-Reportage in diesem Heft geht. Nein, Heldinnen würde man sie wohl nicht nennen, aber das, was sie tun, ist wirklich bewundernswert: Dr. Andrea Löbell-Buch und Dr. Inge Weis arbeiten in den Slums von Kalkutta, helfen dort den Ärmsten der Armen, leben mitten unter ihnen, in einer engen Ambulanz ohne fließendes Wasser.

Sechs Wochen dauert ihr Einsatz für das „Komitee Ärzte für die Dritte Welt" – sie haben ihren Jahresurlaub dafür geopfert. Wie fast alle Mitarbeiter dieses Komitees, das von dem Jesuitenpater Bernhard Ehlen geleitet wird, arbeiten sie unentgeltlich und zahlen mindestens die

Dr. Andrea Löbell-Buch (oben) mit Autor Bernd Schiller. Unten: Dr. Inge Weis.

Hälfte der Flugkosten aus eigener Tasche. Dr. Löbell-Buch und Dr. Inge Weis sind zwei von 140 deutschen Ärzten pro Jahr, die in Elendsgebieten in Kalkutta, auf den Philippinen und in Kolumbien die schlimmste Not lindern helfen wollen.

Das Komitee trägt die Kosten von einheimischen Schwestern und Helfern, auch für Medikamente und Aufbaunahrung für Kinder und Erwachsene, die vom Hunger gezeichnet sind. Diese Kosten werden ausschließlich aus Spendengeldern finanziert.

BRIGITTE-Redakteur Bernd Schiller hat die Arbeit des Komitees schon auf mehreren früheren Reisen intensiv kennengelernt. Er steht dafür ein, daß Spendengelder direkt den Kranken und Hungernden zugute kommen und nicht etwa für irgendwelche Verwaltungstätigkeiten verwendet werden.

Ihre Redaktion
BRIGITTE

A Machen Sie eine Liste der Opfer, die die zwei Ärztinnen erbracht haben, und den Schwierigkeiten, auf die sie gestoßen sind.

B Wählen Sie aus dem Kästchen die persönlichen Eigenschaften, die die zwei Ärztinnen (Ihrer Meinung nach) besitzen:

---

selbstsüchtig menschenfreundlich pessimistisch unegoistisch barmherzig
erbarmungslos bescheiden selbstsicher verlegen überheblich genußsüchtig
selbständig selbstgerecht selbstzufrieden unabhängig feminin männlich engelhaft

---

C *Selbständig*

Beschreiben Sie die Einstellung von Andrea und Inge in 100 Wörtern.

8.14

Synthese

A

1 Wählen Sie einen Urlaub, den Sie gern machen würden, und erklären Sie warum (150 Wörter).
2 Machen Sie das gleiche für einen Urlaub, der Ihnen keinen Spaß machen würde.

B *Arbeit zu zweit*

Person A ist Radiosprecher(in).
　Person B hat einen interessanten Urlaub gemacht.
　Person A interviewt *Person B* über diesen Urlaub. Nehmen Sie das Interview auf Kassette auf. Tauschen Sie dann die Rollen!

C *Selbständig*

Sie sind Austauschschüler(in) in Ihrer deutschsprachigen Partnerstadt. Schreiben Sie eine Werbung (250–300 Wörter) für das Verkehrsamt, worin Sie lohnende Ferienmöglichkeiten zu Hause beschreiben.

Grammatik

1 Satzbau (Wortstellung)

1.1 Die Grundregel

Das konjugierte Verb befindet sich an zweiter Stelle im Satz (was aber nicht unbedingt bedeutet, daß es das zweite Wort ist).

Ich	**spiele**	selten Schach.
Meine Freunde und ich	**gehen**	oft ins Kino.
Lady Thatcher	**war**	jahrelang Premierministerin.
Die Familie Schmidt	**ist**	in Urlaub gefahren.

Diese Regel gilt auch, wenn ein anderer Satzteil an die erste Stelle gerückt wird, um betont zu werden. Dann müssen das Subjekt und das Verb ihre Stellen wechseln (Inversion).

Ich fahre doch nicht nach München.
Nach München **fahre ich** (Inversion) doch nicht.

1.2 Fragen

1.2.1

Bei Fragen **ohne** Fragewort (**was, wo, wer**, usw.) tritt das konjugierte Verb an die erste Stelle.

Hast du eine Schwester?
Wohnt sie tatsächlich in Spanien?

1.2.2

Bei Fragen **mit** Fragewort gilt die oben genannte Regel (1.1).

Was **trinkst** du normalerweise zum Frühstück?
Wann **macht** er endlich seine Hausaufgaben?

1.3 Die Reihenfolge innerhalb eines Satzes

Innerhalb eines Satzes müssen die Fragen **wann, wie** (oder **mit wem**) **wo** (**wohin, woher**) in dieser Reihenfolge beantwortet werden.

	wann?	wie?	wohin?
Heidi fährt	am Samstag	mit der S-Bahn	nach Pasing.

1.4 Dativ und Akkusativ

Wenn sowohl der Dativ als auch der Akkusativ in einem Satz vorkommen, sind die folgenden Regeln zu beachten:

	Pronomen (Akk.)	+	Pronomen (Dat.)
Gib	es		ihm

	Substantiv (Dat.)	+	Substantiv (Akk.)
Gib	dem Mann		das Buch

	Pronomen (Akk.)	+	Substantiv (Dat.)
Gib	es		dem Mann

	Pronomen (Dat.)	+	Substantiv (Akk.)
Gib	ihm		das Buch

1.5 Der Infinitiv und das Partizip Perfekt

Der Infinitiv und das Partizip Perfekt befinden sich meistens am Ende eines Hauptsatzes.

Wir sollen die Umwelt **schützen**.
Sie hat mir schon mehrmals **geholfen**.

Beachten Sie:

Es muß in der Nacht viel **geregnet haben**.   *It must have rained a lot in the night.*

1.6 *Nebensätze*

1.6.1

Das konjugierte Verb tritt immer an letzte Stelle eines Nebensatzes. Nebensätze fangen mit Wörtern an wie: **als**, **weil**, **obwohl**, **daß** usw. (Lesen Sie unter 8.2.1 darüber nach.)

Er ist dick, **weil** er immer Schokolade **ißt**.

Sie gewann, **obwohl** sie kaum trainiert **hatte**.

1.6.2

Wenn der ganze Satz mit einem Nebensatz anfängt und der Nebensatz also an erste Stelle tritt, müssen das Verb und das Subjekt des Hauptsatzes die Stellen wechseln (1.1).

Weil er immer Schokolade ißt, **ist** er dick.

Obwohl sie kaum trainiert hatte, **gewann** sie.

1.7 *Bindewörter*

1.7.1

Wenn zwei Sätze mit den Wörtern **aber**, **denn**, **oder**, **und** miteinander verbunden werden, haben diese keinen Einfluß auf die Wortstellung.

Sein Wecker klingelt um 7 Uhr, und er steht sofort auf.

Ich wohne in der Stadt, aber es gefällt mir nicht.

Wir bleiben hier, denn er hat uns darum gebeten.

Sie sieht fern, oder sie hört Radio.

1.7.2

Wenn Bindewörter wie **dann**, **danach**, **anschließend** usw. gebraucht werden, findet eine Inversion statt.

Sie trank ihren Kaffee aus, **dann verließ sie** das Haus. **Dann ging sie** zur Bushaltestelle. **Anschließend fuhr sie** zur Arbeit.

2 *Deklination*

2.1 *Die Fälle*

In der deutschen Sprache gibt es vier Fälle:

- den Nominativ
- den Akkusativ
- den Genitiv
- den Dativ

Im allgemeinen spielen Fälle folgende Rollen:

2.1.1

Der Nominativ:
- nennt **das Subjekt** eines Satzes.
  Der Zug fuhr sehr langsam.
  Mein Hund schläft immer auf dem Sofa.

2.1.2

Der Akkusativ:
- nennt **das direkte Objekt** eines Satzes.
  Ich habe **einen Apfel** gegessen.
  Petra sah **ihn** gestern.

- hängt von einer Präposition ab.
  Dieser Anruf ist für **dich**.
  Wir gehen morgen **ins** (in das) Kino.

- gibt einen bestimmten Zeitpunkt an.
  nächsten Sommer; letzten Montag; den 5. August

2.1.3

Der Genitiv:
- nennt den Besitzer von etwas oder deutet auf Zugehörigkeit hin.
  Das Buch **meines Vaters** liegt auf dem Tisch.
  Die Namen **unserer Freunde** sind Marie und Hanno.

- hängt von einer Präposition ab.
  Wir wohnen nördlich **des Stadtzentrums**.
  Sie sind wegen **des schlechten Wetters** zu Hause geblieben.

- kommt in einigen festen Ausdrücken vor.
  eines Tages; nachts; guter Dinge; anderer Meinung

- nennt das Objekt einiger Verben (wirkt meistens etwas altmodisch).
  An diesem Tag gedenken wir **des Toten**.

2.1.4

Der Dativ:
- nennt das indirekte Objekt eines Satzes.
  Gib **mir** das Buch, bitte. *Give me the book please* or *Give the book to me please*

  Sie schenkte **ihrer Mutter** eine Flasche Parfüm. *She gave a bottle of perfume to her mother.*

- hängt von einer Präposition ab.
  Ich arbeite **seit einem Jahr** hier. *I have been working here for a year.*

  Sie gingen aus **dem Haus** hinaus. *They went out of the house.*
  Wir sind mit **mehreren Freunden** in Urlaub gefahren. *We went on holiday with several friends.*

- nennt das Objekt einiger Verben, zum Beispiel:
  begegnen   *to meet, encounter*
  danken   *to thank*
  folgen   *to follow*

gehören	to belong
geschehen	to happen
helfen	to help
passieren	to happen
schmecken	to taste
widerstehen	to resist

Der Polizist folgte **dem Dieb** ins Geschäft.
Kann ich **Ihnen** helfen?
Ich danke **dir** recht herzlich.
Wir begegneten **ihr** auf der Straße.

2.2 Der bestimmte Artikel (the)

	Mask.	Fem.	Neut.	Pl.
Nom.	**der** Mann	**die** Frau	**das** Ding	**die** Leute
Akk.	**den** Mann	**die** Frau	**das** Ding	**die** Leute
Gen.	**des** Mann(e)s	**der** Frau	**des** Ding(e)s	**der** Leute
Dat.	**dem** Mann(e)	**der** Frau	**dem** Ding(e)	**den** Leute**n**

Beachten Sie:
Ähnlich dekliniert werden:

dieser	this
jeder	each, every
jener	that
welcher	which

und nur im Plural:

alle	all
einige	some, a few
mehrere	several
solche	such

2.2.1

Manchmal wird das Substantiv gleichzeitig dekliniert (die **n-Deklination**).

	Sing.	Pl.
Nom.	der Bauer	die Bauer**n**
Akk.	den Bauer**n**	die Bauer**n**
Gen.	des Bauer**n**	der Bauer**n**
Dat.	dem Bauer**n**	den Bauer**n**

Mit einer Ausnahme sind diese Substantive alle maskulin und gehören den folgenden Gruppen an:

Gruppe 1

der Bauer	the farmer
der Herr	the gentleman
der Mensch	the person
der Nachbar	the neighbour

Gruppe 2

der Bote	the messenger
der Genosse	the comrade
der Geselle	the apprentice
der Junge	the boy
der Kollege	the colleague
der Kunde	the customer
der Deutsche	the German
der Franzose	the Frenchman
der Schotte	the Scotsman
der Affe	the ape
der Hase	the hare, rabbit
der Löwe	the lion

Gruppe 3

der Diamant	the diamond
der Patient	the patient
der Polizist	the policeman
der Präsident	the president
der Student	the student

Gruppe 4

der Friede	the peace
der Gedanke	the thought
der Glaube	the belief
der Name	the name

(Die Substantive der Gruppe 4 haben im Genitiv Singular die Endung **-ns**)

Die Ausnahme:

	Sing.	Pl.
Nom.	das Herz	die Herzen
Akk.	das Herz	die Herzen
Gen.	des Herzens	der Herzen
Dat.	dem Herzen	den Herzen

2.3 Der unbestimmte Artikel (a, an)

	Mask.		Fem.		Neut.	
Nom.	ein	Hund	ein**e**	Katze	ein	Pferd
Akk.	ein**en**	Hund	ein**e**	Katze	ein	Pferd
Gen.	ein**es**	Hund**es**	ein**er**	Katze	ein**es**	Pferd(e)s
Dat.	ein**em**	Hund	ein**er**	Katze	ein**em**	Pferd

Beachten Sie:

- Es gibt keine Pluralform des unbestimmten Artikels.

- Bei Beruf, Nationalität oder Konfession wird der unbestimmte Artikel *nicht* benutzt.
 Frau Tändli ist Sportlehrerin.
 Arnold Schwarzenegger ist Österreicher.
 Gundula ist Buddhistin.

2.3.1

Diese Wörter werden wie der unbestimmte Artikel dekliniert:

- Der negative Artikel (*no, not a, not any*)

	Mask.		**Fem.**		**Neut.**		**Pl.**	
Nom.	kein	Hund	keine	Katze	kein	Pferd	keine	Tische
Akk.	keinen	Hund	keine	Katze	kein	Pferd	keine	Tische
Gen.	keines	Hundes	keiner	Katze	keines	Pferd(e)s	keiner	Tische
Dat.	keinem	Hund	keiner	Katze	keinem	Pferd	keinen	Tischen

- Das Possessivum

mein	*my*
dein	*your* (informal singular)
sein	*his, one's, its*
ihr	*her, its*
unser	*our*
euer (eure)	*your* (informal plural)
Ihr	*your* (formal, polite; singular and plural)
ihr	*their*

3 *Das Substantiv*

Alle Substantive im Deutschen werden „großgeschrieben" (d.h. sie fangen mit einem großen Buchstaben an).

3.1 *Alle Substantive haben ein Geschlecht: Maskulinum (der), Femininum (die), Neutrum (das).*

3.1.1

Maskulinum

- Männliche Personen und Berufe:
  der Schüler, der Schauspieler

- Tage, Monate, Jahreszeiten, Himmelsrichtungen:
  der Sonntag, der September, der Winter, der Süden

- Substantive, die von einem Verb abgeleitet sind, und die keine Endung anhängen:
  der Besuch (besuchen), der Ausblick (blicken), der Sprung (springen)

- Viele Substantive der folgenden Typen:

-er	der Körper
-ling	der Lehrling
-ig	der König
-or	der Reaktor
-en	der Regen
-us	der Kommunismus

3.1.2

Femininum

- weibliche Personen und Berufe:
  die Mutter, die Lehrerin

- Substantive, die von einem Verb abgeleitet sind, und die ein **t** anhängen:
  die Sucht (suchen), die Arbeit (arbeiten), die Tat (tun), die Fahrt (fahren)

- die Namen der meisten Flüsse:
  die Themse, die Elbe, die Donau (aber **der** Rhein)

- die Namen vieler Bäume:
  die Eiche, die Fichte, die Buche

- viele Substantive der folgenden Typen:

-a	die Mensa
-e	die Reise
-ei	die Töpferei
-heit	die Schönheit
-ie	die Euphorie
-ik	die Physik
-ion	die Nation
-keit	die Freundlichkeit
-schaft	die Meisterschaft
-tät	die Majestät
-ung	die Übung

3.1.3

Neutrum

- die Namen der Kontinente, der meisten Städte und der meisten Länder:
  das verregnete Manchester, das vereinigte Deutschland

- die Verkleinerungsformen **-lein** und **-chen**:
  das Fräu**lein**, das Mäd**chen**

- Substantive der folgenden Typen:
  -ent   das Pergam**ent**
  -um   das Zentr**um**

- Verben im Infinitiv, die als Substantive benutzt werden:
  das Rennen, das Erstaunen

- das Gerundium (vergleichbar mit der *-ing* Form im Englischen):

Das Mitnehmen von alkoholischen Getränken ist untersagt.	*Bringing alcoholic drinks is prohibited.*
Ich habe den Dieb **beim Einbrechen** ertappt.	*I caught the thief as he was breaking in.*

3.2 *Der Plural*

Die Pluralformen im Deutschen sind oft unregelmäßig, obwohl es einige Richtlinien und Faustregeln gibt. Am besten lernt man den Plural, wenn man das Wort selbst lernt.

3.2.1

Plural mit **-e**. Aus a, o, u wird ä, ö, ü. Gilt für maskuline und feminine Substantive.

der Markt	die M**ä**rkt**e**
die Wand	die W**ä**nd**e**
der Duft	die D**ü**ft**e**

3.2.2

Plural mit **-e**. Die Buchstaben a, o, u bleiben unverändert. Gilt für maskuline, feminine und neutrale Substantive.

der Tag	die Tag**e**
der Ruf	die Ruf**e**
das Brot	die Brot**e**

3.2.3

Plural ohne Endung. Aus a, o, u wird ä, ö, ü. Gilt für Substantive mit den Endungen **-el, -en, -er**.

der Apfel	die **Ä**pfel
die Tochter	die T**ö**chter
der Ofen	die **Ö**fen

3.2.4

Im Plural unverändertes Substantiv. Gilt für maskuline und neutrale Substantive mit den Endungen **-el, -en, -er, -chen, -lein**.

der Bäcker	die Bäcker
das Fenster	die Fenster
der Engel	die Engel

3.2.5

Plural mit **-er**. Aus a, o, u wird ä, ö, ü. Gilt für neutrale und einige maskuline Substantive.

der Wald	die W**ä**ld**er**
das Haus	die H**ä**us**er**
das Schloß	die Schl**ö**ss**er**

3.2.6

Plural mit **-(e)n**. Gilt für die meisten femininen Substantive und für Substantive der schwachen Deklination.

der Herr	die Herr**en**
die Freundschaft	die Freundschaft**en**
die Hoffnung	die Hoffnung**en**
das Hemd	die Hemd**en**

3.2.7

Plural mit **-s**. Gilt für viele Fremdwörter und Kurzformen.

der Park	die Park**s**
die Oma	die Oma**s**
das Hobby	die Hobby**s**
das Taxi	die Taxi**s**

3.3 *Andere Bemerkungen*

3.3.1

Vorsicht! Manche Wörter sind im Englischen Singular und im Deutschen Plural – und umgekehrt.

Die Polizei **sucht** den Kriminellen.	*The police **are** looking for the criminal.*
Die Nachrichten **sind** schlecht.	*The news **is** bad.*

3.3.2

Einige Substantive existieren nur im Plural.

die Eltern	(der Elternteil)
die Ferien	(der Ferientag)
die Leute	(der Mann/ die Frau)
die Möbel	(das Möbelstück)

3.3.3

Bei einem zusammengesetzten Substantiv setzt man nur das letzte Wort in den Plural.

der Stadtplan	die Stadtpläne
die Autobahn	die Autobahnen
das Rathaus	die Rathäuser

4 *Pronomen*

Da ein Pronomen die Rolle eines Substantivs (= eines Nomens) übernimmt, werden Pronomen dekliniert.

4.1 *Das Personalpronomen*

	Nom.	**Akk.**	**Gen.**	**Dat.**
1. Pers. Sing.	ich	mich	meiner	mir
2. Pers.	du	dich	deiner	dir
3 Pers.	er	ihn	seiner	ihm
	sie	sie	ihrer	ihr
	es	es	seiner	ihm
1. Pers. Pl.	wir	uns	unser	uns
2. Pers.	ihr	euch	euer	euch
	Sie	Sie	Ihrer	Ihnen
3. Pers.	sie	sie	ihrer	ihnen

Beachten Sie:

- Der Genitiv des Personalpronomens wird selten benutzt.

- In der dritten Person benutzt man das maskuline, das feminine oder das neutrale Pronomen, je nachdem, in welchem Geschlecht das ersetzte Substantive steht.

    Der Tisch ist sehr schön. Ich möchte **ihn** kaufen.
    Die Katze war hungrig. Ich habe **ihr** etwas zu essen gegeben.
    Das Buch ist recht alt. **Es** ist teuer.

- Man sagt **Sie** zu Leuten (man siezt Leute), die über 16 sind, wenn man nicht abgemacht hat, daß man **du** sagt.
    Man sagt **du** zu Leuten (man duzt Leute), die
    – unter 16 sind;
    – Familienmitglieder oder gute Freunde sind;
    – Studenten sind, wenn man auch Student ist;
    – über 16 sind, wenn man es abgemacht hat.
    Man sagt auch **du**, wenn man Tiere (oder Gott) anspricht.
    Ihr, euch usw. ist die Pluralform von **du, dich** usw.
    Wenn man einen Brief schreibt, schreibt man **Du, Dich, Ihr, Euch** usw. groß.
    Wenn man nicht weiß, wie man eine Person ansprechen soll, sagt man lieber **Sie**.

4.2 *Das Indefinitpronomen*

4.2.1

„Man"
Das Indefinitpronomen **man** entspricht dem englischen Pronomen *one = you/someone/people*. Es hat drei Formen:

Nom.	man
Akk.	einen
Dat.	einem

- Mit **man** kann eine unbestimmte Person gemeint sein:
    Das hier ist ein sehr gutes Restaurant. **Man** geht gern dorthin, weil die Kellner sich sehr um **einen** kümmern und das Essen **einem** immer schmeckt.

- **Man** kann auch eine Mehrheit oder viele Menschen bezeichnen:
    In Deutschland ißt man abends kalt.
    In Germany people/they have a cold meal in the evenings.

- **Man** kann auch das Passiv ersetzen:
    Man gibt die Daten in den Computer ein.
    You key the data into the computer.

4.2.2

„Einer, eine, ein(e)s"
Das Indefinitpronomen **einer, eine, ein(e)s** entspricht dem englischen *one (of)*.

	Mask.	**Fem.**	**Neut.**
Nom.	einer	eine	ein(e)s
Akk.	einen	eine	ein(e)s
Dat.	einem	einer	einem

Einer meiner besten Schüler möchte Deutsch studieren.
Ich habe drei schöne Brötchen. Möchtest zu **eins** (davon)?

Beachten Sie:
Wenn man die Mehrzahl bildet, muß man **welche** nehmen.
Zum Beispiel:
    Hier oben soll es Wildschweine geben. Ja! Da sehe ich **welche**.

4.2.3

„Jemand"
Das Indefinitpronomen **jemand** bedeutet *someone, somebody*.

Nom.	jemand
Akk.	jemand(en)
Gen.	jemandes
Dat.	jemand(em)

Ich sehe **jemand(en)** hinter der Hecke.
Hast du schon von **jemand(em)** gehört?

4.2.4

„Etwas"
Das Wort **etwas** hat die gleiche Bedeutung wie das englische Wort *something*. **Etwas** wird nicht dekliniert.

Etwas wird gleich passieren.
Hat sie inzwischen **etwas** vom ihm gehört?

Das Wort **etwas** kann auch mit einem Adjektiv verbunden werden, wie z.B.:

etwas Neues	*something new*
etwas Besseres	*something better*
etwas Schönes	*something beautiful*

Vorsicht bei:

etwas anderes	*something else*

4.3 *Das negative Pronomen*

4.3.1

„Keiner, keine, keins"
Das negative Pronomen **keiner**, **keine**, **keins** bedeutet *none, not one, not any*.

	Mask.	Fem.	Neut.	Pl.
Nom.	keiner	keine	keins	keine
Akk.	keinen	keine	keins	keine
Dat.	keinem	keiner	keinem	keinen

(Der Genitiv wird kaum gebraucht.)
Haben Sie eigentlich ein Auto? Nein, ich habe **keins**.
Bis jetzt habe ich mich mit **keinem** deiner Freunde unterhalten.

4.3.2

„Niemand"
Das negative Pronomen **niemand** bedeutet im Englischen *no-one, nobody*.

Nom.	niemand
Akk.	niemand(en)
Gen.	niemandes
Dat.	niemand(em)

Wir haben eine Fete organisiert, aber **niemand** ist gekommen.
Er ist so schlecht gelaunt, daß er mit **niemand(em)** zurechtkommt.

4.3.3

„Nichts"
Das Pronomen **nichts** hat die gleiche Bedeutung wie *nothing* im Englischen. Wie das Wort **etwas** wird das Wort **nichts** nicht dekliniert.

Nichts gefällt ihm.	*Nothing pleases him.*
Das kostet nichts.	*That costs nothing.*
Sie haben mit nichts angefangen.	*They started with nothing.*

Wie das Wort **etwas** kann **nichts** auch mit einem Adjektiv verbunden werden:

Nichts Besonderes	*Nothing special*
Hast du nichts Besseres zu tun?	*Have you nothing better to do?*

4.4 *Das Possessivpronomen*

Dieses wird wie das negative Pronomen **keiner**, **keine**, **keins** dekliniert (siehe 4.3.1 oben) und hat folgende Bedeutungen:

meiner, meine, meins	*mine*
deiner, deine, deins	*yours*
seiner, seine, seins	*his*
ihrer, ihre, ihrs	*hers*
unserer, unsere, unsers	*ours*
eurer, eu(e)re, euers / Ihrer, Ihre, Ihrs	*yours*
ihrer, ihre, ihrs	*theirs*
Ist das mein Bier oder deins?	*Is that my beer or yours?*
War es sein Fehler oder ihrer?	*Was it his mistake or hers?*

4.5 *Das Interrogativpronomen*

4.5.1

„Wer"
Das Wort **wer** wird dekliniert und hat im Englischen folgende Bedeutungen:

Nom.	wer	*who*
Akk.	wen (oft mit Präposition)	*whom*
Gen.	wessen	*whose*
Dat.	wem (oft mit Präposition)	*whom*

Wer hat dir das gegeben?	*Who gave you that?*
Wem schenkst du das?	*Who are you giving that to? (To whom ...)*
Gegen wen spielt deine Mannschaft heute?	*Who are your team playing today? (Against whom ...)*
Wessen Stift ist das?	*Whose pen is that?*

Beachten Sie:

Mit wessen Auto bist du gekommen?	*Whose car did you come in?*

4.5.2

„Was"
Das Interrogativpronomen **was** (*what*) wird nicht dekliniert.

Was (Nom.) war das?	*What was that?*
Was (Akk.) habt ihr gestern gemacht?	*What did you do yesterday?*

aber

Womit hat er die Küche geputzt? (Statt „mit was")	*What did he clean the kitchen with?*
Woraus besteht dieser Teig? (Statt „aus was")	*What does this dough consist of?*

4.5.3

„Welcher, welche, welches"
Wenn man die Frage *which one(s)*? stellen will, benutzt man das Pronomen **welcher**, **welche**, **welches**. Es wird wie folgt dekliniert:

	Mask.	Fem.	Neut.	Pl.
Nom.	welcher	welche	welches	welche
Akk.	welchen	welche	welches	welche
Dat.	welchem	welcher	welchem	welchen

(Der Genitiv ist nicht gebräuchlich.)

| Welcher von ihnen ist es? | *Which one of them is it?* |
| Welche hast du gekauft? | *Which ones did you buy?* |

4.6 *Das Relativpronomen*

Mit dem Relativpronomen wird ein Relativsatz eingeleitet. Der Relativsatz definiert eine Person oder einen Gegenstand genauer.

4.6.1

„Der, die, das"

Man benutzt **der**, **die**, **das**, um *who(m)*, *that* oder *which* auszudrücken. Die Deklination sieht wie folgt aus:

	Mask.	**Fem.**	**Neut.**	**Pl.**
Nom.	der	die	das	die
Akk.	den	die	das	die
Gen.	dessen	deren	dessen	deren
Dat.	dem	der	dem	denen

- Das Relativpronomen stimmt mit dem davorstehenden Substantiv überein, z.B.:

Hast du **den Hund** gesehen, **der** mich gebissen hat?

| (den Hund | = Maskulinum, Singular, Akkusativ |
| der | = Maskulinum, Singular **aber** Nominativ) |

Die Frau, **deren** Hut du gefunden hast, ist meine Mutter.

| (die Frau | = Femininum, Singular, Nominativ |
| deren | = Femininum, Singular **aber** Genitiv) |

Wir folgten **den Leuten**, **die** er beschrieben hat.

| (den Leuten | = Plural, Dativ |
| die | = Plural **aber** Akkusativ) |

Das Haus, vor **dem** ihr steht, ist sehr alt.

| (das Haus | = Neutrum, Singular, Nominativ |
| dem | = Neutrum, Singular **aber** Dativ) |

- Der Genitiv des Personalpronomens kann mit einer Präposition benutzt werden:

Die Frau, **mit deren** Mann du Fußball spielst, ist meine Schwester.

4.6.2

„Was"

Das Wort **was** hat als Relativpronomen vier Funktionen:

- Es deutet auf ein Indefinitpronomen:
  Er sagte mir alles, was er wußte. *He told me everything he knew.*

- Es deutet auf ein Adjektiv im Superlativ, das als Substantiv gebraucht wird:
  Das ist das Beste, was wir haben. *That's the best we have.*

- Es deutet auf den ganzen Hauptsatz:
  Wir fahren bald in Urlaub, was wir für sehr sinnvoll halten. *We're soon going on holiday, which we think is a very good idea.*

- Es übersetzt das Englische *what/that which*:
  Das, was er sagt, ist sehr vernünftig. *What he's saying is very sensible.*

4.6.3

„Wo"

Das Relativpronomen **wo** hat zwei Hauptfunktionen:

- Es bezieht sich auf einen Ort:
  Buxtehude, wo die Hunde mit den Schwänzen bellen, ist eine hübsche, kleine Stadt.

- Es kann zusammen mit einer Präposition benutzt werden, wenn der Nebensatz sich auf den ganzen Hauptsatz bezieht:
  Im Sommer fahren wir nach Amerika, worauf wir uns freuen *We're going to America in the summer, which we are very much looking forward to.*

5 *Deklination der Adjektive*

Beachten Sie:

Das Adjektiv wird nicht dekliniert, wenn es auf das Substantiv folgt (d.h. prädikativ).

Das **kalte** [dekliniert] Wasser im **großen** [dekliniert] Schwimmbad ist **herrlich** [nicht dekliniert]!

5.1 *Die schwache Deklination*

Diese wird zusammen mit dem bestimmten Artikel (der, die, das) oder mit Wörtern, die, wie der bestimmte Artikel dekliniert werden (z.B. das Demonstrativum), verwendet.

	Mask.	**Fem.**	**Neut.**	**Pl.**
Nom.	der klein**e** Mann	die klein**e** Frau	das klein**e** Pferd	die klein**en** Tische
Akk.	den klein**en** Mann	die klein**e** Frau	das klein**e** Pferd	die klein**en** Tische
Gen.	des klein**en** Mannes	der klein**en** Frau	des klein**en** Pferdes	der klein**en** Tische
Dat.	dem klein**en** Mann	der klein**en** Frau	dem klein**en** Pferd	den klein**en** Tischen

5.2 *Die gemischte Deklination*

Diese wird zusammen mit dem unbestimmten Artikel (ein, eine, ein), dem negativen Artikel (kein, keine, kein) oder dem Possessivum (mein, dein, sein usw.) verwendet.

	Mask.	Fem.	Neut.	Pl.
Nom.	ein klein**er** Mann	eine klein**e** Frau	ein klein**es** Pferd	meine klein**en** Fische
Akk.	einen klein**en** Mann	eine klein**e** Frau	ein klein**es** Pferd	meine klein**en** Fische
Gen.	eines klein**en** Mannes	einer klein**en** Frau	eines klein**en** Pferdes	meiner klein**en** Fische
Dat.	einem klein**en** Mann	einer klein**en** Frau	einem klein**en** Pferd	meinen klein**en** Fischen

5.3 *Die starke Deklination*

Diese wird verwendet, wenn das Substantiv keinen Artikel o.ä. bei sich hat.
Sie wird auch im Plural nach **einige**, **etliche**, **manche**, **mehrere**, **viele**, **wenige** verwendet.

	Mask.	Fem.	Neut.	Pl.
Nom.	klein**er** Mann	klein**e** Frau	klein**es** Pferd	klein**e** Fische
Akk.	klein**en** Mann	klein**e** Frau	klein**es** Pferd	klein**e** Fische
Gen.	klein**en** Mannes	klein**er** Frau	klein**en** Pferdes	klein**er** Fische
Dat.	klein**em** Mann	klein**er** Frau	klein**em** Pferd	klein**en** Fischen

Beachten Sie, was mit dem Wort **alle** passiert:
alle normalen Menschen (normalen = schwache Deklination)
aber:
alle diese normalen Menschen (diese = starke Deklination, normalen = schwache Deklination)
alle meine guten Freunde (meine = starke Deklination, guten = schwache Deklination)

5.4 *Das Demonstrativum*

Diese Wörter deuten auf bestimmte Personen oder Gegenstände hin.

5.4.1

Dieser (*this*); **jener** (*that*); **jeder** (*every*) werden folgendermaßen dekliniert:

	Mask.	Fem.	Neut.	Pl.
Nom.	dies**er** Mann	dies**e** Frau	dies**es** Pferd	dies**e** Fische
Akk.	dies**en** Mann	dies**e** Frau	dies**es** Pferd	dies**e** Fische
Gen.	dies**es** Mannes	dies**er** Frau	dies**es** Pferdes	dies**er** Fische
Dat.	dies**em** Mann	dies**er** Frau	dies**em** Pferd	dies**en** Fischen

5.4.2

Derjenige, der (*the one who*); **derselbe** (*the self-same*) werden wie folgt dekliniert:

	Mask.	Fem.	Neut.	Pl.
Nom.	der**selbe** Mann	die**selbe** Frau	das**selbe** Pferd	die**selben** Fische
Akk.	den**selben** Mann	die**selbe** Frau	das**selbe** Pferd	die**selben** Fische
Gen.	des**selben** Mannes	der**selben** Frau	des**selben** Pferdes	der**selben** Fische
Dat.	dem**selben** Mann	der**selben** Frau	dem**selben** Pferd	den**selben** Fischen

Das ist derjenige, mit dem ich mich gestern getroffen habe.   *That's the one (man) I met yesterday.*
Sie trägt denselben Pullover seit vier Wochen.   *She's been wearing the same pullover for four weeks.*

5.5 *Das Possessivum*

Dieses teilt uns mit, wem etwas gehört. Zu jedem Personalpronomen (4.1) gehört ein Possessivum.

ich	mein
du	dein
er	sein
sie	ihr
es	sein
wir	unser
ihr	euer (eure usw.)
Sie	Ihr
sie	ihr

Für die Deklination, siehe 2.3.1.

5.6 *Fragewörter*

5.6.1

„Welcher"

Das Wort **welcher** bedeutet *which* und wird wie **dieser** dekliniert.

Welche Ansichtskarte gefällt dir besser?	*Which postcard do you prefer?*
Über welches Thema schreiben Sie?	*Which topic are you writing about?*

5.6.2

„Was für ein"

Um zu sagen *what sort of*, sagt man **was für ein** oder **was für**. Das Wort **ein** wird wie der unbestimmte Artikel dekliniert.

In was für ein Restaurant gehen wir?	*What sort of restaurant are we going to?*
Was für Musik wurde gespielt?	*What sort of music was played?*
Mit was für einem Auto fahren sie?	*What sort of car are they travelling in?*

5.7 *Steigerung der Adjektive*

5.7.1

Grundschema

Positiv	Komparativ	Superlativ
schön	schöner	der schönste
		am schönsten
bequem	bequemer	der bequemste
		am bequemsten
sicher	sicherer	der sicherste
		am sichersten

Die **am – Form** des Superlativs wird verwendet, wenn der Superlativ kein Substantiv bei sich hat:

Der Porsche ist **der schönste** Wagen.
Der Porsche ist **am schönsten**.

Ansonsten gelten dieselben Regeln für die Endungen von Adjektiven im Komparativ und im Superlativ wie für die Endungen von Adjektiven im Positiv.

Petra hat **einen guten** Mann geheiratet.
Heidi hat **einen besseren** Mann geheiratet.
Maria hat **den besten** Mann geheiratet.

5.7.2

Besondere Formen des Komparativs und des Superlativs:

- Aus **a o u** wird im Komparativ und Superlativ oft **ä ö ü**.

arm	ärmer	der ärmste
		am ärmsten
groß	größer	der größte
		am größten
kurz	kürzer	der kürzeste
		am kürzesten

Andere Beispiele:
alt, arg, hart, kalt, lang, nah, scharf, schwach, schwarz, stark, warm, grob, dumm, gesund, jung, klug

- unregelmäßige Formen

gut	besser	der beste
		am besten
hoch	höher	der höchste
		am höchsten
nah	näher	der nächste
		am nächsten
viel	mehr	das meiste
		die meisten
		am meisten

- Vorsicht auch bei

dunkel	dunkler	der dunkelste
		am dunkelsten
teuer	teurer	der teuerste
		am teuersten

5.7.3

Wie vergleicht man?

- Für einen Vergleich gibt es folgende Möglichkeiten:
  Die Ostsee ist **größer als** der Bodensee.
  Die Ostsee ist **nicht so** groß **wie** der Pazifik.

- Wenn man zwei Vergleiche gleichzeitig machen will, gibt es folgende Möglichkeiten:
  Je größer, desto besser.
  Je kleiner, **um** so billiger.

- Wenn man einen Komparativ betonen will, kann man folgendes schreiben:
  Sie ist **noch** intelligenter als ich dachte. *(even more …)*
  Die Waren in diesem Geschäft werden **immer** teurer. *(more and more …)*

5.7.4

Zusammen mit dem Superlativ wird oft der Genitiv verwendet:
Ben Nevis ist der höchste Berg **Schottlands**.
Ben Nevis is the highest mountain in Scotland.

5.8 *Adjektive als Substantive*

Das Adjektiv kann als Substantiv benutzt werden, vor allem wenn sonst nur "Mann", "Frau", "Person" usw. hinter dem Adjektiv stehen würde. In diesem Fall wird das Adjektiv großgeschrieben und natürlich auch dekliniert.

Beispiele:

Statt:	**sagt man:**
der blinde Mann	der Blinde
eine arbeitslose Frau	eine Arbeitslose
er lebt mit den armen Menschen	er lebt mit den Armen

Siehe auch: der/die Verwandte
der/die Bekannte
der/die Kranke
der/die Deutsche
der/die Fremde
der/die Reisende usw. und 4.2.4.

6 *Adverbien*

6.1 *Bildung von Adverbien*

Um ein Adverb zu bilden, gibt es diese Möglichkeiten:

6.1.1

Man verwendet ein undekliniertes Adjektiv.

Er läuft schnell.	*He runs quickly.*
Sie hat das intelligent formuliert.	*She expressed that intelligently.*

6.1.2

Man fügt einem Wort ein Suffix hinzu, zum Beispiel **-e**, **-erweise**, **-lang**, **-lich**, **-lings**, **-(e)ns**, **-s**, **-wärts**, **-weise**.

Beispiele:

lange	*for a long time*
merkwürdigerweise	*strangely*
minutenlang	*for minutes (on end)*
ehrlich	*really, honestly*
rücklings	*backwards, from behind, on one's back*
erstens	*firstly*
nachts	*by night*
vorwärts	*forwards*
stundenweise	*by the hour*

6.1.3

Manche Wörter existieren nur als Adverbien.

Beispiele:

fast	*almost*
immer	*always*
schon	*already*
vielleicht	*perhaps*

6.2 *Kategorien von Adverbien*

Man kann Adverbien in folgende Kategorien einordnen:

6.2.1

Lokaladverbien beantworten die Fragen **wo?**, **woher?**, **wohin?**

Beispiele:

außen	*outside*
da / dort	*there*
hier	*here*
innen	*inside*
irgendwo	*somewhere*
nirgendwo	*nowhere*
oben	*at/on the top, upstairs*
unten	*at/on the bottom, downstairs*

6.2.2

Temporaladverbien beantworten die Fragen **wann?**, **wie lange?**, **wie oft?**

Beispiele:

anfangs	*at the start*
bisher	*up to now*
einmal	*once*
gelegentlich	*occasionally*
gestern	*yesterday*
häufig	*often*
heute	*today*
immer	*always*
nachher	*afterwards*
nie / nimmer	*never*
oft	*often*
sofort	*straightaway*

6.2.3

Modaladverbien beantworten die Frage **wie?**

Beispiele:

gern	*gladly, willingly*
gut	*well*
teilweise	*partly*
vergebens	*in vain*
völlig	*completely*

6.2.4

Mit Interrogativadverbien/Fragewörtern stellt man Fragen nach dem Inhalt eines Satzes.

Beispiele:

Wo?	*Where?*
Woher?	*Where from?*
Wohin?	*Where to?*
Wann?	*When?*
Wie lange?	*How long?*
Wie oft?	*How often?*
Wie?	*How?*
Wodurch? Womit?	*How? By what means?*
Warum? Weshalb? Weswegen?	*Why? For what reason?*
Wozu?	*Why? To what end*

6.3 *Steigerung der Adverbien*

Lesen Sie hierzu 5.7 über die Steigerung von Adjektiven.
    Man sollte sich aber folgender Besonderheiten bewußt sein:

6.3.1

Unregelmäßige Formen:

Positiv	Komparativ	Superlativ
bald	früher	am frühsten
gern	lieber	am liebsten
gut	besser	am besten
oft	öfter	am häufigsten
viel (sehr)	mehr	am meisten

Ich spiele gern Schach.	*I like playing chess.*
Ich spiele lieber Tennis.	*I prefer playing tennis.*
Ich spiele am liebsten Poker.	*I most like playing poker.*

6.3.2

Besondere Formen des Superlativs:

erstens	*firstly*
letztens	*most recently*
meistens	*mostly*
wenigstens	*at least*
äußerst gefährlich	*exceedingly dangerous*
höchst intensiv	*highly intensive*
möglichst billig	*as cheaply as possible*

7 *Präpositionen*

Präpositionen fügen Wörter oder Wortgruppen innerhalb eines Satzes zusammen. Sie „regieren" bestimmte Fälle des Substantivs oder des Pronomens: den Akkusativ, den Genitiv oder den Dativ.

7.1 *Präpositionen mit dem Akkusativ*

durch; ohne; gegen; wider; um; für (= D O G W U F)

Nach dem Substantiv auch „entlang":
    Wir gingen die Straße entlang.

7.2 *Präpositionen mit dem Genitiv*

außerhalb	innerhalb
diesseits	jenseits
nördlich	südlich
oberhalb	unterhalb

statt; trotz; während; wegen

Wir wohnen nördlich des Stadtzentrums.
Trotz des schlechten Wetters gingen sie spazieren.

7.3 *Präpositionen mit dem Dativ*

ab; aus; außer; bei; entgegen; gegenüber (meistens nach dem Substantiv); mit; nach; seit; von; vor (im Sinne von *ago*); zu

Vor dem Substantiv auch „entlang":
    Entlang der Straße wachsen viele Bäume.

7.4 *Präpositionen mit dem Akkusativ oder dem Dativ*

Hier muß man unterscheiden, ob es sich um das Ziel (Akkusativ) oder den Ort (Dativ) eines Geschehens handelt.

an; auf; hinter; in; neben; über; unter; vor (im Sinne von *in front of*); zwischen
    Die Klasse geht um 13.00 in **die** Kantine.
    Wir essen jeden Tag in **der** Kantine.

7.5 *Andere Bemerkungen*

7.5.1

Bis kann mit verschiedenen Präpositionen kombiniert werden. Hier sind einige Beispiele:

bis an (+ Akk.)	*up to (the edge of)*
bis auf (+ Akk.)	*except for*
bis nach (+ Dat.)	*to (a place, when giving distance)*
bis zu (+ Dat.)	*up to*

7.5.2

Wenn der Artikel unwichtig ist, kann man die folgenden **Kurzformen** bilden:

am	= an dem
ans	= an das
beim	= bei dem
durchs	= durch das

im	= in dem
ins	= in das
vom	= von dem
zum	= zu dem
zur	= zu der

7.5.3

Wenn eine Präposition vor einem Pronomen steht, das sich auf einen Gegenstand (nicht auf eine Person) bezieht, ersetzt man das Pronomen durch die Vorsilbe **da-** (**dar-** vor einem Vokal):

Beispiele:
Statt:
> Hier ist ein bequemer Stuhl. Möchtest du **auf ihm** sitzen?
> Wie findest du dieses Bild? Ich habe viel Geld **für es** ausgegeben.

Sagt man:
> Hier ist ein bequemer Stuhl. Möchtest du **darauf** sitzen?
> Wie findest du dieses Bild? Ich habe viel Geld **dafür** ausgegeben.

8 *Bindewörter*

Im allgemeinen fügen Bindewörter zwei Satzelemente zusammen.

8.1 *Konjunktionen*

und; sowohl … als auch; aber; sondern; denn; oder; entweder … oder; jedoch

Diese Wörter verbinden:

- zwei oder mehr Wörter
  Der Vormittag war trüb **und** kalt.

- Wortgruppen
  Was möchtest Du, die grüne Hose **oder** den roten Pullover?

- zwei Hauptsätze
  Ich sah sie, **aber** sie sah mich nicht.

Wir erzählten weiter, obwohl es spät war **und** wir müde geworden waren.

8.2 *Subjunktionen (unterordnende Konjunktionen)*

8.2.1

Diese Wörter verbinden einen Hauptsatz mit einem Nebensatz. Der Nebensatz wird immer vom Hauptsatz durch ein Komma bzw. durch Kommata getrennt. Das konjugierte Verb steht am Ende des Nebensatzes.

als; da; als ob; (an)statt daß; bevor/ehe; bis; damit; daß; es sei denn; falls; nachdem; ob; obgleich/obwohl/obschon; ohne daß; seit; so daß; sobald; während; weil; wenn

> Ich koche lieber etwas mehr, **falls** die ganze Familie kommen sollte.
> **Während** wir im Garten spielten, bereitete mein Vater das Mittagessen vor.
> Ich habe schon angerufen, **bevor** wir losgefahren sind.
> Wir sind nach Hause gekommen, **weil** es spät war.

8.2.2

Dieselben Regeln gelten auch für indirekte Fragen. Hier spielt ein Fragewort oder ein Interrogativpronomen die Rolle der Subjunktion.

> Ich weiß immer noch nicht, **wann** ich ankommen werde.
> Paul fragte, **was** er machen sollte.
> Dieser Lehrer will immer wissen, **wie** wir heißen!
> Weißt du eigentlich, **welchen** Kuchen wir essen dürfen?
> Sie will mir sagen, **wen** sie gestern gesehen hat.

9 *Verben*

Die Verben der deutschen Sprache sind in zwei Gruppen eingeteilt. Es gibt **schwache** (regelmäßige) Verben und **starke** (unregelmäßige) Verben. Es gibt auch einige **gemischte** Verben.

9.1 *Die Gegenwart (Indikativ)*

9.1.1

Schwache Konjugation SPIELEN		Starke Konjugation SEHEN	
ich	spiel**e**	ich	seh**e**
du	spiel**st**	du	sieh**st**
er/sie/es	spiel**t**	er/sie/es	sieh**t**
wir	spiel**en**	wir	seh**en**
ihr	spiel**t**	ihr	seh**t**
Sie/sie	spiel**en**	Sie/sie	seh**en**

Besondere Verben					
HABEN		SEIN		WERDEN	
ich	habe	ich	bin	ich	werde
du	hast	du	bist	du	wirst
er/sie/es	hat	er/sie/es	ist	er/sie/es	wird
wir	haben	wir	sind	wir	werden
ihr	habt	ihr	seid	ihr	werdet
Sie/sie	haben	Sie/sie	sind	Sie/sie	werden

Beachten Sie:

- Bei Verben der starken Konjugation wird der Verbstamm in der zweiten und dritten Person Singular oft verändert.

sehen	ich sehe	du s**ie**hst	er/sie/es s**ie**ht
laufen	ich laufe	du l**äu**fst	er/sie/es l**äu**ft
sprechen	ich spreche	du spr**i**chst	er/sie/es spr**i**cht

- Bei Verben der schwachen Konjugation, deren Stamm auf **-t** oder **-d** endet, muß man folgende Änderungen beachten:

arbeiten	du arbeit**est**	er/sie/man arbeit**et**	ihr arbeit**et**
landen	du land**est**	er/sie/es land**et**	ihr land**et**

9.1.2

Wenn eine Tätigkeit, ein Vorgang oder ein Zustand in der Vergangenheit angefangen hat und noch andauert, benutzt man, im Gegensatz zum Englischen, die Gegenwart.

Ich wohne seit vier Jahren in München.	*I've been living in Munich for four years.*
Der Hund liegt seit heute vormittag vor dem Kamin.	*The dog's been lying in front of the fire since this morning.*

9.2 *Das Imperfekt (Indikativ)*

Man benutzt das Imperfekt, wenn man eine Erzählung schreibt, oder wenn man über ein Ereignis objektiv und distanziert berichtet. Hilfsverben kommen öfter im Imperfekt als im Perfekt vor.

9.2.1

Schwache Konjugation SPIELEN		Starke Konjugation SEHEN		Gemischte Konjugation RENNEN	
ich	spiel**te**	ich	sah	ich	rann**te**
du	spiel**test**	du	sah**st**	du	rann**test**
er/sie/es	spiel**te**	er/sie/es	sah	er/sie/es	rann**te**
wir	spiel**ten**	wir	sah**en**	wir	rann**ten**
ihr	spiel**tet**	ihr	sah**t**	ihr	rann**tet**
Sie/sie	spiel**ten**	Sie/sie	sah**en**	Sie/sie	rann**ten**

HABEN	SEIN	WERDEN
ich hatte	ich war	ich wurde
du hattest	du warst	du wurdest
er/sie/es hatte	er/sie/es war	er/sie/es wurde
wir hatten	wir waren	wir wurden
ihr hattet	ihr wart	ihr wurdet
Sie/sie hatten	Sie/sie waren	Sie/sie wurden

9.2.2

Wenn eine Tätigkeit, ein Vorgang oder ein Zustand in der Vergangenheit angefangen hat und zur Zeit der Handlung eines Textes noch andauert, benutzt man, im Gegensatz zum Englischen, das Imperfekt.

Sie saß schon seit einer Stunde in der Bibliothek, als sie das Geräusch hörte.	*She had already been sitting in the library for an hour when she heard the noise.*

9.3 *Das Perfekt (Indikativ)*

Man benutzt das Perfekt, wenn man redet, wenn man informell schreibt oder wenn man über ein Ereignis berichtet, das für einen noch lebendig ist.

9.3.1

Bildung des Perfekts

Das Perfekt hat zwei Bestandteile:

- ein Hilfsverb (**haben** oder **sein**) in der Gegenwart

- ein Partizip Perfekt (in einem einfachen Satz befindet sich dieses am Ende des Satzes)

Die meisten Verben bilden das Perfekt mit **haben**. Es sind hauptsächlich die Verben der Bewegung (**fahren**) oder des Zustandswechsels (**aufwachen**), die das Perfekt mit **sein** bilden.

> Ich **habe** gestern ein ganzes Buch **gelesen**.
> Wir **haben** ein Eis und eine Portion Pommes **gekauft**.
> Sie **ist** mit dem Auto nach Dänemark **gefahren**.

Eine Ausnahme ist **bleiben**:

> Wir **sind** im Sommer zu Hause **geblieben**.

9.3.2

Bildung des Partizip Perfekt (schwache Verben)

- Grundschema

spielen	**ge**spiel**t**
kaufen	**ge**kauf**t**

- Verben, deren Stamm auf **-t** oder **-d** endet

arbeiten	**ge**arbeit**et**
baden	**ge**bad**et**

- Verben, deren Stamm auf **-ier** endet

probieren	probier**t**
organisieren	organisier**t**

(Siehe auch 9.13.)

9.3.3

Bildung des Partizip Perfekt (starke Verben)

Diese enden immer auf **-en**. Man muß die Formen lernen, wenn man das Verb selbst lernt.

gehen	gegangen
laufen	gelaufen
ziehen	gezogen

9.3.4

Bildung des Partizip Perfekt (gemischte Verben)

Diese sind Verben, deren Stamm sich ändert (wie bei starken Verben) aber deren Partizip auf **-t** endet (wie bei schwachen Verben). Siehe hierzu auch 9.2.1, 9.3.3.

brennen	gebrannt
bringen	gebracht
denken	gedacht
kennen	gekannt

rennen	gerannt
senden	gesandt
wenden	gewandt

9.4 *Das Plusquamperfekt*

Das Plusquamperfekt bezeichnet das, was noch vor allen anderen Handlungen, also in der Vorvergangenheit, passiert ist.

9.4.1

Bildung des Plusquamperfekts

Das Plusquamperfekt ist dem Perfekt sehr ähnlich. Es besteht aus:

- einem Hilfsverb (**haben** oder **sein**) im **Imperfekt**

- einem Partizip Perfekt

> Ich hatte Petra schon gesehen, bevor du mich anriefst.   *I had already seen Petra before you rang me.*
> Wir gingen ins Kino, nachdem wir geschwommen waren.   *We went to the cinema after we had been swimming.*

9.5 *Die Zukunft*

9.5.1

Bildung der Zukunft

werden (in der Gegenwart) + Infinitiv (Endstellung)

> Ich werde morgen in den Bergen wandern.   *I shall go hiking in the mountains tomorrow.*
> Im Sommer werden Heinz und Gabi nach Kreta fliegen.   *Heinz and Gabi will fly to Crete in the summer.*

9.5.2

Die Zukunft wird oft durch die Gegenwart ersetzt.

> Ich **bin** um sieben Uhr da.   *I shall be there at seven o'clock.*

9.6 *Die vollendete Zukunft (Indikativ)*

Die vollendete Zukunft benutzt man, wenn man in die Zukunft springt und von dem Standpunkt aus auf ein Ereignis zurückblickt, das vorbei ist. Man kann mit dieser Zeit auch eine Vermutung ausdrücken.

9.6.1

Bildung der vollendeten Zukunft

werden (Gegenwart) + Partizip Perfekt + Hilfsverb im Infinitiv (**haben/sein**)

> Ich werde um 10 Uhr dort angekommen sein.   *I will have arrived there at 10 o'clock.*
> Heidi wird (wohl) die CD verliehen haben.   *Heidi will (probably) have lent out the CD.*

9.7 *Der Konjunktiv*

Während der Indikativ die Wirklichkeit einer Aussage bezeichnet, drückt der Konjunktiv in seinen verschiedenen Formen Distanz zur Aussage (z.B. in der indirekten Rede) oder eine Hypothese (im Konditional) aus.

9.7.1

Der Konjunktiv Gegenwart

Bei den meisten Verben benutzt man heutzutage nur die dritte Person Singular. Diese hat dieselbe Form wie die erste Person Singular Indikativ.

Er meinte, sie sehe wie deine Freundin aus.	*He thought she looked like your girlfriend.*
Seine Mutter sagte, er gehe noch zur Schule.	*His mother said he still went to school.*

Die Ausnahmen sind:
- die Modalhilfsverben im Singular (siehe 9.16.1)
- **haben** in der 2. Person Singular
- **sein**

ich	sei
du	sei(e)st
er/sie/es	sei
wir	seien
ihr	seiet
Sie/sie	seien

9.7.2

Der Konjunktiv Imperfekt

(Aus a, o, u, wird immer ä, ö, ü.)

Schwache Konjugation	Starke Konjugation SEHEN		Gemischte Konjugation RENNEN	
(genau wie der Indikativ Imperfekt)	ich	sähe	ich	rennte
	du	sähest	du	renntest
	er/sie/es	sähe	er/sie/es	rennte
	wir	sähen	wir	rennten
	ihr	sähet	ihr	renntet
	Sie/sie	sähen	Sie/sie	rennten

SEIN		HABEN		WERDEN	
ich	wäre	ich	hätte	ich	würde
du	wärest	du	hättest	du	würdest
er/sie/es	wäre	er/sie/es	hätte	er/sie/es	würde
wir	wären	wir	hätten	wir	würden
ihr	wäret	ihr	hättet	ihr	würdet
Sie/sie	wären	Sie/sie	hätten	Sie/sie	würden

Der Konjunktiv Imperfekt kann:

- in der indirekten Rede die Gegenwart in allen Personen ersetzen:

Wir dachten, wir hätten schon eine Unterkunft.	*We thought we already had accommodation.*

- eine höfliche Bitte ausdrücken:

Wäre es möglich, daß wir etwas länger blieben?	*Would it be possible for us to stay a little longer?*

9.8 *Das Konditional I*

Das Konditional I deutet auf das, was passieren könnte, wenn sich etwas ändert. Es wird oft zusammen mit dem Konjunktiv Imperfekt verwendet (siehe 9.7.2).

9.8.1

Bildung des Konditionals I

werden (Konjunktiv Imperfekt) + Infinitiv

Ich würde dieses Buch kaufen, wenn ich genug Geld hätte.	*I would buy this book if I had enough money.*
Würdest du spazieren gehen, wenn ich mitkäme?	*Would you go for a walk if I came too?*

9.9 *Das Konditional II*

Das Konditional II deutet auf gewünschte Änderungen in der Vergangenheit, die nicht mehr möglich sind.

9.9.1

Bildung des Konditionals II

werden (Konjunktiv Imperfekt) + Partizip Perfekt + Hilfsverb im Infinitiv (**sein/haben**);

oder (etwas besser)

Hilfsverb im Konjunktiv Imperfekt + Partizip Perfekt (siehe 9.3.2).

Ich hätte die Wurst nicht gegessen, wenn du mir das gesagt hättest.	*I wouldn't have eaten the sausage if you'd told me that.*
Wir wären früher angekommen, wenn es nicht geregnet hätte.	*We would have arrived earlier if it hadn't been raining.*

9.10 *Das Passiv*

9.10.1

Vergleichen Sie diese Sätze:

- Viele Leute essen Fisch. (**aktiver Satz**)

- Fisch wird von vielen Leuten gegessen. (**passiver Satz**)

Die Sätze haben die gleiche Aussage, aber im ersten Satz werden die Worte „Viele Leute" betont; im zweiten Satz wird das Wort „Fisch" betont. Im passiven Satz wird das Objekt des aktiven Satzes zum Subjekt gemacht.

Das Subjekt des aktiven Satzes (der **Macher**) kann im passiven Satz nach **von** (+ Dat.) oder **durch** (+ Akk.) erscheinen. Es wird jedoch oft ausgelassen.

9.10.2

Das Verb im passiven Satz

Als Hilfsverb nimmt man **werden** in der benötigten Zeit. Das Hauptverb des aktiven Satzes setzt man ins Partizip Perfekt.

Wenn man **werden** im Perfekt oder im Plusquamperfekt benutzt, ist das Partizip Perfekt **worden**, statt **geworden**.

Aktiv	Passiv
Der Lehrer sammelt die Hefte ein.	Die Hefte werden (vom Lehrer) eingesammelt.
Viele Leute sahen das Stück.	Das Stück wurde (von vielen Leuten) gesehen.
Die Zuschauer haben das tolle Spiel bewundert.	Das tolle Spiel ist (von den Zuschauern) bewundert worden.
Die Gäste hatten den Salat aufgegessen, bevor ich ankam.	Der Salat war (von den Gästen) aufgegessen worden, bevor ich ankam.

9.10.3

Das Passiv von Verben, die den Dativ regieren (siehe unten 9.19)

Da das Objekt von diesen Verben nicht im Akkusativ erscheint, kann man das Passiv nicht wie oben bilden. Es bestehen jedoch die folgenden Möglichkeiten:

Man hilft ihm.
Ihm wird geholfen. } *He's being helped.*

Man folgte dem Verdächtigen.
Dem Verdächtigen wurde gefolgt. } *The suspect was followed.*

9.10.4

Das Passiv mit Modalverben

Meistens werden nur zwei Zeiten benutzt, und zwar:

- die Gegenwart
  Die Tür muß gestrichen werden. *The door must be painted.*
  Der Computer kann ausgeschaltet werden. *The computer can be switched off.*

- das Imperfekt
  Die Schüler sollten nach Hause geschickt werden. *The pupils were supposed to be sent home.*
  Das alte Haus durfte nicht abgerissen werden. *It was not permitted to pull the old house down.*

9.11 *Der Imperativ*

Der Imperativ drückt einen Befehl oder eine dringende Bitte aus.

9.11.1

Bildung des Imperativs

Der Imperativ wird aus der 2. Person wie folgt gebildet:

- die **du-Form**

Stehst du auf?	Steh auf!
Bleibst du hier?	Bleib hier!
Liest du mir das vor?	Lies mir das vor!
Siehst du nach?	Sieh nach!

Vorsicht bei:

Fährst du mit?	Fahr doch mit!
Läufst du jetzt los?	Lauf los!
Bist du vernünftig?	Sei vernünftig!
Hast du …?	Hab …!

(aus stilistischen Gründen wird dem Imperativ manchmal -e angehängt.)

- die **ihr-Form**
  Man nimmt die übliche **ihr-Form** ohne das Wort **ihr**:
  Lest eure Bücher!
  Seid nicht so dumm!

- die **Sie-Form**
  Man nimmt die übliche **Sie-Form** mit Inversion:
  Kommen Sie bitte hierher!
  Fahren Sie doch mit!

Vorsicht bei:
  Seien Sie doch freundlich! (sein)

9.12 *Reflexive Verben*

9.12.1

Im Deutschen gibt es reflexive Verben mit dem Reflexivpronomen sowohl im Akkusativ als auch im Dativ.

Reflexive Verben bilden das Perfekt und das Plusquamperfekt immer mit **haben**.

9.12.2

Das Reflexivpronomen im Akkusativ

Ich ziehe	**mich**	an.
Hast du	**dich**	schon gewaschen?
Er zieht	**sich**	gerade an.
Sie hat	**sich**	im Urlaub gut erholt.
Es handelt	**sich**	um deine Zukunft.
Wir verstehen	**uns**	sehr gut.
Seit wann kennt ihr	**euch**	so gut?
Setzen Sie	**sich**	bitte hin!
Sie werden	**sich**	bald scheiden lassen.

9.12.3

Das Reflexivpronomen im Dativ

Ich kämme	**mir**	die Haare.
Siehst du	**dir**	die Angebote an?
Er traut	**sich**	vieles zu.
Sie muß	**sich**	seine neue Adresse merken.
Es (das Tier) hat	**sich**	am Rücken verletzt.
Wir haben	**uns**	viel vorgenommen.
Ihr holt	**euch**	bestimmt einen Sonnenbrand!
Haben Sie	**sich**	in die Hand geschnitten?
Sie schreiben	**sich**	gegenseitig Briefe.

9.13 *Trennbare und untrennbare Verben*

9.13.1

Ein Präfix kann die Bedeutung eines einfachen Verbs komplett ändern.

kommen	*to come*
ankommen	*to arrive*
bekommen	*to get*
umkommen	*to die*
verkommen	*to go to waste, go bad*

9.13.2

Untrennbare Verben

Diese Präfixe sind immer untrennbar:

be-; ent-; er-; ge-; miß-; ver-; zer-

Verben mit diesen Präfixen bilden das Partizip Perfekt ohne **ge-**: z.B. begonnen, entstanden, erlaubt usw.

9.13.3

Trennbare Verben

Alle anderen Präfixe (durch-; hinter-; über-; um-; unter-; voll-; wider-; wieder-) sind entweder meistens oder immer trennbar.

- Die Gegenwart und das Imperfekt
  Das Spiel fängt um 3 Uhr an.
  Sie fragte mich, ob der Zug bald abfährt.
  Er kaufte Brot, Wurst und Käse ein.
  Wir erfuhren, daß vier Menschen in der Lawine umkamen.

- Das Partizip Perfekt
  Wir sind gestern zurückgekommen.
  Alle Stimmen sind abgegeben worden.

- Der Infinitiv mit **zu**
  Meine Eltern haben vor, morgen nachmittag einzutreffen.
  Ohne seinen Pullover anzuziehen, lief er aus dem Haus.

9.14 *Lassen als Hilfsverb*

Wenn **lassen** als Hilfsverb mit dem Infinitiv eines anderen Verbs benutzt wird, wird es mit *to have something done* oder *to let someone/something do something* übersetzt.

Das Partizip Perfekt heißt **lassen**.

Ich lasse mir morgen die Haare schneiden.	*I'm having my hair cut tomorrow.*
Er ließ sein Auto bei Müller reparieren.	*He had his car repaired at Muller's.*
Wir haben uns einen Tisch reservieren lassen.	*We've had a table reserved.*
Sie läßt die Spiele beginnen.	*She lets the games begin.*

9.15 *Das Partizip Präsens*

9.15.1

Bildung des Partizip Präsens

Infinitiv + **d**:	schlafend
	leidend
	lächelnd

9.15.2

Am besten benutzt man das Partizip Präsens als Adjektiv, in erster Linie als Ersatz für einen Relativsatz.

Das Kind, das schrie, suchte seine Mutter.	→	Das **schreiende** Kind suchte seine Mutter.
Die Sonne, die aufgeht, ist sehr schön.	→	Die **aufgehende** Sonne ist sehr schön.
Dieser Hund, der immer größer wird, frißt zehn Pfund Fleisch pro Tag.	→	Dieser **immer größer werdende** Hund frißt zehn Pfund Fleisch pro Tag.

9.16 *Die Modalhilfsverben*

Modalhilfsverben bereichern die Sprache, indem Sie uns erlauben, Nuancen zu setzen. Sie werden meistens mit dem Infinitiv eines anderen Verbs benutzt.

9.16.1

Die Zeiten

- Die Gegenwart (Indikativ)

	DÜRFEN	**KÖNNEN**	**MÖGEN**	**MÜSSEN**	**SOLLEN**	**WOLLEN**
ich	darf	kann	mag	muß	soll	will
du	darfst	kannst	magst	mußt	sollst	willst
er/sie/es	darf	kann	mag	muß	soll	will
wir	dürfen	können	mögen	müssen	sollen	wollen
ihr	dürft	könnt	mögt	müßt	sollt	wollt
Sie/sie	dürfen	können	mögen	müssen	sollen	wollen

- Die Gegenwart (Konjunktiv)

ich	dürfe	könne	möge	müsse	solle	wolle
du	dürfest	könnest	mögest	müssest	sollest	wollest
er/sie/es	dürfe	könne	möge	müsse	solle	wolle

Für den Plural der Modalhilfsverben in der Gegenwart(Konjunktiv) gibt es keine eigenen Formen. Stattdessen nimmt man die Formen des Imperfekts (Konjunktiv).

- Das Imperfekt (Indikativ)
Wenn man ein Modalhilfsverb in der Vergangenheit braucht, nimmt man meistens das Imperfekt.

ich	durfte	konnte	mochte	mußte	sollte	wollte
du	durftest	konntest	mochtest	mußtest	solltest	wolltest
er/sie/es	durfte	konnte	mochte	mußte	sollte	wollte
wir	durften	konnten	mochten	mußten	sollten	wollten
ihr	durftet	konntet	mochtet	mußtet	solltet	wolltet
Sie/sie	durften	konnten	mochten	mußten	sollten	wollten

- Das Imperfekt (Konjunktiv)

ich	dürfte	könnte	möchte	müßte	sollte	wollte
du	dürftest	könntest	möchtest	müßtest	solltest	wolltest
er/sie/es	dürfte	könnte	möchte	müßte	sollte	wollte
wir	dürften	könnten	möchten	müßten	sollten	wollten
ihr	dürftet	könntet	möchtet	müßtet	solltet	wolltet
Sie/sie	dürften	könnten	möchten	müßten	sollten	wollten

- das Perfekt und das Plusquamperfekt (Indikativ und Konjunktiv)

Das Partizip Perfekt eines Modalhilfsverbs gleicht dem Infinitiv, wenn das Modalhilfsverb mit einem anderen Infinitiv verwendet wird. Sonst sind die Partizipien wie folgt:

gedurft; gekonnt; gemocht; gemußt; gesollt; gewollt

Ich habe es nicht machen können.   **aber** Ich habe das nie gekonnt.

9.16.2

Funktionen der Modalhilfsverben

- **dürfen**

Ich darf bis 7 Uhr aufbleiben.	*I may/can stay up till 7 o'clock.*
Darf ich mir noch ein Stück Kuchen nehmen?	*May I take another piece of cake?*
In diesem Abteil darf man nicht rauchen.	*You're not allowed to smoke in this compartment.*
Das dürfte nicht schwierig sein.	*That shouldn't be difficult.*
Als Kind durfte ich so viel Obst essen wie ich wollte.	*As a child I was allowed to eat as much fruit as I wanted.*

- **können**

Kann er schon schwimmen?	*Can he swim yet?*
Das kann sein.	*That may be.*
Mit 10 Monaten konnte sie schon gehen.	*She could (= was able to) walk when she was 10 months.*
Könntest du die Tür aufmachen?	*Could you (would you be able to) open the door?*
Es könnte schwierig werden.	*It could be difficult.*
Er könnte es getan haben.	*He might have done it.*

- **mögen** (dient oft auch als Vollverb)

Ich mag es nicht essen.	*I don't like to eat it* (Vgl. ich esse es nicht gern).
Sie mochte ihn nie.	*She never liked him.*
Wir möchten eine Tasse Kaffee (trinken).	*We'd like (to drink) a cup of coffee.*

- **müssen**

Unsere Hausaufgaben müssen bis morgen fertig sein.	*Our homework has to be ready by tomorrow.*
Sie müssen früh aufstehen.	*They have to get up early.*
Muß ich das?	*Do I have to do that?*
Hier muß man nicht ständig an die Arbeit denken.	*You don't have to think of work here.*
Was mußtet ihr machen?	*What did you have to do?*
Er mußte den Hof kehren.	*He had to sweep the yard.*
Sie sagte, sie müsse ihm helfen.	*She said she had to help him.*
Das müßte ungefähr hinkommen.	*That ought to be about right.*

- **sollen**

Du sollst anrufen!	*You should phone!*
Er soll sehr intelligent sein.	*He's supposed (said) to be very intelligent.*
Wir sollten früh ankommen.	*We ought to/should arrive early.*
Sie sollte erfolgreich sein.	*She was to be successful.*
Ich sollte mir wirklich eine neue Brille kaufen!	*I really ought to buy a new pair of spectacles!*

- **wollen**

Wir wollen im Sommer nach Deutschland fahren.	*We want (intend) to travel to Germany in the summer.*
Wollt ihr mitkommen?	*Do you want to come too?*
Ich will eben losfahren.	*I'm just about to leave.*
Er wollte gestern schon da sein.	*He wanted to be there yesterday.*
Sie wollte mir einfach nicht helfen.	*She simply wasn't prepared to help me.*
Wollten Sie eben etwas sagen?	*Were you about to say something?*

9.17 *Der Infinitiv mit zu*

9.17.1

Der Infinitiv mit **zu** steht bei allen Verben, außer bei

- den Modalhilfsverben

- folgenden Verben: bleiben; gehen; helfen; hören; kommen; lassen; lehren; lernen; sehen

Wir planen, einen Porsche zu kaufen.
Er freut sich, die tolle Nachricht erhalten zu haben.
Helga hat die Absicht, die Schule zu verlassen.
Ohne auf eine Antwort zu warten, betrat er das Zimmer.
aber
Ich sehe ihn kommen.
Wir hörten die Kinder lachen.

9.17.2

Der Infinitiv mit **zu** steht auch beim Ausdruck **um ... zu** (*in order to*)
Er arbeitet, um ein Auto zu kaufen.
Um glücklich zu sein, muß man nicht unbedingt reich sein!

9.18 *Verben, die den Genitiv regieren*

Nur wenige Verben gehören zu dieser Gruppe:

gedenken; sich schämen

> Ich schäme mich mein**es** Verbrechens.
> *I'm ashamed of my crime.*

9.19 *Verben, die den Dativ regieren*

Einige wichtige Verben gehören dieser Gruppe an:

antworten; begegnen; danken; dienen; folgen; gefallen; gehorchen;gehören; gelingen; geschehen; glauben; gleichen; helfen; leid tun; passieren; raten; schaden; schmecken; vertrauen; vorkommen; weh tun; zuhören; zusehen

> Was ist **dir** passiert?   *What's happened to you?*
> Sie glaubt **mir** nie.   *She never believes me.*
> Sie tun **ihr** leid.   *She feels sorry for them.*
> Kann ich **Ihnen** helfen?   *Can I help you?*

9.20 *Unpersönliche Verben*

Diese Verben haben immer **es** als Subjekt.

9.20.1

Das Wetter
es regnet
es schneit   usw.

9.20.2

Unpersönliche Verben mit dem Dativ
es bangt (mir vor + Dat.)
es fehlt (mir an + Dat.)
es gefällt (mir)
es schmeckt (mir nach + Dat.)   usw.

9.20.3

Unpersönliche Verben mit einer Präposition
es geht um + Akk.
es handelt sich um + Akk.

9.21 *Verben mit Präpositionen*

Wie im Englischen gibt es sehr viele Verben im Deutschen, die eine bestimmte Präposition bzw. verschiedene Präpositionen mit sich tragen können. Hier einige Beispiele:

denken an + Akk.	*to think of*
sich erinnern an + Akk.	*to remember*
leiden an + Dat.	*to suffer from*
teilnehmen an + Dat.	*to take part in*
achten auf + Akk.	*to pay attention to*
sich freuen auf + Akk.	*to look forward to*
warten auf + Akk.	*to wait for*
bestehen aus + Dat.	*to consist of*
sich bedanken für + Akk.	*to say thank you for*
sorgen für + Akk.	*to take care of, look after*
sprechen mit + Dat.	*to speak, talk to*
sich unterhalten mit + Dat.	*to converse with*
duften nach + Dat.	*to smell of*
fragen nach + Dat.	*to ask about*
riechen nach + Dat.	*to smell of*
schmecken nach + Dat.	*to taste of*
suchen nach + Dat.	*to look for*
sich ärgern über + Akk.	*to get annoyed about*
sich freuen über + Akk.	*to be pleased about*
lachen über + Akk.	*to laugh about*
sich bewerben um + Akk.	*to apply for*
es handelt sich um + Akk.	*it is a matter of*
sich kümmern um + Akk.	*to look after, take care of*
reden von + Dat.	*to speak about*
träumen von + Dat.	*to dream about*
sich fürchten vor + Dat.	*to be afraid of*
sich retten vor + Dat.	*to escape from*
warnen vor + Dat.	*to warn of, about*
meinen zu + Dat.	*to think of*
sagen zu + Dat.	*to say to*

> Ich habe mich sehr über Deinen Brief gefreut.   *I was very pleased to receive your letter.*
> Ich warte auf meinen Sohn.   *I am waiting for my son.*
> Er bewarb sich um den Job.   *He applied for the job.*

Unregelmäßige Verben

Infinitiv *und englische Bedeutung*	Gegenwart	Imperfekt (und Konjunktiv)	Partizip Perfekt (*=SEIN)
BACKEN *bake*		backte	gebacken
BEFEHLEN *command*	befiehlt	befahl (beföhle)	befohlen
BEGINNEN *begin*		begann	begonnen
BEISSEN *bite*		biß	gebissen
BIEGEN *bend*		bog	gebogen
BIETEN *offer*		bot	geboten
BINDEN *tie*		band	gebunden
BITTEN *ask*		bat	gebeten
BLASEN *blow*	bläst	blies	geblasen
BLEIBEN *stay*		blieb	*geblieben
BRATEN *roast*	brät	briet	gebraten
BRECHEN *break*	bricht	brach	*gebrochen
BRENNEN *burn*		brannte (brennte)	gebrannt
BRINGEN *bring*		brachte	gebracht
DENKEN *think*		dachte	gedacht
DRINGEN *be urgent*		drang	gedrungen
DÜRFEN *be allowed*	ich/er darf	durfte	gedurft/dürfen
EMPFEHLEN *recommend*	empfiehlt	empfahl (empföhle)	empfohlen
ERLÖSCHEN *die out*	erlischt	erlosch	*erloschen
ERSCHRECKEN *be startled*	erschrickt	erschrak	*erschrocken
ESSEN *eat*	ißt	aß	gegessen
FAHREN *travel*	fährt	fuhr	*gefahren
FALLEN *fall*	fällt	fiel	*gefallen
FANGEN *catch*	fängt	fing	gefangen
FINDEN *find*		fand	gefunden
FLIEGEN *fly*		flog	*geflogen
FLIEHEN *flee*		floh	*geflohen
FLIESSEN *flow*		floß	*geflossen
FRESSEN *bake*	frißt	fraß	gefressen
FRIEREN *freeze*		fror	*gefroren
GEBÄREN *bear (child)*	gebärt, gebiert	gebar	geboren
GEBEN *give*	gibt	gab	gegeben
GEHEN *go*		ging	*gegangen
GELINGEN *succeed*		gelang	*gelungen
GELTEN *be valid*	gilt	galt (gölte)	gegolten
GENESEN *recover*		genas	*genesen

Infinitiv *und englische Bedeutung*	Gegenwart	Imperfekt (und Konjunktiv)	Partizip Perfekt (*=SEIN)
GENIESSEN *enjoy*		genoß	genossen
GESCHEHEN *happen*	geschieht	geschah	*geschehen
GEWINNEN *win*		gewann (gewönne)	gewonnen
GIESSEN *pour*		goß	gegossen
GLEICHEN *resemble*		glich	geglichen
GLEITEN *dig*		glitt	*geglitten
GRABEN *slip*	gräbt	grub	gegraben
GREIFEN *grasp*		griff	gegriffen
HABEN *have*	du hast; er hat	hatte	gehabt
HALTEN *hold*	hält	hielt	gehalten
HÄNGEN *hang*		hing/hängte	gehangen
HEBEN *raise*		hob	gehoben
HEISSEN *be called*		hieß	geheißen
HELFEN *help*	hilft	half (hülfe)	geholfen
KENNEN *know*		kannte (kennte)	gekannt
KLINGEN *sound*		klang	geklungen
KOMMEN *come*		kam	*gekommen
KÖNNEN *can*	ich/er kann	konnte	gekonnt/können
KRIECHEN *crawl*		kroch	*gekrochen
LADEN *load*	lädt	lud	geladen
LASSEN *let*	läßt	ließ	gelassen/lassen
LAUFEN *run*	läuft	lief	*gelaufen
LEIDEN *suffer*		litt	gelitten
LEIHEN *lend*		lieh	geliehen
LESEN *read*	liest	las	gelesen
LIEGEN *lie*		lag	gelegen
LÜGEN *tell lies*		log	gelogen
MESSEN *measure*	mißt	maß	gemessen
MISSLINGEN *fail*		mißlang	*mißlungen
MÖGEN *like*	ich/er mag	mochte	gemocht/mögen
MÜSSEN *must*	ich/er muß	mußte	gemußt/müssen
NEHMEN *take*	nimmt	nahm	genommen
NENNEN *name*		nannte (nennte)	genannt

179

Infinitiv *und englische Bedeutung*	Gegenwart	Imperfekt (und Konjunktiv)	Partizip Perfekt (*=SEIN)	Infinitiv *und englische Bedeutung*	Gegenwart (3. Person unregelmäßig)	Imperfekt (und Konjunktiv)	Partizip Perfekt (*=SEIN)
PFEIFEN *whistle*		pfiff	gepfiffen	**TRAGEN** *carry*	trägt	trug	getragen
				TREFFEN *meet*	trifft	traf	getroffen
RATEN *advise*	rät	riet	geraten	**TREIBEN** *drive*		trieb	getrieben
REIBEN *rub*		rieb	gerieben	**TRETEN** *step*	tritt	trat	*getreten
REIßEN *tear*		riß	gerissen	**TRINKEN** *drink*		trank	getrunken
REITEN *ride*		ritt	*geritten	**TRÜGEN** *deceive*		trog	getrogen
RENNEN *run*		rannte (rennte)	*gerannt	**TUN** *do*	ich tue; du tust;	tat	getan
RIECHEN *smell*		roch	gerochen		er/ihr tut;		
RUFEN *call*		rief	gerufen		wir/sie tun		
SCHAFFEN *create/manage*		schuf/schaffte	geschaffen	**VERBERGEN** *hide*	verbirgt	verbarg	*verborgen
SCHEIDEN *separate*		schied	*geschieden	**VERDERBEN** *spoil*	verdirbt	verdarb (verdürbe)	*verdorben
SCHEINEN *seem*		schien	geschienen	**VERGESSEN** *forget*	vergißt	vergaß	vergessen
SCHELTEN *scold*	schilt	schalt (schölte)	gescholten	**VERLIEREN** *lose*		verlor	verloren
SCHIEBEN *push*		schob	geschoben	**VERMEIDEN** *avoid*		vermied	*vermieden
SCHIEßEN *shoot*		schoß	*geschossen	**VERSCHWINDEN** *disappear*		verschwand	*verschwunden
SCHLAFEN *sleep*	schläft	schlief	geschlafen	**VERZEIHEN** *excuse*		verzieh	*verziehen
SCHLAGEN *hit*	schlägt	schlug	geschlagen				
SCHLEICHEN *creep*		schlich	*geschlichen	**WACHSEN** *grow*	wächst	wuchs	*gewachsen
SCHLIEßEN *shut*		schloß	geschlossen	**WASCHEN** *wash*	wäscht	wusch	gewaschen
SCHMEIßEN *fling*		schmiß	geschmissen	**WEISEN** *point*		wies	gewiesen
SCHMELZEN *melt*	schmilzt	schmolz	*geschmolzen	**WENDEN** *turn*		wandte (wendete)	gewandt
SCHNEIDEN *cut*		schnitt	geschnitten	**WERBEN** *advertise*	wirbt	warb (würbe)	geworben
SCHREIBEN *write*		schrieb	geschrieben	**WERDEN** *become*	du wirst; er wird	wurde	*geworden/
SCHREIEN *shout*		schrie	geschrie(e)n				worden
SCHREITEN *step*		schritt	*geschritten	**WERFEN** *throw*	wirft	warf (würfe)	geworfen
SCHWEIGEN *be silent*		schwieg	geschwiegen	**WIEGEN** *weigh/rock*		wog/wiegte	gewogen
SCHWELLEN *swell*	schwillt	schwoll	*geschwollen	**WISSEN** *know*	ich/er weiß	wußte	gewußt
SCHWIMMEN *swim*		schwamm (schwömme)	*geschwommen	**WOLLEN** *want*	ich/er will	wollte	gewollt/wollen
SCHWÖREN *swear*		schwor (schwüre)	geschworen				
SEHEN *see*	sieht	sah	gesehen	**ZIEHEN** *pull*		zog	gezogen
SEIN *be*	ich bin; du bist;	war	*gewesen	**ZWINGEN** *force*		zwang	gezwungen
	er ist; wir/sie						
	sind; ihr seid						
SENDEN *send, broadcast*		sandte/sendete	gesandt				
SINGEN *sing*		sang	gesungen				
SINKEN *sink*		sank	*gesunken				
SITZEN *sit*		saß	gesessen				
SOLLEN *is to*	ich/er soll	sollte	gesollt/sollen				
SPRECHEN *speak*	spricht	sprach	gesprochen				
SPRINGEN *jump*		sprang	*gesprungen				
STECHEN *stab*	sticht	stach	gestochen				
STEHEN *stand*		stand (stünde)	gestanden				
STEHLEN *steal*	stiehlt	stahl	gestohlen				
STEIGEN *climb*		stieg	*gestiegen				
STERBEN *die*	stirbt	starb (stürbe)	*gestorben				
STINKEN *stink*		stank	gestunken				
STOßEN *push*	stößt	stieß	gestoßen				
STREICHEN *stroke*		strich	gestrichen				
STREITEN *quarrel*		stritt	gestritten				

Wortschatz

A

abfällig *adverse, disparaging, derogatory*
sich abfinden mit *to come to terms with*
abhaken *to mark with a tick*
sich ablenken *to relax, switch off, amuse oneself*
Abiturient(in) (m, f) *A level student (approx.)*
Abonnent(in) (m, f) *subscriber*
Abschlußzeugnis (n) *school-leaving certificate*
abstürzen *to crash*
Abteilung (f) *department*
Abwehr (f) *defence*
abwehren *to deflect, protect against*
Ähnlichkeit (f) *similarity*
Alarmanlage (f) *alarm system*
Algen (f. pl) *algae*
allerhand *all sorts of*
Alltag (m) *everyday life, routine*
Alptraum (m) *nightmare*
altersgemäß *as befits s.b's age*
Alufolie (f) *aluminium foil*
Analphabet(in) (m, f) *illiterate*
ändern *to alter*
angeboren *innate (lit. inborn)*
angeln *to fish, reel in/land*
angesichts (+ Gen) *faced with*
angreifen *to attack*
Angriff (m) *attack*
ankreuzen *to mark with a cross*
Anlaß (m) *cause, occasion*
anmachen *to turn on*
Annäherungsversuch (m) *pass*
Ansicht (f) *opinion*
anspornen *to spur on*
jdn in Anspruch nehmen *to make demands on s.b*
Anstalten machen *to make as if*
Anstrengung (f) *effort*
Antragsteller(in) (m, f) *applicant*
Anzeige (f) *advertisement*
Ärger (m) *anger*
Ärgernis (n) *annoyance*
aufbauen *to build up*
auffüllen *to fill up*
aufgeben *to give up*
aufhören *to finish, cease*
Aufkleber (m) *sticker*
Auflage (f) *edition*

Aufnahme (f) *recording*
aufregend *exciting, stimulating*
auftauchen *to emerge, pop up*
Ausbeutung (f) *exploitation*
Ausbildungszeit (f) *training period*
Ausdrucksfähigkeit (f) *powers of expression*
ausgebildet *educated, trained*
ausgebrannt *burnt-out*
ausgeflippt *way-out*
auslachen *to make fun of*
Ausland (n) *abroad*
ausprobieren *to try out*
ausreichend *sufficient(ly)*
ausschildern *to describe, flag*
ausschließlich *exclusively*
äußern *to express*
äußerst *extremely*
Ausweg (m) *way out, escape*
Auswirkung (f) *effect*
Auszug (m) *extract*
autofixiert *car-obsessed*

B

beantragen *to apply for*
Bedeutung (f) *meaning, significance*
bedrohen *to threaten*
Befragung (f) *enquiry, poll, survey*
begehrt *sought after, in demand*
begeistert *enthusiastic*
Begeisterung (f) *enthusiasm*
Begriff (m) *concept*
Bekanntenkreis (m) *circle of acquaintances*
Belastung (f) *stress, pressure*
benutzen *to use*
berühmt *famous*
beschäftigt *busy*
sich beschweren *to complain*
besitzen *to possess*
beteiligt *participating, involved*
betrachten *to consider*
bevorzugen *to give preferential treatment to*
Bewegung (f) *movement*
sich bewerben um (+ Akk) *to apply for*
Bewerbung (f) *application*
Beziehung (f) *relationship*
Bezirksamt (n) *local authority office*

bleiern *leaden*
blöd *stupid*
brauchbar *usable, useful*
brillentragend *wearing glasses*
Brust (f) *chest*
Bundesbürger(in) (m, f) *federal (German) citizen*
Bundesministerium (n) *government ministry*
Bundeswehr (f) *German army*

D

damalig *at that time (adj)*
dank (+ Dat) *thanks to*
Dichte (f) *density*
Dieb (m) *thief*
diebstahlsicher *thief-proof*
Durchschnitts... (m, f, n) *the average...*
düster *gloomy*

E

egal ob *all the same whether*
Ehrgeiz (m) *ambition*
Eigenständigkeit (f) *independence*
Eignungstest (m) *aptitude test*
eindämmen *to stem, plug*
einfallen *to occur*
einladen *to invite*
einmalig *once (in a lifetime)*
einschalten *to switch on/ bring in, involve*
Einschränkung (f) *restriction, cut*
einsilbig *monosyllabic*
Einstellung (f) *attitude*
einverstanden *in agreement*
Einzelheiten (f pl.) *details*
Einzelne (m, f) *individual*
Elterndruck (m) *parental pressure*
empfinden *to feel*
engagiert *committed*
entfesselt *unleashed, freed from one's restrictions*
entflammen *to inflame*
sich entscheiden für *to decide on*
Entscheidung (f) *decision*
Entsprechung (f) *equivalent*
entstehen *to arise*
enttäuschen *to disappoint*

entwickeln *to develop*
Erdaufschüttung (f) *earth tremor*
Erfahrung (f) *experience*
Erfinder(in) (m, f) *inventor*
ergeben *to reveal, produce*
ergreifen *to take/grab hold of*
Erhebung (f) *census*
erklären *to explain, make clear*
erleben *to experience*
erledigen *to see to*
ermutigen *to encourage*
erquicken *to refresh*
erreichen *to reach*
Ersatz (m) *replacement, substitute*
erschöpft *exhausted*
ersticken *to suffocate*
Erwachsene (m, f) *adult*
erwähnen *to mention*
erwarten *to expect*
Etikett (n) *label*

F

Fähigkeit (f) *ability, capacity, skill*
Fall (m) *case*
faulenzen *to laze*
Faustregel (f) *rule of thumb*
fechten *to fence*
fehlen *to be missing*
Florett (n) *foil*
Formel (f) *formula (= set expression/convention)*
Forscher(in) (m, f) *researcher*
Freiheit (f) *freedom*
sich freuen auf (+Akk) *to look forward to*
frisieren *to soup up an engine*
Funkausstellung (f) *radio exhibition*

G

Gastgeber(in) (m, f) *host(ess)*
auf dem Gebiet (+ Gen) *in the field of*
geeignet *suitable/suited*
Gegenwehr (f) *counter-defence*
Gegenwind (m) *head wind*
Gemeinde (f) *community*
genauso *just as*
geraten in *to fall into*
Geschlecht (n) *sex, gender*
Gesetz (n) *the law*
Gespräch (n) *conversation*
gestalten *to create, design*
Gewohnheit (f) *habit, custom*
Gipfel (m) *summit*
glitzern *to glitter*
Grafiker(in) (m, f) *graphic artist*
gratulieren *to congratulate*
grell *harsh*

Grenze (f) *border, limit*
grinsen *to grin*
Großfamilie (f) *extended family*
großschreiben *to write with a capital letter, give great emphasis*
großziehen *to bring up*
Grundanschauung (f) *basic outlook*
Grundbedürfnis (n) *basic requirement*
Grundlage (f) *basis*
günstig *favourable*
gut gerüstet *well kitted-out*

H

Häftling (m) *prisoner*
Händedruck (m) *handshake*
häufig *frequent(ly)*
Häufigkeit (f) *frequency*
Hauptsache (f) *the main thing*
Hauptthema (n) *main theme, topic*
hautnah mit *right on top of*
Held(in) (m, f) *hero(ine)*
herausbringen *to publish*
herausfinden *to find out*
Herstellung (f) *production*
herumschleppen *to lug/drag around*
Hilfskräfte (f. pl) *casual staff*
hinausposaunen *to trumpet far and wide*
Hindernis (n) *obstacle*
Hinweis (m) *instruction, direction*
hochempfindlich *highly sensitive*

I

inszenieren *to stage, engineer*
irgendwie *somehow or other*
Isolierung (f) *insulation*

K

kämpfen *to fight, struggle*
Karibik (f) *Caribbean*
Karriere-Leiter (f) *career-ladder*
Kernenergie (f) *nuclear energy*
Klamotten (f.pl.) *clothes, gear*
kleinbürgerlich *lower middle-class (approx.)*
Kletterpflanze (f) *climbing plant*
Klima (n) *climate*
klingen *to sound*
Kneipe (f) *pub, bar*
Konkurrenz (f) *competition*
kontrollieren *to (keep in) check*

L

langfristig *long-term*
Laubsäge (f) *fretsaw*

Läufer-Rausch (m) *running-bug*
lausig *lousy*
lauwarm *lukewarm*
lebensgefährlich *life-threatening*
lebensnotwendig *essential for life*
Leidenschaft (f) *passion*
leisten *to achieve*
Leistung (f) *achievement*
Leistungssport (m) *competitive sport*
Leitsystem (n) *control-system*
Lenkradschloß (n) *steering-wheel lock*
Lieblings- (m, f, n) *favourite...*

M

zur Manie werden *to become an obsession*
mehrere *several*
mehrfach *several times*
Meister(in) (m, f) *champion*
melden *to report*
mies *lamentable, pathetic*
Militärdienst (m) *military service*
mischen *to mix*
Mischpult (n) *mixer-deck*
Mittelmeerraum (m) *the Mediterranean (area)*
Mode sein *to be in fashion*
Moderator(in) (m, f) *presenter*
moderieren *to present (a show)*
Möglichkeit (f) *possibility, opportunity*
Müllberg (m) *mountain of rubbish*

N

nachholen *to catch up*
nagelneu *brand new*
öffentliche Nahverkehr (m) *local public transport*
Niederlage (f) *defeat*
Notstand (m) *emergency*

O

oberflächlich *superficial*
Ohrfeige (f) *slap across the ears*
Ökologe/in (m, f) *ecologist*
Opfer (n) *victim, sacrifice*
sich orientieren *to get one's bearings*
Ozonloch (n) *hole in the ozone layer*

P

Panne (f) *breakdown*
parat *ready, prepared*
passend *appropriate(ly)*
pauken *to swot*
Pelz (m) *fur coat*
Persönlichkeitstest (m) *personality test*
petzen *to tell tales, sneak*

Pflichtjahr (n) *compulsory year*
pfuschen *to bungle, botch, get things wrong*
Pkw (= Personenkraftwagen) *private car*
Planer(in) (m, f) *planner*
Praxis (f) *practice*
Presseausweis (m) *press-card*
Primus (m) *top of the class*
promovieren *to obtain a doctorate*
Prozentsatz (m) *percentage*
prüfen *to check, examine*

R

sich rächen *to avenge oneself*
radeln *to cycle*
Radler(in) (m, f) *cyclist*
Radweg (m) *cycle path*
Rat (m) *advice*
reagieren *to react*
Redakteur(in) (m, f) *editor*
Redaktion (f) *editorial team*
regelmäßig *regular(ly)*
Regierung (f) *government*
Reihenfolge (f) *sequence*
Rentabilität (f) *profitability, financial return*
Risiko (n) *risk*
Römerhelm (m) *Roman helmet*
Ruf (m) *reputation*
über die Runden kommen *to just make it*

S

Sackgasse (f) *cul-de-sac*
sauber *clean*
Saugnapf (m) *tendril, sucker*
schaffen *to manage, succeed*
schätzen *to estimate*
scheinen *to appear*
scheitern *to founder*
scheußlich *horrible, terrible*
Schiffermütze (f) *seaman's cap*
Schiffschaukel (f) *swing-boat*
Schläger (m) *racket*
schleunigst *as speedily as possible*
Schlosser(in) (m, f) *fitter*
schonen *to protect*
schriftlich *written*
Schulbehörde (f) *school governors*
schützen vor *to protect against*
schwänzen *to cut classes, play truant*
schwärmen für *to be mad about*
schweigsam *silent*
seelisch *spiritually, mentally*
Segel (n) *sail*
selbstbewußt *self-confident, self-aware*
selbstsicher *confident, self-assured*
Sieg (m) *victory*

Siegerprämie (f) *prize money*
Sippe (f) *clan*
Sitzung (f) *meeting*
so *according to, in the words of*
sogar *even*
Solarzelle (f) *solar cell*
sorgfältig *careful(ly)*
Sozialdienst (m) *community service*
spannend *exciting, tense*
Spannung (f) *tension, excitement, atmosphere*
Spedition (f) *haulage, removals*
spotten *to mock*
Sprichwort (n) *proverb*
Sprungbrett (n) *springboard*
spüren *to feel, sense*
Stärke (f) *strength*
steigen *to increase (intrans.)*
steigern *to increase (trans.)*
Sternzeichen (n) *star-sign*
steuern *to steer*
Stimmung (f) *mood, atmosphere*
stören *to disturb*
Strafverfahren (n) *punishment (procedure)*
strapazieren *to tax, put a strain on*
streicheln *to stroke*
Stürmer(in) (m, f) *forward (in football)*
auf die Suche gehen *to go looking*

T

Tätigkeit (f) *activity, work*
tatsächlich *as a matter of fact*
Technik (f) *technology, technical know-how*
tollkühn *foolhardy*
Ton (m) *sound*
Tontechniker(in) (m, f) *sound engineer*
Treibhauseffekt (m) *greenhouse effect*
trüb *bleak*
turnen *to do gymnastics*

U

überhaupt *at all*
Übernachtung (f) *overnight accommodation*
Überraschung (f) *surprise*
überwiegend *predominantly*
übrigens *moreover*
Umgangsformen (f pl.) *manners, social etiquette*
umkippen *to turn, flip over*
Umwelt (f) *environment*
umweltfreundlich *environmentally friendly*
Umweltschutz (m) *environmental protection*
Umzug (m) *move, change*
unerwartet *unexpected*
Unfallstelle (f) *location of the accident*
Ungarn (n) *Hungary*
ungeheuer *enormous*

ungerecht *unjust(ly)*
ungetrübt *unspoilt*
Unterhalt (m) *support, maintenance*
Unternehmungsgeist (m) *enterprise, initiative*
unterschätzen *to underestimate*
unterstützen *to support*
Untersuchung (f) *examination, enquiry*
unterwegs *on the way*
sich unterwerfen (+ Gen) *to subject oneself to*
unverhofft *unhoped for*
Urlaubsort (m) *holiday resort*
Ursache (f) *cause*

V

sich verabreden *to fix a (mutual) date/appointment*
verantwortlich *responsible*
Verantwortung (f) *responsibility*
Verband (m) *club, group, organization*
Verbesserung (f) *improvement*
verblassen *to fade*
Verbraucher (m) *consumer*
zur Verfügung stehen *to be available*
verdreifachen *to treble*
vergangen *preceding*
vergeblich *in vain*
Vergleich (m) *comparison*
vergleichsweise *by way of comparison*
Vergnügen (n) *delight*
Vergnügung (f) *pleasure, amusement*
sich verhalten *to behave*
Verhältnis (n) *relationship*
sich verhedden *to get in a tangle*
verlangen *to demand*
sich verlassen auf *to rely on*
vermitteln *to give, transmit*
vernachlässigen *to neglect*
Verpackung (f) *packaging*
verringern *to decrease*
verschieden *different*
verschlimmern *to make worse*
eine Versicherung abschließen *to take out insurance*
versöhnt *reconciled, forgiven*
verspotten *to mock*
verständlich *understandable, comprehensible*
verstopfen *to block*
Versuch (m) *attempt*
vertraut *familiar*
verunglücken *to come to grief*
verursachen *to cause*
verwirklichen *to realise = to make happen*
verzichten auf (+ Akk) *to do without*
verzweifelt *desperate*
vielfältig *varied*
Voraussetzung (f) *pre-condition*

Vorbereitungsphase (f) *training-stage*
Vorbild (n) *model, example*
vorsichtig *careful(ly)*
sich vorstellen *to imagine*
Vorsorge (f) *precautions*
Vorstellung (f) *idea (= mental picture)*
vortrefflich *excellent, outstanding*
vorwurfsvoll *reproachful*

W

wachsen *to grow*
wagen *to dare*
Wahlfranzose/in (m, f) *naturalised
    Frenchman/woman*
wahnsinnig *mad; fantastic(ally)*
wahrheitsgetreu *truthful(ly)*
wahrscheinlich *probably*
Watte (f) *cotton wool*
weder...noch *neither...nor*
wegtreten *to kick away*
Werbekauffrau (f) *female advertising executive*
wertvoll *worthwhile*
weshalb *why/for what reason*
Wiedervereinigung (f) *re-unification*
Wirklichkeit (f) *reality*
wirkungsvoll *effective*
ihr blaues Wunder erleben *to have the unpleasant
    surprise of their life*
wünschenswert *desirable*

Z

zahllos *countless*
Zärtlichkeit (f) *tenderness*
Zeichen (n) *sign, symbol*
Zeichnung (f) *drawing*
Zeigefinger (m) *index finger*
zeitlupenlangsam *in slow motion*
Zeitvertreib (m) *pastime*
Zerstörung (f) *destruction*
Zettel (m) *slip of paper*
Zeugnis (n) *certificate, school report*
Zigarettenetui (n) *cigarette case*
zufolge (+ Dat) *as a consequence of*
zugleich *at one and the same time*
zukünftig *future (adj)*
Zusammenhang (m) *context*
zusätzlich *additional*
Zusatzverdienst (m) *supplementary earnings*
Zweck (m) *purpose, aim*
zweifelhaft *doubtful*